KB059107

뇌, 욕망의 비밀을 풀다

Original German Language Edition:
Hans Georg Häusel
BRAIN VIEW: Warum Kunden Kaufen
4. Auflage (ISBN: 978-3-648-06536-5)
published by Haufe-Lexware GmbH & Co. KG, Freiburg, Germany

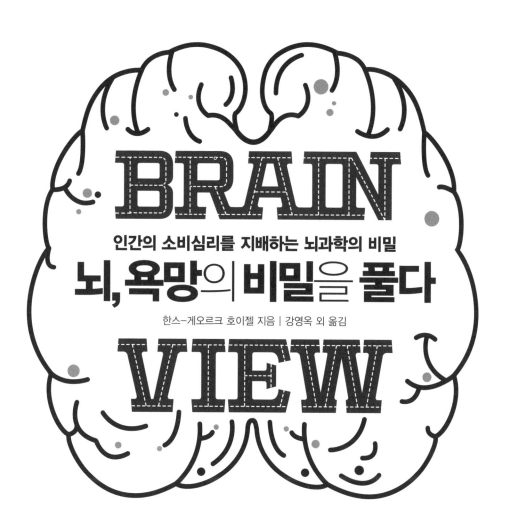

BRAIN

인간의 소비심리를 지배하는 뇌과학의 비밀

뇌, 욕망의 비밀을 풀다

한스-게오르크 호이젤 지음 | 강영옥 외 옮김

VIEW

비즈니스북스

뇌, 욕망의 비밀을 풀다

1판 1쇄 발행 2019년 10월 4일
1판 32쇄 발행 2024년 3월 5일

지은이 | 한스-게오르크 호이젤
옮긴이 | 강영옥·김신종·한윤진
발행인 | 홍영태
편집인 | 김미란
발행처 | (주)비즈니스북스
등 록 | 제2000-000225호(2000년 2월 28일)
주 소 | 03991 서울시 마포구 월드컵북로6길 3 이노베이스빌딩 7층
전 화 | (02)338-9449
팩 스 | (02)338-6543
대표메일 | bb@businessbooks.co.kr
홈페이지 | http://www.businessbooks.co.kr
블로그 | http://blog.naver.com/biz_books
페이스북 | thebizbooks
ISBN 979-11-6254-102-9 03320

비즈니스북스는 독자 여러분의 소중한 아이디어와 원고 투고를 기다리고 있습니다.
원고가 있으신 분은 ms1@businessbooks.co.kr로 간단한 개요와 취지, 연락처 등을 보내 주세요.

인간의 뇌 속에 숨겨진
구매욕망을 해독하는 열쇠

《뇌, 욕망의 비밀을 풀다》^{Brain View}는 2004년 출판된 이후 독일어권에
서 마케팅 분야 베스트셀러가 되었다. 이 책은 2010년도 독일 최고의
마케팅 책으로 선정됐고, 2011년 국제심사위원^{International Jury}이 꼽은 역
대 최고의 비즈니스 서적 100권 중 한 권으로 선정됐다.

  이 책은 실무 현장에서뿐만 아니라 대학교 마케팅 교재로 각광 받고
있는데, 그 이유는 책 전체를 관통하고 있는 매력적인 접근방식 덕분이
다. 이 접근방식은 'Limbic®'이라는 용어를 통해 알려졌다. 그리고 세
계적으로 유명한 기업들과 은행들의 중심이 되는 경영철학에 단단히
뿌리를 내리고 있다.

  나는 Limbic®과 님펜부르크 컨설트 그룹^{Nymphenburg Consult Group}의 지
원으로 뇌와 심리학의 다양한 분야를 연구하기 시작했다. 이러한 연구
를 바탕으로 '소비자와 고객의 동기, 감정, 가치, 성격 차이를 이해하는

데 도움이 되는 도구'를 개발해냈다. 나아가 이 도구는 지식 그 자체로 머물지 않고 실제로 판매 증진에 도움이 되는 데 목적을 두고 있다.

Limbic®은 단순한 모델이 아니다. 최신 뇌 연구들을 빠짐없이 조사해 반영한 결과물이다. 그 목적은 경영 현장에 있는 실무자와 신경심리학을 잘 모르는 사람들도 뇌 연구의 최신 지식에 쉽게 접근해 사용할 수 있도록 만드는 데 있다. 그렇다고 해서 학문적인 진지함과 기본을 무시했다는 것은 전혀 아니다. 어렵고 전문적인 내용을 보다 쉽게 전달하려 애썼다는 의미다.

《뇌, 욕망의 비밀을 풀다》는 고객들의 마음을 더 잘 이해하고, 그들에게 보다 가까이 다가갈 수 있도록 돕는다. 많은 기업들이 어떻게 하면 고객의 마음을 얻을 수 있는지, 그들이 진정 원하는 제품과 브랜드는 무엇인지 궁금해한다. 여기 실린 내용들은 이와 관련해 통찰력 넘치면서도 실용적인 해결의 실마리를 제공할 것이다.

이 책은 현장에서 유용할뿐더러 마케팅 이론과 연구를 위해서도 도움이 된다. 고객의 뇌에서 실제로 일어나는 일에 대해 완전히 새로운 관점에서 기술한 내용을 전해주므로, 관련 분야를 공부하는 학생과 교수들에게 놀랍도록 혁신적인 책이 될 것이기 때문이다.

고객의 뇌로 들어가 결국 마음을 읽어내는 흥미진진한 탐험이 독자 여러분들을 기다리고 있다. 이 탐험에서 우리가 주의해 살펴볼 것은 다음과 같다.

- 고객과 소비자를 실제로 움직이게 하는 것은 무엇인가?
- 고객과 소비자가 제품을 구매하는 이유는 무엇인가?
- 고객과 소비자는 어떤 과정을 거쳐 결정하는가?

- 고객과 소비자가 제품을 더 많이 구매하게 하려면 우리는 무엇을 해야 하는가?

이제 책장을 넘기며, 멋지고 흥미로운 탐험을 시작하자.

2015년 11월, 뮌헨에서

한스-게오르크 호이젤

※ 신경마케팅Neuromarketing에 대한 추가 정보는 다음 사이트에서 찾을 수 있다.
www.haufe.de/neuromarketing

| 차례 |

Part 1 | 고객이 제품을 구매하는 이유

Part 2 | **구매결정을 하는 고객의 마음 흔들기**

Part 3 | 구매를 유도하는 효과적인 방법들

마케팅 신화와
작별할 시간

"미끼는 낚시꾼의 입맛이 아니라 물고기의 입맛에 맞아야 한다." 이는 마케팅 전문가들이 만장일치로 고개를 끄덕이는 격언이다. 그런데 물고기, 즉 소비자의 입맛에 실제로 맞는 것이 무엇인지에 관해서는 좀처럼 의견 일치를 보지 못하고 있다. 소비자의 마음속에 자리한 진짜 욕구는 무엇일까? 무엇이 그들의 마음을 움직이고, 구매결정을 하게 만들까?

소비자나 고객의 마음을 꿰뚫어볼 수만 있다면 더할 나위 없겠지만 이는 말처럼 쉽지 않다. 몇 년 전 국제 학회에서 어느 제조업체의 마케팅 매니저가 다음과 같은 말로 발표를 마무리했다. "우리는 시장조사에 수백만 유로를 씁니다. 그런데도 소비자와 고객의 마음은 오리무중, 여전히 수수께끼로 남아 있습니다. 엑스레이로 사진을 찍듯, 고객의 뇌와 마음을 찍어서 들여다볼 수만 있다면 얼마나 좋을까요."

막연한 바람에서 한 말이지만, 곧 이런 일이 실현 가능해질지도 모른다. 소비자의 마음을 읽고 그들이 원하는 것을 파악하는 일 말이다. 몇 년 전 진행된 한 연구에서 코카콜라와 펩시콜라, 두 브랜드는 소비자들의 뇌를 완전히 다르게 활성화시킨다는 사실이 증명되었다. 이 연구는 마케팅 종사자들에게 놀라움을 불러일으켰다.[13.8] 이는 '신경마케팅'Neuromarketing이라는 새로운 분야가 공식적으로 탄생하는 순간이기도 했다.

언론은 소비자의 두뇌를 직접 들여다볼 수 있다는 기사를 내보냈고 관련 분야의 사람들뿐 아니라 대중들도 상당한 관심을 보였다. 어떻게 이것이 가능한 걸까? 이런 결과를 얻을 수 있었던 것은 매우 비싸고 시간이 많이 드는 기계 장치, 즉 핵자기공명 단층촬영NMR-CT으로 진행된 연구 덕분이다. 이 장치를 활용해 뇌 영역의 활성화가 눈에 보일 수 있게 된 것이다.

기능적 자기공명영상fMRI, Functional Magnetic Resonance Imaging이라 불리는 과학 기술은 수술이나 머리 또는 뇌에 방사성 물질을 투여하지 않고도 인간의 몸속을 들여다보는 일을 가능하게 만들었다. 물론 생각 자체를 들여다보는 것은 아니고, 뇌의 어느 부분이 활성화하는지를 보는 것이다. 어쩌면 이러한 뇌 연구가 '고객'이라는 수수께끼를 이해하는 단서를 찾아내는 데에 도움이 될 수도 있지 않을까?

약 20년 전부터 나는 소비행동과 관련해 신경심리학적 양상과 생물심리학적 양상을 연구해왔다. 계기는 그 무렵 별세하신 뮌헨 막스 플랑크 정신의학 연구소장이자 의학박사 겸 철학박사인 요하네스 브렝겔만Johannes Brengelmann 교수와 함께 오랫동안 진행했던 연구 프로젝트 때문이었다. 그 연구의 목적은 생물학적, 심리학적 노화 과정과 소비행동에 어떤 관계가 있는지, 이것이 돈을 대하는 태도에는 어떤 영향을 미치는지 찾아내는 것이었다. 다양한 목표그룹과 여러 연구방법으로 실험해본 결과, 대체적으로 비슷한 결론을 얻었다.

실제로 소비행동과 돈을 쓰는 패턴에 있어서는 나이에 따라 현격한 차이가 있었지만, 설문조사에서는 이런 연관성이 전혀 나타나지 않았다. 피험자들의 의식적인 체험과 무의식적인 행동 사이에 상당한 모순이 있음이 분명했다. 막스 플랑크 연구소에서는 심신의학적Psychosomatisch 문제를 계속 연구해왔는데, 다양한 연령집단의 소비행동은 동기모형Motivmuster과 감정모형Emotionsmuster을 통해 설명될 수 있는 것이었다(스트레스 발생, 심혈관질환 발생 등).

그러자 우리가 발견한 동기모형을 설명하는 데 뇌 연구가 도움이 될 수 있을지 궁금해졌다. 만약 다양하게 진행된 연구들에서 연이어 동일한 감정모형과 동기모형이 나타난다면, 뇌 속에는 기본적인 감정과 동기를 처리하는 영역이 존재한다는 의미다. 마찬가지로 뇌 속에서 변화를 일으키고 인간의 행동을 좌우하는 데 영향을 미치는 특정 신경전달물질과 호르몬도 존재해야 한다.

이러한 점들을 명확히 이해하기 위해 나는 수천 건의 뇌 연구 논문과 실험들을 살펴봤다. 최근 뇌 연구는 더욱 활발히 이루어지고 있으며, 매일 새롭고 흥미진진한 연구결과들을 쏟아낸다. 학문적인 바탕을 탄탄하게 마련해주는 연구와 실용적이고 일상적인 연구는 서로 시너지를 내며 동행할 것이다.

신경화학으로 소비행동을 예측한다

연구에 들인 노력과 시간은 충분히 가치 있는 것이었다. 우리가 이미 관찰한 보편적인 동기모형과 거의 일치하는 신경생물학적 모형이 뇌 속에 존재한다는 사실이 밝혀졌기 때문이다. 게다가 더욱 흥미진진한 사실을 알게 됐다. 뇌 속의 신경전달물질과 호르몬의 농도는 나이에 따라 달라지는데, 이것이 소비패턴을 예측하는 데 설문조사보다 훨씬 더 정확했다는 점이다.

이를 통해 다음과 같은 사실이 밝혀졌다. 우리의 뇌 속에서 무의식적으로 일어나는 일들은 우리가 경험하거나 인지하는 것보다 훨씬 더 광범위하게 소비행동과 구매패턴에 영향을 미친다는 점이다. 동시에 소비자들이 자기 의지에 따라 자유롭고 합리적인 소비를 할 것이라는 믿음도 깨져버렸다. 아주 오래된 뇌 구조(동기 의식과 감정을 조절하는 대뇌변연계 등)와 신경전달물질 및 호르몬이 소비와 구매를 결정하는 데 결정적 영향을 미친다면, 합리적이고 이성적인 소비는 불가능해지기 때문이다. 이 말은 결국 모든 소비자는 합리적이고 이성적으로 소비하지 않는다는 뜻이 된다.

고객에 대한 완전히 새로운 관점

이 책은 고객과 소비자들을 '뇌 연구'라는 새롭고 매혹적인 도구로 관찰한다. 고객과 소비자들의 뇌 속에서는 어떤 메커니즘과 프로그램이 작동해 소비행동과 구매행동을 조절할까? 나는 그에 대한 첫 번째 고찰을 내 저서 《싱크 림빅!》Think Limbic! 과 《림빅 석세스》Limbic Success 에서 제시했다. 이 책은 일부분 두 책을 기반으로 하며, 현재 진행 중인 뇌 연구에서 얻은 수많은 결과물들도 함께 녹아들어 있다.

동시에 완전히 새로운 연구도 시도했다. 우리의 다양한 연구와 표본 사례들은 국내외의 유명한 제조회사, 통신회사, 무역회사와 은행들에 도움을 주고 있다. 그들은 자기 회사의 브랜드, 제품, 마케팅 콘셉트, 서비스 프로세스, 판매 전략, 판매 분야를 최적화해야 할 때 우리에게 조언을 구한다. 우리는 그들에게 뇌 연구, 신경화학, 심리학, 생물학에서 얻은 최신 지식과 전통적이고 경험적인 소비자 연구에서 얻은 결과물을 결합해 전에는 안 보였던 연관성을 볼 수 있게 해주고, 개선의 가능성을 제시해준다.

이 접근방법은 이미 널리 알려져 있으며, 실제로 이를 알아차리는 고객과 소비자들도 있다. 그럼에도 이 방법으로 진행한 연구가 큰 성공을 거둔 이유는 무엇일까? 이 접근방법이 소비자와 고객을 이해하는 데 실질적인 도움을 주는 기본 모델을 제공하기 때문이다. 게다가 실제 판매 현장이나 영업 현장에서 일어나는 여러 가지 문제와 의문들에 대해서도 이성적이고 학문적인 근거를 토대로 답을 해준다. 내가 이 책에 소개하는 Limbic® 맵Map 방법론은 소비자들의 동기와 감정, 가치관을 더 자세히 이해하는 데 필요한 마법의 열쇠다. 이는 수많은 전문가들이 동의하는 것이기도 하다.

마케팅 실무와 관련해 소비자를 이해하려는 동일한 목표를 가진 여러 방법론들이 고안되었다. 이 모든 방법론들은 광범위한 소비자 설문조사와 통계적 방법을 통해 확보되었다. 그러나 여기에는 공통점이 하나 있다. 모든 구매결정이 이루어지는 곳, 즉 뇌를 출발점으로 하는 것은 전혀 없다는 점이다. 우리의 머릿속에 실제로 어떤 동기 시스템Motivsysteme과 감정 시스템Emotionssysteme이 존재하는지, 이들이 어떻게 상호작용하는지에 대해서도 전혀 설명하지 않고 있다. 이 책에서는 바로 이 점, 기존의 방법론들이 놓친 것을 설명하고자 한다.

소비자와 고객의 뇌 속을 들여다보는 것은 판매를 증진하고 싶어하는 모든 이들에게 흥미진진한 지식과 놀라운 통찰을 전해준다. 그러나 이는 다른 사람들에게도 유용하다. 왜냐하면 우리 모두는 고객이자 소비자이며 은밀하게 소비를 부추김당하는, 유혹의 희생자들이기 때문이다.

잘못된 신화와의 작별

고객과 소비자들을 움직이는 것이 무엇인지에 대해 더 깊고 더 자세하게 알 수 있다면, 또 다른 이점이 생긴다. 이 책에서는 실생활에서 부딪히는 수많은 마케팅 신화와 신념들이 틀렸음을 제시하려 한다. 덕분에 많은 비용을 치러야 하는 잘못된 결정을 피할 수 있다. 나는 이 신화 가운데 일부를 첫 부분에서 간략하게 논의하고자 한다.

고객은 의식적으로 결정을 내린다

이 말은 궤변일 뿐이다. 우리가 의식적으로 행하는 일은 실제 우리의 뇌 속에서 일어나는 결정 과정이나 뇌의 작용과 거의 관계가 없다. 호주의 뇌 연구가 앨런 스나이더Alan Snyder는 다음과 같이 재치 있는 말로 이를 정리했다. "의식이란, 자신이 나름의 역할을 하고 있음을 드러내고자 하는 당신 뇌의 홍보 활동일 뿐이다."

무의식의 힘은 많은 사람들이 느끼는 것보다 훨씬 더 강력하다. 우리가 하는 결정의 70~80퍼센트 이상이 무의식적으로 일어난다. 의식적으로 일어나는 30퍼센트도 우리가 생각하는 것만큼 의식적이거나 자유롭지 않다. 이 책은 이처럼 큰 힘을 지닌 무의식의 세계를 이해하기 위해 우리의 무의식을 속속들이 파헤칠 것이다.

고객은 합리적으로 판단하고 결정한다

이성은 감정과 대립한다는 플라톤식 오해가 오늘날까지도 우리의 생각을 지배하고 있다. 하지만 뇌는 가급적 긍정적인 감정을 최대치로 끌어올리려 한다. 왜냐하면 우리의 생물학적 건강이 긍정적인 감정과 밀접한 연관이 있기 때문이다. 그뿐 아니라 뇌는 최대한 많은 유전자를 다음 세대에 전해주려 한다. 당신은 이 책을 통해 감정이 개입하지 않은 구매결정은 없다는 것을 알게 될 것이다. 나아가 품질, 정확성, 완벽성을 제공하는 제품이나 서비스들이 어떻게 감정을 자극하는지도 알게 될 것이다.

중요한 단 한 가지는 오직 가격이다

고객이 기꺼이 돈을 쓰게 만들려면 가격을 정할 때 감정이 중요한 역할을 한다는 사실을 기억해야 한다. 이 책은 고객의 머릿속에 있는 가격의 함정을 능숙하게 피해갈 방법도 알려준다.

고객은 복잡다단한 욕구를 갖고 있으며, 예측 불가능하다

모르는 것은 보고 있어도 알지 못하는 법. 우리 선조들은 물리학 법칙을 몰랐기에 그들에게 세상은 그저 예측할 수 없는 미지의 대상이었다. 마케팅의 문제도 이와 똑같다. 고객의 머릿속에서 실제로 어떤 일이 일어나고 있는지 아는 사람은 거의 없기 때문에 그들의 행동이 종잡을 수 없는 것처럼 느껴진다. 그러나 예측불가능한 고객들의 행동 뒤에 어떤 프로그램이 있는지 밝혀낼 수만 있다면, 고객의 마음을 읽고 행동을 예측하는 것이 가능해진다. 이 책은 바로 그 답을 제시한다.

중장년층의 지갑은 쉽게 열 수 있다

이것은 희망사항에 불과하다. 실제로 중장년층 소비자들은 경제적 여력이 많아 자유롭게 돈을 쓸 수 있는 편이지만, 문제는 그들이 돈 쓰는 것을 그리 좋아하지 않는다는 데 있다.

마케팅에서 성별 차이는 그다지 중요하지 않다

생각과 행동에서 명백히 드러나는 생물학적 성별 차이를 무조건 거부할 수는 없다. 실제로 뇌과학자들은 여러 연구를 통해 남성과 여성의 뇌가 완전히 다르게 작동한다는 것을 증명해냈다. 이 책은 남성과 여성을 소비자라는 관점에서 볼 때, 무엇에 유념해야 하는지를 알려준다.

소비자들은 광고와 마케팅 전략에 쉽게 넘어가지 않는다

이러한 신화는 우리가 발전된 정보화 사회에서 살아가는 합리적 존재임을 근거로 할 때 가능한 주장이다. 실제로 소비자나 고객은 자신의 '머릿속'에서 일어나는 일에 별다른 영향을 끼치지 못한다. 그들의 의식은 뇌에서 일어나는 오랜 무의식의 처리 과정의 결과를 인지하는 데 그칠 뿐이다. 그들이 믿고 있는 것처럼 무의식의 처리 과정 전체를 의식하거나 거기에 영향력을 행사하지는 못한다. 제품이나 광고가 보내는 수많은 신호와 메시지는 소비자의 의식이 아닌 무의식을 자극하고, 그들의 생각과 행동에 상당한 영향을 미친다. 당신은 이 책을 통해 은밀히 숨어 있는 유혹자가 실제로 어떻게 영향력을 행사하는지 알게 될 것이다. 그리고 숨겨진 신호를 활용해 당신이 판매하는 제품을 더욱 매력적으로 만드는 방법에 대해서도 배우게 될 것이다.

새로운 뇌 연구 장치가 고객의 실제 생각을 보여준다

'신경마케팅'이라는 슬로건을 내걸며 뇌를 연구하는 영상 기술을 활용해 시장조사를 하는 일은 세상의 이목을 끌고 있다. 그렇다면 설문조사를 하지 않고서도 고객의 머릿속을 직접 들여다볼 수 있게 됐으니 이제 고전적인 시장조사 수단은 쓸모없는 걸까? 이 책은 이 새로운 방법이 어떤 기회를 창출할 것인지, 또 어떤 한계를 갖고 있는지 보여줄 것이다.

소비자와 고객은 어떻게 다른가?

내가 서론에서 '고객'이라는 용어와 '소비자'라는 용어를 모두 사용하고 있는 것을 당신은 눈치 챘을 것이다. 우리는 가끔 일상에서 두 용어를 크게 신경 쓰지 않고 사용하기도 한다. 하지만 자세히 살펴보면 상당한 차이가 있다. 기업 대 기업[B2B] 세계에서는 고객이 쓰이고, 기업 대 개인[B2C] 영역에서는 대개 소비자가 쓰인다.

신경마케팅이란 무엇인가?

앞에서 '신경마케팅'이라는 용어를 사용했는데, 이는 정확히 무슨 뜻일까? 아주 실용적으로 표현해서 신경마케팅은 구매결정과 선택결정이 인간의 뇌에서 어떤 과정을 거쳐 일어나는지, 그리고 그 결정에 영향을 미치는 방법은 무엇인지를 연구하는 학문 분야다. 뇌 연구는 마케팅의 문제에 답하기 위해 서로 다른 두 가지 접근법을 제시한다. 그 둘은 신경마케팅의 좁은 의미와 넓은 의미로 나뉜다.

좁은 의미에서 신경마케팅(뉴로마케팅)은 뇌 연구에서 사용하는 장치들을 시장조사에 도입하는 것을 뜻한다. 실무에서 뇌를 스캔할 수 있는 정밀한 '기능적 자기공명영상'을 사용하는 것이 특히 중요하다. 하지만 요즘 대학교에서 진행되는 기초 연구 분야에서는 '신경마케팅'이라는 용어의 사용을 점점 꺼린다. 왜냐하면 이 용어가 실용적인 유용성과 응용 가능성을 은연중 믿게 만들기 때문이다. 그래서 대학의 기초 연구 분야에서는 신경마케팅보다는 '신경경제학'Neuroeconomics, '소비자 신경과학'Consumer Neuroscience이라는 용어를 더 선호한다.

넓은 의미에 본 신경마케팅은 더 광범위한 영역을 포괄한다. 이때 신경마케팅은 뇌 연구에서 얻어진 다양한 지식을 마케팅에 활용하는 것을 포함한다. 여기서도 앞서 설명한 뇌 연구 장치를 시장조사 목적으로 사용하지만, 그보다는 뇌 연구에서 얻은 지식을 마케팅 이론이나 실무와 통합하는 시도에 더 무게중심을 두고 있다. 뇌 연구를 통해 지난 몇 년 동안 우리 머릿속의 흥미진진한 비밀들을 많이 밝혀냈다. 그 비밀들은 마케팅에서 대단히 중요하며 앞으로 더 중요해질 것이다. 그리고 이 책은 정확히 이 점, 즉 뇌 연구에서 비롯된 지식을 마케팅 실무와 판매 실무에서 어떻게 활용할 수 있는지를 다루고 있다.

이 책의 구성

- Part 1 : Chapter 1~4에서는 "고객이 제품을 구매하는 이유는 무엇인가?"라는 질문에 집중할 것이다. 머릿속에 있는 진짜

구매동기와 실제로 결정이 내려지는 과정을 살펴보는 것이 중요하다.

- Part 2 : Chapter 5~7에서는 "제품 구매시 고객들은 서로 어떤 차이를 보이는가?"라는 의문점을 중심으로 내용을 다룬다. 개인의 성향, 나이, 성별이 제품을 선택하고 구매결정을 하는 데 미치는 놀라운 영향력에 대해 알게 될 것이다.

- Part 3 : Chapter 8~13에서는 한 제품을 선정해 브랜드가 탄생하는 순간부터 제품으로 상점에 진열될 때까지의 과정을 따라가 볼 것이다. 이것을 통해 "고객이 제품을 더 많이, 더 자주 구매하게 하려면 무엇을 해야 하는가?"라는 흥미로운 질문에 대한 답을 탐구하려 한다. 마지막으로 시장조사와 관련해 뇌 촬영의 가능성과 한계 모두를 진지하게 성찰하며 마무리한다.

신경마케팅에 대해 조금 더 알고 싶고, 학문적 자료와 출처에 관심이 있는 모든 독자를 위해 이 책의 끝에 참고문헌 목록 외에 인포박스Infobox를 첨부했다. 여기에는 동기 시스템과 감정 시스템, 신경전달물질, 특정 뇌 영역의 기능에 관한 신경생물학적 정보와 심리학적 정보가 상세하게 소개돼 있다. Limbic 모델의 학문적 배경이 궁금하다면 www.haeusel.com에 들어가 'Limbic® Map Science' PDF 문서를 무료로 다운로드하면 된다.

총 13개의 챕터로 이뤄진 흥미진진한 내용이 당신을 기다리고 있다. 머리에서, 더 정확히는 고객의 뇌에서 실제로 일어나는 일에 관해 매혹적인 통찰력을 얻길 바란다.

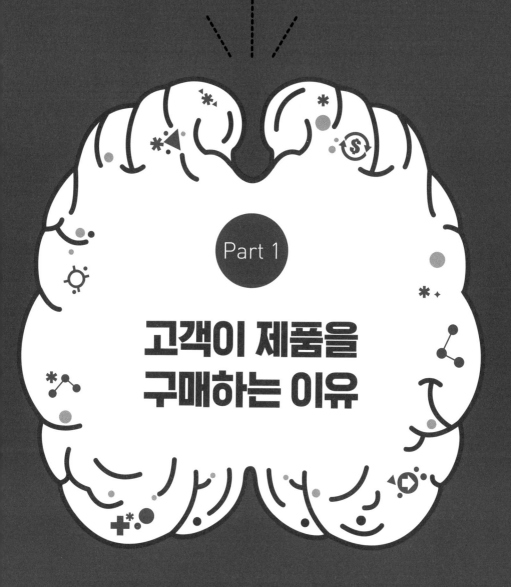

Part 1

고객이 제품을
구매하는 이유

어떻게 하면 고객의 마음을 이해하고 그들의 행동을 설명할 수 있는지에 대해 많은 학문들이 연구해왔다. 최근까지도 심리학과 경험적 시장조사가 고객을 이해하는 가장 주요한 도구라고 주장했다. 면밀한 관찰과 설문조사를 통해 실제로 많은 부분이 연구되기도 했다. 그러다 몇 년 전부터 새로운 학문 분야가 주목받고 있는데, 바로 뇌 연구 분야다.

심리학을 통해 얻은 지식과 최신 뇌 연구결과들을 결합하면 어떻게 될까? 고객의 머릿속에서 실제로 일어나는 일에 대해 아주 새로운 그림이 탄생할 수 있다. 즉 고객의 마음과 행동을 보다 더 명확하게 이해할 수 있을 것이다. Part 1에서는 아래와 같은 흥미진진한 질문에 대한 답을 제시하고자 한다.

- 뇌 연구란 무엇이며, 고객을 더 잘 이해하는 데 어떤 도움을 줄까?
- 고객과 소비자의 마음을 움직이고 그들로 하여금 행동하게 하는 건 무엇일까?
- 어떤 구매동기에 의해 소비를 하는 걸까?
- 특정 제품이 다른 제품보다 더 매력적인 이유는 무엇일까?
- 구매결정은 실제로 머릿속에서 어떻게 내려질까?

Chapter 01

뇌 연구, 은밀하게 숨어 있는 유혹자 찾기

꽤 오래전 코카콜라는 뇌 연구를 활용해 펩시보다 우월함을 증명했다. 최근 들어 신경마케팅이라는 새로운 분야가 언론의 주목을 받으며 큰 반향을 불러일으키고 있다. 뇌 연구란 정확히 무엇이고, 소비자를 더욱 잘 이해하는 데 어떤 도움을 줄 수 있을까?

1957년 미국의 밴스 패커드^{Vance Packard}는 《숨어 있는 유혹자》^{The Hidden Persuaders}로 베스트셀러 작가 반열에 올랐다. 이 책은 광고주와 홍보 및 마케팅 담당자들을 완전히 매료시킨 반면, 거침없는 폭로로 인해 소비자보호단체는 경악하고 말았다. 그는 책에서 미국 기업들이 소비자를 조종하기 위해 어떤 기술을 활용했는지 밝히고 있다. 예를 들어 극장에서 상영 중인 아주 평범한 영화 속에는 관객이 눈치 채지 못할 정도로 짧은 광고가 삽입되었다. 이 숨어 있는 광고 메시지는 인간의 잠재의식 속으로 파고들기 때문에 보고서도 의식적으로 인지하지 못하지만, 무의식에는 영향을 미친다. 패커드의 주장에 따르면, 극장 관객들이 영화가 끝난 후 들르는 슈퍼마켓에서는 이 제품의 판매량이 갑작스레 증가한 것으로 나타났다.

따라서 제품의 구매를 유도하는 무의식적 메커니즘이 존재한다는 것은 확실했다. 소비자가 사랑 영화 한 편을 관람하는 동안 자신의 무의식이 조종당하고 있다는 사실을 전혀 눈치채지 못했다는 사실은 매혹적이면서도 경악스러웠다. 이러한 역하지각^{Subliminale Wahrnehmung} 현상과 이 현상이 구매행동에 미치는 영향은 심리학과 뇌 연구에 의해 입증됐다. 그러나 그 효과가 얼마나 강력한지에 관해서는 많은 논란이 있다. 판매에 영향을 줄 수는 있지만, 그 영향이 그렇게 크지는 않다. 최근 몇몇 실험은 잠재의식에 자극이 가해진 직후에만 제품 선호도가 변하며, 오래 지속되지 않는다는 것을 보여준다.

코카콜라가 뇌 속에서 펩시를 이기다

2003년에 TV와 대중매체가 또다시 논란이 될 만한 보도를 했다. 이 보도는 50년 전 패커드가 소비자를 조종하는 은밀한 속임수를 공개했을 때와 비슷한 반응을 불러일으켰다. 코카콜라가 최신 방법과 장비를 동원해 뇌 연구를 진행했다는 것이 언론에 발표됐기 때문이다.[13.8]

소비자들이 코카콜라와 펩시콜라를 마시는 동안에 뇌 연구자들이 그들의 뇌를 들여다봤다. 여기에 사용된 장비는 수백만 달러나 되는 기능적 자기공명영상이었고, 이 장비로 연구원들은 사고 과정 중에 있는 피험자들의 뇌에 어떤 변화가 나타나는지 그 진행 과정을 볼 수 있었다. (이 책에는 이 장치를 지칭하는 말이 계속 등장하는데, 이를 간단하게 뇌 스캐너라고 부를 것이다.)

실험결과는 이렇다. 블라인드 테스트, 즉 피험자들 본인이 어느 상표의 콜라를 마시는지 모르는 상태로 진행한 테스트에서 펩시콜라와 코카콜라는 모두 뇌의 같은 영역을 활성화시킨 것으로 나타났다. 그리고 특히 보상처리를 담당하는 전두엽이 활성화됐다(달콤한 맛은 뇌의 보상이다). 그런데 음료수를 주면서 코카콜라와 펩시콜라의 상표를 보여주자 뇌 스캐너의 이미지는 급변했다. 코카콜라를 마셨을 때는 중뇌와 대뇌의 다른 영역이 번쩍거렸지만, 펩시콜라를 마실 때는 그렇지 않았다. 그리고 피험자들이 상표를 알고 있었을 때는 압도적으로 코카콜라를 선호했다. 뇌 사진만 보자면 펩시콜라도 똑같은 맛으로 보상을 했다. 그럼에도 불구하고 이런 결과가 도출되었다는 것은 전두엽보다 더 강력한 영향력을 보유한 뇌 영역이 존재한다는 뜻이다. 그리고 이 뇌 영역은 과거에도 그랬지만 지금도 코카콜라 편을 들고 있다. 바로 대뇌가 그 장본인이다.

이 뇌 연구방법을 통해 코카콜라가 더 막강한 브랜드라고 증명이 됐을까? 신경마케팅의 가능성과 한계를 다루는 Chapter 13에서 우리는 이 실험을 좀 더 자세히 살펴볼 것이다.

뇌의 빅 브라더에 대한 두려움

코카콜라 쪽에서는 환호성을 질러댔다. 자신들이 우위에 있다는 것이 객관적인 증거로 증명되었다고 믿었기 때문이다. 하지만 기쁨은 잠시였다. 실험결과가 공개되자 소비자보호단체와 인권운동가들이 반발했다. 세계적인 초일류 기업이 최첨단 기계를 활용해 소비자의 뇌 속을 직접 들여다볼 수 있다는 것에 끔찍한 상상이 덧붙여지면서 공포로 확산되었다. 동시에 뇌 스캐너를 제공한 병원은 사악한 자본주의의 음모를 돕기 위해 사회적 시설물을 악용했다는 비난을 받았다. 미국에서는 상업적 뇌 실험을 저지하는 여러 시민단체가 설립됐으며, 프랑스에서는 현재까지도 그러한 실험이 금지돼 있다.

그러나 이를 완전히 막을 수는 없었다. 대학교와 대기업의 마케팅 담당자들은 코카콜라가 했던 실험에 큰 관심과 흥미를 보였고, 결국 신경마케팅이라는 새로운 분야가 탄생했다. 신경마케팅의 연구 목적은 소비자들이 생각하고 결정하는 과정을 살펴보는 것이다. 뇌 연구가 거듭될수록 시장조사 담당자들과 마케팅 부서의 기대는 더욱 커져만 갔다. 여러 잡지의 기사에도 뇌 사진은 빠지는 일 없이 등장했다. 그리고 다채로운 색상의 뇌 사진 옆에는 대개 '뇌과학자들이 믿음, 신앙, 섹스, 자동차, 성공 등을 담당하는 뇌 부위가 어디인지 발견했다'는 식의 부제가 달려 있었다. 이 말들은 대개 과장된 허풍이지만 그 인기는 좀처럼 식을 줄 모른다.

특히 관리자들은 이런 총천연색의 이미지와 단순명쾌한 설명을 좋아하기 때문에, 어느새 뇌 연구는 기업 임원들의 주요 관심사가 되었다. 이러한 종류의 소비자 연구가 잘못됐다거나 무의미하다는 말이 아니다. 화려한 색상의 이미지에 단순한 설명이 달려 있다고 해서 별 것 아니라고 치부할 수도 없다. 그러나 그 뇌 사진들은 인간이 사고할 때 뇌의 어느 영역이 관여하고 활성화되는지를 보여줄 뿐이지, 소비자가 진짜로 무엇을 생각하고, 무엇을 경험하며, 무엇을 체험하는지를 보여주지는 않는다.

뇌 연구로 소비자 욕구를 알 수 있을까?

여기까지 읽고 실망한 이들이 있을지도 모르겠다. 하지만 실망하기엔 이르다. 고객과 소비자의 머릿속을 손쉽게 들여다보고, 그들의 무의식과 은밀한 생각들을 읽을 수만 있다면 얼마나 좋을까? 물론 소비자보호단체, 인권운동가, 도덕철학자들은 이에 결코 공감할 수 없을 테지만. 어쩌면 여러분은 소비자와 고객의 생각과 마음, 그들의 욕구를 밝혀내는 데 뇌 연구가 정말 도움이 되는지 의심하고 있을지도 모른다.

당연히 뇌 연구는 도움이 된다. 지난 20년간 인간의 생각과 행동을 밝히는 것과 관련해 뇌 연구만큼 비약적인 발전을 한 학문 분야는 없기 때문이다. 뇌 연구를 통해 밝혀진 지식이 이토록 중요하고 믿을 만하다면, 일단 뇌 연구가 무엇인지부터 살펴보고 넘어갈 필요가 있을 것이다.

'뇌 연구'라는 말을 들으면 왠지 아주 신비롭고도 복잡한 것처럼 느껴진다. 그렇게 느껴지는 데는 연구대상인 뇌 자체에도 원인이 있지만, 갖가지 방법을 동원하여 인간에게 있어 가장 비밀스러운 영역인 뇌가 어떻게 작동하는지 그 방법을 밝혀내려는 다양한 하위 학문 분야에도 그 원인이 있다.[1,2]

예를 들어 세포생물학자들은 단일 신경세포나 세포 집단의 화학적, 전기적 행동을 연구한다. 신경생물학자들은 우리 뇌의 구조와 개별 뇌 영역의 기능, 그것들의 상호작용에 대해 탐구한다. 신경생리학자들은 뇌 안에서 이뤄지는 화학적, 전기적 진행 과정을 연구한다. 신경내분비학자들은 신경전달물질과 호르몬이 뇌 속에서 어떤 일을 담당하며 어떤 영향력을 발휘하는지를 연구한다. 신경학자들은 뇌가 병에 걸리거나 손상됐을 때 그 원인이 무엇인지를 밝혀낸다. 신경유전학자들은 우리 뇌 속의 특정 유전자와 그것이 우리 행동에 미치는 영향을 탐구한다. 마지막으로 신경심리학자들은 실험 심리학의 방법으로 뇌의 기능과 행동의 관계를 연구한다.

지금쯤 당신은 이런 의문을 마음에 품을지도 모르겠다. 뇌 연구자들이 하는 일이 아주 흥미로워 보이기는 하지만, 그것이 고객이나 소비자의 행동과 무슨 관계가 있단 말인가? 전통적인 심리학이나 시장조사만으로도 충분히 소비자의 욕구를 설명할 수 있지 않을까? 물론, 심리학이나 시장조사에서 나온 지식도 중요하다. 하지만 여기에는 한 가지 문제점이 있다. 이 두 가지 방법은 구매행동을 관찰하거나 설문조사를 하는 식으로 이뤄지는데, 이는 실제로 고객의 뇌 속에서 일어나는 변화를 알 수 없다는 한계를 갖는다. 즉 뇌 속에 실제로 어떤 동기 시스템 Motivsysteme과 감정 시스템Emotionssysteme이 존재하며, 이들이 어떻게 상호작용하고 고객의 행동을 조종하는지를 명확히 알 수 없다는 뜻이다.

하지만 심리학과 시장조사를 통해 나온 자료에 뇌 연구의 결과물들을 결합한다면 이야기가 달라진다. 고객들의 머릿속에서 일어나는 일에 관해 훨씬 더 새롭고 매혹적인 그림이 만들어진다. 그 반대의 경우도 마찬가지다. 뇌 연구를 통해 얻은 지식이 심리학과 결합한다면 실제 벌어지는 일에 대해 더욱 구체적인 설명이 가능해진다.

그런데 문제가 하나 더 있다. 앞서 열거한 뇌 연구의 각 분야는 고도로 전문화되어 있다는 점이다. 자신들만의 전문용어를 쓰고, 자기 분야의 학술 잡지에 글을 게재하며, 자기 분야의 학회만 참여한다. 이처럼 각 분야가 고도로 전문화되어 있다 보니, 높은 전문성을 지니는 반면 인접 학문 분야의 지식은 부족한 편이다. 뇌 연구자들끼리도 자기 분야를 넘어서면 모르는 것이 많으니, 일반인들이 그들 분야에 대해 이해하기란 더욱 어려울 수밖에 없다. 그러므로 뇌 연구 분야의 결과물들이 실제 현장에서 마케터와 판매자들에게 도움을 줄 수 있으려면 고고한 학문적 배타성에서 벗어나 더 쉽고 간결해져야 한다.

뇌의 비밀을 탐험하는 가상 투어

"고객은 왜 제품을 구매하는가?"라는 물음에 대한 답을 찾고자 한다면, 협소한 한두 가지 대답에 만족해서는 안 된다. "당신이 고객을 사랑한다면 고객도 당신을 사랑할 것이고, 당신의 가게에서 물건을 구매할 것이다."와 같은 말은 마케터와 판매자의 태도나 마인드를 바로잡는데는 도움을 줄 수 있다. 하지만 고객의 머릿속에서 무슨 일이 일어나고 있는지를 실제로 이해하는 데는 아무런 도움이 되지 않는다.

다양한 학문적 관점에서 인간(고객)을 관찰할 시간이 있고, 최대한 많은 표본을 찾은 후 이를 마케팅과 판매에 적용할 수만 있다면 금상첨화다. 그래서 이 챕터의 나머지 부분에서 간략하게나마 '고객의 비밀'을 탐구하는 데 도움이 되는 학문들을 소개하고, 다양한 관점에서 살펴보고자 한다. 물론 뇌 연구가 가장 큰 비중을 차지한다.

독자들이 이 과정을 보다 흥미롭게 따라올 수 있도록 작은 투어에 초대하려 한다. 우리는 옥스퍼드, 케임브리지, 하버드, 스탠퍼드 중간쯤 어딘가에 있는 거대한 가상의 연구소를 방문할 것이다. 이 연구소의 목표는 무엇이, 어떻게 인간의 사고와 행동을 지배하는지 밝혀내는 것이다. 여기서 우리는 앞서 말한 뇌 연구 분야의 학자들을 만날 것이다. 심리학자들과 사회과학적 방법론에 기초한 시장조사 전문가들과도 이야기를 나누려 한다. 투어가 진행되는 동안 인간, 즉 고객이 얼마나 다양한 측면에서 설명될 수 있는지 알게 될 것이다.

연결망으로서의 뇌

우리는 첫 번째 건물에서 단일 신경세포 혹은 신경세포 연결망$^{Netz-werke}$의 기능을 연구하는 뇌연구자들을 만난다.[1,4] 그들은 본질적으로 인간은 정보 이론 원칙에 기초해서 행동한다고 설명한다.

"뇌는 신경세포들의 거대 연결망일 뿐입니다. 정보 저장이나 학습은 신경세포들이 주고받는 신호 혹은 신경세포들의 연결망을 통해 이뤄지는 다양한 형태의 피드백을 기반으로 합니다. 우리는 의식의 수수께끼도 추적하고 있는데, 의식은 뇌 속의 다양한 신경세포들의 연결망이 동시에 동기화될 때 가능해집니다. 우리의 의식 내용은 계속 변화하기 때문에 동기화가 시작되는 중심지도 변화합니다."

이러한 연구결과가 마케팅이나 판매와 어떤 연관성이 있는지를 파악하기 위해 연구원들은 잠시 생각에 빠졌다. 곧이어 그들은 브랜드 이미지가 아주 큰 역할을 한다고 설명한다. 사람들의 뇌 속에 자리한 브랜드 이미지는 뇌 속에서 다양한 소규모 연결망들로 이루어진 커다란 신경세포들의 슈퍼 연결망$^{Super-Netzwerke}$에 불과할 뿐이라고 했다. 그리고 우리의 의식 속에서 브랜드 이미지를 함께 형성했던 여러 가지 그림과 상상, 감정이 서로 다른 뇌 부위를 통해 이러한 소규모 연결망들에 저장된다는 것이다.

비교 뇌 연구

이제 다음 건물로 간다. 거기에는 '비교 뇌 연구'를 하는 신경생물학자들이 있다. 인간의 행동을 연구하는 곳에서 왜 원숭이와 함께 작업하고 있는지를 묻자, 학자 중 한 명이 다소 언짢다는 반응을 보였다. 그는 오늘날 우리가 인간 영장류(여러분과 나를 말한다)에 관해서만 학문적으로 정확하게 이야기할 뿐, 영장류 그 자체에 관해서는 이야기하지 않는다고 말했다.

그러고 나서 케이지에 갇혀 있는 털이 많이 난, 우리 인간의 동료인 침팬지를 가리켰다. 이렇게 따로 구분해놓은 이유는 침팬지가 인간과 유전적 유사성이 가장 높기 때문이라고 했다. "침팬지와 인간은 유전자가 98.76퍼센트나 일치합니다!"

우리의 의심스러운 시선은 쥐 케이지가 있는 실험실의 다른 곳으로 향했다. 그는 '쥐가 인간과 무슨 관계가 있는지'에 대해 우리가 궁금해하고 있음을 알아채고는 설명을 덧붙였다. 여러 포유동물의 뇌는 구조상으로, 그러니깐 기본적인 기능 면에서는 인간의 뇌와 거의 똑같다고 설명했다.[1,3] "뇌 연구를 위한 실험의 95퍼센트는 포유동물로 진행합니다. 토끼나 쥐의 정신 세계에 관심이 있어서가 아니라, 연구결과를 인간에게 맞춰볼 수 있기 때문입니다. 이뿐 아니에요. 인간의 동기부여 시스템도 기본적인 구조는 모든 포유동물과 비슷합니다."

나는 인간이 가장 고등하고, 창조물의 절대적인 왕좌 자리에 있다고 믿어왔다. 하지만 그들이 말해준 사실로 인해 인간은 왕위에서 추락하고 말았다. 인간 뇌의 기본 구조가 침팬지 뇌와 같다는 것을 인정해야만 했다. 그렇다면 좀 더 극단적으로 말해 우리 뇌의 기본 구조가 쥐의 뇌와 같다는 말로도 이해할 수 있을까?

이 연구는 분명 고객을 탐구하는 데 도움이 될 것이다. 그리고 우리는 이 연구를 하고 있는 신경생물학자에 대해서도 알아볼 것이다. 그는 웃으며 이렇게 말했다. "마케팅과 판매 분야에서 어떤 구매동기와 감정이 고객의 행동을 조종하고, 어떤 논리에 따라 이 감정 시스템과 동기 시스템이 작동하는지에 대해서 혼란이 상당한 것으로 알고 있습니다. 우리의 기초 연구가 이 문제를 해결하는 데 도움이 될 만한 정보를 줄 수 있을 것입니다."

신경화학 뇌 연구

겉보기에 아주 단순한 행동도 뇌에서는 굉장히 복잡한 과정을 거쳐 나타난다는 사실은 우리에게 생각할 거리를 안겨줬다. 우리는 다음 연구소로 이동했다. 여기서는 뇌를 얇게 슬라이스하려던 연구원을 만났다. 그는 이곳 연구원들이 하는 일과 연구 목적에 대해 설명해줬다.

그들은 쥐 실험을 하고 있었는데, 죽기 전 쥐들을 밝은 조명이 내려쬐는 곳에 장시간 노출시켰다고 했다. 이 빛은 쥐들을 공포에 떨게 했고 스트레스를 일으켰다. 이제 쥐의 뇌를 검사해 스트레스 호르몬인 코르티코스테론Corticosterone의 농도가 변했는지를 알아보고, 이 호르몬으로 인해 신경세포들이 신피질에서 손상을 입었는지를 조사해볼 것이라고 했다. 그러면 스트레스가 학습에 부정적 영향을 끼치는지 여부를 알 수 있다고 한다.[1.8]

"신경화학에는…"이라고 운을 뗀 뒤 한 연구원은 다음과 같이 말을 이어갔다. "신경호르몬, 신경펩티드, 신경전달물질, 신경조절물질이 있습니다. 이 물질들은 그 생성 장소 및 화학적 구조와 관련해서뿐만 아니라, 신경세포에 미치는 영향과 관련해서도 구별됩니다. 저는 비전문가들이 있을 때는 당황하지 말라는 차원에서 언제나 신경전달물질에 대해 말합니다."

그밖에도 그 연구원은 자신이 연구하는 분야가 뇌 연구 분야를 통틀어 가장 중요한 분야라고 말했다. 한편, 인간의 동기와 감정의 배후에는 이를 조절하는 데 결정적인 역할을 하는 신경전달물질이 항상 존재한다고 했다.[1.5, 1.6, 1.7] 자신의 연구가 없으면 현대의 향정신성약품은 만들어지지 못 했을 것이라는 말도 덧붙였다.[1.8]

고객과 소비자를 더 잘 이해하기 위해 그의 연구 지식에서 무엇을 활용할 수 있을지 물었다. 잠시 고민하더니 이렇게 대답했다. "남성과 여성은 신경전달물질과 호르몬의 농도가 매우 다릅니다. 이런 이유로 감정이나 동기의 형성에 있어서 남녀가 차이를 보이는 것이죠. 만일 남성과 여성을 고객으로서 더 잘 이해하고 싶다면 신경화학 지식이 분명 많은 도움이 될 거예요. 신경전달물질과 호르몬의 분비는 나이에 따라 매우 달라지기 때문에 세대 마케팅에서도 역시 유용할 겁니다."

이때 다른 동료가 방으로 들어와 우리 대화를 잠시 듣더니 자신을 소개했다. 그는 신경유전학자인데 자신의 분야에서도 흥미로운 이야깃거리가 있다고 했다. '호기심'과 '보상심리'를 담당하는 유전자를 발견했다는 것이다. 그는 이 유전자가 'DRD4 유전자'로 뇌 속에서 '호기심 호르몬 도파민'을 담당한다고 했다. 이 유전자의 특정 형태를 지닌 사람은 호기심이 더 많고 구매 자극을 더 잘 받는다는 것이 그의 설명이다. 그리고 이제는 모든 성격특성에 들어맞는 유전자를 찾는 중이라고 했다.

인지 뇌 연구

약간 피곤하지만 궁금한 게 더 있어서 우리는 다음 건물로 들어갔다. 그곳의 분위기는 공상과학 영화를 방불케 했다. 들것에 묶인 한 사람이 크고 윙윙거리는 장치 속으로 밀려들어갔다. 뇌 단층촬영을 하는 듯했다. 실험 관리자는 피험자에게 다른 실험 주제를 부과했다. 먼저 피험자는 지시대로 파란색, 빨간색, 노란색을 상상했다. 이 실험의 목적은 이 세 가지 색을 상상할 때 뇌의 어느 부위가 활성화되는지를 알아보는 것이었다. 그러고 나서 피험자는 이 세 가지 색을 말로 표현했다. 이 세 가지 색을 말로 표현했을 때의 뇌 단층촬영 사진은 그저 상상만 했을 때와는 완전히 다르게 나타났다.

실험 관리자가 피험자에게 내준 과제의 미묘한 변화가 별 것 아닌 것처럼 보여도, 뇌와 뇌 속의 처리 과정은 과제별로 완전히 달랐다.[1.1] 미미하게 바뀐 설정에도 뇌와 뇌의 처리 과정이 매우 다르게 반응한다는 사실이 놀라웠다. 늘 그랬듯 여기서 진행 중인 연구들이 고객을 더 잘 이해하는 데 어떤 도움이 될 수 있을지 궁금했다. 실험 관리자는 코카콜라 실험을 언급하며 구매결정은 뇌의 여러 영역과 관련된 복잡한 과정이라고 말했다. 그리고 광고를 인식하고 처리하는 과정도 똑같이 복잡하다고 했다. 마케팅과 시장연구 분야에서 뇌 스캐너의 사용은 아직 발전 단계에 있지만, 몇 년 뒤에는 흥미진진한 결과물이 많이 나올 것이라는 게 그의 주장이다.

심리학

다음 연구소로 들어서자 더 큰 무리의 사람들이 우리 쪽으로 다가왔다. 연구소의 책임자는 자신들의 연구 분야를 설명했다. 인간이 어떤 영역에서 서로 구별되는지 찾아내고 싶다고 했다. 그것을 파악하면 인간의 성격특성과 가치, 태도가 왜 각기 다른지 알 수 있기 때문이다.[1.10, 1.11] 물론 이것은 심리학의 수많은 연구 분야 중 하나일 뿐이라고 했다. 심리학의 한 분과에서 소비자와 소비자의 구매동기를 연구하고 있다는 것이다.

사람들 사이의 공통점을 정밀하게 측정하는 것은 중요하다. 하지만 특히 더 중요한 것은 설문조사 기술이나 관찰 기술을 통해 개인 간의 차이를 실험하는 방법에 관한 연구와 개발이라고 했다. 심리학은 고객의 행동에 관해서 가장 많은 답변을 줄 수 있는 학문임을 강조했는데, 왜냐하면 시장을 연구하는 거의 모든 기관이 심리학을 토대로 한 방법론과 이론을 다루기 때문이라는 것이다.

사회학

다음 연구소의 소장은 사회학자였다. 심리학 동료들이 해준 이야기를 전하자 그는 살짝 미소를 지었다. 심리학이 중요하다는 것은 의심의 여지가 없지만, 모든 것이 심리학의 연구대상은 아니며 심리학이 설명해줄 수 없는 일 역시 상당히 많다고 했다.[1.12] "사회인구통계학적 발전은 시장에 상당한 영향을 미치고 있습니다. (그는 향후 50년 동안 나이 증가에 따른 변화를 나타낸 그래프를 보여주었다.) 앞서 언급한 심리학은 물론 중요합니다. 하지만 고객을 이해하는 데 항상 심리학적 설명이 필요한 것은 아니죠. 1995년, 고객이 구매를 결정할 때 '가격'이 인구의 35퍼센트에게 아주 큰 영향을 끼쳤습니다. 그리고 2003년에 이 비율이 55퍼센트까지 증가했다면 이 수치야말로 우리가 집중할 대상입니다. 아주 확실한 증거니까요."

그는 고객의 행동을 이해하기 위해서는 소비 환경이 중요하다면서 다음과 같이 말을 이었다. "사회 계층과 계층별로 나타나는 다양한 가치태도를 무시해서는 안 됩니다. 노동 환경군에서 살아가는 사람들은 고등교육 이수자 환경군에서 사는 사람들과는 다른 가치관과 생활양식을 갖고 살아갑니다. 이 차이는 당연히 소비 환경에 상당한 영향을 미치게 되죠. 소비 환경에는 문화 차이도 존재합니다. 일본인의 소비행동은 미국인이나 러시아인의 그것과는 완전히 다릅니다."

빅데이터

우리는 계속 이동해서 미래 지향적인 건축물인 래리 페이지[Larry Page] 연구소에 도착했다. 이 연구시설은 구글의 설립자 래리 페이지의 개인적인 기부로 유지되고 있다. 연구실들은 거의 멸균된 상태고 직원들은 깜빡이는 모니터 앞에 앉아 있다. 연구소장은 우리를 반갑게 맞았다. 방문객들이 그의 기분을 전환시켜준 것 같았다. 그는 다른 연구소 동료들의 노력을 대단히 존경하지만 구매행동을 추적할 훨씬 더 빠른 길이 있다고 했다. 사람들은 구매하기 전에 대체로 인터넷에서 정보를 얻고 실제 구매도 오프라인보다는 온라인에서 더 많이 이뤄진다는 것이다. 이런 데이터를 모아서 고객의 관심사와 정보행동 및 구매행동을 축적하고, 복잡한 수학적 모델로 분석하는 일은 아주 쉽다고 했다. 이렇게 축적한 빅데이터를 통해 그들의 구매행동을 미리 예측할 수 있을 뿐만 아니라, 각 개인에게 딱 들어맞는 구매 제안을 인터넷을 통해 개별적으로 전달할 수도 있다는 것이다. 고객이 구매하는 제품이 무엇인지 알고 있다면, '왜'라는 물음은 그다지 중요하지 않다는 게 그의 설명이다.

신경철학

투어에 지친 우리는 카페테리아로 향했다. 빈자리가 없어서 한 젊은 여성과 동석했다. 그녀에게 연구소 투어를 하며 받았던 다양한 느낌을 이야기했다. 그녀가 우릴 보고 웃더니, 인간(고객)에 관해 더 심층적이고 포괄적인 것을 알고 싶다면 투어는 아직 끝난 것이 아니라고 말했다. 그녀의 말처럼 우리는 신경철학을 잊고 있었다.[1.13, 1.14, 1.15]

그녀는 인간에게 자유의지가 있는지, 스스로의 의식을 제대로 이해하고 있는지가 핵심이라면서 "'나'란 존재가 누구인지에 대해 한번이라도 진지하게 고찰해본 적 있나요?"라고 물었다. "우리가 자유의지에 따라 의식적으로 행한다고 여겨왔던 일들이 어쩌면 뇌의 구조에서 비롯된 것일 수도 있습니다. 그런데 지금까지 우리가 찾아갔던 학자 중에 자유의지의 존재 여부나, 의식과 관련해 제대로 된 설명을 해주는 사람은 없었지요. 즉 '나'란 존재를 뇌의 구조와 연결지어 답할 수 있는 사람은 없었습니다. 이 문제의 진정한 답을 찾는 것이 바로 신경철학의 과제입니다."라고 그녀는 설명했다.

우리는 조금 당혹스러워하며 그녀를 바라봤다. 그 말은 매우 흥미로웠지만 다소 추상적이었다. 우리는 고객을 잘 이해하는 데 도움이 되는 실용적 지식에 더 관심이 있다고 설명했다. "글쎄, 뭐…" 그녀는 신비로운 미소를 띠며 말을 이었다. "우리도 고객도, 실은 온전히 자신의 자유의지로 결정하는 게 아니라는 것을 받아들일 수 있나요? 우리가 의식적으로 결정을 결정으로서 경험하기 전에는, 이 결정은 결정이 아닌 것일까요? 우리가 경험했던 자유의지는 의식의 환상일 뿐이에요. 이 사실은 마케팅에 엄청난 반향을 불러일으킬 겁니다. 왜냐하면 소비자들이 자유의지에 따라 이성적으로 소비해왔다는 그간의 믿음을 철저히 부숴버리는 것이기 때문입니다!"

이것으로 가상 투어는 끝났고, 이제 결론을 내리려 한다. 먼저, 우리는 인간과 고객을 매우 다양한 관점으로 살펴볼 것이다. 앞서 살펴본 모든 개별적 연구 분야가 고객에 대한 이해를 높이는 데 중요하다는 것은 분명하다. 그러나 그 어떤 연구 분야도 단독으로는 우리가 원하는 것을 충분히 제공하지 못한다. 즉 이 지식들의 총체적인 결합을 통해서만 고객에 대한 포괄적인 분석이 가능해진다.

이미 예전부터 경험적 사회연구와 시장조사, 심리학만으로는 고객을 충분히 이해할 수 없으며, 뇌 연구를 통해 보완하는 일이 시급하다는 것을 알고 있었다. 생물학적 메커니즘이나 신경생물학적 메커니즘이 고객과 소비자의 결정행동과 구매행동에 우리가 예상한 것보다 훨씬 더 큰 영향을 미치는 것이 분명하다. 우리는 다음 챕터에서 고객과 소비자에게 실제로 구매동기를 부여하는 것이 무엇인지 살펴보려 한다. 그리고 어떤 구매동기가 그들의 머릿속, 더 정확히 말해 뇌 속에 있는지 집중해서 분석할 것이다.

고객의 뇌 속에 숨겨져 있는
진짜 구매동기

앞서 인간의 행동을 다양한 관점에서 살펴보았다. 이번 챕터에서는 고객의 머릿속에 어떤 종류의 구매동기가 있으며 이들은 어떻게 상호작용하는지를 살펴볼 것이다.

고객이 제품을 구매하는 이유를 알고 싶다면, 먼저 어떤 구매동기가 존재하는지에 대해 질문해야 한다. 무엇이 고객의 마음을 움직이고 결정하게 하는지에 대한 억측과 이론은 수없이 많다. 그중에는 사실에 부합하는 것도 있지만 그렇지 않은 것도 상당하다. 고객과 소비자를 정말로 이해하고 싶다면, 동기 시스템과 감정 시스템에 대해 좀 더 상세히 살펴봐야 한다. 이 챕터가 중요한 이유가 여기에 있다. 이 챕터에서는 고객이 제품을 구매하는 이유, 그리고 어떤 제품을 어떤 근거로 구매하는지 알아보려 한다.

그동안 나는 여러 대학교와 전문학교에 초대받았고, 많은 사람들 앞에서 강연했다. 강연할 때마다 사람들은 어떤 학문적 근거에 기반해 그런 이야기를 하는지 질문했다. 이 책을 읽는 독자들 중에도 같은 궁금증을 가진 사람들이 많을 것이라 판단해 학문적 배경을 더 심화시켜 책을 저술했다. 학문적으로 심화시켰다고 해서 두려워할 필요는 없다. 아무리 학문적 경험이 중요하다고 해도 우선순위는 실무경험이다. 그래서 '순수한' 학문적 근거를 이 책 전반에서 다루는 대신, 하나로 모아 '인포박스'로 요약했다.

청소동기와 여행동기는 존재할까?

이제 무엇이 고객을 움직이게 하며, 고객이 제품을 구매하는 이유가 무엇인지 본격적으로 알아볼 것이다. 이 문제에 대한 해답을 찾기 위해 아주 실용적인 방법을 동원해 진행해보려 한다.

먼저 좀머 부인이라는 인물을 설정하고, 제품을 구매하는 좀머 부인과 동행할 것이다. 좀머 부인의 쇼핑은 슈퍼마켓에서 시작한다. 그녀는 여기서 채소, 우유, 물, 빵, 치즈를 산다. 음식물동기가 확실히 영향력을 행사하는 듯 보인다. 그런데 좀머 부인의 장바구니에 청소용품과 반려견 사료가 들어 있는 것을 본다면 생각이 약간 복잡해진다. 청소동기와 동물동기가 작동한 것일까?

그런 다음 좀머 부인은 약국으로 가서 비타민을 구매한다. 아하, 아마도 건강동기가 그녀를 움직인 것이리라. 좀머 부인은 멈추지 않고 옷가게로 향한다. 그녀는 밝은 색상의 세련된 블라우스를 산 뒤 매장을 떠난다. 여기서는 패션동기가 작동했을 것이다. 거기서 끝이 아니다. 바로 옆에 있는 스포츠용품점에서 조깅화도 한 켤레 구매하는데, 이를 보면 건강동기가 있음이 분명하다. 이쯤에서 의문이 든다. 혹시 건강과 구분되는 스포츠동기가 따로 존재하는 것은 아닐까?

좀머 부인이 급히 여행사로 가서 도시투어 상품을 예약했을 때, 우리는 약간 당황했다. 여행동기가 존재한다고는 생각하지 않았기 때문이다. 그렇다면 어떤 동기에 의해 그녀는 도시투어 상품을 예약한 것일까? 이런 궁금증에 갸우뚱하고 있을 무렵 우리는 좀머 부인과 헤어지기로 한다. 만일 온종일 그녀를 따라다니며 이러한 종류의 동기 찾기 작업을 계속해나갔다면, 하루가 마무리될 즈음엔 수백 가지나 되는 동기를 모았을 게 뻔하기 때문이다.

이런 식의 방법은 소비자와 고객의 구매동기를 파악하는 데 그다지 효과적이지 않다는 결론을 내렸다. 행동을 관찰하고 이를 단순히 어떤 동기로 명명하는 것은 구매행위의 실체를 파악하는 데 아무런 힌트도 제공해주지 않는다. 이렇게 하려면 심리학 지식이나 뇌 연구 결과도 필요 없다. 하지만 놀랍게도 심리학자들이나 뇌과학자들은 여태 이런 방식으로 실무 현장에서 일해왔고 지금도 그렇게 일하고 있다.

가령 의자에 편안히 앉아 있는 사람을 관찰한다면, 그에게 편안함 동기가 존재한다고 설명할 것이다. 거의 모든 사람이, 돈이 얼마나 중요한지 안다. 따라서 금전동기가 존재할 거라고 말할 것도 확실하다. 그러고 나서 분주하고 급하게 제품을 구매하는 소비자들을 본다면, 이는 시간절약동기 때문이라고 여길 것이다. 그러다 보면 몇 년 동안 1,000가지가 넘는 동기와 욕구, 본능이 수집될 테고 날마다 새로운 동기들이 추가될 게 뻔하지 않은가.

실제로 고객을 움직이게 하는 것은?

자, 생각을 혼란스럽게 하는 이 거추장스러운 방법은 잊어버리자. 나무에 집착하면 숲을 보지 못하는 법. 더 높은 곳으로 올라가 전체를 조망해야 큰 그림이 보인다. 인간과 인간의 행동을 다루는 모든 학문보다 높은 곳에서 전체를 아우른다고 생각해보자. 우리의 관심사는 이 모든 분야에서 공통적으로 발견되는 동기모형과 감정모형이 존재하느냐 하는 점이다. 어쩌면 그것을 부르는 이름은 다를지 모르지만 그 내용은 모두 동일할 것이다.

바로 이것이 소비자를 더 잘 이해하기 위해 우리 팀이 고안한 방법이다. 심리학, 신경생물학, 신경화학의 지식들을 서로 결합해 이론적 토대를 만들고 조사하기 시작했다. 이러한 접근방법 덕분에 마케팅 실무자나 판매자들을 위한, 이해하기 쉬우면서도 학문적으로 기초가 탄탄한 감정 모델을 만들 수 있었다. 우리는 새로운 동기모형과 감정모형을 발견해낸 것이 아니다. 그저 서로 다른 분야의 다양한 지식들을 수집해 결합했을 뿐이다. 이것만으로도 놀라운 성과를 낼 수 있었다. 나아가 뇌 속에서 동기 시스템과 감정 시스템이 활성화될 때 무엇이, 어디서, 어떻게 움직이고 변화하는지도 연구했다.

머릿속의 쌍둥이, 감정과 동기

지금까지 감정과 동기라는 개념은 언제나 함께 사용돼왔다. 왜냐하면 뇌과학자는 감정[2.18]에 관해서, 심리학자는 동기[2.9]에 관해서 이야기를 해왔기 때문이다. 물론 일상에서 이 두 개념은 비슷한 의미로 쓰인다. 뇌과학자들은 연구를 통해 감정의 배후에 어떤 목표가 있다는 것을 알게 되었다. 목표는 동기를 갖게 하는 중요한 요소이기도 하다. 심리학자들은 동기가 감정과 결합되어 있으며, 따라서 동기로 인해 표정 변화가 생긴다는 사실을 인식하였다. 이것이 감정이라는 개념의 핵심 요소다.

'동기와 감정'을 좀 더 상세히 구분해볼 필요가 있다. 우선 감정부터 살펴보자. 하나의 예시를 들어 감정을 좀 더 자세히 살펴볼 것이다. 인간의 뇌 속에서 가장 강력한 감정 시스템인 '불안-공포-안전 시스템'을 관찰해보자. 이 불안 시스템의 목적은 위험과 위협으로부터 자신을 보호하는 것이다.

저녁 무렵, 집으로 가고 있는 자신의 모습을 상상해보자. 이때 갑자기 권총을 든 남성이 당신 앞에 나타나 서류 가방을 빼앗으려 한다. 그 상황에서 당신의 머리와 뇌 속에서는 무슨 일이 일어나고 있을까? 이때는 당신 뇌의 대뇌변연계Limbic System 부위가 활성화된다. 대뇌변연계는 발생학적으로 오래된 뇌의 영역에 속하는데, 이 상황을 위험한 것(평가적 요소)으로 평가해서 노르아드레날린Noradrenalin과 코르티솔Cortisol이 방출되도록 한다. 이렇게 되면 심장박동(생리학적 요소)이 증가하며, 당신은 불안감과 공포감(감정적 요소)을 생생히 느낄 것이다.

당신이 공포심에 사로잡혀 정신을 잃거나 그대로 몸이 굳어버리지 않는다면 그 권총이 진짜인지, 혹시 도주 가능성은 있는지를 생각해보게 된다(인지적 요소). 이런 상황이라면 당연히 얼굴 표정도 변한다(표현적 요소). 미소는 사라지고 놀라서 겁먹은 표정으로 변할 것이다. 천만다행으로 이 순간 경찰이 지나간다면? 그렇게 되면 상황이 뒤바뀌어 오히려 강도가 공포감에 사로잡히게 된다.

이제 정글로 자리를 옮겨 강도를 호랑이로 교체해보자. 이 상황에서도 당신의 신체와 뇌는 강도를 만났을 때와 거의 같은 과정을 경험한다. 감정은 우리의 생명을 보호하고, 삶의 목표에 도달하기 위해 정신과 육체를 지배하는 일반화된 프로그램이다. 모든 감정 프로그램에 대해서는 나중에 더 자세히 살펴볼 것이다.

이제 동기란 무엇인지 알아볼 차례다. 동기는 감정 프로그램을 우리가 살아가는 현재의 삶과 상황으로 전환하는 것을 말한다. 조금 전 우리는 뇌 속에 불안 시스템이 존재한다는 것을 살펴보았다. 이 시스템은 위험하고 안전이 위협받는 상황에서 피하도록 지시한다. 자동차를 구매하려는 소비자와 동행한다고 가정해보자. 자동차를 살 때 가장 중요시 여기는 게 무엇인지 묻는다면 '안전'이라고 말할 것이다. 불안 시스템이라는 감정 시스템이 자동차를 구매하는 특수한 상황에서 일종의 동기로 작용한다. 그 동기는 되도록 안전한 자동차를 구매하도록 유도한다. 우리의 생각과 동기는 언제나 감정 프로그램에 기반을 두고 있다. 앞의 예를 통해 감정과 동기, 생각(인지)이 얼마나 밀접한 관련을 맺고 있는지 알 수 있다. [2.13, 2.14, 2.15, 2.16, 2.17]

이제 이런 시스템에 어떤 이름을 붙이는지 살펴보자. 뇌과학자들은 우리가 방금 알게 됐던 이 시스템을 '공포 시스템'Fear-System이라고 부른다. 환자와 함께 작업하는 심리학자들은 이를 '불안-공포-공황 시스템'이라 표현한다. 삶의 긍정적인 측면을 관찰하는 시장 심리학자들은 '안전 시스템'이라고 부른다. 이 모든 것이 기본적으로 똑같은 감정 시스템을 의미하지만, 각자가 관찰하는 관점에 따라 같은 시스템에 서로 다른 이름을 부여한 것이다. 거의 모든 감정 시스템에서 우리는 각 분야의 서로 다른 표현에 직면했다. 때문에 다양한 명칭으로 인한 혼란의 딜레마를 방지하기 위해 우리는 중립적인 이름을 붙이려 한다.

빅 3와 그 딸들, 아들들

고객의 머릿속에서는 실제로 무슨 일이 일어날까? 자세히 살펴보기 전에 먼저 뇌 속에 존재하는 감정 시스템의 기본 구조를 조망해보기로 하자.[2.1] 모든 감정 시스템의 중심에는 음식, 수면, 호흡처럼 생리적인 생명 욕구가 존재한다. 이 욕구들은 원천적으로 변화가 불가능할 뿐만 아니라, 우리의 생명을 결정하는 것들이므로 여기에서 다루지 않을 것이다. 이제 빵, 물, 치즈를 구매했던 좀머 부인의 예로 돌아가 보자.

생명 유지를 위한 필수욕구들 말고도 우리 삶 전체를 결정하는 세 가지의 주요 감정 시스템이 존재한다. 바로 다음에 나와있는 우리의 뇌 속에 있는 '빅 3'[Big 3]다.

- 균형 시스템[Balance-Systeme 2.4, 2.8, 2.9, 2.10]
- 지배 시스템[Dominanz-Systeme 2.3, 2.5, 2.6, 2.8, 2.11]
- 자극 시스템[Stimulanz-Systeme 2.8, 2.12]

그런데 진화 과정에서 이 외에 추가 모듈이 발전했다. 추가로 발전한 모듈은 세 가지 시스템인 빅 3의 내부 혹은 그 사이에 자리 잡고 있다. 이 추가 모듈들은 인간이 환경에 적응하도록 도와줌으로써 삶의 목표를 훨씬 더 잘 성취할 수 있게 해준다. 즉 우리의 유전자 중 가급적 많은 유전자를 다음 세대나 그 후세대에 잘 전달할 수 있게 도와주는 것이다. 추가 모듈에는 다음과 같은 것들이 있다.

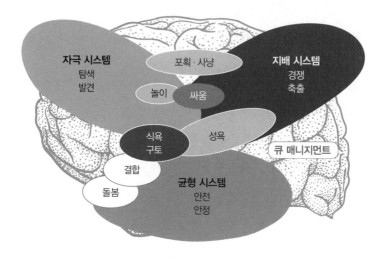

뇌 연구 분야와 심리학의 연구 성과를 연계하면 이런 형태의 감정 시스템 지도가
만들어진다.

- 결합 Bindung **2.7, 2.8, 2.9**
- 돌봄 Fürsorge **2.7, 2.8, 2.9**
- 성욕 Sexualität (남성/여성) **1.5, 2.7, 6.11**

그리고 우리의 구매행동에 영향을 끼치는 또 다른 모듈도 있는데 다
음과 같다.

- 놀이 Spiel **2.8**
- 포획·사냥 Jagd-und Beute **2.8**

- 싸움^{Raufen,} **2.8**

- 식욕·구토^{Appetit/Ekel}**4.8**

그런데 〈도표 2-1〉에서 제시된 빅 3와 모듈들의 배치는 우연적이거나 자의적으로 묘사한 것이 아니다. 이 그림은 각각의 감정 시스템 사이에 존재하는 모듈들의 위치를 나타낸 뇌의 관계도. 예를 들어 성욕은 부분적으로 지배 시스템 및 자극 시스템과 똑같은 신경전달물질에 의해 조종된다. 그림에서 성욕이 지배 시스템과 자극 시스템을 덮고 있는 것도 그런 이유 때문이다. 결합 모듈과 돌봄 모듈도 비슷하다. 대부분은 균형 시스템과 똑같은 뇌의 영역에서 처리되지만, 일부는 뇌의 다른 영역에서 처리된다.

감정 시스템의 배후에 어떤 것들이 있는지에 대해서는 이 챕터를 읽으며 차차 알게 될 것이다. 빅 3와 각각의 모듈 뒤에는 뇌 조직과 다수의 신경전달물질이 관여된 매우 복잡한 처리 과정이 숨겨져 있다. 모든 감정 시스템과 동기를 담당하는 뇌의 중심 영역은 바로 대뇌변연계다. 이것은 뇌줄기^{Brain Stem} 하부에서부터 대뇌피질까지 퍼져 있는 수많은 하위 중추로 구성된다.[1,3] 지금은 이 정도만 참고해도 충분하다. 다음 챕터에서 구매결정이 어떻게 내려지는지 알아볼 때 뇌의 중심부를 더 상세히 다룰 것이다. 여기서는 구매동기를 이해하는 데 집중하자. 이제 뇌속에서 가장 강력한 감정 시스템인 균형 시스템에 대해 알아보려 한다.

안전에 대한 욕구, 균형 시스템

균형 시스템은 의심할 여지없이 고객의 뇌에서 가장 강력한 힘을 지닌 세력이다. 균형 시스템은 고객이 안전과 평화를 지향하게 하고, 모든 위험과 불확실성을 피해 조화를 추구하게 한다. 인생의 모든 것이 가장 익숙한 자리에 있고, 모든 것이 순조롭다면 균형 시스템은 인간을 행복하게 만든다. 이는 생물학적 세포의 기본원리인 항상성^{Homoostase}에 기인한다(생물학자들은 이를 '항동성'^{Homoodynamik}이라고 부른다). 항상성은 세포들이 가급적 적은 에너지로 살아가게 하고, 내외부 환경 사이에서 에너지를 보존하는 평형 상태에 도달하게 한다. 균형 시스템은 다음과 같은 명령을 내린다.

- 모든 위험을 피하라!
- 모든 변화를 피하라. 습관을 만들어 가급적 오래 유지하라!
- 모든 방해물과 불확실성을 피하라!
- 내외적 안정을 추구하라!
- 에너지 균형을 최적화하고 쓸모없이 에너지를 낭비하지 마라!

이 명령이 성공적으로 이행될 때는 안정감과 안전함을 느끼게 되고 그렇지 못할 때는 불안, 공포, 공황을 경험하게 된다. 모든 감정 시스템은 균형 시스템처럼 위험을 피해 안전을 찾게 하는 것이 기본목표다. 그리고 이는 쾌/불쾌로 구성돼 있다. 감정 연구에서는 그 목표의 구성요소가 '감정 평가'로 표현되고, 쾌/불쾌 평가는 유의성으로 표현된다. 아직 세 번째의 구성요소가 남아 있는데, 그것은 감정의 강도를 표시하는 흥분^{Arousal}이다. 위의 예시와 관련해 살펴보면, 가벼운 흥분감은 불확실성을 느끼게 하고 흥분이 강해지면 점차 공황 상태에 빠지게 된다. 다시 균형 시스템으로 돌아가 보자.

진화를 통해 신경계가 발달하고 세분화하는 과정에서 '안정성과 안전성을 추구'하는 자연의 기본 시스템도 계속해서 세분화돼왔다. 균형 시스템은 인간을 지켜주는 건강 욕구나 신에 대한 믿음의 욕구를 담당한다. 이제 균형 시스템이 어떤 형태로 나타나며, 또 제품에서 어떤 구매동기로 가시화되는지 살펴보자.

모든 종류의 보험, 노후를 위한 금융상품, 의약품, 병원 진료, 안전벨트, 에어백, 자동차의 안정적인 좌석, 제품의 품질과 내구성, 보증 약속, 신뢰할 수 있는 서비스, 경보장치 및 잠금장치 등과 같은 보안 제품, 모든 종류의 안내 책자, 늘 한결 같은 판매자나 서비스 직원, 안전하고 아늑함을 주는 내 집 마련, 오래전부터 익히 알고 있으며 세월이 지나도 거의 변하지 않은 전통제품, 품질, 안전 배달, 고객과 친밀한 관계를 유지하는 가족 기업, 계약 보안과 준수, 모든 협력 과정에서의 일관성과 예측 가능성

이런 식으로 하다 보면 이 목록은 끝도 없이 작성해나갈 수 있다. 그러나 목록을 더 작성하지 않아도 균형 시스템이 우리의 인생에서 얼마나 깊고 포괄적으로 개입하고 있는지는 앞서 제시한 예만으로도 충분히 알 수 있다. 감정 시스템의 학문적 배경 지식에 관심이 있는 독자라면 인포박스 1과 인포박스 5에서 신경전달물질의 효과에 대한 기본 지식을 찾아볼 수 있다.

이제 고객의 뇌 속에 존재하는 또 다른 모듈로 넘어가자. 다음에 알아볼 것은 결합 모듈과 돌봄 모듈인데, 이는 균형 시스템과 밀접하게 연관돼 있으면서 부분적으로 독립적이다.

결합 모듈 : 고객이 연결을 원하는 이유

결합 모듈은 무엇보다 자손의 생존을 안전하게 지키려는 목표를 지니고 있다. 아기가 엄마와 너무 오래 떨어져 있으면 불안을 느끼게 되고 심할 경우 공황 상태에 빠진다. 이때 아기는 엄마를 불러들이고자 격렬하게 비명을 지른다. 결합에 대한 욕구와 안정감은 진화 과정에서 일반화됐다. '결함이 있는 존재자'인 인간은 생존을 위해 사회 집단에 의존하게 되었고, 그런 이유로 파트너, 가족, 집단을 중요시 여긴다. 또한 진화의 관점에서도 결합 모듈은 의미가 있다. 무리 지어 살아가는 사람들의 유전자가 외톨이의 유전자보다 생존 가능성이 더 높다.

결합 모듈은 오래전부터 심리학에서 잘 알려진 용어이며(애착 모듈), 최신 연구에서는 뇌에도 결합 모듈이 존재한다는 것이 증명됐다. 결합 모듈과 관련된 중요한 뇌 중추에는 복잡한 관계의 지배를 조종하는 배외측전전두피질, 대뇌변연계의 일부이자 '나와 너'의 관계에 크게 관여하는 전방대상피질, 편도체, 시상하부가 있다. 그리고 결합 시스템과 불안 시스템이 만나는 지점인 뇌줄기가 있다.

결합 모듈의 주요 신경전달물질과 호르몬에는 옥시토신, 프로락틴, 감마 아미노부티르산, 코르티솔이 있다(인포박스 5 참조). 이제 결합 모듈이 어떤 형태로, 어떤 제품에서 구매동기로 가시화되는지 살펴보도록 하자.

결합을 촉진하는 제품, 맥주와 관련된 사회적 안락함, 특정 단체에 소속되어 있음을 상징하는 제품, 단체 유니폼, 특정 패션 스타일, 클럽이나 그룹 멤버십, 단체 여행, 단골손님을 위한 고객 이벤트, 사업적 범위를 넘어서는 개인적인 보살핌, 사적인 일에 대한 관심, 고객이 원할 때 주는 신속하고

돌봄 모듈 : 반려동물이 수백만 마리나 존재하는 이유

돌봄 모듈은 결합 모듈의 자매와 같다. 돌봄 모듈도 자손의 생존을 보장하기 위해 발달했다. 결합 모듈이 아기에게서 활성화된다면, 돌봄 모듈은 특히 어머니에게서 활성화되며 '이중 안전망'을 마련해주는 역할을 한다. 아기의 뇌는 결핍 상황에서만 비명을 지르게 한다. 그러나 어머니의 뇌 속에 있는 돌봄 모듈은 이러한 결핍이 발생하지 않도록 미리 작동해 아기를 안아주고 돌보며 주의를 기울이게 한다.

돌봄 모듈 역시 진화 과정에서 널리 보편화되었다. 자신의 아기에서 시작해 가족, 단체, 다른 민족뿐 아니라 동물에 이르기까지 범위가 확산되며 일반화가 이루어졌다. 사랑하는 반려동물을 위해 아낌없이 지출하는 것만 봐도 돌봄 모듈이 구매를 유발한다는 것을 알 수 있다. 나아가 돌봄 모듈에는 아주 흥미로운 점이 있다. 인간의 이기적인 특성을 중심으로 연구해온 고전 경제학에서는 돌봄 모듈의 존재가 부정되고 간과되었다. 이런 관점에서 볼 때 돌봄 모듈은 '이타주의 모듈'로도 불릴 수 있다.

돌봄 모듈과 관련된 중요한 뇌 중추는 전방대상피질과 '안전'이라는 긍정적 감정을 전해주는 불안 시스템 일부다. 그러나 자극 시스템과 밀접하게 연결돼 있는 중변연 보상 시스템도 중요한 비중을 차지한다. 이타적 행동을 하거나 누군가를 돌보는 행동을 하면 도파민이 추가로 분비된다. 돌봄 모듈과 밀접하게 연결돼 있는 신경전달물질과 호르몬은 에스트로겐(에스트라디올), 프로락틴, 옥시토신 같은 성호르몬이다. 이제 돌봄 모듈이 어떤 형태로, 어떤 제품에서 구매동기로 가시화되는지 살펴보자.

이유식, 아동복, 반려동물, 사료와 액세서리를 포함한 반려동물 시장 전체, 모든 종류의 선물, 꽃, 환경보호 및 자연보호와 관련된 제품, 모든 기부 단체

체험에 대한 욕구, 자극 시스템

보통 독일인들은 TV 시청에 하루 3시간 이상을 쓴다. 현재 미디어, 관광, 엔터테인먼트산업은 우리 경제에서 가장 크고 빠르게 성장하는 분야에 속한다. 그리 놀라운 일은 아니다. 휴가를 위해 여행을 예약하고 영화관에 가고 이탈리아 식당이나 중국 식당에서 낯선 음식을 즐기는 것은 우리를 얼마나 즐겁게 해주는가. 이런 것만 봐도 인간이 경제적 중요성을 판별할 때 자극 시스템이 얼마나 중요한 역할을 하는지 예상할 수 있다. 자극 시스템은 다음과 같은 명령을 내린다.

- 알려지지 않은 새로운 자극을 찾아 나서라!
- 벗어나라!
- 주변 환경을 발견하고 탐험하라!
- 보상을 찾아라!
- 지루함을 피하라!
- 다른 사람들과 차별화된 존재가 돼라!

이런 명령을 이행하면 고객은 재미와 가벼운 흥분감을 경험하게 되

지만, 그렇지 못할 경우엔 지루함을 경험하게 된다. 균형 시스템과 마찬가지로 자극 시스템도 우리 삶에 없어서는 안 될 중요한 요소다. 자극 시스템에서 무엇보다 중요한 것은 예상치 못한 보상과 새로움이다. 진화의 관점에서 보면 이 시스템은 다음과 같은 점에서 굉장히 중요하다. 생물체는 새로운 생활환경, 새로운 영양의 원천을 개척해 새로운 능력과 기능을 습득한다. 그 덕분에 끊임없이 변화하는 환경에서 생존 가능성이 높아진다.

현대 생활에서도 자극 시스템의 영향력은 조금도 사라지지 않았다. 새로운 트렌드, 기술혁신, 멈추지 않는 호기심, 도전적이고 흥미진진한 체험의 추구 등 이 모든 것은 자극 시스템 덕분이다. 소비자가 새로운 음식을 먹어보고, 낯선 나라를 탐험하고, 흥미로운 연극을 관람하고, 아방가르드 예술운동을 찾아보는 것도 모두 자극 시스템 때문이다. 이런 행동을 하게 만드는 공통적인 원인이 바로 자극 시스템임을 아는 것이 중요하다. 이제 자극 시스템이 어떤 형태로, 어떤 제품에서 구매동기로 가시화되는지 살펴보자.

미식美食 요리법 체험, 여행업계, 전자오락기기, 라디오와 TV, 오락용 책, 모든 종류의 기호품, 비디오, 음악, 다른 사람들과 다르게 보이도록 해주고 타인의 이목을 끄는 데 도움을 주는 제품, 레저산업, 혁신 제품(예: 디자인 관련), 여행과 관광, 쇼핑 체험, 혁신 제품 박람회 초대, 신제품 정보 및 뉴스, 이벤트 초대

놀이 모듈 : 자극 시스템의 '딸들'

놀이 모듈은 자극 시스템과 연결돼 있지만, 뇌 연구의 관점에서 보

면 부분적으로는 독립성을 갖고 있다. 놀이 모듈은 특히 어린이들에게서 활성화되는데, 아이들은 놀이를 통해 정신력과 운동력이 향상되기 때문이다. 뇌 속에서 놀이 모듈은 자극 시스템과 밀접하게 결합돼 있으며, 도파민이 중요한 신경전달물질로 작용한다. 그러나 뇌에는 배내측 간뇌Diencephalon와 놀이 본능을 유발하는 다발옆핵Parafascicular nucleus 같은 별도의 영역도 존재한다. 도파민 때문에 기분이 좋아지기도 하지만 쾌감을 경험할 때 자생적으로 발생하는 오피오이드Opioid도 활성화된다. 아세틸콜린도 놀이 모듈에 관여하는 신경전달물질인데 경험을 통해 빠르게 학습하도록 돕는다. 이제 놀이 모듈이 어떤 형태로, 어떤 제품에서 구매동기로 가시화되는지 살펴보자.

전자오락, 장난감, 재미 삼아 하는 스포츠, 다양한 기능과 버튼을 갖춘 기계들, 도박용 기계, 로또, 경마 베팅, 돈 내기 게임, 제품을 구매할 때 물건을 만져보거나 시험해보려는 욕구

권력에 대한 욕구, 지배 시스템

빅 3의 마지막 감정 시스템인 지배 시스템은 경쟁자를 억압하거나 축출하는 것을 목표로 하기 때문에 이견이 분분하다. 지배 시스템은 사람들에게 각종 자원과 섹스 파트너를 둘러싼 싸움에서 경쟁자를 물리치고 자신의 권력을 구축하며, 영역을 확장하라고 지시한다. 지배 시스템은 다음과 같은 명령을 내린다.

- 끝까지 관철시켜라!

- 지위를 얻고자 노력하라!
- 타인보다 더 나은 사람이 돼라!
- 권력을 키워라!
- 경쟁자를 물리쳐라!
- 영역을 확장하라!
- 자율성을 보존하라!
- 적극적으로 행동하라!

이 명령을 충실히 이행할 경우 인간(고객)은 자부심, 승리감, 우월감을 경험하게 된다. 그렇지 못할 경우에는 짜증, 분노, 불안을 경험하게 된다. 그렇다고 지배 시스템에 부정적인 면만 있는 것은 아니다. 정확히 따져보면 지배 시스템은 진보의 원동력이기도 하다. 선조들과 비교해 봐도 우리는 그들보다 쾌적하고 편안한 삶을 누리고 있지 않은가. 이는 지배 시스템 덕분이다. 지배 시스템이 없었다면 자동차, 비행기, 항생제, 컴퓨터는 존재하지 않았을 것이다. 인류의 진보는 학자, 정치인, 기술자, 운동선수, 배우를 막론하고 누구든 자신의 분야에서 정상에 오르고자 노력하는 사람들 덕분에 가능해진다. 그리고 정상에 오르기 위해서는 비범한 능력을 발휘해 자신의 뜻을 끝까지 관철시켜야 한다.

지배 시스템은 가장 단순한 생물체인 박테리아에서도 관찰된다. 이 것으로 우리는 지배 시스템이 수십억 년 전부터 인간의 유전자 속에 뿌리박혀있었음을 미루어 짐작할 수 있다. 인포박스 3에서 지배 시스템에 대한 학문적 배경을 찾아볼 수 있다. 이제 지배 시스템이 어떤 형태와 제품에서 구매동기로 드러나는지 살펴보자.

고가의 시계나 향수 혹은 패션 등 지위를 상징하는 모든 종류의 제품, 엘리트 클럽 멤버십, VIP 지위, VIP 이벤트, 자신감을 올려주는 자동차, 기계나 도구, 고급 와인처럼 우월한 전문가적 지식을 상징하는 제품, 체력과 민첩함을 향상시키는 데 도움이 되는 스포츠 기구와 헬스 보충제 및 관련 서비스, 효율성과 성능을 향상시키는 제품이나 시스템 혹은 서비스

이제 지배 시스템의 '아들'이라 할 수 있는 포획·사냥 모듈과 싸움 모듈에 대해 살펴보자. 이 두 가지 모듈은 모두 뇌 속의 자극 시스템과 지배 시스템 사이에 존재하지만 서로 관련은 없다. 하지만 사냥 모듈과 싸움 모듈은 지배 시스템과 공통점이 있다. 이들 사이에 공통점이 존재한다는 중요한 사실을 증명한 사람은 미국의 유명 신경생물학자인 야크 판크세프Jaak Panksepp다.[2.8]

포획·사냥 모듈 : 싼 물건을 찾아다니는 사냥꾼의 원동력

포획·사냥 모듈은 놀이의 구성요소와 공격적인 구성요소 모두를 갖고 있다. 사냥하는 행위는 대개 짜릿한 불확실성과 즐거운 긴장감을 유발하는데 이는 놀이의 구성요소와 관련이 있다. 반면 사냥감을 죽이거나 경쟁자를 몰아내는 측면에서 보면 공격적 구성요소와 관련이 있다. 포획·사냥 모듈에서 중요한 뇌 영역은 시상하부다. 여기서는 도파민과 테스토스테론이 가장 중요하게 작용하는 신경전달물질인 것으로 보인다. 현재 이 부분과 관련해서는 아직 더 많은 연구가 필요하다. 이제 포획·사냥 모듈은 어떤 형태로, 어떤 제품에서 구매동기로 가시화되는지 살펴보자.

싸움 모듈 : 축구할 때 활성화되는 뇌 중추

싸움 모듈은 지배 시스템과 밀접하게 연결돼 있지만, 자극 시스템 내의 놀이 모듈과도 관련이 있다. 특히 이 모듈은 훗날의 '비상 상황'에 대비해 놀이를 하면서 신체 투쟁 능력을 익히고 향상시키는 어린 소년들에게서 매우 활성화된다. 싸움 모듈의 중요한 뇌 영역은 시상의 다발옆핵 그리고 후핵Posterior Nucleus과 우리가 놀이 모듈과 지배 시스템을 다뤘을 때 알게 됐던 뇌 영역들이다. 이 모듈의 주요 신경전달물질과 호르몬은 도파민, 테스토스테론, 노르아드레날린, 아세틸콜린, 다양한 종류의 오피오이드다. 이제 싸움 모듈이 어떤 형태로, 어떤 제품에서 구매동기로 가시화되는지 살펴보자.

성욕 모듈 : 프로이트의 유산

의심할 것도 없이 성욕은 지배 시스템, 자극 시스템, 균형 시스템만큼이나 중요하다. 지금 만약 지그문트 프로이트가 성욕이라는 말에 '만큼이나'라는 단어를 쓸 정도로 성욕을 과소평가했다는 사실을 안다면 아주 거세게 항의했을 것이다. 성욕은 기본적으로 인간의 감정 시스템을 움직이는 근원이라고 주장하면서 말이다.

프로이트의 주장은 맞기도 하면서 틀리기도 하다. 그럼 먼저 프로이트가 범한 오류부터 살펴보자. 진화생물학적 관점에서 보면 오류가 분명하게 드러난다. 암수 성세포의 결합에 의한 번식은 진화 과정에서 상대적으로 늦게 나타났다. 현재에도 많은 생물체가 성행위를 하지 않고 번식을 한다. 그러나 생물체는 이미 수십억 년 전부터 가장 단순한 형태의 지배 시스템과 균형 시스템, 자극 시스템을 따르고 있었다.

그렇다면 어떤 점에서 프로이트의 주장이 옳았을까? 사실 성욕은 기존의 모든 감정 시스템에 분명하게 연관돼 있고, 번식이라는 목표를 달성하기 위해 이 감정 시스템을 이용한다. 다른 말로 표현하자면, 성욕은 이미 존재하는 감정 프로그램에 기본적으로 설정돼 있다는 것이다. 빅 3와 그 모듈들에 관여하는 수많은 뇌 영역과 호르몬 역시 결정적으로 성욕과 협력하고 있다.

예를 들어 지배 시스템은 내가 마음에 두고 있는 번식 파트너에게 관심을 보이는 다른 경쟁자들을 몰아내는 데 도움이 된다. 지배 시스템은 남성들의 성공이나 출세와 관련이 있는데, 이는 여성들에게 매력적인 남성으로 보이게 한다. 자극 시스템은 번식 파트너의 관심을 자기 쪽으로 유도하고 섹스를 통해 즐거움을 얻도록 돕는다. 균형 시스템, 특히 돌봄 모듈과 결합 모듈은 그 둘의 관계를 안정시켜주고 자손의 생존을 보장한다.

여기서 주목할 점이 있다. 남성과 여성의 성적 행동에는 상당한 차이가 있다는 점이다. 이러한 차이는 뇌 구조에서도 발견되지만, 특히 신경전달물질과 호르몬에서 그 차이가 더 심하게 나타난다.[1.5, 6.5, 6.10, 6.12,] [6.13] 남성의 경우 남성 성호르몬이자 지배 호르몬인 테스토스테론이 뇌 속에서 주도권을 갖는 반면, 여성의 경우 에스트로겐(에스트라디올)과 옥시토신, 프로락틴이 주도권을 갖는다. 이들 호르몬은 남성과 여성의 뇌 속에 모두 들어 있지만, 농도는 서로 다르다. 이런 이유로 남성 호르몬 혹은 여성 호르몬이라는 말은 학문적으로 틀린 표현이다.

Chapter 6에서 소비활동과 구매활동을 할 때 남성과 여성이 왜 다른지 그 이유를 좀 더 집중적으로 살펴볼 것이다. 수많은 감정 시스템에서 성욕이 발견되는 것처럼 소비에 있어서도 성욕은 아주 깊게 관여한다. 이제 성욕이 어떤 형태로, 어떤 제품에서 구매동기로 가시화되는지 살펴보자.

화장품, 의복, 자동차, 꽃(첫날밤에), 선물과 보석, 지위와 부를 상징하는 제품, 섹스용품 등

식욕 모듈과 구토 모듈 : 생존과 직결된 욕구

마지막으로 식욕 모듈과 구토 모듈을 살펴보자. 이 두 모듈은 인간의 생존에 매우 중요한 역할을 한다. 식욕은 배고픔과는 약간 다르다. 식욕은 특정 음식이나 맛에 관심과 애착을 보이는 반면, 배고픔은 허기짐을 해결하기 위해 불특정한 무언가를 먹도록 요구한다.

식욕 모듈은 '나는 지금 이 바나나가 무척 먹고 싶다'라고 말한다. 구토는 정확히 반대로 작용한다. 구토를 유발하는 음식을 회피하는 것은 균형 시스템의 작동 때문이다. 구토는 시각(눈), 미각(입/혀), 후각(코)을 통한 부정적 자극으로 인해 일어난다. 식욕 모듈과 구토 모듈에는 자극 시스템 및 균형 시스템 외에 특히 시상하부 부분과 대상피질, 안와전두피질, 그리고 대뇌전두엽 바로 아래에 있는 뇌섬엽Insula이라는 뇌 영역이 관여한다. 식욕 모듈은 소비동기로도 중요한데, 이는 좋은 맛과 냄새가 나는 제품을 선호하게 만든다. 식욕 모듈은 자극 시스템과 밀접하

게 연결돼 있으며, 자신의 목표를 달성하기 위해 이 보상 시스템을 이용한다.

감정 시스템의 양면, 보상과 처벌

우리의 감정 시스템은 언제나 목표를 추구하며, 진화론적 목적을 갖고 있다. 하지만 그것은 진화의 관점에서 우리 삶을 성공적으로 조종하기에는 충분하지 않다. 그래서 내용을 정확히 이해하려면, 다양한 측면에서의 더 많은 정보와 힌트가 필요하다.

이미 살펴봤듯이 모든 감정 시스템에는 긍정적이고 즐거운 측면, 부정적이고 고통스러운 측면, 혐오감을 일으키는 측면이 있다. 뇌 속에는 전체 감정구조의 일부분인 두 가지의 시스템이 있다. 그것은 (긍정적인) 보상 시스템과 (부정적인) 회피 시스템이다. 먼저 보상 시스템을 알아보자. 학문적 측면에서 보면 보상 시스템은 두 가지의 기능으로 나뉜다. 하나는 즐거운 기대감을 통해 보상을 찾아낼 동기를 부여하는 보상기대 시스템이며, 다른 하나는 우리가 고대하던 물건을 구매할 때 좋은 감정으로 보상을 해주는 실제의 보상 시스템이다. 보상기대 시스템은 신경전달물질인 도파민에 강력히 의존하는 반면, 실제의 보상은 행복감을 주는 호르몬인 엔도르핀에 의해 유발된다. 보상 시스템에 관여하는 주요 핵은 '대뇌측좌핵'Nucleus Accumbens 이다.

보상기대 시스템은 만족을 모른다

보상기대 시스템의 중요한 특징은 영원히 만족하지 못한다는 점이다. 한번 주어진 보상에 빨리 익숙해져 다음 번 보상에서는 그만큼 만족하지 못하고 더 갈망한다. 다시 말해 '더는 만족하지 않는다. 더 많은 것을 원해'라는 뜻이다. 보상기대 시스템의 영원한 불만족은 소비 사회를 이끌어가는 주요 원동력이다. 자동차는 갈수록 튼튼해지고 빨라진다. 휴가 여행은 계속해서 우리를 더 먼 목적지로 유인한다. 스마트폰은 항상 새롭고 발전된 기능을 탑재한다. 빌헬름 부슈Wilhelm Busch는 이런 상황을 시에서 아주 잘 표현했다.

> 당신이 그토록 애타게 얻으려고 노력한 것,
> 그것은 당신 것이 되었다
> 당신은 승리감을 느끼고 큰 소리로 환호했지
> 마침내 평화가 내게 찾아왔노라고
> 그런데 이봐, 그렇게 격렬하게 떠들지 말고
> 혀를 잘 길들여
> 모든 소원은 말이야
> 그 소원이 이뤄지면
> 당장 새끼 소원을 불러올 테니까

여기서 주목해야 할 것은 새끼 소원이 자기의 어머니 아버지보다 더 크고 좋고 빠르며 아름다워야 한다는 점이다.

회피 시스템의 구조도 이와 유사하다. 여기에도 처벌기대와 실제 처벌을 위한 하부 시스템이 존재한다. 여기서 중요한 뇌의 영역은 편도체와 뇌섬엽이다. 처벌 시스템에도 자체 법칙이 있는데, 상실은 뇌에서 처벌로 경험된다. 처벌은 보상보다 2배나 더 강한 강도로 느껴진다. 가령 100유로를 얻었을 때 느끼는 기쁨보다 100유로를 잃었을 때 느끼는

	보상/쾌감	회피/불쾌
지배 시스템	자존심 승리감 자부심	격노 분노 무기력
자극 시스템	기분 전환 짜릿함 즐거운 놀라움	지루함 단조로움
균형 시스템	안전 보호함	불확실성 두려움 공포
결합/돌봄	사랑 보호받음	고독 외로움
성욕	자극 오르가슴	성적 좌절

고통이 뇌 속에서 2배나 더 강하게 일어난다. 노벨경제학상 수상자인 대니얼 카너먼은 이 관계를 발견해 '전망 이론'Prospect Theory 으로 설명한 최초의 학자였다. 이제 모든 감정의 상반된 두 가지 측면을 알게 됐으니, 이 감정들이 어떻게 드러나는지 〈도표 2-2〉에서 살펴보자.

머릿속에서 일어나는 권력투쟁

지금까지 설명한 구매동기를 꼼꼼하게 읽고 살펴보았다면, 이 과정에서 몇 가지 모순을 발견했을 것이다. 가령 균형 시스템은 항상 존재해

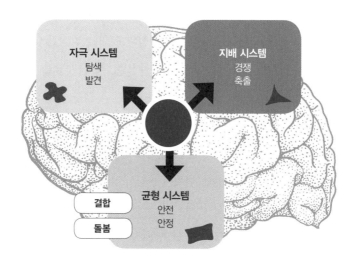

뇌는 탁월한 논리에 따라 작동한다. (구매) 리스크를 감수하는 지배 시스템과 자극 시스템은 위험을 예방하고 절약을 강조하는 균형 시스템(결합/돌봄과 함께)과 팽팽하게 대결하고 있다.

왔던 전통적인 상품을 구매하도록 유도한다. 반대로 자극 시스템은 늘 새로운 상품을 찾게 하고, 최신 트렌드를 따르도록 한다. 여기서 뭔가 좀 이상하다는 것을 느낄 것이다. 왜냐하면 균형 시스템과 자극 시스템이 모순 관계에 있기 때문이다.

이런 모순은 돌봄 모듈과 지배 시스템 사이에도 나타난다. 돌봄 모듈은 고객을 독려해 다른 사람을 기쁘게 하고, 선한 행동을 유도하며, 기부하도록 만든다. 반면 지배 시스템은 이기적인 힘을 지니고 있기에 내면에서 이렇게 외친다. '기부하지 마라! 돈은 너 자신을 위해서 써라!' 이 경우 지배 시스템은 돌봄 모듈, 균형 시스템과 모순된다.

그리고 바로 이것이 머릿속에 있는 동기 시스템과 감정 시스템을 배후에서 은밀하게 조종하는 중요한 논리의 실체다. 이들은 각기 다른 뇌 영역에서 처리되고 다양한 신경전달물질의 지원을 받지만 〈도표 2-3〉에 나타난 것처럼 고도로 지능적인 시스템, 즉 관계망을 이루고 있다.[2.1, 2.4, 4.6, 4.8]

지배 시스템과 자극 시스템이 고객의 머릿속을 낙관적으로 만들고 활성화시키는 동기 시스템인 반면, 균형 시스템(결합과 돌봄을 포함해)은 억압적이고 비관적인 역할을 한다. 지배 시스템과 자극 시스템은 리스크를 감수하고서라도 많은 돈을 쓰도록 고객을 자극한다. 반대로 균형 시스템은 리스크를 방지하면서 절약하도록 독려한다. 또 한 가지 더 중요한 점이 있다. 낙관주의와 비관주의 사이에서 계속되는 주기적인 반복, 즉 지배/자극 시스템과 균형 시스템 사이의 반복은 경기순환의 심리학적·생물학적 원동력이기도 하다는 점이다. 머릿속에서 일어나는 동기의 역동성과 권력투쟁의 학문적 배경에 관심이 있는 독자는 인포박스 4에서 더 자세한 내용을 알아볼 수 있다.

감정과 가치의 공간

여기까지 읽고서 '빅 3'(자극 시스템, 지배 시스템, 균형 시스템)와 그 딸들, 아들들 및 각 관계들 간의 역동성이 아주 그럴 듯해 보일 수도 있을 것이다. 하지만 이것으로 고객과 그의 모든 구매동기, 욕구, 소망, 가치를 실제로 설명할 수 있을까? 내 대답은 "아직은 충분하지 않다."이다.

우리가 아직 관찰하지 않은 것은 빅 3 사이에 존재하는 '혼합 감정'이다. 일단 〈도표 2-4〉에 나와 있는 Limbic® 맵의 기본 형태를 살펴보

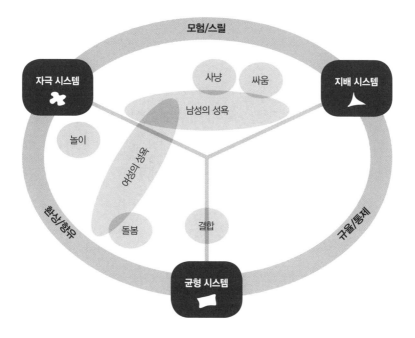

모험/스릴

자극 시스템

사냥   싸움

남성의 성욕

지배 시스템

놀이

여성의 성욕

환상/향유

돌봄   결합

규율/통제

균형 시스템

Limbic® 맵은 인간의 모든 동기와 감정공간을 보여주고 있다.

자. 이 지도는 고객을 더 잘 이해하기 위해 굉장히 중요하며, 이 책의 끝까지 우리와 계속 동행할 것이다. 그런데 지도의 이름이 왜 Limbic®일까? 이유는 간단하다. 우리 머릿속의 모든 감정 시스템과 동기 시스템이 자리 잡은 곳이 바로 '대뇌변연계'Limbic System이기 때문이다.

먼저 〈도표 2-4〉에서 우리 감정 시스템의 기본 골격에 해당하는 빅 3부터 살펴보자. 그리고 뇌 연구의 결과들을 기반으로 해서 각 모듈이 차지하는 자리를 표시하며 완성해나가자. 이제 '혼합 감정'을 살펴보려

한다. 우리의 감정 시스템은 대부분 독립적으로 작동하므로 때로는 동시에 활성화될 수도 있다. 그래서 혼합 감정이 존재한다.

모험/스릴

이제 지배 시스템과 자극 시스템이 혼합된 감정에서부터 시작해보자. 우리는 이 혼합을 모험/스릴이라고 부를 것이다. 왜냐하면 모험을 심리학적으로 설명하는 것이 비교적 간단하기 때문이다. 사람들은 자기 자신을 뛰어넘음으로써 자신을 증명해보이려 한다(지배). 다른 한편으로 사람들은 새로운 것을 발견하고 싶어한다(자극).

환상/향유

균형 시스템과 자극 시스템의 혼합 감정으로 넘어가 보자. 우리는 이 혼합 감정을 환상/(부드러운)향유라고 부를 것이다. 자극 시스템은 새로운 것과 미지의 즐거움을 적극적으로 찾도록 동기를 부여한다. 그러나 균형 시스템은 여기에 제동을 건다. 이런 이유로 새로운 것을 적극적으로 찾을 때 개방적이면서도 수동적인 태도가 동시에 나타난다. 이를 통해 '자기 자신에게 가까이 다가갈' 수 있으며, 꿈꾸고 상상하던 것을 이루는 것이 가능해진다.

규율/통제

마지막으로 균형 시스템과 지배 시스템의 혼합 감정을 규율과 통제라고 부른다. 왜냐하면 균형 시스템은 모든 것이 정리정돈되어 안정적 상태가 유지되고, 되도록 아무것도 변화하지 않길 바라기 때문이다. 반대로 지배 시스템은 이미 일어난 일에 규칙을 세우고자 한다. 바로 이

것이 통제의 심리학이다. 사람들은 모든 것이 일정하고 예측 가능할 수 있기를 바라는(균형) 동시에 자신이 직접 게임 규칙을 정하고, 주도권을 쥐기를 바란다(지배).

감정 세계와 가치 세계를 보여주는 Limbic® 맵

수많은 마케팅 담당자가 여러 동기 모델과 가치 모델의 도움을 받아 고객과 소비자를 더 잘 이해하려고 한다. 일부 모델은 가치에 더 초점을 맞추는 반면, 다른 모델은 동기에 더 집중한다. 우리는 고객의 감정 시스템과 동기 시스템을 이미 잘 알고 있다.

그렇다면 가치는 무엇일까? 사회심리학자들의[1.11] 설명에 따르면, 가치는 자신의 행동이나 타인의 행동을 측정하는 기준이다. 신뢰, 용기, 성실, 완벽함 등이 여기에 해당한다. 그러나 아쉽게도 실무 현장에서 사용되는 동기 모델과 가치 모델은 서로 호환되지 않는다. 그 결과 마케팅 담당자가 마케팅 업무와 판매활동을 할 때 고객의 어떤 동기와 가치를 공략해야 할지 혼란에 빠지게 된다. 이를 막으려면 여러 모델을 동시에 동원해야 한다. 고객의 머릿속에서 무슨 일이 일어나는지를 이해하고 거기에 공감할 수 있도록, 감정 시스템과 가치를 연결하는 모델을 만들어내고 발전시키는 것이 Limbic® 맵의 목표였다.

다시 가치로 돌아가 보자. 가치는 동기나 감정과 어떤 관계가 있을까? 이 물음에 답하기에 앞서 나는 여러분을 두 가지 작은 실험으로 안내하려 한다. 오래 생각하지 말고 그냥 자신의 직감을 믿어라! 자, 출발해보자.

실험 1

먼저 네 가지 가치를 언급할 것이다. 창의성, 신뢰성, 호기심, 품질. 이 개념들에는 두 가지씩 짝을 이루는 것들이 있다. 어떤 것끼리 짝일까? 의심할 여지없이 무엇이 짝이고 아닌지 바로 알 수 있다. 창의성은 호기심, 신뢰성은 품질과 어울린다.

실험 2

이제 또 다른 네 가지의 가치들을 언급하겠다. 이번에는 짧게나마 이 개념들에 대해 생각해보길 바란다(느낌을 떠올려보면 더 효과적이다). 감성, 확신, 정확성, 용기. 〈도표 2-4〉에 나와 있는 Limbic® 맵을 보면서 맞다고 생각되는 위치에 이 개념들을 배치해보자. 〈도표 2-5〉에서는 가치의 위치를 확인할 수 있다.

이 두 가지 실험에서 비교적 쉽게 답을 찾았을 것이다. 그 이유는 무엇일까? 가치에는 항상 감정 요소가 포함돼 있다. 여러분을 안전하게 정답으로 이끌었던 것도 이 감정들이다. 실험 1에서는 호기심과 창의성 사이의 공통된 힘을 느낄 수 있다. 바로 자극 시스템이다. 신뢰성과 품질에서도 마찬가지다. 여기서 원동력은 균형 시스템이다.

Limbic® 맵에 네 가지 가치를 분류할 때는 확실히 시간이 좀 더 걸릴 것이다. 실험 1때보다 오차는 더 나겠지만 그래도 무엇이 정답인지 '느낄' 수 있다. 감성은 규율/통제와 아무런 관련이 없으며, 환상/향유의 방향과 훨씬 더 잘 어울린다는 것을 우리는 본능적으로 안다. '정확성'은 정확히 그 반대다. '정확성'을 마음속으로 떠올리면 시계 장치나 기계의 정밀함이 연상된다. 이 모든 것은 계산의 결과물이며, 우연히 일

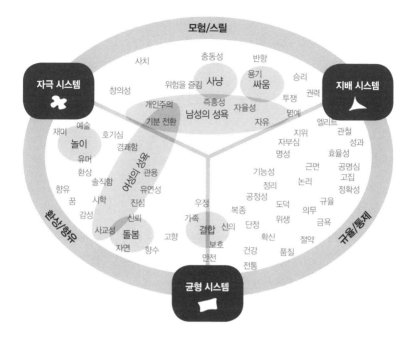

Limbic® 맵은 동기 시스템과 감정 시스템을 여러 가치와 결합시킨다. 또한 고객과 소비자의 구매결정을 일목요연하게 설명해주는 이상적인 도구다.

어난 것은 아무것도 없다. '확신'과 '용기'에서도 유사한 대립 관계가 느껴진다. '확신'은 균형 시스템 쪽으로 기울고, '용기'는 모험/스릴 쪽으로 기운다는 것을 느낄 수 있다. 이처럼 가치 또한 뇌 속에서 비교적 명확한 자리를 차지하고 있음이 확실하다.

우리 연구팀은 이와 똑같은 과제(여기서는 훨씬 더 많은 개념과 가치가 제시되었다)를 님펜부르크 그룹에서 수많은 소비자와 심리학자들을 대상으로 진행했다. 심리학자의 뇌(사소한 추가 방해는 제외하고)와 일반 소비자의 뇌에 차이가 없었기 때문에 결과 역시 거의 같았다. 〈도표 2-5〉를 보면 고객과 소비자의 머릿속에 있는 들어 있는 전반적인 가치 세계가 어떤 모습을 하고 있는지 알 수 있다. 고객과 소비자에게 중요하고 가치 있는 모든 것은 Limbic® 맵의 감정공간과 가치공간에서 발생한다.

상반된 욕구들의 긴장 관계

앞부분에서 감정 시스템이 지능적인 관계망을 형성하고 있음을 살펴보았다. 확장하는 지배세력과 자극세력에 맞서 위험을 회피하는 균형세력이 대립자 역할을 한다. 우리는 Limbic® 맵의 도움으로 감정의 위치를 알게 된 지금, 머릿속에 있는 역동성에 대해 자세히 살펴볼 것이다. 뇌 속에는 여러 감정 간의 긴장 관계와 표면적인 모순이 존재한다. 소비자의 무의식적인 논리와 구매결정을 더 잘 이해하기 위해서는 감정들의 긴장 관계와 모순에 대해 알고 있어야만 한다. 쾌락주의적 긴장과 금욕주의적 긴장부터 시작해보자.

쾌락주의적 긴장 vs. 금욕주의적 긴장

여러분도 이런 경험을 해보았을 것이다. 전날 밤의 식사는 환상적이었고, 와인은 넉넉했다. 즐거움에 자극 시스템이 환호성을 질렀다. 그러나 집으로 돌아가는 길에 왠지 양심의 가책이 느껴진다. '다음 주에는 단식을 해야겠다. 이제 폭식은 끝났고, 금욕과 규율이 기다리고 있다.'

다른 예를 들어보자. 기분 좋게 쇼핑 거리를 누비며 여기저기서 잡다한 물건을 샀다. 저녁에 양손 가득 쇼핑한 물건을 들고 집으로 돌아왔

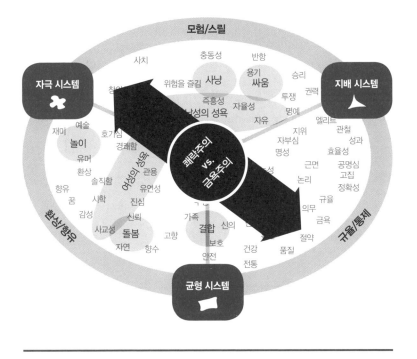

〈도표 2-6〉쾌락주의적-금욕주의적 긴장 관계

다. 그 물건들을 보니 왠지 삶이 풍요로워지는 듯해서 기분이 좋다. 침대에 누워 베르너 티키 퀴스텐마허Werner Tiki Kustenmacher가 쓴《단순하게 살아라》를 읽는다. 이 책은 인생에서 불필요한 것들을 모두 걷어내고, 소박함에서 행복을 찾으라는 내용을 담고 있다. 책의 내용에 공감하며 고개를 끄덕이다가 갑자기 오늘 샀던 잡다한 물건들을 완전히 다른 눈으로 보게 된다. 그것들은 거의 쓸모없고 인생을 복잡하게 만드는 짐일 뿐이다. 순간 수도원에서나 느낄 수 있는 검약한 생활과 명상으로 가득한 평온함을 갈망하게 된다.

이처럼 아무런 방해도 받지 않은 채 음식을 먹고 쇼핑을 즐기다가,

잠시 후 금욕을 예찬하고 수도원의 검약하고 명상적인 평온함을 갈망하는 것은 왜일까? 이런 일은 어떻게 가능한 것일까? 조현병에 걸리기라도 한 것일까? 절대 그렇지 않다.

〈도표 2-6〉의 Limbic® 맵을 보면 뇌에서 무슨 일이 일어난 것인지 분명해진다. 자극 시스템의 반대편은 규율/통제인데, 여기에는 '금욕'이나 '의무' 같은 개념이 들어 있다. 다시 말해 뇌 속에는 균형 상태를 유지하려는 두 가지의 상반된 세력이 공존한다. 철학 역시 이런 긴장에 대해 광범위하게 다루어왔다. 예를 들어 덴마크의 철학자 쇠렌 키르케고르Søren Kierkegaard는 그의 책 《이것이냐 저것이냐》에서 즐거운 삶과 의무로 채워진 삶 사이의 딜레마를 서술했다.

혁명적 긴장 vs. 보존적 긴장

이제 거대한 긴장의 영역을 살펴볼 텐데, 이는 기존의 혁명과 보존 사이에 있는 긴장이다. 우리는 완전히 새롭고 혁신적인 제품을 사는 데 돈을 많이 쓰는 동시에 오래되고 전통적인 제품을 사는 데서도 똑같은 즐거움을 느낀다. 고막이 찢어질 듯한 음악으로 시끄러운 클럽에 갔다가, 늦은 밤 아늑한 전통 술집에 앉아 있는 자신을 발견한다. 우리에게는 이처럼 상반된 두 가지가 모두 필요하다.

〈도표 2-7〉을 살펴보면 긴장 관계가 명확하게 보인다. 이러한 감정의 역동성은 철학에서도 재발견됐다. 프리드리히 니체Friedrich Nietzsche의 철학적 이상인 '초인'Ubermensch은 기존의 것을 유지하려는 힘에서 벗어나 언제나 새롭고 알려지지 않은 삶의 가능성을 개척해나가는 인간을 말한다.

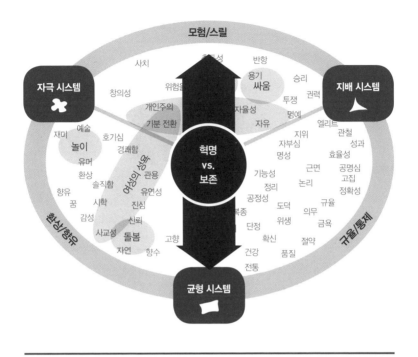

이기주의적 긴장 vs. 이타주의적 긴장

경제학자들은 인간이 이기적인 존재이며, 자신의 이익만을 생각한다고 주장해왔다. 그들의 말이 맞다는 것은 여러 예들로 실증되기도 했다. 거리낌 없이 수백만 달러를 훔친 부패 정치인이나 경영자를 생각해보자. 그리고 권력과 지위를 상징하는 제품을 소비함으로써 자신의 존재감을 드러내는 것만 봐도 이기주의가 상당한 힘을 발휘한다는 것을 알 수 있다.

낮에는 무자비할 정도로 냉혹하게 자기 업무를 하던 매니저가 저녁마다 교구에서 자선단체를 위해 기부금을 모으고, 사랑으로 가족을 보

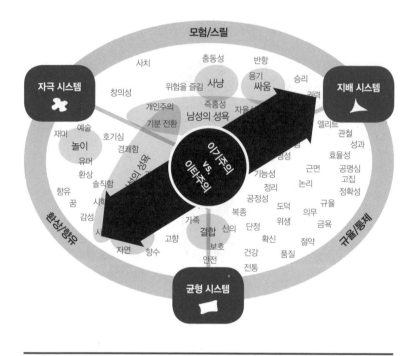

〈도표 2-8〉 이기주의적-이타주의적 긴장 관계

살피는 모습을 우리는 종종 발견한다. 〈도표 2-8〉은 어떻게 그런 일이 가능한지 그 이유를 보여준다. 지배세력과는 정확히 반대되는 지점에 사회적 모듈인 '결합과 돌봄'이 있다.

언제부터인가 경제학자들은 관점을 바꿔 인간에 내재돼 있는 '선'善에 주목하기 시작했다. 특히 취리히대학교의 에른스트 페르Ernst Fehr, 마르쿠스 하인리히Markus Heinrich, 타니아 싱어Tania Singer의 뇌 스캐너 실험은 오직 이기적이기만 한 경제적 인간(호모 에코노미쿠스)상이 사실은 틀렸음을 보여주었다. 왜냐하면 인간은 굉장히 자주 이타적으로 행동하기 때문이다. 이 감정적 갈등 관계도 철학에 기록돼 있다. 토머스 홉스Thomas

Hobbes는 자신의 책에서 인간은 인간에게 늑대이기도 하지만, 늘 그렇지는 않다고 했다. 인간은 때로 인간에게 신이기도 하기 때문이다.

강력한 트렌드에는 늘 반대 트렌드가 있다

뇌 속에 존재하는 이 긴장 관계들을 알고 나면 트렌드 연구의 결과들을 더 의식적으로, 더 탁월하게 다룰 수 있다. 거대 트렌드는 항상 핵심적 감정을 갖고 있기 때문이며, 모든 트렌드에는 항상 반대 트렌드가 있게 마련이다.

이 관점으로 몇 가지 발전 과정을 살펴보자. 지난 몇 년간 '세계화'라는 단어가 메가트렌드로 세계를 지배했다. 세계화는 확장을 의미하며, 지배세력과 자극세력이 이를 주도한다. 그러나 이 트렌드에는 강력한 반대 세력, 즉 반대 트렌드가 있다. 지역성과 지역 제품에 대한 욕구가 바로 그것이다. 이처럼 수많은 트렌드와 반대 트렌드의 대립, 그들의 긴장 관계는 지금의 시장에서도 관찰된다. 몇 가지 예를 통해 이를 살펴보자.

- 유전자 조작 식품을 둘러싼 논쟁은 유기농 식품 시장의 성장을 가속화했다.
- 아방가르드한 디자인이 유행하면, 항상 복고풍의 레트로/빈티지 디자인이 등장한다.
- 이국적인 나라로 여행하려는 욕구가 만연한 반면, 코쿠닝 Cocooning(자신만의 공간에서 보호받고 계속 머무르려는 것) 욕구도 널리 퍼져 있다.

Limbic® 맵은 문화를 넘어 확산된다

지금까지 긴장 관계들에 대해 다루었다. 여기서 세계화와 국제화를 근거로 살펴봐야 할 또 다른 중요한 문제가 있다. Limbic® 맵도 국제적으로 통용될 수 있을까 하는 점이다. 원칙적으로는 그렇다. 개별 가치들이 지닌 중요성과 의미에서는 문화 간 차이가 크지만 말이다. 예를 들어 미국인에게는 '개인주의', '위험을 감수할 각오' 같은 가치들이 대단히 중요하다. 반면 스위스인들은 '전통' 같은 균형 시스템을 선호한다. 일본인과 중국인은 결합, 가족, 단체처럼 '사회적 가치'를 더 중요시 여긴다.[2.19] 그럼에도 뇌 속에서 각각의 가치들이 점하고 있는 위치는 문화권을 넘어 동일한 양상을 보인다. 고로 Limbic® 맵은 전 세계적으로 통용될 수 있다는 뜻이다.

물론 Limbic® 맵에 나오는 가치 중에는 번역하기가 불가능한 단어들도 있다. 또 다른 문화권에서는 다른 개념으로 이해되거나 아예 존재하지 않는 가치도 있다. 예를 들어 '개인주의'라는 가치가 일본과 중국에서는 미국에서 쓰일 때와는 다른 의미를 지니듯이 말이다. 이처럼 가치에 대한 개념이 다르므로, 아시아 시장에 진출할 때는 반드시 문화적 특수성을 고려해야 한다.

보편적 가치, 시간과 돈

Chapter 2 도입부에서 우리는 시간동기나 금전동기 같은 것이 별도로 존재하는지 생각해봤다. 심리학과 뇌과학의 관점에서 보면 시간동기와 금전동기는 그 자체로 독립적이지 않으며 '보편적인 특징'이다.

먼저 돈부터 시작해보자. 돈은 더 포괄적이고 보편적이며 일반화된 '가치의 상징'으로, 소비자의 모든 욕구와 소망을 충족시킬 수 있게 돕는다. 소비자는 대형차를 구매할 수 있고(지배), 노후 및 건강대책을 업그레이드할 수 있으며(균형), 세계여행을 할 수도 있다(자극). 이것이 바로 돈의 매력이다. 돈은 모든 욕구를 충족시켜주는 '보편적인 열쇠'다. 그러나 충족시키고 싶은 욕구는 우리가 앞에서 알게 됐던 감정 시스템과 동기 시스템에서 만들어진다는 것을 기억하자. 때문에 뇌 속에서는 고유하거나 독립된 별도의 금전동기가 없다.

어떤 동기 시스템과 감정 시스템이 돈을 쓰게 하는 욕구의 원동력인지 늘 생각하고 질문해야 한다. 돈은 조커 기능도 하는데, 어떤 상황에서나 어느 때나 이 조커를 투입할 수 있다. 조커 기능 역시 굉장히 감정적이다. 자유와 자율성은 지배 시스템과 자극 시스템에서 비롯되었고, 편안함은 균형 시스템에서 비롯되었다.

이제 시간에 대해 알아볼 차례다. 시간은 중세시대까지만 해도 일상에서 크게 중요하지 않았다. 시간은 누구에게나 주어진 것인지라 중력만큼이나 자연스러운 것이었다. 인간의 삶은 낮과 밤, 해, 달, 썰물과 밀물, 계절처럼 자연의 시간으로 결정되었다. 그러나 인간이 시계를 만들어 신에게서 시간을 빼앗아오자 시간의 성격은 변화하기 시작했다. 시간은 왕과 황제의 지배 도구이자 통제 도구가 되었다.

19세기 말에도 바이에른에서 뷔르템베르크로 갈 때는 시간을 조정해야 했다. 시간의 도움으로 세계는 동시성을 갖게 되었고 질서가 잡혔다. 그러나 무엇보다 시간이 돈과 연결될 때는 더욱 가치 있는 것이 되었다. 피렌체의 양모 직조공들은 14세기 말에 처음으로 초과 근무시간을 돈으로 받았다. 이전까지는 작업물을 완성했을 때만 돈을 받을 수 있었다. 이자 소득 또한 시간과 인과관계를 맺고 있다. 이러한 방식으로 시간은 돈이 되었다. 이런 관점에서 보자면 시간은 돈과 똑같은 감정적 논리를 따르고 있다.

그러나 시간은 또 다른 감정적 차원을 갖고 있다. 고객이 자신의 욕구를 충족시키고 동기를 추구하고 싶다면 그에 대한 시간이 필요하다. 고객은 불쾌감을 주는 활동을 할 때 시간을 절약하려고 노력한다(내 경우 책상 정리가 그러한 활동에 속한다). 동시에 절약한 시간을 즐거운 활동을 하는 데 쓴다. 영화를 보러 가거나 목욕하러 가거나(자극), 클럽 앞에서 오픈카를 노골적으로 과시하며 주차한다(지배). 이처럼 돈을 절약할 수 있지만, 시간을 절약하는 일은 갈수록 어려워진다. 시간은 비축할 수 있는 게 아니기 때문이다.

Chapter 03

상품과 시장의 무의식적인 논리

상품과 서비스의 가치는 고객의 머릿속에서 긍정적인 동기와 감정을 활성화할 수 있는지 여부에 달려 있다. 시장은 다양한 동기와 감정으로 구성된 논리를 갖추고 있다. 고객과 소비자의 마음을 이해하고자 하는 사람이라면 먼저 이 논리를 이해해야 한다. 이번 챕터에서는 돈, 가격, 시간의 심리학을 다루고, 감정이 이성의 반대말이 아닌 이유를 살펴본다.

고객은 여러 가지 상품을 구매하며 돈을 쓴다. 왜 그런 것일까? 상품이 갖고 있는 기능상의 유용성 때문일까? 그렇다. 드릴이 있으면 구멍을 쉽게 뚫을 수 있다. 자동차는 어떤가? A 지점에서 B 지점으로 이동하고 싶다면 자동차가 필요하다. 이러한 관점은 맞을뿐더러 중요하기도 하다. 그러나 상품과 서비스가 소비자에게 제공하는 진정한 가치는 감정 및 동기의 '눈'으로 상품을 관찰할 때에 분명하게 나타난다. 고객이 상품을 의식하고 있지 않더라도, 이 상품은 항상 소비자의 머릿속에서 특수한 감정 시스템을 활성화한다. 그리고 소비자의 감정 시스템을 사

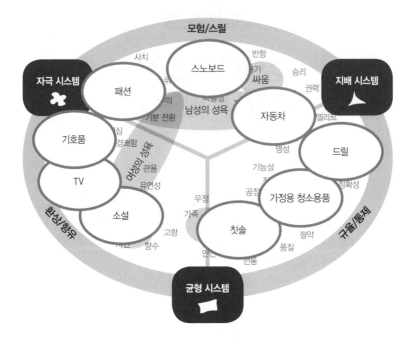

상품은 고객과 소비자의 뇌 속에서 동기 및 감정 시스템을 활성화할 때만 의미와 가치가 있다. 이 시스템을 더 자주 더 강하게 자극할수록 상품은 더욱 가치 있는 것이 된다.

로잡을 수 있을 때만 상품과 서비스는 가치가 있다!

드릴의 예시로 다시 돌아가 보자. 드릴로 구멍을 뚫는 것, 이것이 드릴이 지닌 기능상의 이점이다. 그런데 드릴에는 다른 기능도 있다. 사용자는 드릴을 이용함으로써 힘과 에너지를 아낄 수 있다(균형/절약). 또 드릴은 사용자의 권력을 상승시켜주는데, 이는 자신감을 높여주는 것과 통한다(지배). 드릴을 사용할 때 사용자가 느끼게 되는 우월감이 바로 이 기계가 지닌 참된 가치다(단단한 콘크리트도 드릴로 뚫을 수 있다). 따라서 기계의 성능과 힘이 뛰어날수록 사용자에게 더 가치 있는 것이 된다. 그렇다면 드릴 구매와 연관이 있는 감정 시스템은 어떤 것일까? 바로 지배 시스템이다. 〈도표 3-1〉 Limbic® 맵에서 드릴의 위치가 어디인지 확인해볼 수 있다.

전동 칫솔과 TV의 차이점

이제 전동 칫솔에 대해 살펴보자. 전동 칫솔도 드릴과 똑같은 감정 영역을 자극할까? 그렇지 않다. 전동 칫솔은 사용자에게 건강을 위해 무언가를 하고 있다는 느낌을 전해준다. 따라서 전동 칫솔이 자극하는 동기 및 감정과 전동 칫솔에 참된 가치를 부여하는 동기 및 감정은 균형 시스템이다.

TV를 예로 들어보자. 요즘 가정에는 기본적으로 TV가 한 대씩은 있는데, TV를 보유한 이유는 무엇일까? TV를 보면서 호기심을 만족시키고, 지루함을 떨쳐내며 즐거움을 얻기 위해서다. 따라서 TV는 소비자의 자극 시스템을 사로잡는다. 프로그램이 많아지고, 음향과 음질이 더 좋아지며, 화면이 점점 커진다면, 소비자가 TV를 구매하는 데 쓰는 돈도 더 늘어난다.

이런 맥락과 관점에서 자동차를 살펴보자. 자동차는 우리의 생활 반경과 가능성을 넓혀주고, 자율성과 힘도 증대시켜준다(지배). 또한 자동차는 우리의 노력을 요구하지 않는다(균형). 파워 핸들, 오토매틱 기어, 브레이크 강화 장치 덕분에 운전석에 편안히 앉아 핸들을 돌리기만 하면 된다. 자동차를 통해 체험하는 권력의 힘은 드릴이 전해주는 것보다 훨씬 강렬하다. 자동차가 우리 삶에서 드릴보다 훨씬 더 큰 비중을 차지하는 것도 그런 이유 때문이다.

하지만 자동차가 우리 삶에서 왜 그토록 중요한지, 그 이유를 명확히 아는 소비자는 거의 없다. 대개는 한참 시간이 지난 후에야 자신이 차를 구매하는 데 얼마나 많은 돈을 썼는지 깨닫고 깜짝 놀란다. 어떤 상품이나 서비스가 동기 및 감정 시스템을 긍정적으로 자극할수록, 그리고 이 자극이 더 강해질수록 고객과 소비자에게 상품과 서비스의 가치는 더 높아진다. 이와 관련된 또 다른 예가 있다.

아이라이너가 연필보다 비싼 이유

화장품을 살펴보자. 소비자는 제조단가가 약 7,000원 정도 하는 향수를 5~7만 원에 살 준비가 돼 있다. 그 이유는 무엇일까? 그 향수의 향이 굉장히 좋아서일까? 그럴 수도 있지만 진짜 이유는 더 깊은 곳에 숨겨져 있다. 소비자의 뇌에서 무의식적으로 향수를 더 가치 있게 만들어주는 원동력은 성욕 모듈이다. 포유류에게 코는 가장 중요한 '성적 기관' 중 하나라는 점을 기억하자. 수컷은 페로몬처럼 후각에 작용하는 물질로 기능이 활성화되고, 암컷이 임신 준비가 돼 있는지를 확인한다. 동시에 수컷은 암컷의 면역체계 유전자가 자신의 것과 잘 맞는지, 후세에게 더 나은 생존의 기회를 보장해줄 수 있는지 판별한다.

인간에게는 눈이 있어 상대적으로 코의 중요성이 덜해지기는 했지만, 여전히 파트너 식별이나 선택에서 큰 영향력을 발휘한다. 최신 연구에 의하면, 여성은 남성의 속옷 냄새로 그가 다정다감한 사람인지, 거친 람보형의 사람인지 식별할 수 있다고 한다.

향수의 본래 과제는 소비자가 자신의 성적 매력을 강화해 성욕 모듈의 욕구를 충족시키는 것이다. 성욕 모듈이 뇌 속에서 강력한 권력의 위치를 점하고 있기에 소비자들은 향수와 화장품 구매에 엄청나게 많은 돈을 쓴다.

아이라이너와 연필을 비교해보자. 이 둘은 외양도 비슷하게 생겼고, 기능적으로도 대단히 유사하다. 차이점이 있다면 아이라이너는 피부에, 연필은 종이에 사용한다는 점이다. 제조비용 역시 크게 차이 나지 않는다. 아이라이너가 2배 정도 비쌀 뿐이다. 그러나 판매가에서는 상당한 차이가 난다. 연필은 기껏해야 1,000~2,000원 정도 하지만 아이라이너는 2만 원 정도 줘야 살 수 있다.

그렇게 비싼 돈을 주고 살 만큼 아이라이너가 중요한 이유는 무엇일까? 배란기 직전의 여성은 눈가의 피부색이 약간 어둡게 변한다.[6.1] 이는 임신할 준비가 되어 있음을 남성에게 무의식적으로 알려주는 매우 중요한 신호인 셈이다. 이런 변화를 통해 여성의 매력은 상승한다. 남성 피험자들에게 컴퓨터로 작업한 똑같은 여성의 얼굴 사진 여러 장을 보여주었다. 이때 눈 주변이 어두워져 '임신 준비가 되었음을 알리는' 여성을 가장 매력적인 여성으로 선택했다. 물론 남성들은 자신이 그런 선택을 한 이유를 알지 못한다.

마찬가지로 여성 소비자들도 왜 그렇게 비싼 돈을 주고 아이라이너를 구매하는지 전혀 알지 못한다. 비록 제조 단가에서는 큰 차이가 없을지라도 아이라이너는 연필이 지닌 가치보다 훨씬 더 큰 가치를 지닌다. 아이라이너는 성욕 모듈을 활성화하지만, 연필은 기껏해야 손가락을 활성화할 뿐이다. 우리는 계속해서 상품의 감정적 특성과 진정한 가치를 더 상세히 살펴볼 것이다.

지위와 개성에 대한 욕구

앞서 아이라이너를 다루면서 상품이 지녀야 할 중요한 특징을 알게 됐다. 즉 상품이 기능적으로 쓸모 있기 때문에 구매하는 것만은 아니란 말이다. 우리는 다른 사람에게 영향을 미치거나 혹은 우리가 그 영향을 받기 위해서도 구매한다. 그뿐 아니다. 사회적 상징이나 사회적 선언의 일환으로 상품을 구매하기도 한다. 이것은 무슨 말일까?

첫째, 인간은 사회를 떠나서 살 수 없는 사회적 동물이다. '나'라는 존재의 정체성은 타인과 결합 모듈의 충돌을 통해서만 형성된다. 우리는 가족, 단체 등을 통해 공동체를 형성하고, 사회적 규범을 따르고 행동함으로써 사회적 관계를 맺고 보호를 받는다. 따라서 공동체는 보호를 해주는 집단이고, 우리는 공동체의 일원임을 증명하기 위해 신호를 보내야 하는 개별 존재자다. 이때 뇌 속에서 관여하는 감정의 원동력은 결합 모듈과 돌봄 모듈 그리고 균형 시스템이다.

둘째, 사회적 공동체는 생물학에 기반을 둔 또 다른 역동성을 갖고 있는데, 그것은 바로 권력체계 및 계층체계다. 순위가 높을수록 성적 파트너에 대한 접근성과 가용할 수 있는 물질적 수단도 높아진다. 이 역동성도 지배 시스템의 형태로 우리의 뇌 속에 단단히 정착돼 있다.

셋째, 큰 사회적 역동성은 다른 이들과 구분되고, 군중 속에서 주목을 받고, 차별화된 독특한 개인이 되는 것이다. 여기서는 새로운 것과 다른 것을 찾아내려는 자극 시스템이 머릿속의 원동력이 된다.

따라서 이 세 가지 사회적 역동성의 목적은 감정 시스템과 똑같은 긴장 관계에 있다. 즉 내가 개인주의에 빠지면 공동체의 일치성을 방해하게 된다. 자아를 망각하고 지위와 권력을 표출한다면, 공동체의 사회

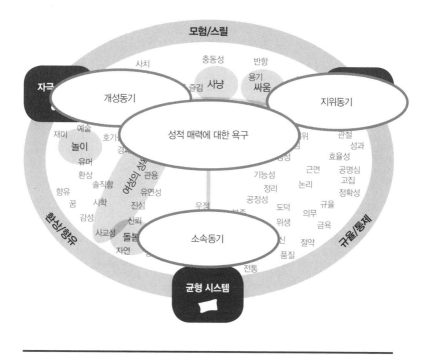

모험/스릴

자극

사치

충동성 반항

즐김 사냥 용기 싸움

개성동기

지위동기

재미 예술 호기심 관절

놀이 경쾌 성적 매력에 대한 욕구 위 성과

유머 효율성

환상 기능성 근면 공명심

솔직함 관용 정리 논리 고집

향유 유연성 공정성 정확성

꿈 시학 진심 우정 도덕 규율

감성 신뢰 위생 의무 금욕

사교성 돌봄 신 절약

자연 품질

소속동기

전통

환상/향유

규율/통제

균형 시스템

적 조화에 해를 끼친다. 우리가 소비하는 상품은 우리 생활태도를 보여주는 핵심 요소다. 상품은 사회적 신호를 설정하고, 사회적 요구와 (원하거나 실제의) 사회적 지위를 신호로 알려주기도 한다. 앞서 아이라이너의 예에서 상품은 성적 메시지도 갖고 있다는 것을 보았다. 성적 매력에 대한 욕구는 Limbic$^®$ 맵에서 사회적 동기에 속한다.

상품이 구별동기인 '개성', '지위', '성적 매력'을 만족시킨다면, 소비자는 그 상품을 구매하는 데 엄청나게 많은 돈을 쓸 준비가 돼 있는 것이다. 시계 시장도 좋은 예다. 모든 기능을 갖추고 있거나 제작자가 말하는 평범하고 좋은 손목시계는 귀찮은 기능이 많아도(시계 제작자에게 귀

찮음은 어려움이 아니라, 추가 기능이나 가치를 향상시켜주는 기능을 말한다!) 6~7만 원 정도 한다. 그러나 기능상 똑같은(시간을 측정하는 것) 시계 중 가장 비싼 것은 8억 원에서 10억 원 이상 되기도 한다.

뇌를 유혹하는 상품의 특징

모든 상품은 저마다 전형적이고 일반적인 동기 및 감정공간을 갖고 있으며, 뇌의 관점에서 볼 때 몇 가지 차이점도 존재한다.

뇌를 지루하게 만드는 상품

연필, 청소용품, 화장지의 감정적 중요도는 낮은 편이라 그 가치 또한 낮다. 이 상품들은 고객의 머릿속에서 감정 및 동기 시스템을 아주 약하게 활성화하기 때문이다. 우리는 이 상품들이 일상생활에서 꼭 필요하기에 '필수품'이라 부르지만 그저 그뿐이다. 고객은 이 상품이 필요해서 살 뿐 특별히 흥미를 느끼거나 높은 가치를 부여하지는 않는다. 또한 이 상품들을 사는 데 많은 돈을 쓸 생각도 없다. 그래서 이 상품들은 딱히 비싸지 않은 가격으로 책정되고, 때에 따라서는 다른 브랜드나 저렴한 수입품으로 대체될 수도 있다. 의식적인 브랜드 정책 (Chapter 8 참조)과 감정적인 신호를 강화한다고(Chapter 9 참조) 해서 갑자기 이런 상품들의 구매 열풍이 일어나지는 않는다.

뇌를 활성화하는 상품

뇌를 활성화하는 상품들은 뇌 속의 동기 및 감정 시스템을 더 강력하게 자극한다는 점에서 뇌를 지루하게 하는 상품과 구별된다. 과자와 같은 기호식품이나 옷, 신발 등의 패션 제품, 비타민제제, 다양한 책, 직접 만들어 쓰는 DIY 기기, 가전제품, 일상생활에 필요한 보디 케어 제품, 음료수 등이 여기에 속한다. 이러한 상품들은 소비자에게 중요한 의미를 지니며, 이 상품을 구매하기 위해 기꺼이 돈을 쓴다. 하지만 필요 없을 때는 과감하게 포기하기도 한다.

뇌를 유혹하는 상품

'뇌를 유혹하는 상품'이라 이름 붙인 이유는 소비자가 이 상품들을 동경하며, 이것 없이는 살아갈 수 없다고 믿을 정도로 뇌 속의 감정 및 동기 시스템을 강하게 활성화하기 때문이다. 이 상품들은 그 자체로 엄청난 매력을 발산한다. 또한 그것을 사용하는 사람의 지위와 개성을 드러내주기도 한다.

이 상품들은 감정의 출력을 높이는 강력한 브랜드를 필요로 한다(브랜드가 뇌에 어떤 의미로 받아들여지는지는 Chapter 8에서 살펴볼 것이다). 여기에 해당하는 상품에는 스포츠카, 유명 브랜드 화장품, 디자이너 패션 제품, 첨단 스포츠 장비, 최신형 스마트폰, 영적인 구원을 약속하는 상품, 스토리가 담긴 상품, 멀티 감성이 풍부한 상품 등이 있다(자세한 내용은 Chapter 9에서 살펴볼 것이다).

앞에서 소개한 모든 상품의 범주에는 그 상품의 가치를 결정하는 일반적인 규칙 외에도 소비자 개인의 관심과 성향이 큰 영향을 미친다. 예를 들어 연필은 예술가에게 남다른 가치를 갖는다. 엔지니어는 가끔가다 벽에 구멍을 뚫는 평범한 목수와는 완전히 다른 눈으로 드릴을 관찰한다. 이러한 특정 목표그룹의 문제를 Chapter 5~7에서 좀 더 상세히 다루려 한다.

우리가 커피를 즐기는 이유

지금 당신은 커피를 마시며 이 책을 읽고 있을지도 모르겠다. 커피는 세상에서 가장 인기 있는 음료이자 기호식품이다. 그런데 커피가 왜 가장 선호하는 음료인지 생각해본 적 있는가? 약간 쓴맛이 나는 커피가 식욕 모듈을 자극해 즐거움을 주기 때문일까? 물론 이것도 여러 이유 중 하나다. 그러나 가장 핵심적인 이유는 멀티 동기성 때문이다. 멀티 동기성은 커피를 소비하는 행위 뒤에 다양한 동기가 감춰져 있음을 의미하는 개념이다.

물론 우리는 앞 챕터에서 감정과 동기가 아주 유사하긴 하지만 서로 같은 개념과 시스템은 아니라는 것을 살펴봤다. 우리의 감정 시스템은 기본 방향과 목표를 제시해주는 역할을 하고, 동기는 어떤 상품이나 상황과 연관된 구체적인 만족도를 의미한다. 상품과 시장을 이해하려면 상품 구매와 소비를 유발하는 구체적인 동기들을 알아야 한다. 이제 이를 위해서 Limbic® 맵을 이용해 동기 분석을 수행할 것이다. Limbic® 지식을 활용해 답을 구하고자 하는 질문은 바로 이것이다. 우리는 왜 커피를 마실까?

놀랍게도 다음과 같은 사실을 밝혀냈다. 커피 및 커피에 자극받은 동기는 Limbic® 맵의 거의 모든 공간에 걸쳐져 있다는 것이다. 〈도표 3-3〉을 자세히 살펴보자. 우선 커피는 사람들에게 즐거움을 준다. 다양한 품종과 레시피로 선택의 폭을 넓혀주면서 광범위한 즐거움을 선사한다(=향유동기). 하지만 이게 다가 아니다. 커피는 활력을 불어넣고 생기를 돋게 한다(활성화동기). 어떤 사람들에게 커피는 경쟁자보다 더 많은 성과를 내기 위해 마시는 각성제가 되기도 한다(관철동기). 어떤 사

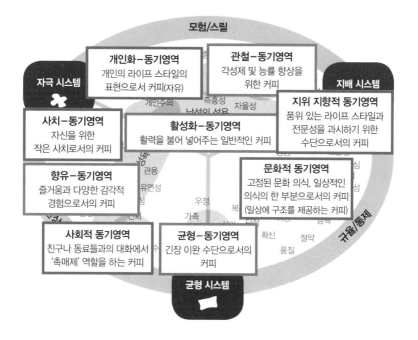

커피는 물 다음으로 세상에서 두 번째로 인기 있는 음료다. 왜 그럴까? 커피는 거의 모든 동기 및 감정 시스템을 자극하고 활성화하기 때문이다.

람들에게 커피 한 잔은 긴장을 이완시켜주는 휴식을 의미하기도 한다 (균형동기).

커피가 제공해주는 이러한 핵심 동기들 말고도, 커피로 충족되는 또 다른 동기들이 있다. 나를 위한 작은 사치, 개성 있는 라이프 스타일의 표현(라테 마키아토나 유명 전문점의 커피 마시기), 품위 있는 라이프 스타일의 표현(특별히 비싼 고급 품종의 커피 소비), 하루 혹은 한 주 단위로 거행하는 의식(특별한 날을 계기로 마시는 오후 커피, 축제 커피), 사회적 '접합

제'로서 마시는 커피(다른 사람들과 함께 커피를 마시며 수다 떨기) 등.

커피의 핵심 동기인 '활성화'와 '안정'은 그저 감정적인 느낌만은 아니다. 실제로 감정 시스템에서 직접적인 신경화학적 작용과 구체적인 생리학적 변화가 일어난다. 커피를 예로 들어 이 메커니즘을 다시 한번 살펴보자. 카페인은 신경전달물질인 아데노신의 작용을 방해한다. 왜냐하면 아데노신은 생기와 활력을 불어넣는 모든 신경전달물질, 가령 도파민, 아세틸콜린, 노르아드레날린 같은 물질의 분비를 차단하기 때문이다(인포박스 5 참조). 결국 카페인은 자신의 적인 아데노신을 차단함으로써, 활력을 주는 신경화학 물질들이 소비자의 의식 속으로 마음껏 들어갈 수 있게 길을 열어준다.

카페인이 뇌에 미치는 다양한 신경화학적 영향은 Limbic® 맵에서 확인할 수 있는데, 커피는 매우 다양한 의미영역 전체를 커버한다. 커피와 비교해보면, 화장실 세척제 냄새가 뇌에서 일으키는 신경화학적 변화는 아주 미미하다(물론 먹을 때는 전혀 다르다).

다 같은 자동차가 아니다

이 챕터의 앞 부분에서 자동차의 전형적이고 일반적인 감정영역에 대해 다루었는데, 이를 더 상세히 알아보려 한다. 자동차는 지배영역에 속한다. 왜냐하면 활동 공간과 자율성, 이와 결부된 권력을 상승시켜주기 때문이다. 자동차의 지배영역 활성화는 비교적 강한 편이다. 한걸음 더 나아가 상품과 시장에 적용되는 무의식적 신경 논리를 살펴볼 것이다.

이를 위해 자동차 부문에 조금만 더 머무르도록 하자. 자동차라고 해서 다 같은 자동차는 아니다. 승용차도 화물차도 있지만, 여기서는

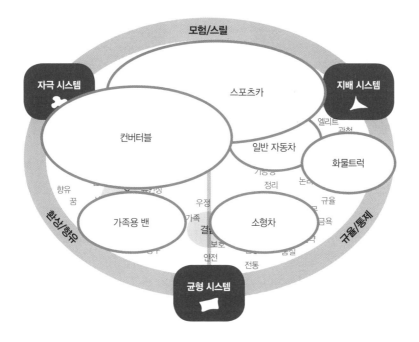

고가의 스포츠카는 뇌 속에서 가족용 밴과는 완전히 다른 동기 및 감정영역을 추가로 활성화한다.

승용차에 한정해 살펴보려 한다. 그런데 승용차도 종류가 여러 가지다. 소형차, 가족용 밴, 콤비, 컨버터블, 오프로더, 리무진, 마지막으로 페라리 또는 포르쉐 911과 같은 강력한 성능을 자랑하는 스포츠카도 있다. 이 모두가 자동차다. 하지만 각각의 자동차는 보편적인 의미 외에 다양한 감정이 결부되어 동기를 활성화한다.

〈도표 3-4〉를 보면 그 차이점을 명확히 알 수 있다. 가족용 밴, 컨버터블, 스포츠카를 예로 들어보자. 가족용 밴은 지배 시스템 외에도 균

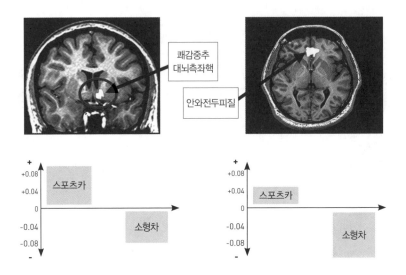

쾌감중추
대뇌측좌핵

안와전두피질

스포츠카

소형차

스포츠카

소형차

스포츠카가 쾌감중추와 다른 중요한 감정중추를 활성화하는 반면 소형차는 이 뇌 영역들을 비활성화한다.[11.2]

형/돌봄 모듈에 속하는 감정을 추가로 활성화한다. 컨버터블은 자극 시스템에 속하는 강력한 감정을 추가로 활성화한다. 스포츠카는 자극 시스템을 활성화하는(즉 모험영역에 있는 감정을 활성화한다) 동시에 지배 요소를 강화한다. 의심할 여지없이 스포츠카는 (남성의) 뇌 속에서 가장 높은 가치를 지니고 있다. 스포츠카는 강력한 자극 요소 외에도 지배 요소를 지니고 있다. 소형차가 미미하고 소소한 의미영역을 보유한 데 비해 스포츠카에서는 자극-모험-권력 요소가 극도로 강력하게 두드러진다.

다양한 자동차들이 뇌를 다양하게 활성화한다는 사실은 다임러-크라이슬러의 의뢰로 진행한 울름대학교 University of Ulm의 실험에서 증명되었다.[13.2] 당시 피험자들에게는 소형차, 콤비 리무진, 스포츠카 사진이 제시됐고, 연구팀은 뇌 단층촬영으로 뇌 활성화를 관찰했다. 예상했던 대로 소형차를 봤을 때 피험자들의 뇌 활성화가 가장 미미했다. 반면 뇌에 즐거움을 선사한 것은 단연 스포츠카였다. 스포츠카를 봤을 때 대뇌변연계에 있는 중요한 자극-'쾌감중추'Lustkern인 측좌핵이 밝게 빛났다. 〈도표 3-5〉는 스포츠카와 소형차가 뇌 속의 감정 및 동기 시스템을 어떻게 활성화하는지를 보여준다.

피트니스, 건강, 웰니스는 다르다

상품이 고객의 머릿속에서 어떤 동기 및 감정 세계를 만들어내는지 알고 있어야 탁월한 마케팅 전략을 세울 수 있다. 그뿐 아니라 값비싼 대가를 치러야만 하는 실수를 미연에 방지할 수 있다. 많은 사람들이 건강, 피트니스, 웰니스를 동일한 개념으로 이해한다. 이는 제약업계나 건강관리산업에 종사하는 사람들조차 마찬가지다. 하지만 이 세 가지는 각각 개념이 다르며 이를 동일하게 인식하는 건 크나큰 착각이다. 이들 개념 뒤에는 다양한 동기 및 감정 시스템이 숨겨져 있기 때문이다.

〈도표 3-6〉은 건강관리 시장의 논리를 동기와 감정 시스템의 관점에서 보여준다. 먼저 '웰니스'부터 시작해보자. 웰니스는 온화한 즐거움과 진정 효과를 주는 마사지, 긴장 이완, 감각적인 작은 사치의 세계다. 스파에 가면 평온한 음악을 들으며 향긋하고 부드러운 오일을 느끼고, 진정 효과를 주는 마사지를 받으며 작은 사치를 누릴 수 있다. 이처럼 웰니스는 자극 시스템과 균형 시스템 사이에 있다. 진정시키는 효과가

피트니스, 건강, 웰니스는 머릿속에서 다양한 동기 및 감정 시스템을 자극한다.

있는 세로토닌 외에도 낙관적이고 미래 지향적인 도파민이 신경전달물질로서 영향을 미친다. 따라서 웰니스는 낙관적인 개념이다.

그러나 '건강'은 완전히 다르다. 이 영역은 의사와 약사, 의약품이 차지하고 있다. 여기서는 효능과 효율성이 매우 중요하다. 주로 신체 질환을 치료하거나 통증을 없애는 것과 관련된다. 비록 회복에 대한 희망이 있기는 하지만, 여기서 가장 막강한 영향력을 발휘하는 것은 근심과 두려움이다. 건강은 회복이라는 희망을 지니기는 하지만, 모든 종류의 질병에 대한 두려움과 불안감이 더 압도적이다.

웰니스 세계와 건강 세계 사이에는 자연요법이 자리하고 있다. 건강이 아주 제한적이고 인과적인 원인-결과적 사고(규율/통제)와 결합한다면, 자연은 유기적이고 개방적이며 전체가 통합된 것처럼 보인다. 자연의학 역시 질병을 치료하기도 하지만, 질병을 예방하는 것이 본래의 목적이다.

마지막으로 '피트니스'를 살펴보자. 우리는 피트니스를 강함과 우월함, 인생의 역경을 헤쳐 나갈 힘과 결부시켜 생각한다. 피트니스 센터에서는 일종의 '고문 기구'를 이용해 내면의 연약함과 싸우게 한다. 어떤 동기 및 감정 시스템이 자극될지는 뻔하다. 바로 지배 시스템과 그에 결부된 성욕 모듈이다.

우리는 뇌 속에서 남성과 여성의 성욕 모듈이 구분된다는 것을 잘 알고 있다. 따라서 피트니스 개념도 다음과 같이 나눌 수 있다. 남성에게 피트니스는 강력한 힘과 지구력을 기르는 것이고, 여성에게 피트니스는 스피닝이나 필라테스로 더 매력적인 몸매를 가꾸는 것이다.

합리성과 감정은 대립 개념이 아니다

지금까지 고객과 소비자의 머릿속에 있는 동기 및 감정 프로그램, 그리고 이와 결부된 Limbic® 맵을 다루며 몇 가지 지식을 얻었다. 이 프로그램을 좀 더 자세히 살펴보면서 핵심적인 내용 몇 가지를 정리해보도록 하자.

먼저 균형 시스템에서 시작해 지배 시스템으로 이동해보자. 여기서 우리는 논리, 정확성, 기능성, 효율성, 능력이라는 개념과 만나게 된다

《도표 3-7》참조). 적어도 이 개념들은 서양 문화권에서 '합리성'과 거의 동의어로 쓰인다. 합리성이 동기 및 감정 시스템에 확고하게 자리 잡고 있다는 것은 명백하다. 따라서 합리성 뒤에 숨겨져 있는 욕구, 즉 우리가 살아가는 세계, 환경, 상품을 지배하고 예측 가능하게 만드는 욕구는 굉장히 감정적인 성격을 지녔다고 할 수 있다!

이는 두 가지를 의미한다. 하나는 '합리성'이 완전히 감정적인 개념이라는 뜻이고, 다른 하나는 '합리성'이 감정의 대립 개념이 될 수 없다는 뜻이다. 나아가 여기서 또 하나의 중요한 깨달음을 얻을 수 있다. 서구적 합리성이라는 개념이 인간의 동기, 사고, 감정의 일부분일 뿐이라면, '합리적인 것'처럼 보이는 사고 형태가 전권을 쥐겠다고 요구할 수는 없다는 점이다. 창의적이며 예측할 수 없는 사고(자극)와 신중하고 사색적인 사고(균형)는 합리성과 똑같은 정당성과 중요성을 갖고 있다.

하이데거, 아도르노, 베버 같은 위대한 철학자들은 이 문제를 여러 가지 방법으로 풀고자 했다. 하이데거는 '계산적 사고'(합리성)의 대립 개념으로 '숙고적 사유'(균형, 보살핌)를 내세웠다. 아도르노의 '도구적 이성'은 앞서 설명한 합리성의 개념과 거의 동일하다. 그는 '도구적 이성'의 대립 세력으로 예술(자극)을 내세웠으며, 예술 안에 숨겨져 있는 진리를 보았다.

리처드 로티, 장 프랑수아 리오타르, 자크 데리다, 넬슨 굿맨 같은 현대 철학자들도 서구의 합리성 모델과 결합된 세계의 예측 가능성과 획일화를 격렬히 거부한다. 그들은 가능성과 사고의 다양성을 널리 퍼뜨린다. 여기서 우리는 위대한 철학가들의 사상 또한 인간의 동기 및 가치 영역에 기반을 두고 있음을 확인할 수 있다.

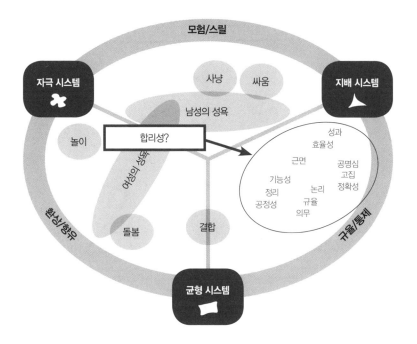

대부분은 합리성을 '정확성', '논리'와 관련지어 생각한다. 그러나 Limbic® 맵을 들여다보면 이 개념들이 동기 및 감정영역에서 확고한 위치를 차지하고 있음을 보여준다. 합리성은 결코 감정의 대립물이 아니다.

알디만 알고 있는 성공 비결

독일의 유명 대형 할인마트 알디[Aldi&Co]의 성공 비결을 물으면, 합리적인 소비결정을 하는 소비자에 맞춰 알디 역시 합리적인 시스템과 가격으로 소비자들에게 다가가기 때문이라고들 한다. 그럼 알디는 합리적이고 다른 마트는 감정적이란 말인가? 분명 아니다. 양쪽 모두 대단

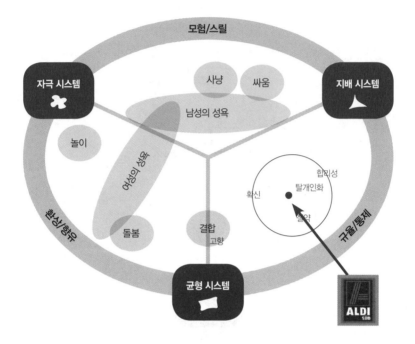

알디 역시 다른 마트와 마찬가지로 굉장히 감정적인 업체다. 규율/통제를 포함한
균형 시스템을 고도로 활성화하기 때문이다.

히 감정적이다. 단지 활성화되는 동기 및 감정 세계가 다를 뿐이다. 일
반 마트는 인간의 뇌 속에서 자극 시스템을 활성화하는 반면, 알디는
뇌와 Limbic® 맵에서 균형 시스템과 규율/통제 시스템 사이에 단단히
고정돼 있다.

몇몇 대기업 브랜드 제조업체들이 한 시장연구소에 알디의 비밀을
밝혀내 달라며 연구를 의뢰했다. 시장조사 연구원들은 소비자의 머릿
속에서 알디가 '고향, 확신, 효율성, 단순함, 합리성, 절약, 탈개인화' 개

념을 연상시킨다는 결과를 갖고 돌아왔다. 그런데 아쉽게도 이 결과로
는 아무것도 할 수가 없다. 소비자의 동기 및 감정 지도 전체를 파악하
지 못한다면, 이 개념들이 어디에 위치하는지 알 수 없기 때문이다. 정
확한 위치를 파악하지 못한다면 이 개념들이 뭔가를 알려준다고 해도
별 소용이 없다.

우리는 이 비밀을 푸는 데 결정적이면서도 중요한 걸음을 내디딜 것
이다. 〈도표 3-8〉은 그 개념들이 놓여 있는 위치와 알디가 소비자의 뇌
속에서 차지하고 있는 위치를 보여준다. 이로써 알디는 굉장히 감정적
인 개념을 지닌 업체임이 드러났다!

정말 가격이 중요할까?

Chapter 2에서 돈이 완전히 감정적이라는 것을 살펴봤다. 여기서
우리는 동기 및 감정 시스템이 의식 속에서 정해주는 모든 욕구를 돈
으로 충족할 수 있다는 사실을 알게 됐다. 이제 우리는 엄청나게 중요
한 돈의 측면, 즉 가격에 대해 알아볼 것이다. 알디는 할인매장이다. 알
디 및 전자상품 전문매장인 '미디어 마르크트'Media Markt 같은 가격할인
업체들은 '구두쇠가 최고다', '나는 바보가 아니다', '무한정 싸다' 같은
전투적인 표어를 매장 곳곳에 붙여놓는다.

시장에서 가격경쟁이 한창이라는 점은 확실하다. 그렇다면 가격이
그렇게 강력한 힘을 발휘하는 이유는 무엇일까? 이런 질문을 하면 '오
늘날의 소비자는 더 합리적이고 정보가 풍부하다'와 같은 답변이 돌아
온다. 이런 대답은 수박 겉핥기식의 막연한 말일 뿐, 소비자와 고객에게
서 실제 어떤 일이 일어나는지는 전혀 보여주지 못한다. 소비자가 저렴

한 가격의 물건을 구매하는 상황은 다양하다. 심리학이나 뇌 연구와 상관없이 그들이 처한 상황 때문에 값이 싼 물건을 사는 이들도 있다. 실업자, 생계보조금으로 살아가는 사람, 최저 연금으로 살아가는 사람, 여러 명의 자녀를 두었으나 소득이 적은 가족. 이들은 값이 싼 상품을 선택할 수밖에 없다. 이 그룹을 합하면 독일 인구의 4분의 1 정도가 된다.

그렇다고 이 사람들만 저렴한 상품을 구매하는 것은 아니다. 독일 전역에는 세일 상품 사냥꾼들이 즐비하다. 고급 세단인 벤츠를 타고 할인 매장에 와서 짐을 가득 싣고 가는 의사 부인의 예가 이를 잘 보여준다.

합리성, 적은 돈으로 많은 즐거움 사기

고객의 욕망은 끝이 없다. 그들의 동기 및 감정 프로그램은 이미 얻은 것에 절대 만족하지 않는다. 이구동성으로 '더 많이'를 외친다. 그러다 보니 고객은 항상 돈이 부족할 수밖에 없다. 세상의 다른 모든 생물체와 마찬가지로, 인생은 사람들에게 최소한의 자원(돈)과 에너지로 최대한의 욕구를 만족시키라는 과제를 매일매일 부과한다. 만약 값비싼 여행을 예약한다면 최신 TV를 구매할 돈은 부족할 것이다. 계속해서 고가의 자동차를 구매한다면 훗날 연금은 부족해질지도 모른다. 가급적 적은 돈으로 많은 욕구를 만족시키기 위해서는 소비하기 전에 신중히 검토하고 계산하고 노력해야 한다.

이처럼 '적은 지출'로 '최대한의 즐거움'을 끌어내는 것(되도록 많은 동기를 동시에 만족시키는 것)을 생물학과 철학에서는 '합리성'으로 이해한다. 그런데 이러한 형태의 합리성은 굉장히 감정적인 특징을 지니고 있다. 왜냐하면 긍정적이고 뿌듯한 감정은 최대화시키고, 부정적인 감정은 가급적 회피하려는 목적을 지니고 있기 때문이다.

합리성에 대한 기준은 사람마다 다르다. 기분 전환과 자극을 중요하게 여기는 소비자의 경우 합리성은 자극 시스템을 얼마나 강하게 자극하느냐로 결정된다. 그들은 최소한의 돈으로 흥미진진한 경험을 최대한 많이 하면 즐거워한다. 반대로 금욕주의자는 돈을 전혀 쓰지 않았을 때, 자신의 금욕 행위로 점점 불어나는 통장 잔고를 확인할 때 행복해한다. 사람들은 저마다 자신의 방식대로 즐거움을 최적화, 최대화한다.

이런 이유로 저렴한 상품을 구매하는 행위는 감정영역에 따라 굉장히 다양한 측면을 지닌다. 〈도표 3-9〉는 이를 한눈에 보여준다. 자극 시스템의 가격 계산법은 '되도록 적은 돈으로 많은 경험을 구매한다'이다. 그런데 고객의 머릿속 놀이 모듈에서는 약간 다르게 나타난다. 여기서 중요한 것은 고객이 구매하는 상품이 아니라 구매행위 그 자체다. 자극 시스템은 가벼운 가격 흥정에서 만족을 찾기에, 이때 중요한 것은 가격 협상에서 얻는 즐거움이다. 소비자 뇌 속에 있는 포획·사냥 모듈은 가격의 심리학에서 특히 중요한 부분이다. 이 모듈이 세일 상품을 찾아 나서는 사냥꾼들의 중심지이기 때문이다. 소비자는 쇼핑 거리를 돌아다니며 자신을 유혹하는 사냥감, 즉 세일 상품을 사냥한다. 만일 세일 상품이 한정 수량인데다 그것을 다른 경쟁자보다 더 빨리 낚아챘다면 행복감은 더욱 커진다.

지배 시스템은 고객을 자극해 다른 사람보다 더 나은 사람이 되라며 동기를 부여한다. 여기서 가격 흥정은 전쟁의 성격을 띤다. 소비자는 싸워서 가격 인하라는 결과물을 성취하는데, 이를 자신의 현명함과 자기 뜻을 관철시킨 힘의 척도로 받아들인다. 상품들을 집중적으로 비교해 더 저렴하게 구매하는 것도 같은 논리에 근거한다.

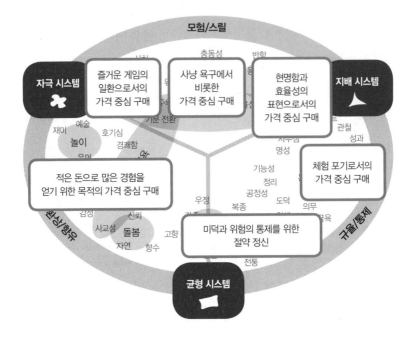

합당하고 저렴한 가격에 대한 욕구는 각기 다른 동기 및 감정 시스템에서 일어난다.

　　그러면 하위 개념으로 내려와 규율 및 통제에 대해 살펴보자. 여기서 가격은 다른 기능을 한다. 일상에서 사용하는 값비싼 제품은 즐거움을 주고 체험(환상/향유 동기)을 자극하기 때문에 높은 가격을 매길 수 있다. 그러나 규율/통제 동기는 불필요한 모든 것을 포기하라고 요구한다. 거추장스러운 장식 따윈 신경 쓰지 않고 기능성만 고려해 되도록 적은 비용을 치르게 한다. 저렴한 가격으로 판매하는 상점 자체 브랜드들이 이런 기능성을 만족시키고 규율/통제 동기를 충족시켜준다.

균형 시스템은 절약의 원조다. 그것은 앞날을 대비해 저축의 동기를 부여한다. 한편 균형 시스템은 자극 및 지배 시스템의 적이기도 하다. 체험을 하거나 지위를 얻는 데 더 많은 돈을 쓰거나 위험을 감수하려 하지 않는다. 균형 시스템과 밀접하게 관계된 가격은 복잡성을 줄여준다. 소비자가 보기에 가격 외에 아무런 차이가 없는, 비슷하게 생긴 제품들을 두고 중대한 결정을 해야 할 때 복잡성은 불확실성만 유발할 뿐이다. 고객은 이러한 불확실성을 빨리 해결하고 싶어한다. 그래서 소비자는 제품을 선택할 때 차이가 나는 가격 자체를 일종의 참조 사항으로 고맙게 받아들인다. 우리는 이를 통해 제품이 가격에 따라 어떻게 달라 보이는지, 근본적으로 가격이 왜 굉장히 감정적인 것인지 알 수 있게 된다.

이제는 가격에 따라 상품이 어떻게 달라 보이는지를 살펴봄으로써, 가격이 기본적으로 매우 감정적이라는 것을 확인하려 한다.

돈을 잃으면 고통스러운 이유

이러한 지식을 '상품의 진정한 가치'와 결합한다면 약간 다른 결과가 나올 것이다. 뇌 속에 있는 감정 시스템은 가격 계산과 가치 계산을 동시에 수행한다. 우리는 앞서 돈이 우리의 뇌에서 굉장히 긍정적이고 감정적인 가치를 지니고 있음을 살펴봤다.

이는 〈도표 3-10〉의 뇌 단층촬영에서도 확실하게 드러난다. 피험자가 게임에서 돈을 땄을 때는 대뇌변연계의 쾌감중추이자 보상중추인 측좌핵이 밝게 빛났다. 반대로 돈을 잃었을 때는 대뇌 전두엽 바로 아래에 있는 뇌섬엽이 밝게 빛났다. 뇌섬엽은 통증을 담당하는 부위다.

가령 치통이 있거나 연인과 고통스러운 이별을 할 때도 활성화된다. 따라서 우리의 뇌에서 가격-가치-계산은 곧 쾌감 대 불쾌감 또는 쾌감 대 고통의 계산이다.

고객의 지갑을 열어 더 많은 돈을 쓰게 하려면, 돈과 이별하는 소비자의 고통을 긍정적인 감정으로 상쇄시켜줘야 한다. 상품 자체가 높은 감정적 가치를 전달할 때 더 비싼 값을 받을 수 있다. 체험적 성격이 강한(자극) 상품은 '되도록 적은 돈으로 많은 경험을 하는 것'을 충족시킨다. 만일 상품이 머릿속의 동기 및 감정 시스템을 지루하게 만들면 가치와 가격은 떨어진다. 지배 시스템은 가격 깎는 것을 능력의 척도로 여기는데, 상품 자체가 높은 지위와 독점권을 약속해주는 경우에는 흔쾌히 이런 싸움을 포기한다. 수많은 고급 브랜드가 가격을 비싸게 책정하는 것도 바로 가격 자체가 이미 배타적 독점을 표현하기 때문이다.

─────────── 〈도표 3-10〉 뇌 속에서 나타나는 쾌감과 고통 ───────────

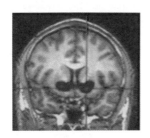 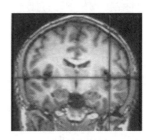

돈을 땄을 때
측좌핵

돈을 잃었을 때
전방부 뇌섬엽

돈을 따면 돈-획득-기대가 변연계의 '쾌감중추'를 활성화한다. 반면 돈을 잃으면 통증을 담당하는 뇌 영역이 활성화된다.

균형 시스템도 절약 행위에서 벗어나라고 꼬드길 때가 있는데, 높은 수준의 안전성, 품질, 신뢰성을 약속하는 상품과 서비스가 제공될 때다. 다음 챕터에서는 뇌 속에서 결정이 내려지는 과정을 면밀히 살펴볼 것이다.

Chapter 04

머릿속에서 구매결정이 진행되는 과정

우리는 고객이 합리적이고 의식적으로 행동한다는 믿음이 착각일 뿐이라는 것을 알게 됐다. 구매결정은 주로 감정적으로 내려진다. 고객과 소비자의 '자아'는 자신의 구매결정에 별다른 영향을 끼치지 못한다. 대뇌변연계는 고객의 머릿속에 있는 권력의 중심지다. 무의식의 힘은 우리와 고객이 짐작하는 것보다 훨씬 강력하다.

고객과 소비자에게 의식적이고 합리적으로 구매결정을 하는지, 아니면 감정적으로 구매결정을 하는지 물어본다면 이렇게 대답할 것이다. "나는 100퍼센트 의식적인 구매결정을 합니다. 내 결정은 대체로 합리적이었습니다. 물론 어떤 감정이 끼어들 때도 있지만, 그건 내 결정에 아무런 영향도 끼치지 못합니다."

우리는 날마다 자유의지에 따라 많은 것을 스스로 결정한다. 아침에 일어나 직장에 가서 여러 가지를 결정하고, 퇴근 후 집으로 돌아와 피곤에 지쳐 침대로 향한다. 우리는 자신의 운명을 이끄는 조종 장치를 손에 쥐고서, 매순간 우리가 가는 길을 스스로 정한다고 생각한다.

　이런 체험을 바탕으로 인간이 이성적이고 의식적으로 행동한다는 이미지가 만들어졌다. 또 이런 논거에 의해 우리를 의식적이고 합리적인 소비자로 규정한다. 그러나 아쉽게도 이는 엄청난 착각이다. 뇌 연구에 의하면, 나의 '자아'가 자유롭고 의식적인 결정에 따라 행동하고 생각한다는 것은 착각에 불과하다.[4.18] 독일의 뇌 연구자 게르하르트 로트[Gerhard Roth]는 의식적 '자아'를 정부 대변인에 빗대어 묘사했다. 그에 따르면 정부 대변인은 정부의 결정을 설명하고 정당화해야 한다. 그러나 대변인은 결정의 이유와 배경을 전혀 알지 못하고, 그 결정이 성립되는 과정에 참여하지도 못한다.[1.3]

　'자아'에 대해 더 심각하게 주장하는 이도 있다. 신경철학자 토마스 메칭거[Thomas Metzinger]는 자신의 책《아무도 아니다》[Being No One]를 통해 한 걸음 더 나아간다.[4.17] 그는 '자아' 자체를 의심한다. '자아'는 착각일 뿐이고 우리 뇌의 구조에 불과하다는 게 그의 주장이다. 우리는 이 흥미진진한 문제들에 대해서도 알아볼 것이다. 고객과 소비자를 이해하고, 그들이 내리는 결정을 이해하는 데 뇌 연구가 어떤 도움이 되는지 알기 위해서다. 또한 이렇게 알아낸 것들을 실무 현장에 제공하기 위해서다. 이 챕터에서 다룰 내용을 짧게 요약하면 다음과 같다.

- 모든 결정의 70~80퍼센트는 무의식적으로 내려진다. 그러나 나머지 20~30퍼센트도 우리가 생각한 것만큼 그렇게 의식적인 결정은 아니다.
- 외부에서 들어오는 정보 중 0.00004퍼센트만이 우리의 의식에 도달한다. 수많은 자극과 신호는 고객이 깨닫지도 못한 사이

에 뇌에 의해 바로 행동으로 옮겨진다.[4.20]

- 고객이 하는 모든 중요한 결정은 감정적이다. 감정적인 요소가 없는 결정은 뇌에서는 아무런 의미가 없다.[1.3, 5.5]

시대별 뇌 연구 흐름과 성과

실제로 결정은 머릿속에서 어떻게 내려질까? 우리가 알고 있는 결정 과정과 다르다는 것은 확실하다. 이를 좀 더 자세히 이해하기 위해 인간의 뇌에 집중해보려 한다. 〈도표 4-1〉에 나타나 있는 것처럼 뇌는 크게 세 부분으로 구분된다.

제일 아래에 있으면서 발생학적으로 아주 오래된 부분은 바로 뇌줄기다. 그 위에는 간뇌와 대뇌가 있다. 대뇌를 구성하는 가장 중요한 요소는 신피질이며, 발생학적으로 가장 최근에 진화되었고 크기 면에서

──────── 〈도표 4-1〉 인간 뇌의 기본 구조 ────────

신피질

변연계

뇌줄기

가장 크다. 뇌 구조에서 가장 중요한 부분은 바로 변연계다. 마지막으로 소뇌는 대뇌의 깊숙한 안쪽에 있다.

1995년 이전 : 인간은 이성적인 존재다

1990년대 중반까지만 해도 뇌의 세 부분이 어떤 기능을 하는지에 대해 의견이 거의 일치했다. 당시의 뇌 연구에 따르면, 대뇌와 신피질은 지성과 이성을 담당한 곳이고, 그 아래에 있는 변연계는 머릿속에서 감정을 담당하는 중심지였다. 그리고 뇌줄기는 본능을 담당하는 영역으로 알려져 있었다. 이 주장대로라면 이러한 뇌 영역들은 마치 양파껍질처럼 겹쳐져 있을 뿐, 서로 연결되어 있지 않기 때문에 비교적 독립적으로 작동해야 한다.

당시 활동했던 뇌과학자 중 가장 유명했던 사람은 미국의 맥클린[MacLean]이었다. 그는 변연계의 개념으로 두각을 나타냈던 인물이다. 이 모델에서 무엇보다 중요한 것은 신피질과 그 역할이다. 당시 학자들은 신피질이 인간의 머릿속에서 권력의 중심지고, 바로 이 부분이 컴퓨터처럼 이성적이고 합리적인 결정을 내리는 곳이라고 추정했다. 그런데 이 모델에 따르자면, 가끔 모순이 발생하게 된다. 감정과 본능을 담당한 뇌의 하부영역이 대뇌의 이성적 사고를 방해할 때가 있기 때문이다. 당시 학자들은 머릿속에서 결정이 내려지는 과정과 방법에 대해서도 의견이 일치했다. 의식에 따라 스스로 결정한다는 것 말이다.

뇌의 위쪽에는 명석하고 순수한 이성이, 아래쪽에는 천한 본능이 자리한다는 이 모델은 플라톤으로 거슬러 올라간다. 그는 계층 이론을 신체에 비유해 설명하지만 기본 원리는 같다. 플라톤에 따르면 머리는 이성과 논리를 담당하는 영역이고, 가슴은 감정을 담당하는 영역이며,

배는 본능, 배고픔, 순수한 정욕의 중심지로서 욕망의 영역이다. 매슬로Maslow의 인간 욕구 5단계 이론 역시 이 계층 모델을 기반으로 하고 있다.

이러한 이성 중심의 사고는 컴퓨터의 급속한 발전으로 더욱 강화되었다. 인간의 이성은 컴퓨터와 비교되기에 이르렀다. 뇌 연구뿐만 아니라 심리학도 오로지 하나의 목적을 위해 달려간다. 인간의 머릿속에 있는 합리적 프로그램을 파헤쳐 신경망을 복제하는 것이 그 목적이다. 논리적인 인공지능AI, Artificial Intelligence 프로그램을 이용해 인간의 사고와 행위 전체를 모방하고 개선하는 것이 머잖아 이뤄질 것이라 여겼다. 하지만 그러한 기대는 충족되지 못했다. 프로그램을 통해 산출되는 결과와 인간이 실제로 하는 결정 사이에 엄청난 간극이 있었기 때문이다.

프로그램을 만든 사람들은 인간의 이성적인 면을 토대로 했기 때문에 인간의 결정을 좌우하는 것이 어쩌면 감정일 수도 있다는 점을 고려하지 못했다. 그러는 사이에 AI 분야에서는 인식의 전환이 일었다. 인간의 감정을 연구해서 적용하기 시작한 것이다. 감정은 마땅히 그럴 자격이 있었다.

1995년 : 뇌 혁명이 시작되다

1995년, 뇌 연구 분야에서 기존과는 반대되는 움직임이 나타나기 시작했다. 당시 뇌 연구 분야의 대표적 인물인 미국의 신경생물학자 안토니오 다마지오Antonio Damasio와 조셉 르두Joseph LeDoux가 부상했다. 다마지오는 뇌손상 환자의 검사를 통해 결정을 하는 과정에서 감정이 방해가 되지 않는다는 것을 발견했다. 반대로 감정이 없으면 결정 과정도 진행되지 않았다.

예를 들어 감정중추를 다친 환자들은 돈을 걸고 승패를 겨루는 카드 게임을 할 때 합리적인 결정을 하지 못하는 것으로 나타났다. 여기서 말하는 합리성은, 이익(쾌감)은 최대화하고 리스크(불쾌감)는 최소화하는 게임이론의 관점에서 본 합리성이다. 감정중추가 손상된 환자들은 카드 게임에서 항상 졌다. 게임 참가자들에게 알려주지 않고 승률을 바꿨을 때, 일반 참가자들은 게임을 몇 차례 한 뒤 바뀐 승률에 무의식적으로 적응했다. 그래서 바뀐 승률에 맞춰 게임 전략을 바꾸었다. 그러나 감정중추를 다친 환자들은 승률이 변했음에도 그 이전 전략을 게임이 끝날 때까지 그대로 유지했다.

당시 다마지오가 검사했던 뇌 영역은 대뇌 전방부, 즉 전전두피질이었다. 그의 검사는 두 가지 중요한 결과를 낳았다. 첫째, 감정이 매우 중요하다는 것을 보여주었다. 둘째, 이성적인 대뇌도 감정 처리에 관여한다는 것을 알게 됐다. 이러한 이유로 현재는 대뇌의 앞부분인 안와전두피질과 전전두피질이 변연계로 분류된다.

조셉 르두는 연구 초점을 약간 다르게 했다. 그는 변연계에서 가장 중요한 핵이자 머리에서 감정적 평가의 중심부인 편도체를 다루었다. 편도체는 편도핵^{Mandelkern}이라고도 불린다(〈도표 4-2〉 참조). 그에 따르면, 두려움이나 공포와 관련된 신호와 자극은 편도체에 의해 직접 처리돼 몸이 즉시 공포반응을 나타낸다. 처음에는 의식과 신피질은 아무런 영향을 받지 않는다. 그러다 시간이 조금 흐른 후 의식과 신피질은 관련 정보를 얻고, 어떤 대상이 공포를 불러일으켰는지 더 정확하게 평가하는 일에 집중한다.

실험실 동물들의 뇌에서 편도체를 제거하자 그 동물들은 독사처럼 생명을 위태롭게 하는 대상을 망설임 없이 움켜잡거나 덥석 입으로 물

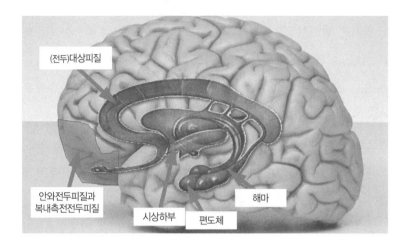

(전두)대상피질

안와전두피질과
복내측전전두피질

시상하부

편도체

해마

변연계는 감정 처리에 관여하는 뇌 구조물을 지칭하는 집합 개념이다. 변연계에
서 중요한 역할을 하는 영역들, 가령 측좌핵이나 뇌줄기 등은 위의 뇌 그림에 표
시되어 있지 않다.

었다. 르두는 이 실험을 통해 신피질이 변연계에 미치는 영향보다 편도
체와 변연계가 신피질에 미치는 (무의식적인) 영향이 훨씬 더 크다는 점
을 밝혀냈다.

　나 역시 같은 시기에 감정과 변연계의 주도권에 대해 연구하기 시작
했다. 돈을 쓰는 행동과 소비행동에 대한 실험에서 모든 결정을 내릴
때 지배, 균형, 자극 시스템의 협력을 통해 결정한다는 것을 확인했다.
그리고 결정하는 과정에서 '이성'의 개입은 찾을 수 없었다. 바로 이 점
이 내가 뇌 연구, 특히 변연계가 인간의 생각과 행동에 미치는 영향을
연구하게 된 이유다.

현재 : 진정한 결정자는 바로 감정이다

어느 분야든 패러다임 전환이 일어날 때 그것이 받아들여지고 인정받기까지는 시간이 필요하다. 과학도 마찬가지다. 새로운 아이디어가 인정받아 확고하게 자리 잡고, 대다수 과학자들이 수용하기까지는 오랜 시간이 걸린다. 그렇다면 오늘날 뇌 연구는 어디쯤 와 있을까? 혁명은 이미 끝났다고 말할지도 모른다. 지금은 뇌에서 감정이 주도권을 쥐고 있다는 걸 부정하는 사람은 소수에 불과하다. 현재는 감정의 영향이 뇌 속에서 어떻게 처리되는지가 주요 논쟁거리다. 일부는 관계를 파악하는 인지 행위보다 감정이 우선한다고 말한다. 그들의 생각에 따르면, 감정을 통해 인식된 관계만이 의미를 얻을 수 있다는 말이 된다. 또 다른 사람들은 관계가 먼저 인식돼야 그 후에 감정이 생길 수 있다고 주장한다.[2.14, 2.16, 2.17] 다른 과학적 논쟁들과 마찬가지로 이 부분도 현재 진행 중인 연구들을 통해 타협점을 찾아나가고 있다.

결정에 미치는 감정의 영향은 대부분 무의식적으로 진행된다(70~80퍼센트). 그러나 그 상황에 대한 의식적인 평가도 분명히 존재한다. 이는 감정과 계획을 그 상황에 맞춰 더 효과적으로 적응하도록 해준다. 의식적인 평가가 차지하는 비율과 영향은 약 20~30퍼센트다.

그러나 이 20~30퍼센트조차 우리가 생각하는 것만큼 자유롭지는 못하다. 이 비율도 우리의 감정 프로그램에 의해 정해진다. 하지만 나머지 20~30퍼센트가 자유의지에 얼마나 많은 영향을 받는지, 또 실제로 자유의지가 존재하는지 여부는 아직 밝혀지지 않았다. 물론 자유의지가 있다 하더라도, 우리가 하는 결정 중 극히 일부분에만 영향을 끼칠 수 있다는 점에서 의견이 일치할 것이다.[4.15, 4.16, 4.17, 4.21]

다시, 지성과 이성에 대하여

Chapter 3에서 다뤘던 주제를 짧게나마 다시 살펴보려 한다. 정확성, 논리를 뜻하는 '합리적'이라는 표현이 감정의 대립어가 아니라는 것은 이미 알고 있다. 이제 또 다른 측면을 살펴보자. 감정은 마구잡이로 날뛰는 것이 아니라 나름의 주파수를 지니고 있다. 때문에 삶에 방해가 되는 것이 아니라 중요한 이성적 기능을 담당한다. 그렇다면 비이성적이거나 비합리적이라는 것은 무엇을 말하는 걸까? 지나치게 감정에 치우쳐 상황에 맞지 않거나 오랜 기간 해가 되는 결정을 내리는 것이다.

멋진 자동차를 구매해서 삶을 즐기는 한 남성이 있다고 하자. 그는 정밀한 열정으로 전자의 이동 궤도를 계산하는 연구원과 마찬가지로 감정적인 동시에 이성적인 사람이다. 그러나 차를 구매하기 위해 파산할 정도로 과도한 빚을 졌다면, 그 남자의 행동은 비이성적이고 비합리적(상황에 맞지 않는)인 것이 된다. 오직 연구에만 몰두해 평생을 실험실에서만 보낸 연구원이 있다고 해보자. 실험실에만 틀어박혀 지낸 탓에 모든 사회적 관계가 단절되었고, 고독하고 비참하게 생을 마감했다면 이런 행동 역시 비이성적이다.

우리는 이성에 대한 좀 더 정확한 정의를 토머스 홉스에게서 찾을 수 있다. 그는 "이성은 결과를 계산할 수 있는 능력이다."라고 말했다. 앞의 예로 돌아가 홉스의 정의를 좀 더 자세히 살펴보자. 그 남자가 무리해서 자동차를 구매할 경우 파산할 수 있음을 인지하고 자동차를 구매하지 않았다면, 그 연구원이 실험실에만 머무르는 대신 집으로 친구를 초대하고 사회적 교류를 했다면 어땠을까? 그랬다면 두 사람은 결과를 깨닫고 '계산한' 것이라고 할 수 있다. 결과를 계산하는 행위는 굉장히 감정적인 과정을 거쳐서 일어난다. 그래서 우리는 이성도 굉장히 감정적이라고 말할 수 있다!

이와 관련해 철학적 측면을 하나 더 살펴보자. 독일 철학자 임마누엘 칸트는 이성과 지성의 차이점을 널리 알렸던 인물이다. '이성'은 무엇이고, 지성은 무엇일까? '지성'은 사태를 인식하는 능력이다. 예를 들어 '100만 원은 10만 원보다 많다'처럼 말이다. 따라서 지성은 '인식적' 지능이다. 지성으로 우리는 인과관계를 발견할 수 있고, 삶과 자연의 복잡성을 구조화할 수 있다. 즉 세계에 질서를 부여할 수 있다.

그런데 왜 우리는 세계에 질서를 부여할까? 첫째는 세계를 예측하고 통제하기 위해서고, 둘째는 세계를 지배하기 위해서다. 두 가지 이유 모두 굉장히 감정적인데, 모두 Limbic® 맵의 '규율/통제'에 나와 있다. 지성을 감정의 끄트머리에 달린 물방울로도 볼 수 있다.

하지만 지성과 관련해 다른 중요한 측면이 있다. 지성은 인생의 요구 사항을 극복하기 위한 도구라는 점이다. 이 도구를 어떻게 사용하는지는 감정 시스템에 의해 결정된다. 지성으로 기관총을 만들 수도 있고(지배 시스템), 기아 문제로 심각한 개발도상국을 위해 관개시설을 만들 수도 있다(돌봄 모듈).

합리적으로 보이는 대뇌조차 감정적이다

앞서 뇌를 세 부분으로 구분하는 것이 왜 틀렸는지 살펴보았다. 우리의 뇌 전체는 궁극적으로 감정적으로 작동하기 때문이다. 지금까지 소뇌는 움직임을 미세하게 조정하는 역할만 하는 것으로 알고 있었는데, 최신 연구는 소뇌조차 감정적 처리 과정에 아주 강력하게 관여하고 있음을 보여준다.[4,22] 이는 감정 시스템을 형성하는 데 결정적인 역할을 하는 신경전달물질과 호르몬을 통해 확인할 수 있다. 신경전달물질과 호르몬은 뇌줄기에서 시작해 간뇌와 변연계를 지나간다. 여기서 그치지 않고 대뇌 전체를 통과하며 우리의 사고에 영향을 미친다. 물론 신경전달물질과 호르몬의 농도가 가장 짙은 곳은 뇌의 하부영역, 즉 뇌줄기와 간뇌가 있는 변연계다.

왜 우리 삶의 많은 부분들이 감정의 영향에서 자유롭지 못한지를 이해하기 위해서는 뇌의 기능적 구조와 발생사를 유념해서 살펴볼 필요가 있다. 뇌의 하부영역에 있는 오래된 뇌줄기와 중뇌에는 원칙적으로 우리의 감정 및 동기 시스템 전체가 단순한 형태로 보존돼 있다. 현재는 이것을 '파충류의 뇌'Reptilienhirn라고 부르는데, 이 부분은 인간의 생물학적 조상과 뇌 구조 면에서 거의 똑같다. 진화 과정 중에 이러한 기본 구조에서 또 다른 세분화가 발생했다. 포유동물에서의 성장과 세분화의 마지막 단계는 신피질이다. 포유동물 중 인간의 신피질이 최고로 복잡하다. 인포박스 7에서 신피질에 대해 더 많은 정보를 찾아볼 수 있다.

'빠르고 간편함'에서 '정교함'으로

우리의 뇌는 어떤 모형Muster에 따라 작동하고, 어떤 원칙에 따라 구성되었을까? 단순화해서 말하자면 우리의 동기 및 감정 시스템은 아래에서 위로 갈수록 점점 세분화되고 복잡해진다. 뇌줄기에서는 감정적으로 '빠르고 간편한' 반응이 나타나고 진행된다.

대뇌에서도 이와 똑같은 감정이 활성화되지만 형태는 근본적으로 훨씬 더 복잡하다. 우리는 이것을 균형 시스템의 예시에서 살펴볼 수 있다. 뇌줄기 하부에는 아주 단순한 균형반응이 자리하고 있는데, 이는 공포반응과 공황 시스템[Panik-System]이라고 불린다. 심각한 위협을 받았을 때 싸우게 하거나 도망가게 한다.[2.4] 대뇌변연계에서 약간 더 위로 가면 편도체와 해마를 볼 수 있다.[4.6] 이 뇌 영역들은 더 복잡한 균형 평가를 담당한다. 편도체[4.1]가 어떤 대상이나 사람이 위험한지 아닌지를 평가하는 반면, '중격 해마'[Septo-Hippocampal]는 어떤 구체적인 상황이 안전한지 아닌지를 계산한다.

신피질의 가장 윗부분에 자리한 '안와전두피질'[Orbitofrontal Cortex]에서는 이보다 더 복잡한 균형 평가가 이뤄진다. 즉 고향, 전통, 품질, 평화 등과 관련된 균형 가치가 계산된다. 이 모든 것은 신피질의 일이다.[4.2, 4.3] 신피질의 진화 덕분에 인간은 다른 동물보다 더 유연해졌으며, 뛰어난 학습 능력도 갖게 되었다. 물론 대뇌 내의 신경세포가 엄청나게 증가했음에도 뇌의 기본 구조와 작동 과정은 포유동물 중에서도 특히 침팬지와 거의 비슷하다.[1.3]

진화 과정에서 뇌가 발달하며 의식의 발달도 함께 이루어졌다. 즉 뇌가 세분될수록 의식도 세분화되며, 생각과 행동도 점점 더 유연해진다. 우리는 의식이 주로 신피질에서 생성된다는 것을 알고 있다. 하지만 무언가가 의식이 되려면 뇌의 아래쪽 부분이 먼저 활성화돼 있어야 한다. 대뇌의 의식 속에서 일어나는 일은 무의식적 구조 중에서도 특히 대뇌변연계에 의해 결정된다.[5.5]

대뇌가 감정을 예측하고 계산하는 법

대뇌는 감정 시스템에 의해 미리 정해진 게임의 규칙 안에서 작동한다. 최신 연구들이 이를 증명해준다. 즉 보상이나 처벌과 관계된 자극의 경우 아무런 의미가 없거나 의미가 적은 자극보다 신피질에서 더 큰 저장장소를 할당받는다.[10.1] 다른 운동에 비해 2배나 강하게 보상을 받는 운동도 근본적으로 신피질에서 더 많은 면적을 할당받는다. 미국의 신경심리학자 폴 글림처Paul W. Glimcher의 다양한 연구는 특히 시사하는 바가 크다.[4.23] 그는 우리의 뇌, 특히 신피질에서 보상이나 쾌감을 목표로 고도로 지능적인 확률 계산이 이루어진다는 것을 보여주었다.

시간과 공간 개념의 상호작용, 신체의 자세 정보를 처리하는 두정엽 피질Parietal Cortex조차 쾌감 극대화를 목표로 삼고 있다. 오랫동안 이 뇌 영역은 감정과 전혀 관련이 없는 것으로 알려져왔다. 또 다른 최신 실험에서도 신경세포가 더 많이 발화할수록 이미 계획된 운동의 보상 기대치도 더 높아진다는 것이 밝혀졌다.

그러나 신피질에서 나타나는 확률과 유용성 계산은 수학과는 다른 법칙에 따라 일어난다. 예를 들어 어떤 환자가 의사에게 수술과 관련된 정보를 물어본다고 하자. 그러면 의사는 수술했을 때 발생할 수 있는 위험에 대해서도 설명할 것이다. 이때 의사는 두 가지의 가능성을 보여주며 설명할 수 있다. 환자 1,000명 중 995명이 이 수술에서 살아남는다고 말해줄 수 있다. 또 이 수술에서 환자 5명이 죽을 확률이 있다고 알려줄 수도 있다. 수학적으로만 따지자면 사망 확률은 두 가지 설명에서 똑같다. 하지만 응답자의 70퍼센트 이상은 첫 번째 가능성을 선택한다. 만일 수학적 논리로만 따지자면 첫 번째와 두 번째를 선택하는 비율은 50 대 50이 되어야 한다.

이와 비슷한 또 다른 실험이 신피질의 오류 가능성을 보여주고 있다. 한 그룹에게는 다진 고기 1인분 중에서 '살코기가 75퍼센트'라고 말했고, 다른 그룹에게는 다진 고기 1인분에 '지방 25퍼센트'가 함유돼 있다고 말했다. 참가자들에게 고기의 품질 평가를 해달라고 요청했다. 그

랬더니 '지방'이라는 표현을 들은 두 번째 그룹은 '살코기'라는 표현을 들은 첫 번째 그룹보다 고기의 품질은 약 31퍼센트, 맛은 약 22퍼센트 더 나쁘다고 평가했다.[4.30]

심리학자이자 노벨상 수상자인 대니얼 카너먼과 고인이 된 동료 아모스 트버스키[Amos Tversky]의 실험은 신피질의 '제한된 합리성'[Bounded Rationality]에 관한 수많은 메커니즘을 발견했다.[4.22, 4.24] 그뿐만이 아니다. 신피질이 얼마나 '비이성적으로' 작동하는지를 보여주는 다른 실험결과도 무수히 많다. 이들 중 상당수는 읽기 쉽고 심지어 문학적인 재미까지 갖췄다.[4.31, 4.32] 감정적인 신피질은 자신의 법칙에 따라 최대의 쾌감을 얻을 수 있는 방법을 계산한다. 이것은 좌뇌와 우뇌의 기능에서도 분명하게 관찰되는 사실이다.

우뇌와 좌뇌에 대한 오해와 진실

좌뇌는 합리적이고 우뇌는 감정적이라는 견해가 여전히 널리 퍼져 있다. 여기서도 '감정과 이성은 대립한다는 혼란'이 아주 화려하게 펼쳐져 있는 것을 다시 한번 확인할 수 있다. 하지만 양쪽 뇌가 모두 감정적이라는 사실을 이미 살펴봤다.[4.12, 4.13, 4.14] 좌뇌는 낙관적이고 우뇌는 비관적이다. 우리는 동기 및 감정 시스템을 배경으로 해서 이를 좀 더 정확히 살펴볼 것이다.

실제로 좌뇌에서는 도파민 농도와 테스토스테론의 농도가 더 진하게 측정된다. 이미 우리는 이 두 신경전달물질에 대해 잘 알고 있지만 한번 더 짚고 넘어가자. 도파민은 자극 시스템의 연료에 해당하며, 낙관적인 태도를 갖고 앞으로 나아가게 한다. 테스토스테론은 지배 시스템

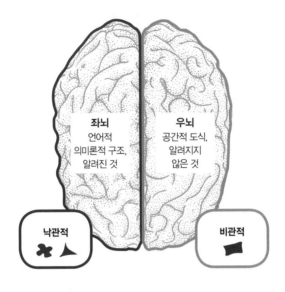

좌뇌
언어적
의미론적 구조,
알려진 것

우뇌
공간적 도식,
알려지지
않은 것

낙관적

비관적

좌뇌와 우뇌는 모두 감정적이다. 그러나 인지적 과제와 감정적 과제는 서로 다르다.

의 일부인데, 의식 속에서 낙관적인 분위기를 조성한다.

좌뇌가 앞으로 나아가게 하는 반면, 우뇌는 주의를 기울이게 한다. 따라서 다음과 같은 두 가지의 사고방식은 밀접하게 연결돼 있다. 우뇌는 우리가 아직 해결책을 찾지 못한 문제와 맞닥뜨렸을 때 특히 활성화된다. 우뇌는 시공간의 패턴과 규칙을 찾는다. 그래서 우뇌는 얼굴의 감정적 처리에 더 깊게 몰두한다. 왜냐하면 얼굴도 복잡한 이미지에 속하기 때문이다. 그리고 그러한 규칙들이 발견되면 우뇌는 이 규칙을 좌뇌로 내보낸다.[2.13, 4.3] 언어가 대부분 좌뇌에서 처리되는 것도 이런 이유에서다. 단어의 내용(의미론)과 문법은 세상을 묘사하는 규칙이다. 반대로 우뇌에서는 언어의 리듬과 언어의 멜로디가 생성된다.

우리가 어떤 과제에 직면하면 좌뇌는 이미 배운 규칙과 모형을 적용하려고 한다. 이것이 성공하면 우리의 의식은 기쁨을 경험하게 되고, 나아가 작은 실험을 할 준비까지 한다. 반대로 성공하지 못하면 불안해져서 그 일을 더 정확히 관찰해 새로운 해결책을 찾으려고 시도한다.[4.25] 이를 달리 표현하자면, 좌뇌는 지성(규칙 적용)의 조정을 약간 더 받고, 우뇌는 이성(감정의 극대화)의 조정을 약간 더 받는다고 볼 수 있다. 그러나 양쪽 뇌는 모두 감정적이다.

코냑이 뇌 속에 저장되는 과정

이 사실은 다양한 감정이 다양한 사고방식과 연관돼 있다는 것을 명확하게 보여준다. 균형 시스템, 특히 이것과 연관된 두려움과 불안함은 사물이나 상황을 정확하게 관찰하게 하고 디테일에 주목하게 한다. 지배 시스템은 더 강한 규칙을 찾아서 모든 것을 규칙 안에 묶어두려 한다. 자극 시스템은 이미 학습한 규칙을 새롭고 창조적으로 연결하고, 이를 통해서 행동의 범위를 확대하려고 한다.

제품의 특징을 저장할 때도 좌뇌와 우뇌의 처리 방식은 서로 다르다. 알코올 도수가 높은 코냑^{Cognac}을 예로 들어보자. 우뇌에서는 냄새와 색 등과 같이 감각적 인상(기본적인 도식)을 가공하는데, 이 인상은 언어적으로 묘사하기가 아주 힘들다. 좌뇌는 이른바 의미망$^{Semantic\ Network}$이라고 하는 추상적인 규칙과 연상을 가공한다. 코냑의 경우 '프랑스, 알코올 농도 42퍼센트, 나무통' 등이 여기에 속한다. 코냑에 대해 금방 떠오르는 것이 무엇인지 설문조사를 하면 기본적인 도식과 의미망이 함께 활성화돼 언급된다.

대뇌변연계, 구매욕구의 발원지

신피질이 중요한 정보를 저장하고 계산하는 감정적인 전산센터라는 것은 확실하다. 특히 신피질의 앞부분인 '배외측전전두엽'Dorsolateral Prefrontal Cortex에서 그만의 고유한 법칙에 따라 최소한의 투자로 최대한의 보상을 얻을 수 있는 방법과 확률을 계산한다. 그렇다면 신피질도 결정을 내리는 데 관여할까? 그렇지 않다. 최종 결정권 자체는 뇌의 다른 영역, 즉 변연계가 쥐고 있다.[1.3, 4.8, 4.9, 4.11, 5.5] 물론 신피질의 앞부분도 변연계에 속해 있기는 하다. 그 앞부분이 바로 안와전두피질과 복내측전전두피질이다(〈도표 4-2〉 참조). 변연계는 머릿속 권력의 중심부인데, 이에 대해서는 앞서 이미 살펴봤다. 변연계는 결정 과정에 매우 강하게 관여하며, 동기 및 감정 시스템, 그와 결부된 구매욕구의 발원지다. 최후의 구매결정도 변연계에서 내려진다.

이와 관련해 더 알고 싶은 독자들을 위해 인포박스 6에 변연계의 핵심 동력과 가장 중요한 기능을 기록해두었다. 변연계는 하나의 집합 개념이자 다양한 뇌 영역을 포괄하는 부위다. 오늘날 우리는 행동을 조절하는 매우 복잡한 과정이 바로 변연계에서 일어난다는 것을 대략적으로나마 알고 있다. 그런데 뇌 영역 간의 협력에 대해서는 아직까지 밝혀진 게 거의 없다. 엄지손톱 크기만 한 핵, 가령 편도체만 하더라도 다양하고 수많은 하위 핵으로 구성되어 있을 정도로 복잡하다. 시상하부, 해마, 뇌줄기의 내적 구조도 마찬가지다.

'대뇌변연계' 개념에 대한 비판

몇몇 뇌 연구자들은 '대뇌변연계'라는 개념의 사용을 거부한다. 이들의 주장은 이렇다. 변연계에서 '계'^{System}라는 표현은 기능적이면서도 폐쇄적인 통일성의 의미를 내포하고 있다. 하지만 변연계는 그런 폐쇄성을 갖고 있지 않다. 변연계의 다양한 뇌 영역들은 다른 수많은 뇌 영역들과 연결돼 있으므로, 하나의 '계'라는 표현은 적합하지 않다.

이들의 기능적 논증은 전적으로 정당하다. 그리고 모든 뇌 연구자들역시 이를 잘 알고 있다. 그러면서도 대부분의 뇌 연구자들이 이 개념을사용하는 이유는 무엇일까? 이유는 의외로 단순하다. 의사소통을 쉽게해주기 때문이다. 뇌 연구자들은 '변연계'라는 개념을 감정을 가공하는데 관여하는 뇌의 영역으로 이해한다. '변연계'는 아주 근거 있으면서도언어적으로 단순한 표현이다. 학문의 영역에서뿐만 아니라 일상에서도이러한 집합 개념은 빠르고 간편하게 의사소통하도록 도와준다.

아이들과 함께 밤하늘을 보며 큰곰자리를 가르쳐줄 수 있다. 대부분의 사람들에게는 이 정도의 지식수준으로도 충분하다. 하지만 별자리를 더 정확하게 연구하는 천문학자라면 이와 다르다. 이 별자리에서 메라크^{Merak} 별, 페크다^{Phekda} 별, 메그레즈^{Megrez} 별을 하나하나 구분해서세부적으로 관찰할 것이다.

'변연계'라는 개념도 마찬가지다. 대부분의 사람에겐 쉽게 이해할 수있는 단순한 개념으로 충분하다. 하지만 머릿속에서 일어나는 감정의처리 과정에 대해 더 정확히 알고 싶다면 이야기가 달라진다. 뇌 영역하나하나와 그 기능적 결합을 다루지 않으면 안 된다.

감정 시스템이 인간을 조종하는 법

대뇌변연계는 어떻게 기능하고 작동할까? 여기에는 감정이 관련되어 있다. 감정 시스템은 우리의 의식에서 감정으로 드러나게 된다. 이 과정을 좀 더 자세히 살펴보자. 변연계는 감정 시스템에 의거해 상황과 대상을 평가한다. 원리는 비교적 간단하다. 각각의 감정 시스템은 긍정적인 측면과 부정적인 측면, 즉 유쾌한 측면과 불쾌한 측면을 모두 갖고 있다. 우리는 이를 Chapter 2에서 살펴봤다. 고객들은 유쾌한 측면에 도달하려고 시도하고, 불쾌한 측면은 피하려고 한다. 이러한 방식으로 고객과 소비자는 일생 동안 무의식적인 자동항법에 의해 조종된다. 이제부터 빅 3의 조종 방법을 살펴보자.

균형 시스템

고객은 불안과 공포를 피하려 하거나 없애려 한다(불쾌함). 반대로 안전함과 안락함은 언제나 좋아한다(유쾌함).

지배 시스템

고객은 패배, 짜증, 분노, 자신의 지위에 대한 불만족을 피하려 하거나 없애려 한다(불쾌함). 반대로 승리감이나 칭찬(유쾌함) 등을 대단히 소중히 여긴다.

자극 시스템

고객은 지루함, 단조로움(불쾌함)은 피하려 하고, 흥미롭고 흥분되는 경험과 기분전환은 언제나 좋아한다(유쾌함).

대부분의 사람들은 무의식적으로 항로를 유지해주는 이 부드러운 조종의 끈을 알아차리지 못한다. 우리가 지각하는 것은 굉장히 강력한 감정뿐이다. 그러나 소비자를 이끄는 것은 단지 감정만이 아니다. 그들이 생각하는 것도 변연계에 의해 조종당한다. 예를 들어, 어떤 여성 소비자가 옷가게 쇼윈도 옆을 지나갈 때마다 거기 걸려 있는 멋진 치마를 보며 구매욕구를 느낀다면, 그녀 내면의 목소리는 '한번 입어봐'라고 말할 것이다. 여기에서 이 발언권은 자극 시스템이 쥐고 있다. 이 예시는 감정뿐만 아니라 고객의 행동을 이끄는 내면의 목소리, 아이디어, 사고방식도 변연계에서 나온다는 것을 명확하게 보여준다. 고객이 생각하는 내용과 그 방법 역시 변연계에서 무의식적으로 작동하는 감정 프로그램^{Emotion-Programm}과 떼려야 뗄 수 없는 관계다.

이제 변연계가 어떻게 작동하는지 알게 되었다. 지금부터는 구매결정이 실제로 일어나는 과정을 살펴볼 것이다. 구매결정을 할 때 왜 사용자 착각에 속아 넘어가는지, 이를 더 자세히 이해하기 위해 똑같은 예를 두 가지 관점에서 관찰하려 한다. 먼저 소비자와 고객이 일상에서 구매결정을 할 때 어떻게 자기 자신을 의식적으로 경험하는지 그 과정을 살펴볼 것이다. 그다음에는 시선을 돌려 이들의 머릿속에서 무슨 일이 일어나고 있는지를 알아볼 것이다.

구매를 결정하는 2개의 목소리

어떤 소비자가 쇼핑가를 걸어가면서 상점의 진열대에 전시돼 있는 고급 손목시계를 보고 있다고 가정해보자. 그의 의식은 '너는 이 시계를 사야 해'라는 내면의 목소리를 듣는다. 그는 상점에 들어가 그 시계를 자세히 살펴본다. 손목밴드는 고급 악어가죽이고, 시계는 수제이며, 금으로 만들어졌다. 또다시 내면의 목소리가 말을 건넨다. '이 시계를 사! 그러면 동료와 친구들이 질투할 거야. 그리고 사람들은 네가 출세했다고 생각할 거야!' 손으로 들어보니 시계가 묵직하다. 그는 이 시계가 굉장히 특별한 물건이라고 느낀다. 가죽 손목밴드에서는 고급스러운 향이 난다. 그는 이 시계를 가지지 않으면 안 된다고 생각한다. 가격을 물어보니 "470만 원입니다."라고 점원이 대답한다. 그의 행복감과 구매욕구에 제동이 걸린다. 그러자 또 다른 내면의 목소리가 이렇게 말한다. '너 완전히 정신이 나갔구나. 계좌에 400만 원밖에 없잖아. 자동차 리스 할부도 아직 남아 있다고.' 내면의 목소리들은 엎치락뒤치락하며 계속해서 싸운다. 시계를 다시 들어본다. 그는 일단 시계의 수제 기술에 매료됐다. 그리고 이 시계를 차고 골프클럽에 들어갔을 때 사람들이 자신에게 보내는 감탄 어린 시선을 상상한다. 결국 그는 시계를 구매한다.

집으로 돌아오는 동안, 그리고 그 후 며칠 동안 그는 급격한 감정의 변화를 느낀다. 새로 산 시계를 행복하게 바라보기보다는, 이 시계를 구매한 게 과연 옳은 행동이었는지 계속 의심한다. 시계 구매를 정당화해줄 정보들을 인터넷에서 찾는다. 똑같은 시계를 다른 상점에서는 130만 원이나 더 비싸게 파는 것을 봤다는 친구의 말을 듣고 나서야 의심은 멈춘다. 그는 시계를 구매하길 잘했다고 생각한다.

구매결정을 할 때 실제로 뇌에서 일어나는 일

관점을 바꿔 이제는 고객의 머릿속에서 실제로 무슨 일이 일어나는지 살펴보자. 시계에 시선을 빼앗긴 순간에 '시계를 사'라는 메시지(신피질의 후방 및 측면에서 하나의 이미지로 합성된 후)는 변연계로 넘어가 평가를 받게 된다. 그러고 나서 변연계는 시계의 의미를 탐색한다. 이를 위해 변연계는 감정적 경험 기억에 의지하게 된다. 그 장면은 광고나 구체적인 체험을 통해 귀중한 시계가 지위와 결합된 경험 기억에 저장된다. 이 과정에서 활성화되는 것은 지배 시스템이다. 금, 고급스러운 가죽 향기, 이 모든 것은 지배 시스템을 활성화하지만, 자극 시스템도 약간 활성화된다. 모든 구매에는 언제나 보상이 따르기 때문이다. 이 두 시스템 모두 '구매해!'라는 욕구를 통해 고객의 의식에서 드러나게 된다.

그리고 우리는 균형 시스템이 고객을 위험에서 보호하는 역할을 한다는 것도 잘 알고 있다. 시계를 구입할 경우 과도한 빚을 지게 될 수도 있다는 것은 위험 요소 중 하나다. 이 위험 요소로 인한 부정적 이미지는 변연계의 평가센터에 의해 유발된 감정적 기억에서 의식으로 들어가게 된다. 고객은 '너 미쳤구나. 시계에서 당장 손 떼!'라는 내면의 목소리로 균형 시스템의 개입을 체험하게 된다.

고객의 의식에서 '구매'와 '비非 구매' 사이에 일어나는 감정의 교차는, 머릿속에서 주도권을 잡기 위해 다투는 지배, 자극, 균형 시스템 사이에서 이리저리 흔들리는 것이다. 이 결정 단계가 진행되는 동안 신피질도 아주 강하게 활성화한다. 왜냐하면 신피질이 수많은 감정적 경험을 변연계에 저장시키기 때문이다. 동시에 신피질은 앞서 살펴봤던 전전두피질 영역에서 이 구매를 통해 얻어질 수 있는 결과를 계산한다. 그러나 결국 변연계는 이 모든 것을 일종의 결정 모델로 여겨서 일일이 검토하고 난 뒤, 마지막에 이르러서야 이들을 수렴해서 최종 결정을 내리게 된다.

고객은 시계를 구매한다. 그러나 구매자의 머릿속은 아직 편하지가 않다. 왜냐하면 서로 반목하는 세 가지 시스템들 사이에서 너무 오랫동안 이리저리 치이다 보니, 결정에 관여하는 신경망이 활성화되었기 때문이다. 신경세포와 신경망이 장기간 반복해서 활성화되면 '장기간 강화 현상'이 나타나게 된다. 즉 신경세포와 신경망이 작은 자극에도 쉽게 흥분하고, 이 상태가 장기간 지속되는 것이다.

지배 시스템 연결망Dominanz-Netzwerk뿐만 아니라 균형 시스템 연결망Balance-Netzwerk도 이러한 방식으로 활성화되기 때문에 내부의 투쟁은 실제로 구매결정을 내린 후에도 의식 속에서 며칠간이나 계속된다. 그리고 균형 시스템 연결망이 의구심에 사로잡힐 때마다 고객은 인터넷을 뒤지며 구매를 정당화할 정보들을 찾아 헤맨다.

'자아'는 구매결정의 관객일 뿐

이제 중요한 질문이 남아 있다. 고객의 '자아'는 어디서, 어느 지점에서 구매결정에 적극적인 영향을 미칠까? 소비자의 '자아'는 무의식적인 동기의 역동성과 그 결과에 영향을 미쳤을까? 아니, 그렇지 않다. 고객의 '자아'는 의식 속에서 상품구매 유혹의 감정이 출현했을 때 아무런 영향력도 행사하지 못했다. 또한 고객의 '자아'는 변연계가 금과 고급 가죽을 긍정적으로 평가하고, 신피질에서 지위를 연상하는 이미지와 도식이 활성화되었을 때도 아무런 영향력을 행사하지 못했다. 균형 시스템의 거부권도 자아의 힘을 벗어나 있다.

이 모든 평가와 그 뒤에 숨겨져 있는 과정을 자아는 알아차리지 못하며, 이 모든 것이 자아의 의지를 벗어나 있다. 이것이 바로 이 챕터의 앞부분에서 언급했던 70~80퍼센트에 해당하는 '무의식적' 결정이다.

이제 나머지 20~30퍼센트의 '의식적인' 결정을 살펴보자. 시계를 구매한 고객은 자신의 의식에서 구매욕구의 발생과 동기 및 감정 시스템의 거대한 투쟁을 경험했다. 그런데 '자아'는 이 결과에 어떤 영향을 미쳤는가? 일어난 일에 적극적으로 개입해서 흐름을 주도한 연주자였는가? 아니면 내면에서 일어나는 난투극을 흥미롭게 관람하는 관객일 뿐이었는가? 이를 두고 지금도 철학자, 뇌 연구자, 심리학자들이 격렬한 논쟁을 벌이고 있다. 뇌 속에 '자아'가 존재하지 않는다는 사실은 점점 분명해지고 있다. 여러분은 분노하며 외칠지도 모른다. "'자아'는 당연히 있지. 내가 '자아'를 매일 체험하고 있는 걸!"

이 문제는 이쯤 하기로 하자. 우리가 '자아'를 체험하는 것은 문화적으로 봤을 때 서구적 현상일 뿐이다. 서구인들에게는 굉장히 자연스러운 '자아' 지각이라는 것이 동양 문화권에는 생소하다. 그리스 철학의 영향을 받은 '서구인'은 주체인 자신을 객체인 세상과 분리해서 바라보지만, 아시아인은 자신을 세상과 구분하지 않으며 이 둘을 밀접하게 연결된 불가분의 관계로 바라본다. 따라서 뇌 연구자들이 뇌 속에서 '자아의 중심부'를 찾지 못하는 것은 어쩌면 당연한 일인지도 모른다.[4.16, 4.17, 4.19, 4.20, 4.21] 따라서 의식적인 '자아'는 적극적인 의사 결정자라기보다 무의식의 조종을 받는 관객에 가깝다는 것이 분명해진다.

이성을 담당한 신피질은 어떤 영향을 미치는가?

신피질은 정보를 제공하고, 성공 확률과 결과를 예측하며, 어떻게 행동하면 좋을지를 알려주는 중요한 조언자 역할을 담당한다. 신피질 속에 있는 복잡한 뉴런 구조는 결정을 내릴 때 굉장히 활성화되고 미친 듯이 계산을 한다. 그러나 이런 계산은 동기 및 감정 시스템의 엄격한 틀 안에서 이루어진 것이다. 이와 함께 신피질이 뇌 중심부에서 '가장 중요한' 역할을 담당한다는 것도 드러난다. 여기에는 부정적이고 긍정적인 결과를 포함해 수많은 경험이 저장돼 있다.[4.5, 4.7, 4.8] 이 부위가 손상되면 상황에 맞지 않는 경솔한 행동을 하게 된다. 따라서 신피질에 존재하는 것은 고차원적 이성이라고 할 수 없다. 신피질에서 하는 경험과 결과는 변연계의 조종과 감독하에 계산되고 통합된다. 따라서 감정 시스템의 목표는 신피질에서 계획으로 전환되고, 목표 달성의 확률은 극대화된다.

왜 충동구매를 할까?

뇌 속에 이루어지는 결정 과정의 종류가 수없이 많다는 것은 충분히 추측할 수 있다. 어떤 상품이나 서비스의 가격이 오를수록 일반적으로 구매 실수의 위험도 커진다. 고객이 집이나 자동차를 구매한다면 몇 만 원짜리 제품을 살 때보다 앞서 설명했던 과정들이 더 오래, 더 집중적으로, 더 자주 일어난다. 고가의 제품을 구매하려 할 때 고객은 결정의 갈등을 더 심하게 느낀다. 내면의 목소리는 며칠 동안 찬반으로 나뉘어 격렬하게 토론을 벌인다. 물론 이 모든 일을 지휘 감독하는 것은 변연계다.

충동구매는 이와 반대다. 이때 내면의 목소리는 '사라!'고 짧게 명령할 뿐이다. 여기서는 대개 자극 시스템이 활성화되고, 자극 시스템은 균형 시스템의 방해를 받지 않는다. 구매 실수를 한다고 해서 실제로 위험한 일이 일어나는 것은 아니기 때문이다. 그런데 가끔 동기 및 감정 시스템 내부에서 결정 갈등이 일어날 때도 있다. 같은 디자인에 색만 다른 블라우스 두 벌을 두고 고민에 빠진 여성 소비자를 예로 들어보자. 블라우스 두 벌 모두 자극 시스템을 활성화한다. 그런데 여기서 선택되는 블라우스는 자극 시스템을 더 강하게 활성화시킨 쪽이다.

감정적 구매결정의 특별한 경우는 바로 미각이다. 미각 역시 변연계에서 처리되며 감정 프로그램과 똑같이 무의식적 영향력을 행사한다. 그러나 미각은 완전히 독립적인 차원의 평가를 따른다(단맛, 신맛, 짠맛, 쓴맛, 감칠맛). 문제는 이를 언어적으로 표현하기가 어렵다는 점이다. 감정도 이와 똑같은 문제에 봉착한다. 우리는 다양한 감정을 느끼지만 그것을 아주 대략적으로만 표현할 수 있을 뿐이다. 발생학적으로 봤을 때 인간 언어의 나이는 고작 20만 년밖에 되지 않았지만, 변연계의 기본 형태가 생겨난 것은 200억 년 이상이나 되었다. 그토록 오래된 변연계에서 일어나는 일들을 최근 탄생한 언어로 다 표현하기란 불가능하다.

더 커진 세제 용기가 외면당한 이유

많은 사람이 "감정적인 구매결정뿐만 아니라 기능적인 구매결정도 있다."라고 이의를 제기할 수도 있다. 외견상으로는 그들의 말이 맞다. 예를 들어 살펴보자. 미국의 P&G ^{Procter&Gamble}는 몇 년 전 새로운 크기의 가루세제 용기를 도입했다. 이 용기의 크기는 전년보다 커졌다. P&G 매니저의 계산은 단순했다. 용기가 커졌기 때문에 거기 들어 있는 세제의 1킬로그램당 가격은 더 저렴하다. 그러니 소비자들이 분명 새 제품으로 바꿀 것이라고 확신했다. 큰 용기로 교체한 것은 P&G 측에도 이점이 있다. 큰 용기에 담긴 세제를 산다면, 오랜 기간 사용하게 될 테니 그동안 경쟁사의 세제를 구매하지 않을 것이기 때문이다.

고객 설문조사에서도 세제를 바꿀 의향이 높은 것으로 나타났다. 그러나 새로운 용기에 담긴 세제 판매는 실패로 돌아갔다. 처음에는 그 이유를 아무도 몰랐다. 소비자들에게도 분명 가격의 장점(감정적)이 있었고, 설득력도 있었기 때문이었다. 그러나 P&G 매니저들이 놓친 것이 하나 있었다. 미국 대부분의 가정은 캐비닛에 세제를 넣는 칸이 고정돼 있고, 크기도 규격화돼 있다는 점이다. 어쩔 수 없이 주부들은 이 세제를 캐비닛 옆에 세워두었고 일할 때마다 걸리적거렸다. 결국 주부들은 더 이상 이 제품을 구매하지 않았다.

기능적 구매결정에 대한 또 다른 예는 B2B Business-to-Business 영역에서도 볼 수 있다. 한 대형 페인트 제조업체가 만든 건물 외부용 페인트 매상이 곤두박질치는 일이 벌어졌다. 경쟁사가 신제품을 출시했기 때문이다. 경쟁사 제품은 영하의 온도에서도 작업하기에 좋고 안전했으며, 동시에 1제곱미터당 사용되는 페인트 양도 훨씬 적었다. 이러한 기능적인 장점 때문에 대부분의 작업자가 제품을 교체했다.

이 구매결정에 대해 좀 더 자세히 알아보자. 두 예시에서 보인 구매결정은 실제로 기능적이기만 한 것일까? 첫 번째 예에서 캐비닛 옆에 세제 용기를 세워둔 것은 캐비닛에 들어가지 않았기 때문이다. 그런데 이 문제가 주부들이 더는 구매하지 않게 된 진짜 이유일까? 아니다. 진짜 이유는 캐비닛 주변에 널브러져 있는 세제 용기가 주부의 정리 감각(균형/규율)을 어지럽히고 방해했기 때문이다(지배/자율성). 페인트 제조업체를 살펴보자. 경쟁사의 페인트는 작업자의 효율성을 높여주었다. 이 페인트의 경우 적은 양으로도 더 오래 작업할 수 있었다.

우리는 '효율성'이 Limbic® 맵의 동기 및 감정 프로그램에서 지배와 규율/통제 사이에 있다는 것을 잘 알고 있다. 상품을 팔 때는, 상품의 기능이 고객의 목표 달성에 도움을 줘야 한다는 것을 명심해야 한다. 그런데 고객과 소비자의 목표는 동기 및 감정 프로그램에 의해 결정된다! 물론 감정적이지 않은 기능적인 차이점도 존재한다. 건축자재 시장에서 건물 외부용 페인트나 실내용 페인트를 구매할 때, 이 둘은 기능적인 면에서 차이가 난다. 망치 역시 톱과는 다른 기능을 지니고 있다.

뇌는 자동 시스템을 좋아한다

상품과 서비스의 감정적 평가는 대부분 무의식적으로 일어난다. 우리와 고객은 이러한 무의식적 평가의 결과를 의식에서 사실로 받아들이게 된다. 여러분은 이렇게 말할지도 모른다. "내 무의식이 나에게 정직하게 정보를 알려주고, 사용자 착각에도 불구하고 내가 스스로 결정했다고 느낀다면 무슨 일이 일어나든 상관없다."

그러나 뇌와 무의식은 혼자서 비밀리에 작업하는 것을 즐긴다. 뇌와 무의식은 자신의 소유자에게 자신들의 계획을 알려주지 않은 채 바로 행동으로 옮긴다! 여러분은 '이게 대체 무슨 말이지?'라며 '내 뇌와 신체가 내가 눈치도 못 챈 사이에 내 자아를 무시하고 행동한단 말인가?'라고 의아해할지 모른다. 바로 그렇다. 고객뿐만 아니라 우리 모두 그렇다. 머릿속에서 실제로 일어나는 일을 진짜 이해하기 위해서는 머릿속에서 진행되는 무의식적인 과정을 더 집중적으로 살펴봐야 한다.

뇌가 어떻게 자신의 소유주를 다루는지 예를 통해 알아보자. 직장동료와 함께 저녁을 먹기 위해 루이지Luigi라는 이탈리아 식당에 간다고 가정해보자. 당신은 일찍 도착했고 식당은 텅 비어 있다. 점원이 다가와 관대한 제스처를 취하며 모든 좌석이 비어 있으니 아무 자리나 선택해도 좋다고 알려준다. 당신은 지체할 필요 없이 통로를 걸어가 자리를 잡고 앉는다. 그런데 당신이 선택한 것은 구석 자리! 진화의 과정에서 우리의 뇌는 특별하게 검증된 경험을 저장했다. 먼 옛날 인간의 주변에는 목숨을 노리는 야생동물이나 악당처럼 많은 위험이 도사리고 있었다. 따라서 뒤나 측면에서 공격할 수 없는 장소가 가장 안전한 장소였다. 루이지 식당에서의 자리 선택에서 볼 수 있듯이 이 경험은 무의식적이고 자동으로 활성화된다. 이 영향으로 우리는 곧장 구석 자리를 차지하게 되는 것이다.

뇌가 의식을 배제하려는 진짜 이유

뇌가 의식에 정보를 제공하려고 애를 쓰지 않는 진짜 이유는 무엇일까? 여기에는 세 가지 이유가 있다.

1. 정보가 의식을 거치지 않고 바로 동기 및 감정 프로그램을 통해 행동으로 전환되면 반응은 훨씬 빨리 일어난다.[1.3] 이는 특히 위험한 상황에서 큰 도움이 된다. 원시시대에 맹수 냄새가 나고 노란색 가죽에 검은색 줄무늬가 있는 대상(호랑이)을 눈앞에서 맞닥뜨렸을 때, 이 대상의 정체가 무엇인지 알아차리기 위해 오랫동안 생각했던 사람은 아마도 기대수명이 짧았을 것이다.
2. 동기 및 감정 프로그램과 함께 저장된 경험은 이미 검증된 해결책을 포함하고 있다. 검증된 해결책이 이미 존재하는데 오래 고민할 이유가 없지 않은가. 이는 수많은 심리학 실험에서도 드러난다. 감정적인 우선순위에 의한 판단이 재인식 과정을 거친 판단보다 훨씬 더 빠르다.[2.17]
3. 의식은 굉장히 비용이 많이 들어가는 과정이다. 의식의 비용은 바로 에너지다. 뇌가 우리 몸무게에서 차지하는 비율은 2퍼센트에

불과하지만 뇌의 에너지 소비량은 상당하다. 특히 우리가 집중하거나 의식적으로 심사숙고할 때면 훨씬 더 증가한다. 이 경우 뇌는 에너지의 20퍼센트를 소비하는데, 이는 우리 몸 전체에서 사용할 수 있는 양이다. 그런데 뇌가 의식을 잠시 꺼두고 자동 모드로 작동한다면 뇌의 에너지 소비량은 5퍼센트로 줄어든다. 에너지를 엄청나게 소비하는 집중적인 사고는 대부분 신피질에서 일어난다. 신피질은 인간의 뇌에서 가장 큰 부분을 차지하는 부위이며 에너지 소비가 가장 큰 곳이다. 작업하는 뇌는 작업하는 근육보다 훨씬 더 많은 에너지를 쓴다. 뇌는 같은 양의 근육 덩어리보다 22배 더 많은 에너지를 필요로 한다! 그러면 에너지 사용을 줄이는 것이 왜 중요한가? 진화의 법칙에 그 답이 숨어 있다. 쓸모없이 에너지를 낭비하지 않는 생물체는 이익을 얻을 수 있기 때문이다. 특히 절약한 에너지를 후세에 직간접적으로 공급해줄 수 있다. 그뿐만이 아니다. 에너지를 비축해두면 그 힘을 활용해 안전한 곳을 찾아 머물 수 있게 되고, 생명이 위태로운 상황에서 위험한 먹이 사냥을 좀 더 미루어도 된다.

그렇다면 의식은 왜 필요할까? 의식은 우리가 새로운 것이나 미지의 것과 맞닥뜨렸을 때, 지적인 문제를 풀어야 할 때, 결정 과정에서 갈등이 발생해 변연계가 각종 경험과 여러 조언들을 불러올 때 활성화된다. 에너지를 절약하기 위해서 뇌는 되도록 많은 것을 자동화하려고 한다. 반복해서 긍정적인 결과를 가져왔거나, 부정적인 결과를 회피했던 모든 경험과 행동은 뇌에 저장된다. 그리고 이에 적합한 해결 신호가 오면, 프로그램은 자동으로 작동한다. 물론 이때도 의식에는 어떤 정보도 주지 않는다.

단순함을 활용해 고객의 뇌를 편안하게 해주어라

우리가 살펴봤듯이 뇌는 진화 과정에서 되도록 에너지를 적게 쓰도록 프로그래밍되었다. 생각한다는 것은 에너지가 많이 소모되는 행위이기 때문에 뇌는 되도록 적게 생각하려고 한다. 뇌가 자발적으로 생각하는 경우는 보상이 주어진다거나 처벌을 피할 수 있을 때다. 감정의 주도권 외에도 뇌 연구는 우리에게 또 다른 '구매 증폭기'Kaufverstarker에 주의를 기울이게 한다. 바로 단순함이다!

이를 더 명확하고 자세히 알아보기 위해 나는 똑같은 메시지를 다르고 복잡하게 표시했다(《도표 4-4》 참조). 왼쪽 문구를 읽을 때 여러분의 뇌는 상당히 고생할 것이다. 글씨체는 읽기 어렵고, 문장도 길다. 전문용어로 표현하자면, '인지 과부하'Cognitive Load(인지부하 이론)가 온 것이다. 오른쪽 문구는 완전히 다르다. 즉시 이해하고 파악할 수 있다.

여러분은 "왼쪽 문구를 읽을 때 뇌가 약간만 더 작동하면 되는 것 아닌가요?"라고 반문할지도 모르겠다. 하지만 왜 그래야 하는가? 우리는 첫 번째 뇌 사진에서 드라마틱한 결과를 볼 수 있다. 뇌가 인지적 복잡함으로 고생할 때, 감정적 고통 및 처벌 중심부Schmerz-und Bestrafungszentrum도 활성화되는 것이다. 오른쪽 그림처럼 간단한 메시지를 읽을 경우에 뇌 사진은 완전히 다르게 나타났다. 여기서는 보상 시스템이 즐거워했다.

문제는 고통 및 처벌 중심부가 활성화하면, 고객은 그러한 상황과 자극을 피하려고 시도한다는 점이다. 기분은 바닥까지 떨어지고, 자신이 처한 위험과 상품 구매에 대비하기 위해 극도로 비판적인 상태가 된다. 반면 보상 중심부가 활성화하면 완전히 정반대 상황이 벌어진다. 우리 복잡한 메시지는 고통의 중심부를, 간단한 메시지는 보상의 중심부를 활성화한다.

는 점점 더 복잡해지고 예측 불가능해지는 세상에 살고 있다. 그러니 고객이 뇌를 최대한 쉽게 사용할 수 있도록 도와주는 노력이 필요하다.

이성은 뇌가, 감정은 복부가 담당한다는 오해

우리 뇌에서 무의식적인 처리 메커니즘과 밀접하게 관련이 있는 것은 이른바 '복부 결정'Bauchentscheidung, 즉 감정에 따르는 결정이다. 이 결정 역시 구매 과정에 관여한다. 여기서도 우리는 '감정 대 이성'이라는 오해를 다시 만나게 된다. 물론 약간은 다른 형태로 말이다. 감정은 복부에서 통상적인 생각을 따르고 있고, 이성은 지성 일반의 상징인 우리의 머릿속에 있다. 그런데 여기서도 머릿속에 있는 이성과 복부에 있는 감정은 싸우고 있다. 그리고 어떤 결정을 내릴 때 이것이 느껴질 뿐만 아니라 실제로 복부가 영향을 받는다는, 과학적으로 입증된 증거도 있다.

이러한 이유로 이른바 '신경-위-내분비학'Neuro-Gastro-Endokrinologie이라는 신경생물학의 연구가 주목을 많이 받았다. 독일에서 널리 알려진 유명 과학잡지《게오》Geo는 미국의 연구원 마이클 거션Michael Gershon의 연구에 대해 다루었다. 그는 자신의 책《두 번째 뇌》The Second Brain에서 인간이 위장 부위에 뇌와 유사한 고도로 복잡한 신경구조를 가지고 있음을 보여주었다. 그리고 우리 뇌에서 중요한 역할을 하는 신경전달물질 세로토닌이 제2의 뇌인 '복부 뇌'Bauchgehirn에서도 중요한 역할을 하고 있음을 밝혔다. 그런데 이 연구결과가《게오》에서는 완전히 다른 방향으로 왜곡되었다. '감정 대 이성'이 '복부 대 머리'로 왜곡된 것이다. 이 기사에 따르면, 결정은 뇌 속에서뿐만 아니라 복부에서도 기본적으로 내려지며 종종 뇌에 대항한다는 것이다. 머리는 이성을 담당하고 복부는 감정을 담당하며, 이 둘은 서로의 적이라는 논리다.

사람들은 이 내용을 보고 열광했다. 우리가 생각하는 것과 일치하기 때문이다. 수많은 결정을 내릴 때 우리는 뱃속에서 쾌적하거나 불쾌한 흥분감을 느끼기도 한다. 그러나 복부에서 느끼는 이러한 흥분감이 우리의 의식에서, 즉 뇌에서 발생한다는 사실을 간과한다. 복부 자체는 아무것도 느끼지 못하기 때문이다. 손가락이 뜨거운 난로에 데어도 손가락 자체는 고통을 느끼지 못한다. 그 고통의 느낌은 우리의 뇌에서 발생하는 것이다. 어쨌거나 마이클 거션은 잘못이 없다.《게오》가 주장했던 것에는 그가 직접 한 말은 한마디도 없었기 때문이다.

그의 책에는 복부가 뇌의 결정에 관여한다는 내용은 전혀 나와 있지 않다. 그는 오직 우리 복부에 있는 고도로 복잡한 신경구조가 왜 중요한지 그 이유를 밝혔을 뿐이다. 거션은 복부의 신경구조가 우리 소화관을 조절하고 뇌의 부담을 덜어주는 역할을 한다는 것만을 보여주었다.

직관의 힘은 어디에서 나올까?

그런데 복부 감정이란 대체 무엇일까? 다음과 같이 표현할 수 있다. 결정을 내려야 하는 상황에서 우리의 뇌가 자신의 모든 경험 구조에 의지하는 것이라고 말이다. 그렇다면 무의식에는 어떤 경험이 존재할까? 우선 우리의 감정 시스템과 그밖에 다른 무수한 생물학적 기본 프로그램이 있다. 거기에 우리의 문화적 · 사회적 경험과 인생에서 겪은 개인적인 경험이 들어 있다. 추가로 우리의 뇌는 외부 세계의 신호도 고려한다.[4.28]

우리는 뇌 속에 들어 있는 그 모든 경험들의 존재를 알지 못한다. 다르게 표현하자면 '자아'는 뇌가 알고 있는 내용을 알지 못한다. 뇌는 결정을 내려야 하는 상황이 닥치면, 과거에 이와 매우 유사한 상황에서 뇌 속에 저장된 무의식적인 규칙과 모형을 인식한다. 결정해야 하는 상황이 닥치면 이 무의식적인 규칙과 모형은 활성화되고, 우리는 그 이유를 정확하게 설명할 수는 없지만 직관적으로 결정을 내린다.

인간의 의사결정 과정을 연구하는 미국 학자 게리 클라인[Gary Klein]은 복잡한 결정에서 직관의 힘을 발견한 최초의 인물이다. 그는 유능한 소방관들과 함께 대형화재 현장으로 갔다. 굉장히 복잡한 상황에서 소방관들이 내리는 결정을 분석하기 위해서였다. 화재가 진압되었을 때 게리 클라인은 소방관들에게 왜 그런 결정을 했는지 질문했다. 그런데 소방관들은 이에 관해서 아무런 답변도 할 수 없었다. 수백 번의 대형화재를 성공적으로 진압하면서 소방관의 뇌 속에는 무의식적이고 일반화된 성공모형이 형성되었고, 소방관들은 결정 과정에서 이를 무의식적으로 받아들였던 것이다.

소비자가 매장 진열대에서 제조업체는 다르지만 똑같은 상품들을 두고 구매결정을 해야 할 때도 이러한 직관적인 결정이 작용한다. 우리는 고객들이 눈치 채지 못하게 감시 카메라를 이용해 그들을 관찰했다. 고객들은 진열대 앞에서 상품을 비교하다가 갑자기 하나를 집어 들었다. 나중에 그들에게 왜 그 상품을 구매했는지 물었지만, 명확한 이유를 대답하지 못했다.

하지만 그 고객이 내린 결정은 결코 우연이 아니다. 그의 뇌 속에는 마치 TV를 보다가 받아들인 광고 메시지처럼 브랜드와 상품에 대한 자신만의 고유한 경험이 무의식 속에 저장돼 있는 것이다. 물론 이때 의식적 '자아'는 그 광고 메시지가 뇌에 어떻게 저장됐는지 모른다.

브랜드 인지도는 자동구매 버튼이다

마케팅 및 광고 전문가는 회사, 제품, 브랜드의 인지도가 판매 성공에 얼마나 중요한지 잘 알고 있다. 인지도는 신뢰를 불러오고, 이를 통해 균형 시스템을 자극한다. 그러나 더 중요한 것은 다른 과정이다. 부정적인 경험이 없을 경우, 고객의 머릿속에서 인지도가 높은 제품과 브랜드는 '구매-자동-메모리'에 저장된다. 소비자는 상품 진열대 앞을 지나갈 때 상품을 그냥 집어서 '깊이 생각하지 않고' 장바구니에 넣을 확률이 높다.

에너지 절약 모드를 포함한 뇌의 절약 모드는 1994년 미국의 신경생물학자 마커스 라이클[Marcus Raichle]에 의해 처음 증명됐다.[4.26] 먼저 뇌 단층촬영장치로 피험자를 관찰했다. 생각하는 '뇌 속을' 들여다보기 위해서다. 그런 다음 잘 알려진 단어와 잘 모르는 단어 목록이 이들에게 제시됐다. 뇌 사진은 다음과 같은 사실을 보여주었다. 잘 알려진 단어는 신피질의 전방 부위 활동을 감소시킨 반면, 잘 모르는 단어는 반대로 그 활동을 증가시켰다. 신피질이 절약 모드로 전환됐지만, 그럼에도 잘 알려진 단어는 훨씬 잘 기억되었다.

페터 케닝[Peter Kenning] 연구팀도 뇌 단층촬영으로 앞서 보여준 신피질 전방 부위의 변화를 똑같이 증명했다.[13.4] 피험자들에게는 단어 대신 잘 알려진 커피 브랜드와 잘 모르는 커피 브랜드가 제시됐다. 결과는 다음과 같았다. 잘 알려진 브랜드일 경우 신피질의 전방 부위가 절약 모드로 전환되었다. 이에 대해서는 Chapter 8과 Chapter 12에서 보다 자세히 살펴볼 것이다.

무의식을 자극하는 메시지

정보를 의식적으로 처리할 때는 에너지 소모가 많은 편이다. 이때 소비자의 뇌는 되도록 에너지를 절약하며 작업하려고 노력한다. 소비자에게 흘러들어오는 모든 정보 중 뇌가 의식으로 전달하는 정보는 극히 일부분이다. 이미 별세한, 자르브뤼켄대학교의 크로버 리엘[Kroeber-Riel] 교수는 100퍼센트의 정보 중 단 1퍼센트만 의식에 도달한다고 주장했다.

하지만 이 계산은 이후 굉장히 과장된 것으로 밝혀졌다. 신경정보학자들은 다음과 같은 계산 결과를 내세웠다. 1초당 눈은 뇌에 1,000만 비트의 정보를, 귀는 100만 비트의 정보를 보낸다. 후각과 그 밖의 다른 감각기관은 1초당 10만 비트를 뇌로 보낸다. 다 합쳐서 1초당 1,110만 비트의 정보를 뇌로 보낸다.

신경정보학자들은 고객이 1초당 40비트의 정보만 자신의 의식에 보내는 것으로 추정하고 있다. 그러니까 정보의 0.00004퍼센트만 고객의 의식에 들어가는 셈이다.[4.19] 따라서 의식은 정보 전체가 아니라 그중 일부를 선별한 결과일 뿐이다. 뇌의 진정한 독창성은 정보를 인식하는 능력에 있는 것이 아니라, 무의식적으로 정보를 처리하고 저장하는 능력과 행동으로 전환하는 능력에 있는 것이다. 고객들은 날마다 무수히 많은 광고 메시지에 노출된다. 뇌는 이 메시지들을 무의식적으로 처리하기 때문에 대부분은 의식이 지각하지 못한다. 앞서 보았듯이, 소비자는 매장의 진열대 앞에서 무의식적으로 손을 뻗어 제품을 구매한다.

고객들이 구매 후, 이야기를 꾸며내는 이유

우리의 의식은 구매행위에서 의미를 찾으려 한다. 그래서 뇌와 무의식에서 실제로 일어난 일과는 아무런 관계가 없는 이야기들을 꾸며낸다. 하버드대학교의 심리학자 다니엘 베게너[Daniel Wegener]와 막스 플랑크 심리학 연구소장 볼프강 프린츠[Wolfgang Prinz]도 이와 비슷한 연구결과를 내놓았다. 의식은 그 자체가 행동에 관여하지 않았음에도 나중에 행위와 행동에 의미를 부여한다.[4.17, 4.21] 볼프강 프린츠는 이러한 현상을 독일 철학자 쇼펜하우어의 말을 빌려 다음과 같이 요약했다. "우리는 우리가 원하는 것을 하는 게 아니라, 우리가 하는 것을 원한다."

소비자는 광고를 비롯해 외부에서 유입되는 수많은 정보가 자신의 행동에 많은 영향을 끼친다는 사실을 알지 못한다. 문제는 소비자의 의식이 이 사실에 대해 아무것도, 진짜 아무것도 눈치 채지 못한다는 것이다. 시장연구원이 소비자에게 설문조사를 하면, 소비자들은 본인이 얼마나 신중하게 고민해서 이 제품을 의식적으로 구매했는지 확신에 찬 어조로 말한다. 그러나 소비자는 자신의 의식이 나중에 이 이야기를 꾸며냈다는 것, 그리고 완전히 다른 논리로 무의식적 프로그램에 복종했다는 사실은 전혀 알지 못한다.

뇌는 아주 작은 신호에도 영향을 받는다

피험자들에게 잘 모르는 중국 한자를 여러 개 주고, 그중 마음에 드는 글자를 아무거나 선택하라고 했다. 그러자 그들이 무작위로 고른 글자들은 대개 비슷했다. 그러나 이번에는 한자를 보여주기 전에 피험자와 그의 의식이 눈치 채지 못하도록 글자 하나를 짧게 반복해서 지각의 한계 내부(잠재의식)에 삽입했더니 선호하는 글자가 바뀌었다. 잠재의식에 삽입된 이 글자가 평균 이상으로 가장 좋아하는 글자로 선택됐다. 피험자에게 그 이유를 물었지만 대답하지 못했다.[2.13]

뇌 단층촬영을 이용해 이와 비슷한 실험이 진행됐다. 피험자들에게 슬라이드 화면을 통해 단어들을 보여주었다. 그리고 화난 얼굴의 그림을 피험자들이 눈치 채지 못할 정도로 아주 짧게 반복해서 화면에 삽입했다. 뇌 단층촬영의 결과는 놀라웠다. 얼굴을 감정적으로 평가하는 일에 깊숙이 관여하는 변연계의 편도체가 밝은 빛을 띠었다.[4.10] 동시에 편도체는 신체를 방어 태세로 전환했다. 내적 긴장의 척도인 피부 전기 저항이 뚜렷하게 변화했으며, 신체는 이미 오래전에 방어 준비로 전환된 상태였다. 그러나 의식은 이런 사실을 전혀 모르고 있었다.

샌디에이고대학교 심리학자 켄트 베리지^{Kent Berridge}와 피오트르 윙클면^{Piotr Winkielman}은 흥미진진한 실험을 진행했다.[4.29] 갈증을 느끼는 피험자 30명에게 음료를 구매하는 데 돈을 얼마나 쓸 것인지 물었다. 한 그룹은 약 10센트(약 120원)를, 다른 그룹은 약 38센트(약 450원)를 쓸 용의가 있다고 했다. 두 그룹 간에는 몇 가지 차이점이 드러났다. 10센트를 쓰겠다는 그룹에게 화난 얼굴 사진을 50분의 1초보다 짧은 간격으로 보여주었고, 38센트를 쓰겠다는 그룹에게 웃는 얼굴 사진을 같은 간격으로 보여주었다. 얼굴 사진을 보여준 시간이 아주 짧았기에 두 그룹 모두 얼굴을 의식적으로 지각하지 못한 상태였다.

약 1분이 지난 후 무의식적으로 지각된 감정은 그들의 구매행동에 상당한 영향을 미쳤다. 화난 얼굴 사진은 스트레스를, 웃는 얼굴 사진은 즐거움을 유발했다. 이는 기부 욕구에 엄청난 영향을 미쳤다. 이 실험을 통해, 고객과 소비자의 뇌는 본인들도 인지하지 못할 정도로 아주 사소한 인상까지도 무의식적으로 처리한다는 것을 알 수 있다. 뿐만 아니라 이러한 무의식적이고 작은 메시지들이 눈에 띄지 않게 기분을 변화시켜 결국 구매의향에 결정적인 영향을 미친다는 사실도 전혀 감지하지 못한다.

심리학자 바르크^{Bargh}, 첸^{Chen}, 버로우스^{Burrows}의 실험은 인간이 얼마나 외부 영향에 민감한 존재인지 보여준다.[4.21] 연구원들은 대학생들을 두 그룹으로 나눈 뒤 한 학기 동안 2개의 강의실로 분산 배치했다. 한 그룹은 노인들의 삶과 운동 억제에 대한 리포트를 작성해야 했고, 다른 그룹은 반대로 청년들의 삶과 스포츠 활동에 대해 리포트를 작성해야 했다. 리포트 제출 후 대학생들은 강의실을 떠났다.

그들은 진짜 실험이 이제부터 시작이라는 것을 몰랐다. 연구원들은 대학생들의 움직임을 영상에 담았다. 놀라운 일이 벌어졌다. 노인에 관해 리포트를 작성했던 그룹은 통로에서 '마치 노인처럼' 움직였고, 청년에 관해 리포트를 작성했던 그룹은 활기차고 역동적으로 움직였다. 그런데 두 그룹 중 누구도 자신의 행동 변화를 알아차린 사람은 없었다. 분명히 뇌는 무의식적으로 수많은 인상을 처리해 행동으로 전환하는데, 이 과정은 의식이 알아차리지 못하는 사이에 진행된다.

뇌는 감정적인 경험을 저장한다

여기까지 살펴봤으니 당신은 이제 뇌가 겪었던 무의식적이고 불쾌한 경험을 재빨리 잊어버리기를 바랄지도 모르겠다. 하지만 그것은 잘못된 바람이다. 감정적인 경험을 저장하는 경우, 뇌는 그것을 의식하지 못하지만 생각보다 꽁한 편이라 잘 잊지 않는다. 특히 고객과 관계할 일이 많은 B2B에서는 이러한 지식이 굉장히 중요하다.

뇌가 작동하는 방식은 다음의 보고서를 통해 알 수 있다. 신경과나 정신과 병원에서는 기억상실증 환자들을 볼 수 있다. 이들 중, 특히 증세가 심한 환자는 아무것도 기억하지 못할 수 있다. 이들은 본인의 이름과 병원에 온 이유조차 모른다. 그리고 이 환자들은 의사의 이름도 외우지 못하며, 복도에서 의사들을 만나도 기억하지 못한다.

어떤 의사가 한 환자를 만날 때마다 손을 바늘로 살짝 찌르며 인사했다. 가끔 그 환자에게 그 의사가 누군지 아느냐고 물어보면 모른다고 대답했다. 그런데 그 환자는 복도에서 그 의사를 볼 때마다 자신도 모르게 피해갔다. 이 실험은 감정적 경험을 저장하는 데 의식은 전혀 필요하지 않다는 사실을 보여준다. 이 경우와 마찬가지로 강력한 거부반응을 불러일으킬 때도 의식은 필요하지 않다.

따라서 고객의 뇌는 감정적 입출금 장부를 관리한다고 가정할 수 있다. 수입은 긍정적 경험이고 지출은 부정적 경험이다. 하지만 고객의 의식은 실제 입출금 내역을 거의 알지 못한다. 어떤 사람이 찬성이나 반대의 결정을 내릴 때, 진짜 결정은 이미 오래전에 뇌의 무의식적인 부분에서 내려져 있었다. 다만 이런 사실을 우리가 알아차리지 못할 뿐이다.

1 생명유지 욕구 외에도 구매행동과 소비행동은 근본적으로 뇌 속의 동기 및 감정 시스템의 '빅 3'인 균형 시스템, 자극 시스템, 지배 시스템과 이들의 하위 모듈에 의해서 조종된다.

2 Limbic® 맵은 뇌 연구와 심리학의 관점에서 고객의 동기 및 감정 시스템과 가치가 어떤 관계를 맺고 있는지 보여준다. 이것은 고객과 소비자를 더 잘 이해하는 데 도움이 되는 중요한 수단이다.

3 모든 제품과 브랜드는 고객의 머릿속에서 활성화하는 동기 및 감정 시스템에 의해 의미와 가치를 가진다.

4 각각의 동기 및 감정 시스템은 긍정적인 면(쾌감)과 부정적인 면(불쾌감)을 갖고 있다. 상품이나 서비스의 가치는 동기 및 감정 시스템이 얼마나 많이, 또 얼마나 강하게 활성화하는지에 따라 상승하고 하락한다.

5 감정은 이성의 대립어가 아니다. 감정을 자극하는 제품과 서비스만이 뇌에서 의미를 갖는다. 뇌의 합리성은 되도록 적은 비용으로 되도록 많은 긍정적인 감정을 획득하는 데 있다.

6 대부분의 구매결정은 뇌 속에서 무의식적으로 일어난다. 제품의 감정적 평가를 담당하는 대뇌변연계는 뇌에서 가장 중요한 역할을 담당한다.

7 뇌는 고객과 소비자가 의식하지 못하는 사이에 수많은 메시지와 제품의 구매 신호를 처리한다.

**BRAIN
VIEW**

Part 2

구매결정을 하는
고객의 마음 흔들기

거리를 오가는 사람들을 잠시만 살펴봐도 그들이 전부 제각각이라는 것을 알 수 있다. 나이도 성별도 다르고, 패션 스타일이나 선호하는 음식, 휴가철 여행지마저 모두 다르다. 이런 차이는 정말 우연일까? 혹시 고객의 뇌 속에 사고방식과 감정 인지방식, 구매방식에 영향력을 행사하는 법칙 같은 것이 존재하는 건 아닐까?

이와 관련해서는 실제로 사람들마다 상당한 차이를 보이는데, 이때 뇌의 신경전달물질과 호르몬이 결정적인 역할을 한다. 이런 물질의 작용법칙을 알게 되는 순간, 예전에는 전혀 짐작하지 못했던 구매와 관련된 다양한 연관성을 발견하게 된다. Chapter 5~7에서는 바로 지금이 신경생물학에 근거를 둔 목표그룹 마케팅을 시작해야 할 적기임을 설명한다. 더불어 다양한 목표그룹을 올바르게 판단하기 위해 할 수 있는 일과 해야 할 일들을 알려준다. 이번 파트에서는 아래와 같은 질문을 살펴볼 것이다.

- 다양한 고객 유형의 특징은 무엇이며, 해당 고객층을 끌어당기는 상품과 서비스는 무엇인가?
- 남녀의 사고방식에는 어떤 차이가 있으며, 이런 차이는 구매태도에 어떤 영향을 미치는가?
- 연령별 소비심리와 구매태도가 현격한 차이를 보이는 이유는 무엇인가? 다양한 연령층을 사로잡는 상품과 서비스를 판매할 수 있는 방법은 무엇인가?

Chapter 05

뇌 유형에 맞춰 마음을 명중시키는 방법

고객마다 욕구와 선호도는 각양각색이다. 각 개인들마다 뇌의 동기 시스템과 감정 시스템이 다르게 혼합되어 있기 때문에 이런 차이점이 발생한다. 뇌 연구에서 얻은 결과물을 기준으로 고객을 분류하고, 고객 유형에 맞춘 상품과 브랜드를 파악할 수 있다면 고객의 마음(변연계)을 명중시킬 수 있다.

우리는 사람들의 구매동기와 머릿속에서 구매결정이 진행되는 과정에 대해서도 잘 알고 있다. 하지만 모든 고객이 똑같은 과정과 방식으로 구매결정을 할까? 그 답을 찾기 위해 고객들의 선호도가 다른 이유는 무엇인지, 선호도를 확정하는 기준은 무엇인지 탐구할 것이다.

먼저 고객들의 구매동기와 구매결정 과정이 정말로 각기 다른지부터 알아봐야 한다. 실제 사례를 잠시 살펴보는 것만으로도 '그렇다'라는 답을 얻을 수 있다. 하지만 고객마다 왜 구매동기와 구매결정이 다른지를 묻는 질문에 답하는 것은 그리 간단하지 않다. 그 질문의 배후에는 또 다른 질문이 숨어 있기 때문이다.

지속적으로 안정적인 소비패턴을 보이는 소비자그룹이나 고객그룹이 존재하는 걸까? 아니면 순간적인 분위기나 상황 혹은 컨디션에 이끌려 고객이 내키는 대로 선택하는 걸까? 일부 전문가들은 이렇게 말한다. "다양한 선택권에 노출되어 있는 하이브리드 고객을 고려한다면, 목표그룹 마케팅은 이제 먹히지 않는다. 소비자들의 소비패턴은 대체로 동일하다. 단지 순간적인 욕구와 기분에 따라 다르게 선택할 뿐이다."

전문가들의 이런 주장이 옳다면 클로스터프라우 박하유^{薄荷油} 소비자와 레드불 소비자 사이에 차이점이 없어야 한다. 하지만 실제는 어떤가? 고령의 여성 중 비교적 많은 수가 클로스터프라우 박하유를 마시거나 각설탕 한 조각을 떨어뜨려 섭취하는 것과 달리, 이런 방식을 선호하는 젊은 남성은 드물었다. 동시에 레드불 음료를 선호하는 젊은 남성은 많지만, 레드불 음료를 마시며 카페인 환각상태^{Kick}에 빠져드는 고령의 여성은 드물었다. 이렇듯 고정적인 소비패턴은 명백히 존재한다.

이제 기분 및 감정과 소비패턴의 관계를 살펴보자. 당연히 인간이 느끼는 감정은 구매행동에 지대한 영향력을 미친다. 흡연을 그 예로 들 수 있다. 흡연자는 모든 계층과 연령층에 고르게 분포한다. 담배 한 대를 피우고 싶은 욕구는 특정 상황이나 그 사람이 느끼는 기분에 따라 달라진다. 만일 스트레스를 느낀다면 흡연 욕구가 강해질 것이다. 다시 말해 흡연의 경우 '기분'은 중요한 소비 유발인자가 된다. 지치고 피곤해지는 오후에 각성 효과를 위해 커피를 찾는 것도 이와 같은 이유다.

반면 일요일 오후, 케이크 한 조각과 함께 마시는 커피는 완전히 다르다. 이 경우는 편안한 분위기에서 커피를 음미하는 것이 주목적이지 각성 효과를 위해서는 아니다.

커피를 부르는 다양한 동기를 살펴본 Chapter 3의 커피-림빅®Coffee-Limbic® 맵을 활용하면 커피를 부르는 다양한 기분과 상황을 파악하는 데 유용할 것이다.

심리학에서는 방금 논의한 차이점에 관해 이미 오래전에 답을 발견했다. 비교적 안정적인 성향을 보이는 성격적인 특징Trait과 일시적이고 쉽게 변하는 감정 상태State를 구분했다. 그러나 이 부분은 이번 챕터에서 다루려는 관심사와는 조금 거리가 있다. 우리는 이번 챕터에서 특정한 목표그룹이 존재하는지, 만일 그렇다면 뇌 연구가 이 문제에 어떤 기여를 할 수 있는지 알아보는 데 집중할 것이다.

각양각색인 소비자 유형

다양한 유형의 사람들이 존재하고, 사람들의 기질도 각양각색이라는 것을 잘 알고 있다. 어쩌면 여러분 주변에도 야심에 불타올라 때로는 이기적이기까지 한 동료가 한 명쯤은 있을 것이다. 또 한편으로는 동료들과 좋은 관계를 유지하는 아주 느긋하고 성격 좋은 유형도 있을 것이다. 두 동료 모두 상황에 따라 감정의 기복이 있을 수는 있겠지만, 대체로 성격 유형은 안정돼 있다. 바로 이것이 핵심이다. 시간이 흘러도 비교적 일정하게 유지되는 개개인의 성격적 특징이 분명히 있다는 점 말이다.

왜 그런 걸까? 그것을 알기 위해서는 기질과 성격을 결정하는 핵심요소가 무엇인지 확실히 짚고 넘어가야 한다. 대답은 비교적 간단하다. 우리가 지닌 성격의 핵심요소는 앞서 살펴본 동기 시스템과 감정 시스템이다. 지배 시스템, 자극 시스템, 균형 시스템 및 그에 동반된 하위 모듈이 바로 그 핵심요소다. 사람은 모두 이런 감정 시스템을 갖고 있으며 그 특징은 각기 다르다. 우리의 성격적 특징을 나타내는 기본은 우리가 이미 알고 있던 동기 및 감정 시스템Motiv-und Emotionssysteme의 혼합과 같다. 이는 심리학에서도 동의하는 내용이다. 여기서 생물학적, 신경생물학적 특징에 기반한 성격 차원Character Dimension만이 의미를 지님을 알 수 있다.[5.1, 5.5]

행동유전학에서는 성격의 약 50퍼센트가 타고나며, 나머지 50퍼센트는 교육, 경험과 문화에 의해 만들어진다고 가정한다.[5.2, 5.3, 5.4, 5.5, 5.6] 성격 변화가 일어날 수 있는 가장 결정적인 시기는 영유아기와 유년기다. 성인이 돼서 성격이 달라지는 일은 거의 없다. 교육, 인생의 경험, 문화를 통한 변화는 동기 및 감정 시스템 내부에서 일어난다. 일부 동기 및 감정 시스템이 강화되면 동시에 일부는 약화된다. 아예 새로운 동기 시스템이나 감정 시스템이 생성되는 일은 없다. 이런 이유로 가장 큰 성격의 변화는 유년기와 청소년기에 일어난다. 성인의 경우 심각한 운명의 시련을 겪지 않는 한 비교적 안정적이고 고정된 성격 구조를 지닌다. 때문에 성격과 동기 및 감정 시스템의 혼합 양상이 유사한 사람들을 중심으로 목표그룹을 설정하는 것은 충분히 가능한 일이다.

각자 자신만의 동기와 감정 중심이 있다

소비자와 고객의 성격이 다양한 강도의 빅 3와 그에 종속된 하위 모듈의 혼합물로 만들어진 것이라고 가정한다면, 인간의 감정적인 성격 구조를 〈도표 5-1〉처럼 표시할 수 있다.

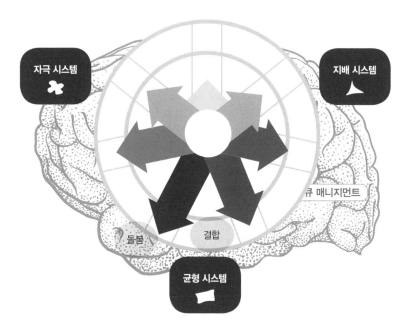

자극 시스템

지배 시스템

큐 매니지먼트

돌봄

결합

균형 시스템

감정 시스템과 그 혼합 양상이 사람의 성격 구조를 결정한다.

이 소비자의 경우 균형 시스템과 애착/돌봄 모듈이 매우 강한 반면, 지배 시스템이나 자극 시스템의 영향력은 약하다는 것을 확인할 수 있다. 다시 말해 주의 깊고, 다소 보수적인 성향을 지닌 사람의 성격 구조도임을 알 수 있다. 이처럼 빅 3가 가진 특징만을 고려해 그 조합을 계산해봐도 다양한 고객 유형이 도출된다. 예컨대 자극 시스템은 매우 약하고 지배 시스템은 중간 정도이며 균형 시스템은 몹시 강한 특징을 보이는 사람도 있고, 지배 시스템과 균형 시스템은 평균 범위 내에 있지만 극도로 강한 자극 시스템을 보이는 사람도 있을 것이다.

이것만 봐도 아주 다양한 성격 유형이 있다는 걸 파악할 수 있다. 거기에 빅 3에 딸린 하위 모듈까지 추가하여 유형을 가늠해본다면 도출 가능한 성격 유형의 수는 더 늘어난다. 이러한 결과는 학문적인 연구를 하는 학자들에겐 흥미롭겠지만, 마케팅 실무자에게는 그다지 반가운 소식이 아니다. 그럼에도 세상은 학자가 아닌 마케팅 실무자의 편으로 보인다. 대부분의 소비자들은 감정 및 동기 시스템과 관련해 저마다의 확고한 무게중심을 지녔기 때문이다. 이런 연구결과를 활용한다면 실제와 매우 가깝게 고객의 유형을 분류할 수 있다.

그러나 유형화 및 일반화를 하는 과정에서 특정 정보가 누락되는 것은 피할 수 없기에 이를 감수해야 한다. 예컨대 지도는 실제 세계를 유형화, 일반화한 것이다. 그렇기에 들꽃에 앉은 나비도, 알을 품고 있는 올빼미도 지도에는 나와 있지 않다. 그럼에도 지도는 신속하게 방향을 설정하고 올바른 길을 찾도록 하는 유용한 도구다. 이것이 바로 유형화의 과제이며 역할이다. 유형화 작업을 통해 도출된 유형들은 판매와 마케팅 업무에서 의사결정을 간소화하는 데 큰 도움이 될 것이다.

유형별 소비자 성격 테스트

님펜부르크 연구팀과 함께 광범위한 연구를 한 덕분에, 무척 효율적이면서도 중요한 의미를 지닌 소비자 성격 테스트 Limbic® 유형 스캔을 개발했다. 소비자의 감정 시스템을 신속하게 활성화하는 동시에 사라지게 하는 요소를 겨냥해 해당 테스트를 했고, 소비자를 움직이는 주요 동기를 규명할 수 있었다. 동시에 복합적인 평가를 위해 소비자들의 감정적 성격 프로필 전반을 측정했다.

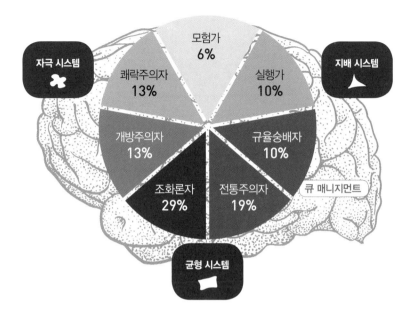

모험가
6%

자극 시스템

쾌락주의자
13%

실행가
10%

지배 시스템

개방주의자
13%

규율숭배자
10%

조화론자
29%

전통주의자
19%

큐 매니지먼트

균형 시스템

우리는 다수의 시장조사는 물론 대규모의 전형적인 시장조사 결과
뿐 아니라 독일 출판업계가 보유하고 있는 집단 표본을 이 테스트와 결
합시켰다. 이런 방식으로 12만 명이 넘는 소비자들의 세부적인 소비행
동과 각종 미디어에 대한 태도를 뇌과학과 Limbic®의 관점에서 연구
하고, 이것을 통해 완전히 새로운 연관성을 입증할 수 있었다. 그것이
바로 Limbic® 유형 스캔이다. Limbic® 맵을 따라가며 소비자의 성격
을 분석하고 그들이 지닌 감정의 무게중심에 의거해 일곱 가지 유형으
로 분류했다. 소비자 유형은 다음과 같다.

- 전통주의자 Traditonalist
- 조화론자 Harmoniser
- 개방주의자 Offene
- 쾌락주의자 Hedonist
- 모험가 Abenteurer
- 실행가 Performer
- 규율숭배자 Disziplinerte

〈도표 5-2〉는 대표적으로 독일의 예를 들어 일곱 가지 유형 분포 양상을 보여준다.

동기 및 감정 시스템이 고객의 지각을 좌우한다

우리의 지각 능력과 세계관이 객관적이지 않다는 것은 철학에서 매우 중요한 의미를 지니는 인식이다. 각자의 행동 양식과 세상을 평가하는 방식은 물론 우리가 구매하는 물건과 구매의 이유까지도 무의식적인 요소에 의해 결정된다. 이와 관련된 몇 가지 요소를 살펴보자.

문화적 영향

중국에서 성장한 사람은 서양에서 성장한 사람과 선호하는 음식뿐 아니라 소비 스타일과 패턴에서도 차이를 보인다. 서양에서는 부와 명예를 과시하는 것을 기피하지만(기독교적 문화의 영향. "약대가 바늘귀로 나가는 것이 부자가 하나님의 나라에 들어가는 것보다 쉬우니라." 마가복음 10장 25절), 유교적 성격이 지배적인 중국에서는 자신이 소유한 부와 성공을 타인에게 드러내는 것이 어찌 보면 당연한 일이다.

사회적 영향

사람은 절대 혼자 살 수 없기에 항상 다양한 사회적 집단 안에서 살아간다. 따라서 우리의 행동은 집단행동에 큰 영향을 받는다. 기초연금을 받으며 생활하는 사람은 슈타른베르크 호숫가에 거주하는 백만장자와는 분명 다른 소비패턴을 보일 것이다. 소비를 즐기는 성향이 두드러지는 청소년이 무언가를 자신의 삶에 받아들이거나 거부할 때는 또래집단Peer의 분위기가 매우 중요한 역할을 한다.

개인적 경험

우리는 살아가면서 다양한 것들을 몸소 겪으며 경험을 쌓아간다. 여기에는 소비와 관련된 경험도 포함된다. 시간이 흐르면서 이런 소비 경험 중 상당 부분이 굳어지며 개개인의 소비습관으로 자리 잡는다.

개개인의 구매행동을 논할 때는 잠재의식의 영향력을 고려하는 것이 중요하다. 우리는 감정의 프로필이 담긴 안경을 통해 세상을 관찰하면서도 이를 인지하지 못한다. 예를 들어 차를 구매하기 위해 전통주의자(균형 시스템이 강한 사람), 실행가(지배 시스템이 강한 사람), 쾌락주의자(자극 시스템이 강한 사람)가 동일한 자동차 딜러의 쇼룸을 방문했다고 가정해보자.

우선 전통주의자부터 살펴보자. 그는 어떤 관점으로 차를 살펴볼까? 차를 보는 그의 머릿속에는 다음과 같은 질문들이 떠오를 것이다. 'ABS가 장착되어 있을까?', '에어백은 몇 개나 되지?', '유로 충돌 테스트를 통과했을까?', '이 차는 독일 자동차 클럽ADAC의 성능 평가에서 몇 등급을 받았을까?' 만약 딜러가 이러한 고객의 질문에 만족스런 답을 한다면 전통주의자는 신차 구매를 위해 기꺼이 지갑을 열겠다고 마음 먹을 것이다. 그러나 자신이 어떤 유형인지 알고 있는 사람은 극히 소수뿐이다. 해서 전통주의자들은 자신이 왜 그런 질문을 던졌는지, 자기 머릿속에서 어떤 사고의 흐름이 진행되는지는 제대로 알지 못한다.

이제 권력과 지위에 대한 욕망이 강한 실행가 유형으로 시선을 옮겨 보자. 그는 이 자동차를 어떤 관점으로 주시할까? 가장 먼저 광폭 타이어와 반짝이는 알루미늄 휠에 시선을 고정할 것이다. 그런 다음 즐거운 표정으로 배기가스 소리를 경청하며 엔진 마력수와 시속 0킬로미터에서 시속 100킬로미터로 속도를 올리는 데 걸리는 시간인 제로백에 대해 묻는다. 물론 실행가도 자신이 상품을 평가하는 동기와 근거를 제대로 알지 못한다. 조화론자(애착/돌봄 모듈이 강한 사람)가 가족을 태우고 안전하게 드라이브하는 판타지를 떠올리는 반면, 실행가는 이 자동차를 구입했을 때 동료나 이성에게 어떤 인상을 줄 수 있을지를 먼저 생각한다. 이런 '감정의 안경'은 여러 심리학 연구를 통해 입증됐다. 불안해하고 의기소침한 실험대상자들에게(극도로 강력한 균형 시스템) 단기간 내에 최대한 많은 단어를 떠올려서 말해보라는 과제를 부여하면, 정상적인 실험참가자에 비해 불안과 걱정에 관련된 단어들을 훨씬 더 많이 떠올린다.[2.13]

이를 입증하는 또 다른 실험으로 일명 '이음이원 청각 실험'이 있다. 이 실험에서는 헤드폰을 쓴 양쪽 귀에 각기 다른 정보를 동시에 흘려보낸다. 이를테면 실험참가자의 한쪽 귀에는 음악이, 그리고 반대쪽 귀에는 여러 단어가 들리는 상황에서 실험참가자는 음악에 집중해야 한다. 실험이 끝난 후 참가자에게 기억에 남는 단어가 무엇인지 질문한다. 여기서도 결과는 동일했다. 근심이 많은 유형의 실험참가자는 부정적이고 걱정이 담긴 내용이 포함된 단어를 떠올렸다. 반면 긍정적인 실험참가자는(자극 시스템에 가까운 참가자) 대체로 긍정적인 감정이 담긴 단어를 기억해냈다.[2,13] 지금부터 각각의 고객 유형과 구매 및 소비행동을 살펴보자. (여기에 관련된 신경전달물질도 주시할 것이다. 이 부분을 더 알고 싶다면 인포박스 5를 참고하기 바란다.)

전통주의자의 성향과 구매 특징

앞서 전통주의자에 대해 알아봤으나, 여기서는 이들을 좀 더 세부적으로 살펴보려 한다. 우선 전통주의자의 뇌를 들여다보자. 이들의 경우 일반적으로 신경전달물질인 노르아드레날린[Noradrenalin]과 스트레스 호르몬인 코르티솔[Cortisol]의 농도가 짙은 반면, 감마 아미노부티르산[GABA, Gamma Aminobutyric Acid]은 농도가 떨어져 있다. 동시에 비관적인 사고를 담당하는 우뇌가 활성화되어 있다.

이들에겐 어떤 특징이 있을까? 전통주의자들은 모든 것을 몹시 꼼꼼하게 검증하고, 세부사항을 오랫동안 살펴본다. 그것은 뇌 속의 노르아드레날린 때문이다. 노르아드레날린은 대뇌의 신경세포 네트워크를 한 가지 신호에 강력하게 집중시켜 부차적인 정보들을 차단한다. 균형 시스템이 주도권을 쥐고 있는 이런 성향은 다소 불안해하고 조심스러우며 새로운 것에 개방적이지 않은 편이다.

앞서 살펴본 것처럼 전통주의자의 경우 구매결정에 있어 안정성, 신뢰감 그리고 품질에 관련된 정보는 매우 중요하다. 이런 전통주의자의 소비 및 구매습관은 잘 변하지 않는다. 전통주의자는 전형적인 단골 고객으로 특정 상점이나 기업에 장기간 충성하는 편이다. 이런 유형은 취향이 대중적인 편이고 광범위하게 퍼진 상식을 추구한다. '눈에 띄지 않는 것'이 전통주의자 유형의 좌우명이다. 전통주의자에게 있어 브랜드는 무엇보다 안정감과 신뢰감을 보장해야 한다. 이런 유형에게 과도한 지출이란 잠재적 위험을 뜻하기에 가격 측면에서 살펴보면 근검절약하는 태도를 보인다.

불안에 자주 시달리기 때문에 확신하지 못하는 경우가 많고 조언을 필요로 한다. 전통주의자의 장바구니에는 고향에서 생산된 토속 상품이 자주 담긴다. 병원을 자주 방문하고, 건강문제에 관심이 많은 것도 이런 유형의 특징이다.

조화론자의 성향과 구매 특징

조화론자의 뇌에서 행동을 야기하는 핵심 동기는 '결합'과 '돌봄' 모듈이다. Chapter 6에서 더 자세히 살펴보겠지만 이 유형은 남성과 여성의 뇌 속에 존재하는 성별 차이점을 인식하고, 여성 소비자들을 더 효과적으로 이해하는 데 있어 무척 중요한 의미를 지닌다.

그렇다면 조화론자와 전통주의자의 공통점은 무엇일까? 우선 조화론자의 경우 균형 시스템이 뇌에 지배적인 영향을 미친다. 그만큼 전통주의자의 여러 특징이 조화론자에게서도 두드러지게 나타난다. 하지만 중요한 것은 이들이 어떤 차이점을 갖고 있느냐다. 앞서 언급했던 것처럼 조화론자의 뇌 속에는 사회적 모듈인 '결합'과 '돌봄' 성향이 뚜렷하게 각인되어 있다. 특히 이런 유형에서는 사회 호르몬이자 애정 호르몬인 옥시토신^{Oxytocin} 농도가 짙게 나타난다. 조심스럽긴 하지만 조화론자는 전통주의자에 비해 타인에게 훨씬 개방적이다. 무엇보다 가정의 안정감과 화합을 중요시한다. 특히 정원, 가정, 반려동물에 관련된 제품을 선호하며 지대한 관심을 보인다.

개방주의자의 성향과 구매 특징

역시 개방주의자의 뇌 속을 먼저 살펴보도록 하자. 전통주의자와 조화론자는 우뇌 앞부분이 조금 더 활성화되는 반면, 개방주의자는 양쪽 뇌가 비슷하게 활성화된다. 자극 시스템의 신경전달물질인 도파민은 좌뇌를 활성화하고, 균형 시스템의 전달물질은 우뇌를 활성화한다. 전통주의자들이 기본적으로 부정적이고 비관적이라면, 개방주의자는 개방적이고 긍정적인 생활방식을 추구한다. 이 유형은 판타지를 자극하고, 꿈의 세계로 유혹하며, 행복한 체험을 약속하는 상품을 선호한다. 물론 품질과 원료도 눈여겨보는 편이지만 무엇보다 제대로 향유가 가능해야 한다는 것이 핵심 포인트다. 누리고 즐기는 것이 이 유형의 좌우명이다.

개방주의자는 타인과의 접촉을 중시하기 때문에 새로운 사람을 만날 수 있는 문화 공연과 이벤트에 적극적으로 참여한다. 또한 가족과 함께하는 체험도 중요하게 생각한다. 이들에게 돈은 부차적인 문제긴 하지만, 그럼에도 최소의 금액으로 최대한의 즐거움을 누리기를 원하므로 비용을 신경 쓰는 편이다. 또 이 유형이 지닌 균형 시스템에 의거해 상품의 원산지를 중요하게 생각하며, 건강에 관련된 제품에 긍정적인 태도를 보인다. 따라서 건강을 추구하는 웰니스 상품$^{Wellness\ Product}$과 서비스에 지대한 관심을 보이는 게 특징이다.

쾌락주의자의 성향과 구매 특징

쾌락주의자 유형을 가리키는 용어인 'Hedonist'는 '즐거움, 쾌락, 기쁨'을 뜻하는 그리스어 '히도니'Hidoni에서 유래했다. 쾌락주의자의 뇌속에서는 자극 시스템과 도파민이 주도권을 쥐고 있다. 그 결과 심사숙고하기보다는 학습한 규칙을 활용하거나 새롭게 결합시키려는 성향이 강한 좌뇌가 우선적으로 신호를 보낸다. 쾌락주의자는 항상 새로운 것을 찾아다니며 색다른 종류의 보상을 탐한다. 그래서 각종 중독을 치료하는 병원을 살펴보면, 환자 중에 이런 유형의 사람들 숫자가 평균을 웃돈다.

이들에게 품질과 원산지는 별로 중요하지 않다. 쾌락주의자에게는 새로운 것, 색다른 것이 최고의 가치다. 이들은 전형적인 '얼리 어답터'Early Adopter로, 새로운 트렌드가 나타나고 신제품이 출시되면 누구보다 먼저 그것을 접하려는 기질이 강하다. 그래서 항상 유행을 민감하게 좇는다. 식료품을 구입할 때도 이국적인 맛이나 새로운 맛, 신제품에 열광하는 소비자가 바로 이들이다. 당장 필요 없어도 쇼핑을 즐기는 일이 잦은, 전통적인 충동구매자 유형이기도 하다. 왜냐하면 극도로 긍정적이고 낙천적인 기본 정서가 쾌락주의자를 지배해서 위험성에 대한 우려를 떨쳐버리기 때문이다.

그들은 제품의 구입처나 신뢰성에 무관심한 편이며 주변에 조언을 구하려는 욕구도 낮다. 새롭거나 특이한 것이 있는 장소라면 항상 빠지지 않는다. 쾌락주의자에게 있어 몸이란 신나는 체험을 하고 자신을 표출하기 위해 꾸며야 하는 것이다. 그래서 건강에는 크게 관심을 보이지 않는 대신 유행과 화장품에는 특히 큰 관심을 보인다.

모험가의 성향과 구매 특징

모험가 유형의 뇌 속에도 도파민이 넘쳐흐른다. 거기에 성호르몬이 자 지배 호르몬인 테스토스테론도 가세한다. 모험가의 경우 좌뇌가 특히 활성화되어 있다. 쾌락주의자들이 주로 즐거움 그 자체에 주목한다면, 모험가 유형은 거기에 전투적이고 충동적인 요소가 더해진다. 자신의 의지를 관철하고 입증하는 과정에서 무언가를 체험하는 것, 그것이 모험가의 세계다.

더 빠르게, 더 훌륭하게, 더 강력하게! 모험가 유형이 구매를 결정하는 과정에서 제품의 품질은 그리 중요하지 않다. 그들이 중요하게 생각하는 것은 가시적으로 드러나는 뛰어난 성능과 즐거움이다. 주변의 조언도 제품을 구매하는 장소도 그들에게는 중요하지 않으며, 구매처에 대한 관심이나 충성도는 거의 없다. 모험가 유형은 건강에도 전혀 흥미를 보이지 않는다. 오히려 그 반대에 가깝다. 위험에 대한 의식이 전혀 없기 때문에 종종 위험할 정도로 신체 능력의 한계치까지 몰아붙이기도 한다. 산악자전거, 스노보드, 도구 없이 등반하는 자유 등반처럼 스릴 넘치는 스포츠 종목에 매달린다.

모험에는 반항과 일탈도 어느 정도 따르기에 모험가 유형은 관습을 부수는 역할을 맡는다. 이들에게 관습은 전혀 중요하지 않다. 모험가들이 구매하는 제품은 기존의 한계를 없애주거나 성능이 개선된 제품, 혹은 자유를 선사해주는 것이다. 레드불은 물론 알코올이 함유된 음료도 즐긴다. 또한 특가 프로모션 및 가격 할인 행사를 몹시 반긴다.

실행가의 성향과 구매 특징

실행가 유형의 뇌에서는 성호르몬이자 지배 호르몬인 테스토스테론
이 주도권을 쥐고 있으며, 좌뇌가 강력한 영향력을 미친다. 그러나 행복
을 느끼게 하는 호르몬인 도파민이 부족하다. 테스토스테론은 실행가
를 앞으로 나아가도록 몰아붙이며 야심을 활성화시킨다. 도파민이 가
벼운 기분 전환을 가져온다면 테스토스테론은 그와 반대로 작용한다.
테스토스테론은 실행가의 눈을 가려 오롯이 눈앞의 목표에만 집중하
게 하고, 주변을 돌아보지 않은 채 불굴의 의지로 달려가게 한다. 이 과
정에서 실행가는 좌뇌에 저장되어 있는 규칙을 사용한다.

실행가 유형에게 있어 구매 장소와 상품이란 자신의 영리함을 보여
주거나, 높은 지위를 보장하는 것이기에 몹시 중요하다. 이들은 자신이
누구보다 가장 최고라는 것을 증명하고 싶어한다. 그들은 값비싼 와인
을 즐기는데, 그 이유는 고유의 맛과 향 때문이 아니라 저녁 모임에서
동료나 지인들에게 자신을 과시할 수 있기 때문이다. 값비싼 명품시계
가 그 대표적인 예다.

실행가는 클래식한 면과 기능성이 강조된 스타일을 추구하는데, 타
인과 차이를 두기 위해 고급 레스토랑과 고급 상점을 이용한다. 이런 유
형은 누구보다 영리한 소비를 추구하기에 세일 기간이나 할인점을 간
과하지 않는다. 마트에 간 실행가의 장바구니를 살펴보면 주로 남에 눈
에 잘 띄지 않고 사용할 수 있는 제품들(소금, 밀가루, 우유, 세탁 세제, 청
소용 세제 등)이 담겨 있다.

반면 옷이나 구두처럼 타인에게 노출되는 제품들은 할인점에서 구매하지 않는다. 가격에 대한 태도도 이와 동일하다. 실행가는 가격 흥정이 가능한 곳에서는 자신의 자아를 관철시키기 위해 최대한 가격을 낮추려는 시도를 마다하지 않는다. 그렇지만 해당 제품을 구매해 지위와 인기의 특권이 보장된다면 가격은 그리 신경 쓰지 않는다.

규율숭배자의 성향과 구매 특징

이 유형의 경우 비관적 성향의 우뇌가 우세하다. 우뇌는 불확실성이 나타나 세상에 질서를 부여해야 할 때 강하게 관여한다. 그렇지만 규율숭배자 유형은 좌뇌도 함께 활동하는데, 이때는 주로 테스토스테론이 주도하며 자신의 능력을 펼치고 조절한다. 반면 이 유형의 경우 도파민은 거의 존재하지 않는다. Limbic® 유형의 분포를 보면 그런 양상이 나타나는 이유가 명확해진다.

규율숭배자는 쾌락주의자의 정반대편에 위치한다. 쾌락주의자들은 시각적인 즐거움과 변화를 추구하지만, 규율숭배자들의 세계는 비관과 불신으로 가득하다. 이들은 변화를 추구하지 않으며 쾌락 역시 가치가 없다. 쓸데없는 물건은 절대 사지 않고, 순수하게 기능성을 고려해 꼭 필요한 것만을 구매한다.

이들에게 세상이란 확실하고 제어 가능한 곳이어야 하고, 예기치 못한 성가신 사건을 증오하기 때문에 무엇보다 품질 및 보증과 관련된 요소를 무척 중요시 여긴다. 규율숭배자는 마치 계산기 같다. 또한 이 유형은 항상 가격을 비교하기 때문에 구매결정을 내리기까지 시간이 오래 걸린다.

무엇이든 예측 가능하게 만들어주는 것은 전부 환영한다. 이를테면 품질평가법인Stiftung Warentest의 테스트 같은 객관적인 척도를 상당히 중요하게 생각한다. 따라서 다양한 상점을 이용하지 않고, 저렴한 비용으로 예측 가능한 품질의 제품을 판매하는 몇 곳만을 정해 두고 이용한다. 순수한 기능적인 측면을 최고의 가치로 평가하는 만큼 최신 유행은 이들의 관심 밖이다.

쾌락주의자들은 혹시 흥미로운 새 제품이 나왔는지 살펴보러 여기저기를 기웃거리지만, 규율숭배자들은 절대 그러지 않는다. 이들은 최소의 상점 몇 곳만을 선별해 잘 아는 곳만 방문한다. 상품의 가짓수에 있어서는 전통주의자와 유사한 면이 있다. 모험가, 쾌락주의자, 개방주의자가 폭넓은 제품의 선택권을 선호한다면 규율숭배자는 이와 반대다. 가짓수가 많지 않아 한눈에 들어오는 상품 종류를 선호한다. 복잡하지 않아야 인지적인 부담이 줄어들기 때문이다. 무엇이든 불필요한 것은 모조리 거부한다. 절약은 이 유형의 기본 미덕이다.

방관자의 성향과 구매 특징

소비자 유형 분류를 완성하기 위해서는 한 가지 특수 유형을 언급해야 한다. 빅 3 중 그 어느 요소도 두드러지지 않는 사람들이 있는데, 이런 유형의 소비자는 불안감도, 걱정도, 호기심도 없으며 높은 지위를 추구하지도 않는다. 심리학에서는 이들을 '안정적-내향적 성향을 지닌 유형'이라고 부른다. 조금 부정적으로 말하자면 '무관심하고, 둔감한 유형'의 사람들이다. 이들은 제품의 품질이나 혁신에 대한 특별한 기대감이 없기 때문에 주로 평범한 대량생산 제품을 구매한다. 이런 성격특성 때문에 직업적으로도 큰 성공을 거두기 힘들다. 따라서 소비에 쓸 만한 돈도 많지 않은 편이다.

지금까지 우리는 Limbic® 유형에 대해 자세히 알아보았다. 이제 몇 가지 경험을 근거로, 이것이 마케팅과 관련해 어떤 의미를 지니는지 함께 살펴보자.

성향에 따라 선호하는 제품이 다른 이유

Chapter 3에서는 상품이 그 자체로 각기 다른 감정을 불러일으킨다는 것을 살펴보았다. 스노보드는 자극/모험영역에, 자동차는 지배영역에 그리고 건강 제품은 균형영역에 놓여 있다. 우리의 주장이 옳다면 이런 제품군은 각각의 Limbic® 유형에 따라 구매 관심도에 차이가 있어야 할 것이다. 스포츠용품은 모험가의 관심을, 자동차는 실행가의 관심을, 건강 제품은 보수적인 유형의 관심을 끈다는 것을 추측할 수 있다. 그리고 이제부터 이에 대해 좀 더 자세히 살펴보려 한다.

우선 〈도표 5-3〉에 등장하는 수치에 대해 부연 설명을 해보자. 이 수치는 가치 지수를 나타낸다. '상품 관심도-스포츠용품' 도표를 예로 들자면 조화론자의 가치 지수는 63인 반면 모험가는 무려 268에 달한다. 이런 가치 지수는 무엇을 말해주는 것일까? 이는 조화론자가 스포츠용품에 보이는 관심도가 인구 전체 평균보다 37퍼센트(63-100=-37퍼센트) 낮다는 것을 말한다.

모험가를 살펴보면 관심도가 평균치보다 168퍼센트(268-100=+168퍼센트) 높다는 것을 알 수 있다. 이런 지수의 측정은 다음과 같이 산출됐다. 예를 들어보자. 먼저 "스포츠 장비에 관한 관심도가 얼마나 높은 가요(1=매우 낮음에서 시작해 6=매우 높음까지)?"라는 질문을 던졌다고 하자. 이 설문조사에서 예컨대 약 800명이 '높다'고 대답한다. 그다음 단계로는 높은 관심을 보이는 사람들의 Limbic® 유형 분포를 살펴본다. 그러면 스포츠용품에 높은 관심을 보인 조화론자는 23퍼센트에 불과하다는 것을 확인할 수 있다. 그러나 전체 인구에서 조화론자가 차지하는 비율은 32퍼센트다. 즉 23퍼센트라는 수치는 예상 평균치보다 37퍼센트 낮다는 의미다.

스포츠에 대한 관심도

이제 스포츠용품에 대한 관심도로 시작해보자. 여기에서 모험가들은 가치 지수 268로 가장 선두에 있다. 이것으로 무엇을 설명할 수 있을까? 우리는 모험가의 뇌가 도파민과 테스토스테론으로 가득 차 있다는 것을 앞서 살펴봤다. 도파민은 새롭고 흥미진진한 체험을 촉구하지만 운동 호르몬이기도 하다. 심각한 운동장애가 있는 파킨슨병 환자의 경우 뇌의 운동중추에 도파민이 결핍되어 있다. 동시에 모험가 유형은 전투 호르몬인 테스토스테론의 수치가 월등히 높다. 모두 알다시피 전투라는 개념은 정확히 대부분의 스포츠 종목의 기본 이념이기도 하다. 사람들은 스포츠를 통해 자신이 얼마나 강한 사람인지 증명하는 동시에 그 과정에서 무언가를 체험하려 한다.

스포츠에서 높은 가치 지수를 보이는 것은 실행가 유형과 쾌락주의자 유형이다. 실행가 유형은 스포츠를 그들의 강인함을 입증할 기회로 간주한다. 반면 쾌락주의자 유형은 스포츠가 지닌 즐거움과 오락으로서의 가치를 중요시 여긴다. 스포츠 활동과 가장 거리가 먼 집단은 조화론자다. 그 이유는 금세 알 수 있다. 스포츠는 대개 전투적인 요소를

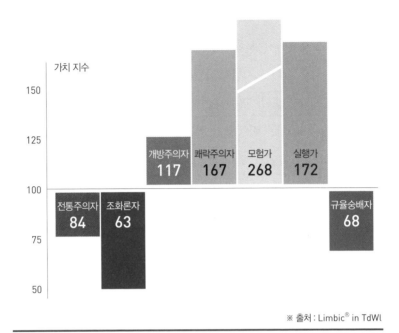

가치 지수

150

125

100

75

50

개방주의자
117

쾌락주의자
167

모험가
268

실행가
172

전통주의자
84

조화론자
63

규율숭배자
68

※ 출처 : Limbic® in TdWl

포함하고 있는데, 이는 조화론자들이 추구하는 이상향과 정반대에 있는 개념이다. 긴장하며 움직이는 것과 안락한 소파에서 쉬는 것 중 하나를 선택해야 한다면 조화론자는 주로 소파를 선택한다.

가치 지수를 살펴보면 또 다른 연관성이 명확하게 드러난다. 일단은 조화론자의 사례를 계속해서 살펴보자. 스포츠용품에 보이는 관심도는 앞서 도표에서 살펴본 것처럼 평균보다 37퍼센트 낮다. 조화론자 중에서 23퍼센트만이 스포츠용품에 높은 관심도를 보였다. 이는 스포츠용품에 관심을 전혀 보이지 않는 모험가 집단의 수치와 동일하다. 이렇듯 소비자의 뇌 속에서 일어나는 일들의 연관성을 근거로 정보를 제대로 파악하면, 다수의 소비자 공략이 가능해진다. 이를 활용해 판매 성공확률을 상당히 높일 수 있다.

그러나 구매자 개개인이 보이는 구매행동과 패턴을 미리 예측하기 어렵다는 게 문제다. 근본적으로 조화론자 유형이면서도 스포츠용품에 높은 관심을 보이는 사람들이 23퍼센트에 달하는 것만 봐도 그렇다. 이런 표면적인 불일치를 일으키는 원인은 다양하다. 조화론자이긴 하지만 운동을 즐기는 활동적인 가정에서 성장하며 스포츠가 생활의 일부로 자리 잡았을 수도 있다. 혹은 설문조사 과정에서 오류가 있었을 수도 있다. 지금까지 통계와 관련된 수치를 둘러봤다면, 이제 다시 소비자의 뇌로 돌아가 자동차에 대한 상품 관심도를 살펴보자.

자동차에 대한 상품 관심도

〈도표 5-4〉를 살펴보면 자동차 지수 또한 스포츠용품 지수와 유사하다는 것을 확인할 수 있다. 자동차도 지배 시스템을 강하게 활성화하지만, 스포츠용품과는 조금 다르다. 물론 소비자는 자동차로도 강인함을 입증할 수 있고 동시에 자율성도 확대된다. 그렇지만 자동차와 관련해서는 도파민 분비가 미미하다. 따라서 조화론자들은 별다른 반응을 하지 않는다. 반면 기술 지향적이고 능력 지향적인 실행가 유형은 자동차 관심도에서 최상위 그룹을 형성한다.

패션에 대한 상품 관심도

이미 알고 있듯이 패션에는 성욕과 매력 발산 욕구가 반영된다. 다른 상품 카테고리와 달리 패션은 자신만의 스타일을 표출하는 기회의 장을 열어준다. 감정적 동인은 성욕과 자극 시스템이다. 〈도표 5-5〉의 Limbic® 유형 분포도를 보면 이런 연관성을 확실하게 확인할 수 있다.

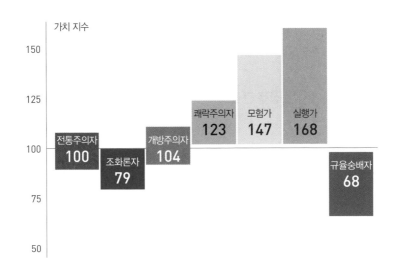

〈도표 5-4〉 상품 관심도-자동차

가치 지수

전통주의자 **100**
조화론자 **79**
개방주의자 **104**
쾌락주의자 **123**
모험가 **147**
실행가 **168**
규율숭배자 **68**

〈도표 5-5〉 상품 관심도-패션

가치 지수

전통주의자 **69**
조화론자 **99**
개방주의자 **117**
쾌락주의자 **177**
모험가 **148**
실행가 **115**
규율숭배자 **52**

※ 출처 : Limbic® in TdWl

최고의 패션 피플은 도파민의 지배를 받는 쾌락주의자들이다. 동시에 최악의 워스트 드레서는 유행을 돌보듯 하며 금욕을 추구하는 규율숭배자들이다.

정원용품에 대한 상품 관심도

지금쯤이면 '소비에 금욕적인 태도를 보이는 규율숭배자의 지갑을 열게 할 만한 상품이 과연 존재할까?'라는 의문이 들지도 모르겠다. 물론 있다. 이를테면 정원용품이 그렇다. 왜 하필 정원용품일까?

이 질문에 답하기 전에 심리적 측면에서 정원이 갖는 유용성을 잠시 짚고 넘어갈 필요가 있다. 〈도표 5-6〉을 들여다보자. 정원은 아늑함과 신선한 공기 외에 각자의 계획에 따라 그 안에 작은 세상을 창조하고,

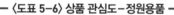

〈도표 5-6〉 상품 관심도 - 정원용품

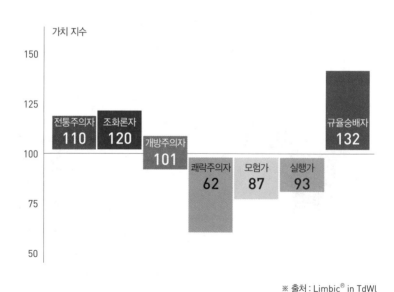

※ 출처 : Limbic® in TdWl

통제할 수 있는 기회를 제공한다. 따라서 규율숭배자와 전통주의자들에게 있어 정원은 지상낙원이다. 이런 이유로, 그들은 정원용품을 사기 위해 기꺼이 지갑을 열어 돈을 지출한다. 물론 이때도 도를 지나칠 정도로 낭비하는 법은 없다. 그리고 이것이 그들의 가치 지수가 평균 이상으로 높은 이유다.

반대로 유독 낮은 가치 지수를 보이는 쾌락주의자에게 정원이란 지루함의 대명사다. 쾌락주의자에게 정원은 그들의 자유를 박탈하는 대상이나 마찬가지다.

품질을 추구하는 고객, 가격을 추구하는 고객

시장연구에서는 흔히 품질을 추구하는 고객과 가격을 추구하는 고객으로 구분한다. 이런 구분은 근본적으로 가격 혹은 품질을 결정적인 구매 기준으로 삼는 소비자들이 존재한다는 사실을 암시한다. 그러나 안타깝게도 이는 잘못된 생각이다. 품질을 중시하는 소비자의 의식은 결정적으로 해당 상품에 대한 관심과 선호도에 달려 있다. 다시 말해 소비자는 딱히 관심이 가지 않는 상품의 경우 품질에 대해서도 기대하지 않는다는 뜻이다. 〈도표 5-7〉과 〈도표 5-8〉을 자세히 살펴보자.

〈도표 5-7〉은 전자오락 게임기 품질에 대한 소비자의 기대치를 나타낸다. 기술과 자극이 주요 특징인 이 상품군은 특히 쾌락주의자(자극)와 모험가(자극과 기술), 실행가(기술)를 매료시킨다. 이런 유형의 소비자들은 이 제품군에 대해 꿰뚫고 있으며 조예가 깊다. 따라서 전자오락 게임기에 관심을 보이는 소비자는 최고의 품질을 기대한다.

반면 식료품에 대한 품질 기대치를 나타내는 〈도표 5-8〉은 완전히

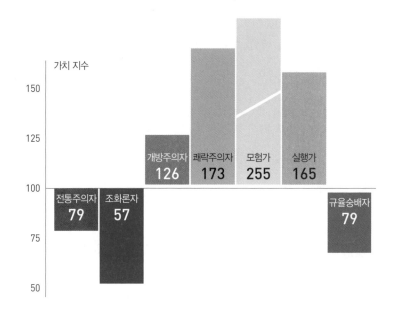

〈도표 5-7〉 품질 기대치 – 전자오락 게임기

가치 지수

전통주의자	조화론자	개방주의자	쾌락주의자	모험가	실행가	규율숭배자
79	57	126	173	255	165	79

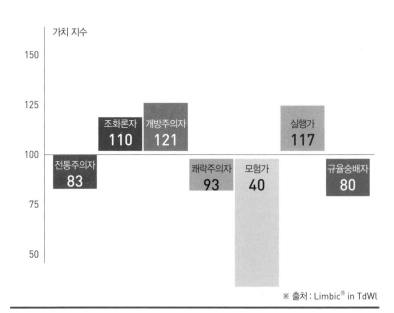

〈도표 5-8〉 품질 기대치 – 식료품

가치 지수

전통주의자	조화론자	개방주의자	쾌락주의자	모험가	실행가	규율숭배자
83	110	121	93	40	117	80

※ 출처 : Limbic® in TdWl

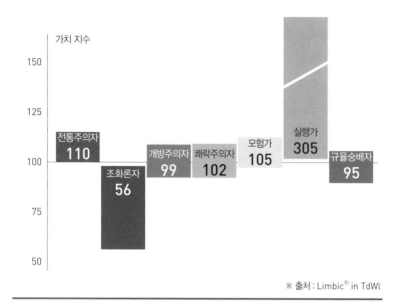

가치 지수

150

125

전통주의자
110

100

조화론자
56

개방주의자
99

쾌락주의자
102

모험가
105

실행가
305

규율숭배자
95

75

50

※ 출처 : Limbic® in TdWl

다른 양상을 보인다. 충동적인 모험가에게 중요한 것은 '배불리 먹는 것'이기 때문에 무엇을 먹을지에 대해서는 그리 고민하지 않는다. 한편 기술에 무관심한 조화론자들은 질적으로 훌륭한 음식에 무엇보다 높은 가치를 둔다.

막연히 생각하면 '사치품'은 품질과 밀접한 관련이 있을 것처럼 보인다. 하지만 중요한 건 따로 있다. 물론 품질도 중요하지만, 사치품을 진정한 사치품으로 만들어주는 요소는 일반적으로 배타성과 그 상품을 사용하는 사람의 지위를 증명할 수 있는 가능성이다. 사치품을 구입하려면 우선 돈이 필요하다. 그러므로 우리는 여기서 수입에 따라서도 Limbic® 유형에 차이를 보이는지 살펴보려 한다. 〈도표 5-9〉에 나타난 것처럼 한 달 수입만 놓고 봐도 실행가가 가장 부유하고 조화론자가 가장 가난한데, 이 결과는 그리 놀랍지 않다.

그 이유는 명백하다. 야심이 강한 실행가 유형은 보다 높은 자리로 올라가며 커리어를 쌓고 싶어한다. 반면 조화론자는 안락함을 최우선으로 여긴다. 출세를 추구하는 실행가도, 가정의 아늑함을 즐기는 조화론자도 모두 행복을 누릴 수 있지만 두 유형의 수입만큼은 엄청난 차이를 보인다. 실행가는 다른 어떤 Limbic® 유형보다도 돈이 많다. 전체 인구를 기준으로 보면 실행가 유형은 수가 적은 편이지만, 그들이 지닌 엄청난 구매력 때문에 가장 관심을 끄는 목표그룹이다.

물론 돈이 있다고 해서 꼭 사치품을 소비한다는 의미는 아니다. 사치품 구매에는 공공연하게 지위를 과시하려는 욕망, 즉 사치의 심리학이 개입된다. 여기서도 실행가의 변연계는 환호한다. 지위에 대한 욕구를 자극하는 지배 시스템이 실행가를 몰아가는 동인이기 때문이다. 이제 실행가의 소비행동에 대해서 살펴보자. 〈도표 5-10〉은 사치품에 대한 유형별 관점을 나타낸다.

도표를 보면 실행가와 쾌락주의자들이 주요 사치품 구매자라는 것이 명확해진다. 이때 실행가에게는 지배 시스템을 동인으로 하는 지위 측면이 중요한 반면, 쾌락주의자들에게는 자극 시스템을 동인으로 하는 개인화 측면이 가장 중요하다. 이와 반대로 규율숭배자와 전통주의자 그리고 일부 조화론자는 절제하는 소비태도를 보인다.

만약 소비행동과 패턴이 뇌의 감정 시스템에 의해 좌우된다면, 추측컨대 브랜드 선호도 역시 Limbic® 유형에 따라 달라질 것이다. 실제로도 그렇다. 이런 연관성에 대해서는 Chapter 8에서 더 상세히 살펴볼 것이다.

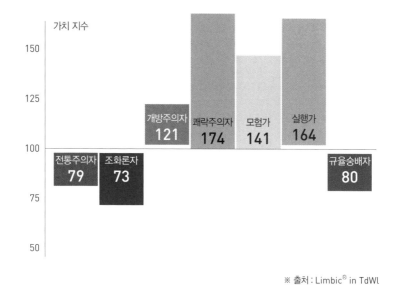

――――――― 〈도표 5-10〉 고가의 사치품에 대한 유형별 관점 ―――――――

가치 지수

※ 출처 : Limbic® in TdWl

유형화의 한계와 가능성

어쩌면 지금까지 언급한 유형화가 자의적이라고 지적하는 비평가도
있을지 모르겠다. 그들의 지적은 옳다. 우리는 Limbic® 맵 전체를 일
곱 가지 Limbic® 유형으로만 채웠다. 하지만 인간의 유형이 처음부터
일곱 가지로 정해져 있었던 것은 아니다. 본질적으로 인간의 동기와 감
정영역을 몇 가지 유형으로 나누는가는 그다지 중요하지 않다. 〈도표
5-11〉과 〈도표 5-12〉에 제시한 것처럼 두 가지 혹은 네 가지 유형으로
분류하는 것도 고려해볼 수 있다.

예컨대 규율숭배자와 조화론자 그리고 전통주의자를 한 그룹으로
묶어 '보수파'로 지칭할 수 있다. 그리고 개방주의자, 쾌락주의자, 모험

가, 실행가를 통합해 '현대파' 그룹으로 지칭할 수도 있다. 또 '즉흥적 유형', '야심가 유형', '느긋한 유형', '전통적 유형'처럼 네 가지 유형으로 분류하는 것도 가능하다(《도표 5-12》 참조). 뿐만 아니라 열두 가지 유형으로 세분화해 분류하는 것도 가능하다. 그렇지만 유형이 많아질수록 유형의 세분화가 점점 복잡하고 어려워진다는 점을 고려해야 한다.

이런 분류보다 훨씬 더 중요한 것은 시장의 연구결과에 대한 이해와 검증이다. 시장조사 연구기관은 항상 새로운 목표그룹을 설정하고 그 특징을 기술하는 데 재미를 느끼고 있기 때문이다. 그들이 제시한 목표그룹은 통계학적 과정을 통한 결과물일 수도 있고, 창의적인 심층심리학자들이 만들어낸 상상의 결과물일 수도 있다.

이런 목표그룹을 제대로 이해하려면 그들이 주장하는 목표그룹과 그 특성을 상세하게 살펴보고 Limbic® 맵에 각각의 위치를 규정해볼 필요가 있다. 이렇게 하면 어떤 감정 시스템이 배후에 숨어 있는지, 해당 연구의 설문이 감정 및 동기영역 전체를 포괄하는지 여부를 알 수 있다. 그뿐 아니다. 혹시 목표그룹을 꾸며내거나 '나태한 부유층' 혹은 '기술로 만든 마이크로월드의 활동가' 같은 터무니없는 목표그룹을 제시하는 몽상가들의 실체를 폭로할 수도 있다.

수입, 직업, 교육 수준에 따른 분류법

위에서 설명한 Limbic® 유형 외에도 다른 목표그룹 분류법이 존재한다. 이를테면 인생의 단계에 따라 청소년, 1인가구, 비혼자, 아이가 있는 젊은 부부, 성인 자식이 있는 노부부로 나눌 수도 있다.

금융 분야에서는 해당 인생의 단계를 고려하여 상품을 개발하기 때문에 목표그룹 세분화는 상당히 중요하다. 재정적 결정이나 금융상품

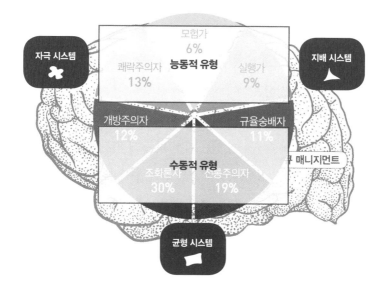

〈도표 5–12〉 목표그룹을 네 가지로 분류한 감정영역

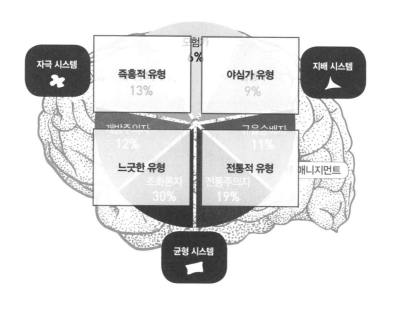

선택은 인생 단계의 변화와 밀접한 관계가 있다. 가족 형성과 함께 주택부금, 아이의 출생과 함께 교육보험, 직장생활 이후를 위한 노후대책 등. 마찬가지로 수입, 직업, 직장, 교육 수준에 따른 사회인구학적 분류법도 있다. 추가적인 관점과 인식에 이바지하기 때문에 이런 모든 분류법에는 제각각의 정당성이 있다.

그럼에도 불구하고 이런 분류 형태의 대다수는 우리가 제시한 목표 그룹 분류와 그 배후에 놓여 있는 감정 및 동기 시스템과 무관하지 않다. 예컨대 Limbic® 유형 분포를 보면 교육 수준과 소득 수준이 높은 소비자들은 교육 수준과 소득 수준 낮은 소비자와 현저한 차이를 보인다. 교육 수준이 높을수록 실행가, 쾌락주의자, 모험가 유형의 비율이 높아진다. 실행가에게 교육은 지배 시스템(지식=권력)을 충족시켜주는 반면, 쾌락주의자에게는 자극 시스템(지식=새로운 경험)을 만족시켜준다. 모험가들은 그렇게 교육 수준이 높지 않다. 모험가들은 충동적인 성향이 강해서 학습에 필요한 인내심이 부족하기 때문이다.

앞서 살펴본 것처럼 성격특성의 50퍼센트는 태어날 때부터 선천적으로 타고난다. 호기심이 강한 사람(자극)과 야심이 큰 사람(지배)은 배우는 것을 좋아하고, 커리어를 쌓기 위해 많은 노력을 한다. 그 밖에도 사회학적 연구에 따르면 교육 수준과 소득 수준이 높은 사람들의 대다수가 비교적 좋은 환경에서 태어났다고 한다. 기업체의 고위임원, 공무원, 자영업자의 자녀가 대학에 진학하는 비율이 노동자의 자녀보다 훨씬 높다. 교육학 연구에 따르면, 이런 아이들은 그들의 부모에게서 자극(자극)과 격려(균형, 지배)라는 지원을 더 많이 받는다는 것을 확인할 수 있다. 유년기에 긍정적으로 접하는 교육적 영향은 뇌의 감정 및 동기 시스템을 지배와 자극을 지향하는 방향으로 바꾸어 놓는다.

그러나 이 외에 영향력을 행사하는 세 번째 핵심 인자가 남아 있다. 직업적, 사회적 성공 역시 뇌에 직접적인 영향을 미친다. 여러 학문적인 연구에서 직업적, 사회적 성공이 커질수록 도파민(자극) 농도와 테스토스테론(지배) 농도가 동반 상승한다는 사실이 입증되었다.[1,5] 마찬가지로 부정적인 효과도 있다. 앞서 출간한《싱크 림빅!》에서 자세히 다룬 바 있는데, 이런 현상을 '승리자의 경쟁' 및 '패배자의 함정'으로 설명했다.

어쨌든 지금은 사회인구학적인 목표그룹 분류의 특징을 조금 더 살펴보도록 하자. 이 분류에서는 연령과 성별이 분류 기준으로 포함되는 경우가 빈번하다. 대부분의 경우 이 두 가지 기준이 순수하게 통계적인 의미만 있을 뿐이라고 주장한다. 때문에 이런 기준을 부수적인 기준 정도로 치부해버린다. 다음 챕터에서 살펴보겠지만, 이는 몹시 잘못된 판단이며 어마어마한 착각이다.

Limbic® 유형의 세계적 분포 양상

강연이 끝나면 이런 질문을 자주 받곤 한다. "독일 사람들의 Limbic® 유형 분포 양상은 알겠습니다. 그렇다면 다른 국가의 상황은 어떠한가요?" 독일의 이웃나라인 오스트리아와 독일어권 국가인 스위스의 사례를 살펴보자. 오스트리아와 스위스에서 보이는 차이는 그리 크지 않다. 다만 이 두 나라에서 규율숭배자의 비율이 독일보다 약 3~4퍼센트 낮게 나타난다. 오스트리아에서는 개방주의자와 쾌락주의자의 비율이, 스위스에서는 조화론자와 개방주의자의 비율이 다소 강세를 보인다.

이제 시선을 미국으로 돌려보자. 미국 국민(백인) 중 실행가와 모험가의 비중은 독일에 비해 높은 편이다(모두 합쳐 약 15퍼센트 정도 많다). 반면 조화론자는 독일보다 적다. 아직까지 아시아 지역에 대한 데이터는 부족하다. 그렇지만 일본의 구조는 독일과 비슷한 편이고, 중국은 실행가와 전통주의자가 조금 더 많은(약 5퍼센트 정도 더 많다) 반면 쾌락주의자와 개방주의자는 적은 편이다. 내가 집필한 《뉴로마케팅》에 아시아 전문가인 한네 젤만^{Hanne Seelmann} 박사가 설명한 감정 시스템과 아시아 문화에 관련된 내용이 수록되어 있다.[2.20]

Chapter 06

여성의 뇌,
남성의 뇌

생물학적 성별 차이를 살펴보고, 그에 대해 연구하는 것은 오랫동안 '정치적으로 잘못된 일'로 간주되어왔다. 남녀 간에는 공통점도 많지만 차이점도 무시하지 못할 정도로 많다. 여성은 남성과 사고방식도, 감정도, 구매방식도 다르다. 여성은 자유롭게 쓸 수 있는 여유 자금의 70퍼센트 이상에 대해 권한을 갖고 있다. 여성과 남성, 모두에게 상품을 판매하고 싶다면 우선 유니섹스 안경을 벗어야 한다.

선입관에 사로잡히지 않고 주제를 다루기 위해서는 먼저 '시대정신'이라는 안경을 벗어던질 용기가 있어야 한다. 여성해방에 대한 잘못된 이해로 인해 지금 우리 사회에서는 다음과 같은 사회정치적 요구가 나오고 있다.

여성에게도 남성과 동일한 기회가 허락되어야 한다(맞는 말이다). 남성과 여성은 차이가 없다(틀린 말이다). 이처럼 잘못된 정치적 평등에 대한 해석과 요구는 오랫동안 학문 연구에도 영향을 미쳤다. 남녀평등을 증명하는 연구결과를 내놓거나, 남녀의 차이가 성별에 특화된 교육과

학습에 의해 만들어진 것이라고 주장하는 학자들만 지원을 받았던 것이다. 반면 생물학적 요인을 바탕으로 남녀의 차이점을 제기한 학자들은 전혀 주목받지 못했고, 최악의 경우 '생물학자' 및 '남성우월주의자'라는 비난을 받아야 했다.

그러나 아마존 웹사이트에 'Markenderin'이라는 익명의 독자는 앞서 소개한, 생물학적 요인을 바탕으로 남녀의 차이를 밝힌 학자들이 저술한 책에 담긴 생각이 훨씬 현실적이라며 다음과 같은 비평을 남겼다. "특히 구매동기 및 남녀의 동기 시스템에 대한 생물학적 해석을 읽다 보면 종종 깜짝 놀라게 된다."

철학 분야에서도 이런 사고의 오류를 다루며 두 가지 그릇된 결론에 대해 경고했다. 첫 번째는 '본능에 의한 그릇된 결론'으로, 스코틀랜드의 철학자 데이비드 흄 David Hume은 이렇게 표현했다. "사람의 본성/존재에 대해 당위當爲성을 결론짓지 말아야 한다." 즉 이것을 지금의 경우에 대입하자면, '뇌에 차이점이 있기 때문에 여성들의 수익이 적다는 것은 맞는 말이다.'라는 주장은 '본능적인 그릇된 결론'이라는 뜻이다. 그러나 이것 외에 두 번째 그릇된 결론도 있다. 이는 오늘날 남녀평등을 논하는 토론뿐만 아니라 연구에도 영향력을 행사한다. 앞서 독일의 심리학자이자 철학가인 노버트 비쇼프 Nobert Bischof도 이것을 '도덕주의적 오류'라고 경고한 바 있다. 그는 "당위에서 존재/본성을 도출하려고 하지 말아야 한다."라고 주장했다. 이것을 지금의 경우에 대입하자면, 아무리 우리가 남녀의 평등을 원한다고 해도 분명히 존재하는 생물학적 차이조차 부정하는 것은 옳지 않다는 뜻이다.

뇌 연구 분야에서 도출한 결과에 의거해 성별에 따라 생각과 행동이 다른 것은 생물학적 원인 때문임을 받아들이는 사람들이 갈수록 늘어나고 있다.[6.2, 6.3, 6.4, 6.12, 6.13] 그렇다고 해서 모든 것이 생물학적으로 결정되고, 교육이 아무 역할도 하지 못한다는 뜻은 아니다. 여자아이들은 태어난 순간부터 양육방식이 남자아이들과 다르다.[6.7] 예컨대 여자 아기가 울음을 터뜨리면 부모는 아기가 불안해서 운다고 생각하지만, 남자 아기가 울면 분노를 표출하는 거라고 해석한다.

영어권에서는 'Sex'(섹스)와 'Gender'(젠더)를 구분한다. 섹스는 생물학적 성을 나타내는 반면 젠더는 심리학적, 사회학적 성 역할을 나타낸다.[6.6] 영국 출신의 학자 멜리사 하인스[Melissa Hines][6.14]는 이 개념을 다음과 같이 조금 더 상세하게 세분화했다.

핵심 성 정체성	나는 자신을 남성으로 느끼는가, 여성으로 느끼는가?
성적 취향	나는 섹스 파트너로 남성을 선호하는가, 여성을 선호하는가?
성적 표현형	나의 신체적 특징은 여성적인가, 남성적인가?
역할	나의 라이프 스타일은 남성적인가, 여성적인가?

위의 분류는 세분화돼 있기는 하지만, 중요한 사항이 한 가지 빠져 있기 때문에 완벽하지 않다.

뇌의 성 유형	내 뇌의 신경해부학적, 신경생물학적 구조는 남녀 중 어느 성별의 특징을 보이는가?

우리는 특히 마지막 관점에 관심을 갖고 있는데, 이것이 구매행동에 가장 큰 영향을 미치기 때문이다. 이번 챕터를 통해 여성과 남성의 차이를 '이것 아니면 저것' 식으로 단순하게 구분하는 것이 틀렸음을 지

적하고 싶다. 나아가 남녀의 차이가 사고와 감정, 행동에서 드러나는 개연성의 차이에서 비롯된다는 것도 깨닫게 될 것이다.

예컨대 체격은 몹시 남성적이지만, 여성적이고 섬세한 행동을 하는 남성들도 많다. 마찬가지로 남성을 능가할 정도로 적극적인 행동을 하고, 도전적인 사고방식을 지닌 여성들도 있다. 하지만 이런 세심한 부분은 우리의 관심사가 아니다. 또한 성을 생물학 Sex과 사회심리학 Gender 방식에 따라 인위적으로 구분하는 것도 옳지 않다고 생각한다. 뇌와 문화, 교육은 서로 독립된 요소가 아니라 복합적으로 상호 협력하는 요소이기 때문이다. 새롭게 진행되는 연구 분야에서는 이런 복합적인 연관성을 '바이오 문화적 협력 구성주의'Bio-cultural Co-constructivism라고 설명한다.

이론을 잠시 살펴보았으니 다시 실례로 돌아가 보자. 오래전부터 우리는 님펜부르크 팀 동료들과 함께 이 문제를 다루며, 우리의 독창적이고 경험적인 소비자 연구를 뇌 연구 및 심리학 연구결과와 접목시켜왔다. 이렇게 도출된 지식을 요약하자면 다음과 같다. 남성과 여성을 모두 공략하고 싶다면 유니섹스 마케팅과 유니섹스 사고방식을 신속히 버려야 한다. 현실을 직시하고, 인간의 뇌 속을 속속들이 들여다보아야 한다.

이제 비평가들의 의견을 들어보자. 그들은 지배적인 여성과 매우 섬세한 남성도 있기 때문에 성별의 차이를 흑백논리로 나눌 수 없다고 지적할 것이다. 물론 이런 비평가들의 주장은 옳다. 앞으로 살펴보겠지만, 남성과 여성 사이에는 상당한 차이점이 존재하는 반면 공통점도 꽤 많다. 키를 예로 들어보자. 남성의 키는 여성에 비해 평균적으로 약 12~15센티미터 정도 큰 편이다. 그래서 남성이 여성보다 키가 크다는 보편적인 진술은 맞기도 하고 틀리기도 하다. 만약 이 말의 의미가 남성이 평균적으로 여성보다 키가 크다는 것이라면 그 말은 맞다. 하지만 남성이 여성들보다 원칙적으로 키가 더 크다는 의미라면 틀린 말이다. 따라서 앞으로 언급하는 내용은 전부 평균적인 사례를 의미한다.

남녀의 구매태도가 다른 이유

이미 살펴본 것처럼 뇌 속에서 이루어지는 감정 및 사고 과정은 뇌 구조물(신경해부학) 및 다양한 신경전달물질의 혼합(신경화학)에 기초하고 있다. 이는 뇌 전체의 구조와 각각의 신경세포 사이에서 일어나는 전기적, 화학적 과정에 영향을 미친다. 지난 몇 년 동안 뇌 연구 분야에서는 남성과 여성의 뇌 구조에서 여러 차이점을 발견했다. 그중 몇 가지만 언급하자면 다음과 같다.

- 양쪽 뇌를 연결하는 뇌량의 부분은 여성이 남성보다 두껍다.
- 변연계 속에 있는 다수의 신경중추 중 특히 성생활과 젖먹이를 돌보는 일을 맡고 있는 신경중추는 남성과 여성에 따라 차이점이 뚜렷하게 나타났다.
- 남성은 편도체와 시상하부에 있는 지배중추와 공격중추가 여성보다 거의 2배 정도 크다.
- 여성은 돌봄과 사교적인 태도를 주관하는 변연계 속 뇌 부위가 남성보다 거의 2배 정도 크다. 정신의학적 통계만 봐도 이런 차이가 명확하게 드러난다. 전체 자폐증 환자 중에서 남성이 85퍼센트를 차지한다. 즉, 다른 사람과 아무 접촉 없이도 생활이

가능한 사람은 남성이다.

- 후각과 미각을 담당하는 뇌 부위의 특징은 여성과 남성의 경우 서로 차이가 있다.
- 남성의 경우 여성보다 편재화, 즉 특정 기능이 좌반구와 우반구 중 한곳으로 더 뚜렷하게 치우쳐져 있는 현상이 강하게 나타난다.
- 뇌 조직의 구조가 서로 다르다. 여성은 남성보다 회색 질 ^{Gray} ^{Matter}(신경세포체)이 더 많은 반면 백색 질 $^{White\ Matter}$(신경세포돌기)은 더 적다.
- 여성의 뇌가 남성보다 약 100그램 정도 더 가볍다(체중과 신장을 고려한 수치다).

뇌 영역의 협력방식도 일정 부분 서로 다르게 나타난다. 사고를 통해 해결해야 하는 과제를 내면 남성과 여성이 도출하는 결론은 동일하다. 그러나 생각하는 동안 뇌 단층촬영장치로 뇌를 살펴보면, 해결책을 찾는 과정에서 각기 다른 부위가 활성화됨을 알 수 있다.[6,9]

그러나 이런 구조적 차이점은 감정과 사고에 관한 성별 차이점의 부분적인 면만 설명한다. 따라서 구조적인 차이점보다는 뇌 구조물에 영향을 미치고 지속적으로 변화를 유도하는 신경전달물질과 호르몬이 훨씬 더 중요하다. 그중에서도 특히 테스토스테론으로 대표되는 남성 호르몬 안드로겐과 에스트라디올로 대표되는 여성 호르몬 에스트로겐이 중요하다.

뇌 속에서 나타나는 성별 차이점과 관련해서는 신경전달물질인 옥시토신, 프로락틴, 바소프레신, 프로게스테론, PEA(페닐에틸아민)도 중요한 역할을 한다. 학문적으로 보면 남성 호르몬 및 여성 호르몬이라는 명칭은 정확하지 않다. 방금 언급한 에스트라디올과 테스토스테론을 포함한 모든 신경화학물질은 단지 호르몬 농도에서 차이가 날 뿐 남성과 여성 모두에게도 존재하기 때문이다.

주요 호르몬들이 하는 일

이미 구체적으로 연구된 테스토스테론을 다루기 전에 남성의 뇌와 여성의 뇌 속에 존재하는 또 다른 주인공들을 살펴보자.[1.5, 1.6, 1.7, 2.7, 2.8, 6.10]

- 에스트로겐(정확히 말하자면 에스트라디올)은 명실상부한 '여성 호르몬'이다. 피하지방층을 구축하는 것은 물론 감정과 행동의 측면에서 관용과 부드러움을 책임지고 있다. 또한 남성에게 보여지는 여성의 매력을 한층 강화시켜주는 기능을 한다. 요약하자면 에스트로겐은 '여성적인 것' 그 자체를 상징한다. 에스트로겐은 여성의 의식 속에서 개방적이고 긍정적인 감정 상태를 불러일으킨다. 이 호르몬이 결핍되면 감정이 예민해지고, 우울해진다.
- 신경생물학자들이 사회적 접착제 혹은 밀착 호르몬이라고 부르는 옥시토신은 성생활에서 특히 중요한 역할을 한다. 이미 알고 있다시피 돌봄 모듈의 가장 중요한 동인이기도 하다. 옥시토신은 여성에게서 훨씬 더 강력하게 분비된다. 예컨대 이 호르몬은 젖먹이(그리고 다른 사람들)에 대한 애정을 느끼게 하고, 긍정

적인 감정으로 보답한다. 실례로 처녀 쥐의 시상하부에 옥시토신을 주입하면 그 즉시 다른 쥐가 낳은 새끼 쥐를 핥기 시작한다. 자녀가 생기면 남성에게서도 옥시토신 수치가 다소 증가하며, 남성도 자녀를 보살피려는 마음이 생긴다. 옥시토신은 '신뢰 호르몬'이기도 해서 인간 사이의 결속력을 강화하는 역할도 한다.

• '일부일처제 분자' 혹은 정조 호르몬으로 불리기도 하는 바소프레신은 남성에게서 더 중요한 역할을 한다. 그러나 그런 역할은 여성이 어린 자녀의 양육에 몰두하는 기간에만 한정된다. 바소프레신은 테스토스테론과 함께 '둥지 방어' 역할을 하며, 질투심을 불러일으키는 작용도 한다.

• 프로락틴은 여성에게 더 많다. 이 물질은 모유 생산에 몹시 중요한 역할을 하며, 사람들을 차분하고 유하게 만든다. 프로락틴 수치가 상승하면 남성은 물론이고 여성 또한 성적 욕구가 감소한다. 특히 수유 기간 중에는 여성의 프로락틴 수치가 최고 10배까지 상승한다. 따라서 본능적으로 이 시기 여성의 성적 욕구는 현저히 감소된다. 아기가 더 이상 엄마에게 의존하지 않아도 되는 시점이 되어서야 프로락틴의 분비량이 줄어드는 등 다음 아기가 생길 수 있도록 호르몬 분비 시스템이 이미 체내에 설정되어 있다. 프로게스테론도 성생활에 있어 프로락틴과 비슷한 기능을 한다. 여성의 경우 남성보다 근본적으로 프로게스테론의 농도가 훨씬 짙다.

• PEA, 다른 말로 '사랑의 분자'라 불리는 이 호르몬은 의식 속에서 사랑에 빠진 감정을 만들어낸다. 만약 사랑의 구름 위를

둥둥 떠다니고 심장이 쿵쾅거리며 행복하다는 기분이 든다면 PEA가 작용하고 있다고 생각해도 된다.

여성들은 왜 자동차에 이름을 붙일까?

앞서 돌봄 및 결합 모듈을 담당하는 호르몬이 남성보다 여성의 뇌에서 왕성하게 활동하는 것을 살펴봤다. 부드러움과 온화함을 책임지는 에스트로겐 또한 전형적인 여성 호르몬이다. 그렇다면 이런 호르몬의 차이는 구매태도에 어떻게 반영될까?

여성이 선물을 준비하는 경우 선물의 85퍼센트가 구매를 통해 준비된다는 것을 눈여겨볼 수 있다. 그만큼 여성이 쇼핑을 더 많이 한다는 뜻이다. 더불어 반려동물을 키우거나 말과 관련된 스포츠 활동을 하는 사람들 중에도 여성이 압도적으로 많다. 결합 모듈과 돌봄 모듈 그리고 여러 호르몬의 영향으로 인해 여성은 정리정돈과 주거라는 주제에 더 큰 관심을 보인다. 주거와 생활을 테마로 한 리빙 잡지의 80퍼센트를 구매하고 읽는 건 여성들이다. 예컨대 가족의 행복과 같은 주제는 남성보다 여성에게 더 높은 위상을 차지하는데, 가족을 부양하기 위한 식료품 구매의 70퍼센트를 여성이 맡고 있다.

결합 및 돌봄 호르몬은 사람과 동물을 대할 때만 작용하는 것은 아니다. 일상용품 또한 그 영향력에서 벗어나지 못한다. 상당수의 젊은 여성들이 처음으로 산 자동차에 애칭을 붙인다. 왜 그런 걸까? 여성은 자동차를 차가운 기술의 산물로 이해하지 않고 자신을 믿고 맡길 수 있는 파트너로 생각하기 때문이다.

정치 마케팅과 직업 선택에 있어서도 이런 돌봄 및 결합 호르몬을 감지할 수 있다. 여성은 남성에 비해 사회적인 직업을 선택하는 빈도가 약 3배 정도 높다. 반면 전문 기술을 보유한 직업군에서는 남성의 비율이 여성보다 약 3배 정도 높다. 여성은 정치 부문에서도 사회적 책임과 연관된 주제가 다루어지기를 기대한다. 자연을 가꾸고 보호하는 것도 여성적인 일이라고 할 수 있다.[6.7]

남성과 여성의 뇌 속에 사랑과 돌봄을 담당하는 호르몬만 있는 것은 아니다. 남성의 성호르몬이자 지배 호르몬인 테스토스테론도 있다. 이제 이 호르몬이 감정과 사고에 미치는 영향력을 본격적으로 알아보자.

포르쉐 구매자의 90퍼센트가 남성인 이유

지금까지 인간 중심 사회학과 신경생물학적 연구 사이에서 테스토스테론만큼 많은 논란을 일으킨 신경 호르몬은 없었다. 그 이유는 간단하다. 자유롭고 선하며 이성적인 인간상의 측면에서 보자면, 우리의 행동에 호르몬이 이토록 강력한 영향을 미친다는 것을 그대로 받아들이기가 어렵기 때문이다(도덕주의적 그릇된 판단). 그런데다 인간의 '나쁜' 면에 대한 책임이 테스토스테론과 같은 호르몬에게 있다니, 이는 생물학적 세계관에 대한 저항을 부추길 수밖에 없다.

그러나 아무리 부정한다고 해도 이는 모두 수치로 입증된 사실이다. 전체 교도소 수감자의 95퍼센트가 남성이고, 전체 노벨상 수상자의 95퍼센트도 남성이다. 세계를 뒤흔든 거의 모든 전쟁도 남성이 일으켰으며, 포르쉐 구매자의 90퍼센트도 남성이다. 이 모든 현상은 바로 테스토스테론에서 비롯된다(줄여서 T라고 하겠다).

이 시점에서 우리가 흥미를 갖는 부분은 T가 미치는 부정적인 사회

정치학적 측면도, 커리어에 미치는 영향력도 아니다. 우리는 마케팅과 상품 구매의 관점에서 T를 살펴보고, 이것이 감정과 구매결정에 어떤 영향력을 행사하는지 살펴보려 한다. T를 집중적으로 다루는 동안 비단 이 호르몬뿐만 아니라 우리의 뇌가 작동하는 방식에 대해서도 조금씩 알아갈 것이다. 그러려면 먼저 뇌의 발달과정부터 짚어볼 필요가 있다.

에스트로겐 vs. 테스토스테론

인간은 처음에 중성인 배아 형태로 삶을 시작한다. 임신기간의 4분의 1이 지날 무렵 남자 아기의 경우 남성적인 특징을 담당하는 유전자가 작동한다. 이 유전자가 활성화되면서 고환이 형성되고, 동시에 테스토스테론 생산이 시작된다. 테스토스테론은 단순히 하반신에만 머무는 것이 아니라 남성 뇌 전체에 범람한다.[2.8, 6.2, 6.5] 이를 통해서 뇌는 지속적으로 변하고 다시 개편된다. 여자 아기의 경우 에스트로겐이 이와 유사한 과정으로 작용한다. 에스트로겐의 생물화학적 과정은 훨씬 복합적인데, 이에 대해서는 조금 뒤에 살펴볼 것이다.

한 가지 덧붙이자면, 임신기간 동안 뇌가 테스토스테론과 에스트로겐에 반응할 수 있는 시간은 아주 짧다. 예컨대 임신한 여성이 너무 강한 스트레스를 받으면 성을 담당하는 유전자가 너무 늦게 활성화될 수 있으며, 이 경우 테스토스테론은 제 역할을 충분히 하지 못한다. 추후에 육체적으로는 남자 아기가 되었지만, 아기의 뇌가 여전히 중성 상태로 남거나 혹은 여성적으로 변할 가능성도 있다.

계속해서 테스토스테론을 살펴보자. 테스토스테론은 특히 좌뇌에 영향을 미치며, 좌뇌의 신경세포 결합을 감소시킨다. 이런 작용으로 테스토스테론이 우세한 남성의 경우 보다 단순하고 낙관적인 사고를 한다. 그런데 양쪽 뇌는 결손 부분을 상쇄시키려는 경향이 있어 좌뇌를 대신해 상대적으로 우뇌가 조금 더 강하게 발달한다. 그 결과 여성의 전두엽 두께가 양쪽 모두 똑같은 반면, 남성의 경우 왼쪽 부분이 얇고 오른쪽 부분은 조금 더 두껍다.

테스토스테론이 남성의 좌뇌를 강하게 활성화시키기 때문에 남자들은 일반적으로 여성과 사고체계가 완전히 다르다. 남성은 일상생활에서 1차원적으로 사고하고, 질서나 체계를 부여함으로써 세계를 단순화시키려 한다. 여성의 '관용 호르몬'인 에스트로겐은 우뇌에서 강하게 활성화되는데, 이는 여성이 남성보다 복합적으로 사고하는 이유를 설명해준다. 남성은 한 번에 하나씩 단계별로 사고하는 '스텝 싱커'Step Thinker다. 반면 여성은 여러 가지 일을 동시에 생각할 수 있는 '웹 싱커' Web Thinker다. 지배 시스템의 가장 중요한 동인인 테스토스테론은 감정적인 체험을 변화시키기도 한다. 테스토스테론은 무언가를 하도록 재촉하는 한편, 낙관적으로 만들어주기도 한다. 그래서 독설가들은, 테스토스테론이 남성에게 눈가리개를 씌운다고 주장한다.[6.5]

서구 문화권에서 '합리적'이라고 표현하는 '분석적인 사고'는 남성적인 사고 스타일에 가깝다. 오래도록 심사숙고하지 않는 이런 사고 및 결정 방식을 '이성'이라고 부른다. 역으로 이 말은 여성이 '비합리적'이며 '비이성적'으로 사고하고 결정한다는 뜻을 담고 있다. 하지만 이는 아주 큰 착각이다. 왜냐하면 여성의 사고방식 또한 남성만큼이나 진지하고 합리적이기 때문이다.

이 두 가지 사고 스타일과 결정 스타일에는 각기 장단점이 있다. 남성은 별로 중요해 보이지 않는 것을 사고 과정에서 제외시키고, 단순한 인과성을 신뢰하는 성향이 있다. 그래서 구매결정 과정이 신속해진다는 장점이 있으나 중요한 측면을 고려하지 못하고 놓친다는 단점도 있다.

성전환을 하면 무엇이 달라질까?

남성과 여성의 사고구조 및 감정구조에서 드러나는 차이는 우리의 상상을 초월한다. 우리는 모두 태어났을 때부터 남성적 혹은 여성적 사고 및 감정구조에 사로잡혀 있다. 다른 세계는 문이 굳게 잠겨 있기 때문에 이성의 입장에서 생각하기란 몹시 힘든 일이다. 그런 만큼 성전환 연구 분야에서 들려오는 획기적인 연구 소식은 무척 매혹적으로 다가온다.

이 연구는 성전환을 한 사람들을 추적 연구하는 방식으로 이루어진다. 성전환은 수술을 통해 완성되는데, 수술받은 환자는 새로운 성의 성호르몬을 다량으로 투여받는다. 이들은 양쪽 성을 경험했기에 수술 이전과 이후에 그들이 느끼는 감정이 어떻게 다른지 명확하게 전달할 수 있다. 그리고 그것으로 여성적 사고와 감정 그리고 남성적 사고와 감정 사이의 차이점이 명확해진다. 다음 체험기는 성전환 수술을 받아 남성이 된 어느 여성의 이야기다.

지금 난 마음을 표현하는 데 어려움을 겪고 있으며, 적절한 말을 찾을 수가 없습니다. 말은 직설적으로 변했고, 수식어 사용도 줄어들었습니다. 그 대신 조금 낙관적으로 변했습니다. 거리를 걸을 때는 많은 것들을 전혀 알아차리지 못합니다. 전체를 조망하는 눈이 사라졌죠. 예전에는 동시에 여러 가지 일들을 할 수

있었지만, 지금은 모든 것을 하나씩 순서대로 처리해야 합니다. 상상력도 몹시 줄어들었습니다.[6.5]

이 보고문은 성전환 수술 후 벌어지는 일을 몹시 인상적으로 강조해서 보여주고 있다. 이렇듯 신경전달물질과 호르몬은 우리의 감정적인 체험에만 영향을 미치는 것이 아니라, 사고구조도 바꾸어놓는다!

공감하는 여성, 체계화하는 남성

여성과 남성은 생각하는 방식뿐 아니라 세상을 인지하는 방식도 사뭇 다르다. 영국 학자 사이먼 배런 코헨 Simon Baron Cohen 은 사고하는 스타일을 근거로 남성과 여성을 구분했다. 남성과 남성의 사고 스타일을 '체계화하는 사람' Systemizer 이라 했고, 배려심 많고 사회적인 사고 스타일을 지닌 여성을 '공감하는 사람' Empathizer 이라 명명했다.[6.2] 그러나 이런 구분만으로는 충분하지 않다. 남성과 여성의 감정과 사고구조가 얽혀 있는 방식을 명확하게 이해하기 위해서는 Limbic® 맵 위에 그려보며 위치를 확인해야 한다.

〈도표 6-1〉에 나와 있다시피 남성의 중심점은 테스토스테론의 영향으로 지배 측면에 치우쳐 있는 반면 여성의 중심점은 균형과 개방성 사이에 있다. 이 영역에는 돌봄 모듈과 결합 모듈도 들어 있다. 또한 도표를 참고하면 한 가지가 확실해진다. 이타주의와 '공동체 감정'을 담당하는 돌봄 모듈과 결합 모듈은 이기주의와 '자아 감정'을 담당하는 지배시스템과 정면으로 마주보고 있다는 점이다. 이렇게 Limbic® 맵은 내면적인 동기의 역동성을 명확하게 보여준다. 그렇다면 이런 사실이 마

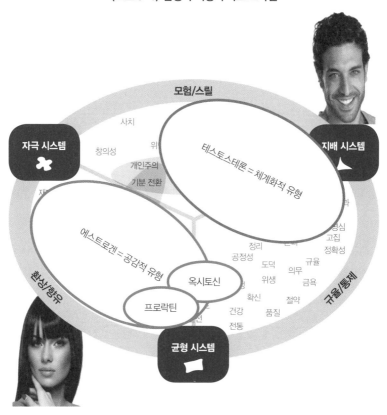

〈도표 6-1〉 남성과 여성의 사고 스타일

모험/스릴

자극 시스템

지배 시스템

사치

창의성

위

개인주의

기분 전환

테스토스테론 = 체계화적 유형

에스트로겐 = 공감적 유형

옥시토신

프로락틴

정리

공정성

도덕

위생

확신

건강

전통

품질

절약

금욕

규율

의무

중심

고집

정확성

환상/향수

구율/통제

균형 시스템

호르몬은 감정과 사고를 동일하게 바꾼다.

케팅에서 의미하는 바는 무엇일까?

남성과 여성을 위한 광고 문구와 제품 설명이 달라야 한다는 것이다. 테스토스테론의 영향을 받는 남성들은 '정돈된 확고한 사실'을 선호하는 반면, 여성들은 개방적이고 환상을 자극하는 제품 설명에 끌린다. 동시에 여성들에게는 사회적인 요소와 의사소통에 관한 요소가 근본적으로 중요한 역할을 한다.

값비싼 물건을 사기 위해 큰 금액을 지출할 경우 남성은 전체 비중의 70퍼센트를 제품에, 그리고 30퍼센트를 판매원에게 집중한다. 여성은 이와 완전히 다른 양상을 보인다. 무엇보다 상담과 설명을 해주는 판매원과의 감성적인 소통이 제대로 이뤄져야 물건을 구입한다. 컴퓨터나 자동차처럼 기술이 집약된 제품의 경우 판매원들 대부분이 여성 고객에게 제품을 팔 수 있는 기회를 자주 놓친다. 판매원들이 남성 고객을 응대하며 제품을 설명한 것과 거의 비슷한 방식으로 여성 고객을 응대하기 때문이다.

남녀의 뇌가 서로 다른 탓에 물건을 사기 전, 정보를 수집하는 태도 역시 상당한 차이를 보인다. 공개된 사실을 선호하는 남성은 테스트 보고서, 잡지, 체계적인 인터넷 검색으로 정보를 수집한다. 반면 여성은 다른 여성 지인들에게 해당 제품이나 업체에 대한 개인적인 체험을 묻는다. 따라서 입에서 입으로 퍼지는 입소문 광고는 여성들에게 큰 효과가 있다.

남녀가 선호하는 상품과 스타일

그런 맥락에서 상품 카테고리에 대한 관심 역시 남녀 사이에 차이가 있다. 남성은 예측 가능하고, 세계를 지배하는 데 유용하며, 권력을 선사하는 기술 기반 제품을 좋아한다. 따라서 자동차, 기계, 기술 장비 등에 열광한다. 반면 여성은 소설과 예술처럼 상상력을 자극하는 상품과 물건에 강한 관심을 보인다. 또한 배려와 아늑함을 제공하는 물건들을 좋아한다. 〈도표 6-2〉는 실제로 이런 차이가 얼마나 큰지를 보여준다.

높은 관심 상품	남성 지수	여성 지수
스포츠용품	160	43
자동차	181	23
주거용 장식품, 실내장식용 패브릭 제품	29	168
식료품	54	144
세제 및 피부 관리 제품	43	155

※ 출처 : TdWl

    남성과 여성이 자동차를 구입할 때도 상품 평가와 구매결정에 있어 상당한 차이를 보인다. 자동차를 보자마자 남성의 첫 시선이 엔진 부위에 닿는 반면, 여성의 시선은 실내 디자인 쪽으로 향한다. 그리고 남성이 온갖 기술 장치와 버튼을 누르며 테스트해보는 것과 달리 여성은 최대한 간단하고 통제 가능한 서비스를 요구한다.

    성호르몬으로 인해 달라지는 상품 선호도는 아이들에게서도 나타난다. 사내아이가 무기와 자동차를 가지고 노는 반면 여자아이는 주로 인형을 가지고 논다. 이런 차이를 두고 예전에는 교육의 영향 때문이라고 생각했다. 하지만 정말 그럴까?

    어린 여자아이에게 즉흥적으로 그림을 그리라고 하면 대개 얼굴이나 인형을 그린다. 반면 남자아이는 대개 자동차를 그린다. 그러나 이것만으로는 생물학적 '사전 조절'preset에 대한 증거라고 확정할 수 없다. 여자아이에게 나타나는 선천성 질환 가운데 부신피질 기능 항진증이라는 것이 있다(일명 CAH 신드롬). 이 질병에 걸리면 여성의 부신피질에

서도 남성처럼 테스토스테론이 분비된다. 물론 남성의 고환에서 생성되는 것보다는 훨씬 적은 양이다. 이 질병에 걸린 여자아이는 다른 동성 아이들보다 테스토스테론 수치가 훨씬 높다. 그뿐 아니다. 실제로 남자아이가 좋아하는 장난감을 선호하며, 인형은 거들떠보지도 않는다.[6.3, 6.4, 6.5, 6.8] 그리고 CAH 신드롬에 걸린 여자아이에게 즉흥적으로 떠오르는 것을 그리라고 하면 〈도표 6-3〉에 보이는 것처럼 자동차를 그린다.

남성과 여성의 뇌 속에 있는 여러 호르몬의 혼합은 마케팅에 또 다른 중요한 영향을 미친다. 이미 살펴봤듯이, 에스트로겐은 감정과 사고를 부드럽고 온화하게 만들어준다. 최근 들어서 학계는 '우리의 대뇌 전체가 신경전달물질과 호르몬의 지대한 영향을 받는다'는 주장을 수용했다. 우리의 사고방식과 인지방식은 절대로 객관적이지 않으며, 호르몬과 신경전달물질의 영향력 아래 있다.

푀스라우어
여성

뢰머크벨레
남성

푀스라우어는 용기 형태를 여성 취향으로 바꾸어 몇 년 전 오스트리아에서 시장을 장악했다.

게다가 에스트로겐과 테스토스테론이 형태에 대한 감각을 바꾼다는 사실도 밝혀졌는데, 이는 특히 중요하다. 남성이 정사각형 모양의 직선적이고 실용적인 형태를 좋아한다면, 여성은 부드럽고 둥그런 형태를 선호한다. 몇 년 전 오스트리아 생수 제조업체인 푀스라우어는 여기에 착안해 생수 용기를 바꾸어 성공했다. 푀스라우어는 여성을 겨냥한 전용 디자인으로 바꿈으로써 몇 해 전 시장 주도권을 장악했다.

〈도표 6-4〉는 푀스라우어와 뢰머크벨레(과거)의 차이점을 뚜렷하게 보여준다. 뢰머크벨레 용기와 라벨은 묵직하고 두꺼워 보이는 반면, 푀스라우어는 부드러운 곡선을 활용해 여성의 이상적인 몸매를 구현했

디자인 측면에서 곡선을 활용해 여성성을 더 부각시켰다.

다. 푀스라우어는 이런 디자인을 바탕으로 엄청난 시장점유율을 확보
했다.

최근 몇 년 간 성공을 거둔 기업의 마케팅 부서에서는 성별에 따라
차별화한 상품 전략 및 커뮤니케이션 전략을 추구한다. 우선 상품 전
략부터 시작해보자. 오스트리아에 본사를 둔 국제적인 스키 및 스포
츠용품 제작회사인 헤드Head는 독창적인 여성 스키복 컬렉션을 선보였
다. 남성 스키용품과 마찬가지로 기술적인 측면에서 전혀 차이가 없는
여성 컬렉션을 출시했는데, 올라운드Allround 스키부터 프로용 스키를
비롯한 모든 용품을 구비하고 있다.

남성 컬렉션과 여성 컬렉션의 차이점은 디자인에 있다. 남성 컬렉션

에서는 하이테크 디자인을 추구한 반면, 여성 컬렉션은 최신 유행 컬러와 형태를 반영했다. 여성은 스키복과 스키용품을 멋진 외모를 완성해주는 패션 액세서리처럼 생각하는 경향이 강한 반면, 남성은 승리하기 위한 스포츠용품으로 생각한다. 추후 스포츠업계에 관한 내용을 다룰 때는 이 현상을 두고 조금 다른 관점으로 체험하게 될 것이다. 어쨌든 중요한 사실은 여성 컬렉션은 여성을 위해, 여성에 의해 만들어졌다는 점이다.

남녀의 언어 차이

남성과 여성은 언어에서도 큰 차이를 보인다. 여성은 남성보다 훨씬 많은 단어를 사용하며 남성의 언어보다 훨씬 더 세분화되어 있다. 또한 여성은 관계에 대한 말을 자주 사용하며, 울림을 주는 부드럽고 다정한 단어를 애용한다. 따라서 상품을 설명할 때도 성별의 감정과 동기의 중심점에 맞춰서 해야 한다.

자동차를 구매한다고 가정해보자. 자동차 영업사원이 눈을 반짝이는 남성 고객에게 "250마력 엔진이 장착된 이 자동차는 단 6초 만에 시속 0킬로미터에서 시속 100킬로미터로 속도를 올릴 수 있습니다."라고 설명한다. 이 순간, 1초도 안 돼서 그 남성의 변연계에 있는 성욕 및 공격성중추와 쾌감중추가 기쁨으로 빛날 것이다.

반면 그런 설명에 여성의 뇌는 냉담하고 지루한 반응을 보인다. 센스 있는 영업사원이라면 동일한 정보를 여성 고객 맞춤으로 변형하여 설명할 것이다. "250마력의 강력한 엔진 덕분에 자동차를 시속 0킬로미터에서 시속 100킬로미터까지 가속하는 데 불과 6초 밖에 걸리지 않습니다. 그렇기 때문에 이 차를 타신다면 고객님과 고객님의 가족들은 고속도로를 안전하게 달리실 수 있을 겁니다." 이런 설명은 여성의 뇌를 환호하게 한다.

또한 육중한 SUV 차량이나 오프로드 차량을 보았을 때 남성의 지배 시스템이 환호하는 반면, 에너지 절약 모드에 돌입한 여성의 뇌는 무관심하게 대충 보고 지나간다. 이때도 영리한 영업사원이라면 여성의 점수를 딸 기회를 놓치지 않는다. "정말 근사해 보이지 않습니까? 고객님을 지켜줄 3,000킬로그램짜리 수호천사랍니다."

남성이 상품 위치를 자주 묻는 이유

지금까지 성호르몬이 사고와 감정을 변화시키는 동시에 형태 감각과 디자인 감각에도 막대한 영향력을 미친다는 사실을 알아보았다. 그러나 이것이 전부가 아니다. 상점을 대상으로 진행한 다양한 조사에서 남성은 여성보다 판매원에게 "그 물건은 어느 쪽에 있나요?"라는 질문을 훨씬 더 자주 하는 것으로 나타났다. 주로 크기가 작은 물건이나 부품이 진열된 위치를 묻는 질문이었다. 왜 그런 걸까? 바로 테스토스테론 때문이다.

테스토스테론은 눈의 탐색 운동까지 바꾸어놓는다. 님펜부르크 연구팀은 '아이 트래킹'Eye Tracking을 활용해 남성이 물건을 구입하는 장소와 상품 진열대를 여성과 다른 방식으로 관찰한다는 사실을 밝혀냈다. '아이 트래킹'을 활용하면 고객의 시선이 향하는 방향과 특정 지점에서 머무는 시간을 정확히 기록할 수 있다. 〈도표 6-6〉은 남성과 여성의 이러한 차이를 명확히 보여준다.

테스토스테론의 강한 영향을 받는 남성은 물건을 구매하는 과정에서 세부적인 것을 살피지 않는다. 상품 진열대를 대충 쓰윽 훑기 때문에 차근차근 살펴봐야만 찾을 수 있는 작은 상품들을 쉽게 놓친다. 남성은 '라지 스케일 네비게이터'Large Scale Navigator다. 다시 말해 '수박 겉 핥기식으로 사물을 대충 보는 사람'이라 할 수 있다.

여성의 시각은 이와 완전히 다르다. 여성은 남성에 비해 상품 진열대를 훨씬 더 꼼꼼히 관찰하며, 시선을 자주 멈춘다. 성전환 수술을 받아 남성이 된 여성의 보고문을 다시 떠올려보자. "나는 이제 더 이상 예전처럼 많은 것들을 알아차리지 못합니다." 이제 우리는 그에게 왜 그런 변화가 생겼는지 그 이유를 파악했다. 그건 눈의 운동마저도 호르몬의 명령을 따르기 때문이다!

여성이 냄새에 더 민감한 이유

여성은 남성보다 세부적인 것을 자세히 본다. 그뿐만이 아니다. 여성의 거의 모든 인지 채널은 남성과 다른 방식으로 '작동'한다. 여성의 뇌는 청각, 시각, 후각, 미각, 촉각 등 다양한 감각에 대해 남성의 뇌보다 10~20퍼센트 정도 더 민감하게 반응한다. 여성이 인지하고 의식한 많은 것들을 남성들은 전혀 알아차리지 못하는 경우가 많다.

동일한 감각적 인상이라 해도 남성과 여성의 뇌에 들어가면 전혀 다른 방식으로 처리된다. 〈도표 6-7〉을 살펴보자. 뇌 스캐너 영상에 보이는 것처럼 똑같은 냄새라도 성별에 따라 처리되는 장소가 전혀 다르다.

─────── 〈도표 6-7〉 남성과 여성이 냄새를 맡는 방식 ───────

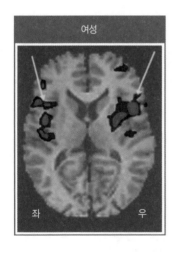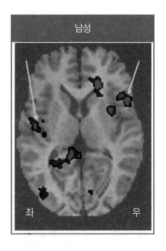

똑같은 냄새라 해도 남녀의 뇌 속에서 활성화되는 장소가 다르다.

그밖에도 여성은 해당 부위가 훨씬 강하게 활성화된다. 여기서 다음과 같은 결론을 도출할 수 있다. 여성은 상품(냄새 포함)을 훨씬 강도 높게 인지하기도 하지만, 가장 중요한 핵심은 인지하는 방식이 남성과 완전히 다르다는 점이다.

여성은 왜 패션과 향수에 많은 돈을 쓸까?

여성은 패션과 화장품 쪽에 남성보다 몇 배나 많은 돈을 쓴다. 예전부터 원래 그랬다고 말할 수도 있겠지만 그건 만족스런 대답이 아니다. 이와 관련해 진화생물학에서 더 정확한 답을 찾을 수 있다. 여성의 뇌는 진화생물학적 이유로 인해 남성의 뇌와 완전히 다른 방식으로 작동한다.

모든 유기체에게 주어진 진화의 사명은 가급적 적은 에너지를 사용해 최대한 많은 유전자를 후세에게 물려주는 것이다. 그런 이유로 진화의 측면에서 남성과 여성의 계산법은 매우 다르다. 아이를 출산하고, 수유와 양육을 하는 여성은 후세를 위해 많은 시간을 투자한다. 가족을 보호하고 부양할 능력이 있는 유능하고 믿음직한 남성 파트너는, 후세를 얻을 수 있는 기회와 자신의 유전자를 후세에게 물려줄 기회를 향상시킬 수 있다.

최고의 파트너를 찾으려면 여성은 올바른 선택을 할 수 있어야 한다. 따라서 파트너의 자질을 검증할 넉넉한 시간이 필요하다. 이런 선택의 기회를 얻으려면 여성은 최대한 많은 잠재적 파트너를 유혹해야 한다. 유혹과 매력을 향상시키는 행위는 진화와 자연의 뜻에 정확히 부합되는 행동이다.[6.1, 6.11] 그리고 여성이 구입하는 옷과 화장품의 기능이 바

진화는 여성과 남성에게 서로 다른 성 역할을 부여했다. 위의 두 광고가 이런 사실을 전형적으로 보여준다.

로 그것이다. 이런 진화의 흔적을 〈도표 6-8〉의 향수 광고에서 읽을 수 있다. 여성 향수 광고가 전달하려는 메시지는 이렇다.

"이 향수는 당신의 가치를 높여주고 매력적으로 만들어줍니다."

진화를 위한 남성의 유전자 계산법은 완전히 다르다. 남성은 최대한 많은 여성과 성관계를 갖고 다수의 후세를 생산할 때 유전적인 측면에서 가장 큰 성공을 거둔다. 그렇기에 향수 광고에서 "이 향수를 사용하면 많은 여성이 당신의 주변으로 다가올 것입니다."라고 떠들어대며 홍보하는 것이 전혀 놀랍지 않다.

그러나 여성이 파트너를 선택하기까지 다소 시간이 걸리기 때문에, 여성 앞에서 일종의 '정체' 현상이 일어난다. 여러 남성 라이벌이 한 여성의 마음을 놓고 경쟁한다. 성호르몬의 작용과 분포가 성별에 따라 다른 이유가 바로 이것이다. 에스트로겐은 여성의 머릿속에서 무의식적으로 주도권을 잡은 다음 자신의 매력을 끌어올려 발산하도록 유도한다. 반면 남성의 뇌 속에 있는 테스토스테론은 남성 경쟁자들과 싸워 물리치는 강인한 힘을 요구한다.

스포츠용품점에서 남녀가 다른 길을 가는 이유

구체적인 구매 상황을 관찰해보면 이 두 호르몬이 완전히 다른 명령을 내린다는 것을 알 수 있다. 한 여성과 남성이 함께 조깅을 시작하기로 결심했다고 가정해보자. 그들은 조깅복을 구매하려고 스포츠용품점을 찾는다. 그러나 스포츠용품점에 도착하자마자 그들은 매장에서 서로 다른 길로 향한다. 왜 그런 걸까? 남성은 테스토스테론, 여성은 에스트로겐의 영향을 받기 때문이다.

님펜부르크 연구팀의 연구원들이 규모가 큰 대형 스포츠용품점을 방문해 남성과 여성 고객을 관찰했다. 연구원들은 계산대 앞에 서서 그 물건을 처음으로 구매한 것인지, 물건을 구입한 순서는 어떠한지 질문했다. 조깅을 시작한 여성 10명 중 5명은 다양한 색상과 스타일의 톱과 티셔츠가 전시된 곳을 둘러보기 시작했다. 그리고 바로 옆에 진열된 조깅용 레깅스와 하의를 살펴보며, 셔츠 색상과 어울리는 동시에 체형에 맞는 바지를 찾느라 많은 시간을 보냈다. 그런 다음에야 신발이 전시되어 있는 코너로 향했다. 여기서도 신발의 색상은 바지 및 셔츠와의 컬러 조화에 중점을 두고 골랐다. 내부 구조, 충격 흡수 정도, 밑창 소재, 성능처럼 신발의 기능적인 측면은 부수적인 관심 사항에 그쳤다.

이제 조깅을 하려는 남성을 살펴보자. 남성이 발걸음을 옮기는 길은 명확했다. 10명 모두가 중간에 들르는 곳 없이 곧장 신발 코너로 향했다. 조깅화의 색상과 디자인이 어느 정도 비중을 차지하긴 했지만, 그보다는 기능과 성능을 훨씬 중요시 여겼다. 이제 여러분도 이런 현상이 일어나는 원인을 짐작할 수 있을 것이다.

에스트로겐이 여성에게 매력적인 외모를 가장 우선시하도록 몰아가는 반면, 테스토스테론은 우월함과 탁월한 성능을 요구한다. 계산대 주변의 고객들을 대상으로 시행한 설문조사 결과, 남성은 물론이고 여성 또한 스스로 자발적이고, 의식적이며, 이성적인 결정을 내렸다고 확신했다!

최고의 요리사는 왜 남성일까?

냄새를 맡고 맛을 구분하는 측면에서 여성은 남성의 능력을 뛰어넘는다. 그러므로 여성이 남성보다 요리도 훨씬 잘하고, 와인도 잘 알거라고 생각할 수 있다. 그러나 실제로는 그렇지 않다. 최고의 요리사는 대부분 남성이다. 미식 잡지에 소개된, 전 세계적으로 이름을 날리는 와인 전문가들을 봐도 마찬가지다. 왜 그런 걸까? 대답은 간단하다. 바로 테스토스테론 때문이다.

그게 도대체 무슨 관련이 있단 말인지 의문이 들 것이다. 하지만 상당한 관련이 있다. 가스레인지도 와인 잔도, 남성의 지위와 전문 지식을 맘껏 뽐낼 수 있는 엄청난 가능성을 제공하기 때문이다. 남성이 값비싼 와인을 주문할 때는 그 와인이 지닌 풍미를 즐기기 위해서기도 하지만, 자신이 와인 전문가라는 사실을 입증해보이기 위한 것이기도 하다. 최고의 요리사도 마찬가지다. 사람들 앞에서 멋진 기량을 발휘하도록 부추기는 것은 남성적인 야심이다.

반면 가족과 친구를 위해 즐거운 마음으로 요리하는 여성의 성향은 돌봄 호르몬과 결합 호르몬의 결합 때문이다. 남성의 경우는 이와 다르다. 남성이 요리용 숟가락을 휘저을 때는 주변의 인정을 바라는 욕구가 가득하다. 와인, 샴페인, 시가 같은 고가의 기호상품에 매력을 느끼는 이유 역시 뛰어난 맛 때문이 아니라 그 상품들이 선사하는 지위의 마법 때문이다.

여성의 뇌는 관용 호르몬이자 성호르몬인 에스트로겐과 결합 호르몬이자 돌봄 호르몬인 옥시토신 및 프로락틴의 지배를 받는다. 이와 달리 남성의 뇌는 지배 호르몬이자 성호르몬인 테스토스테론의 지배를 받는다. 이제 이런 총체적인 성별 차이가 빅 3에 미치는 영향을 살펴보려 한다.

결합 모듈과 돌봄 모듈이 남성보다 여성에게서 강하게 활성화되어 있음을 앞서 살펴보았다. 남성과 여성이 성을 대하는 태도 또한 뚜렷한 차이를 보인다. 우리는 테스토스테론이 남성에게 미치는 영향력에 대해 잘 알고 있다. 따라서 앞서 설명한 성별 차이를 감안하면 Limbic® 유형 분포에서도 틀림없이 엄청난 차이가 나타나야 할 것이다. 그리고 실제로 그렇다.

테스토스테론 때문일 것으로 추측되는데, 남성의 지배 시스템은 조금 더 강하게 활성화되어 있다. 그에 상응하여 모험가, 실행가, 규율숭배자의 남성 비율이 조금 더 높을 것이다. 반대로 돌봄 모듈과 결합 모듈은 균형 시스템의 '딸'이다. 이런 이유 하나만으로도 여성은 균형 시스템이 강하게 활성화되어 있으리란 걸 추측할 수 있다. 그 결과 조화

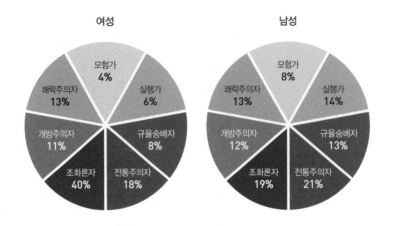

여성   남성

※ 출처 : Limbic® in TdWl

론자의 비율이 특히 높게 나타난다. 또한 에스트로겐은 개방성과 자극 방향에 있어 긍정적인 영향을 미칠 것으로 추정된다. 이제 〈도표 6-9〉 에 제시된 대표적인 성별 분포를 자세히 살펴보자.

이 도표는 앞서 제시한 가설을 매우 인상적으로 뒷받침해준다. 여성 의 경우 명백히 조화론자가 중심에 놓여 있다. 여기에 심리학과 뇌 연 구에서 도출된 인식을 덧붙이자면, 여성은 불안과 의기소침의 원인이 되는 균형 시스템이 남성에 비해 강하게 활성화되어 있다. 이런 이유로 조화론자가 전체 여성의 40퍼센트를 차지한다. 이는 남성에 비해 거의 2배나 많은 수치다.

남성의 경우 앞서 추측했던 것처럼 모험가, 실행가, 규율숭배자의 비 율이 근본적으로 높게 나타났다. 그렇지만 Limbic® 유형의 성별 분포 도는 남성이 기본적으로 지배적인 성향을 지녔다거나, 여성이 남성보다 조심스럽고 조화를 추구하는 성향을 지닌 것만은 아님을 보여준다. 평균적으로 보면 여성이 남성보다 균형 시스템이 더 강하고, 지배 시스템은 조금 더 약한 편이다. 하지만 남성 중에 조화론자 유형이 있는 것처럼 여성 중에도 극도로 능률 지향적인 성향을 지닌 실행가 유형이 분명히 존재한다.

이런 현상이 일어나는 이유를 호르몬을 통해 설명할 수 있다. 여성들 중에도 테스토스테론 수치가 높은 사람이 있고, 마찬가지로 남성들 중에도 옥시토신, 프로락틴, 에스트로겐 수치가 남성 평균치보다 높은 사람이 있다. 하지만 이런 생물학적 근거는 진실의 반쪽밖에 입증하지 못한다. 여기에는 교육이 중요한 영향력을 행사하기 때문이다.

그럼에도 불구하고 이 수치와 앞서 소개한 예들은 성별에 따라 차별화된 마케팅 전략을 세우는 것이 얼마나 중요한지를 인상적으로 보여준다.

두통약 비비메드와 대형마트 리얼의 실수

두통약 비비메드 제조사인 닥터 만 파르마는 몇 년 전, 여성에 대한 자신들의 이해와 현실이 일치하지 않는 경험을 해야 했다. 〈도표 6-10〉에 제시된 광고를 살펴보자. '맑은 머리를 위한 명확한 선택'이라는 표어와 함께 자신감 넘치고 의지가 강해 보이는 여성의 모습이 보인다. 명백히 이 기업은 여성 고객을 1차 목표그룹으로 선정한 것이다.

먼저 이 광고가 어떤 동기 및 감정 시스템을 자극하는지 잠시 생각해보자. '맑은 머리를 위한 명확한 선택'이라는 문구는 규율과 통제의 성향이 더해진 지배를 뜻한다. 그렇기에 이 제품이 공략하는 목표그룹

이 광고는 '실행가 유형'의 여성을 공략하고 있는데, 문제는 이 유형에 속한 여성의 숫자가 많지 않다는 데 있다.

은 분명히 여성 실행가 유형이다.

여기까지는 괜찮다. 그러나 바로 다음 대목에서 문제가 대두된다. 전체 여성 중 '실행가 유형'의 숫자가 얼마나 되는지 살펴보자. 전체를 통틀어 고작 6퍼센트도 되지 않는다. 결국 비비메드는 이런 캠페인으로 소수의 목표그룹을 겨냥한 셈이다. 틈새상품이라면 가능한 전략이지만 비비메드처럼 대량생산하는 일반의약품에 적용하기에는 잘못된 전략이다. 어쨌든 비비메드 경영진은 그들의 실수를 깨닫고 새로운 전략을 개발했다.

이와 유사한 실수지만 유독 더 큰 대가를 치른 건 메트로 그룹^Metro

━━━━━━ 〈도표 6-11〉 대형마트 리얼의 실수 ━━━━━━

떠들썩하고 공격적인 광고는 가장 규모가 크고 핵심적인 여성 목표그룹의 감정
세계를 완전히 무시했다.

에 소속된 셀프 서비스형 대형마트 체인 리얼[Real]의 경영진이었다. 그들
은 새로운 광고 전략을 구상할 때마다, 그룹의 기존 성공 사례를 유지
하기만 하면 된다고 생각했다. 그에 따라 광고는 시끄럽고 공격적이야
했다. 당시 그룹의 광고를 맡았던 광고대행사는 이런 전략을 지속적으
로 실행에 옮겼다.

　리얼의 TV 광고를 살펴보자. 무대 위에 보디빌더가 등장해 다양한
포즈를 취하는데, 그가 몸을 숙일 때마다 방귀 소리가 들린다. 그때 화
면에는 보이지 않는 음성이 말한다. "지금까지는 전부 거짓말이었습니
다. 하지만 리얼에 오시면 모든 게 진짜입니다." 그리고 광고는 성적으
로 모호한 캠페인 슬로건으로 끝난다. '리얼, 곧바로 당신의 욕구를 충
족시키세요.'

　광고 효과는 참혹했다. 이런 식의 커뮤니케이션 전략으로 리얼은 핵

심 목표그룹(30~60대 여성들)에게 공포감을 안겨줬다. 조화론자와 전통주의자, 개방주의자, 규율숭배자(전체 여성 시장의 거의 80퍼센트)로 구성된 여성 그룹은 이 광고에 혐오감을 표출했다. 여성들 중에서 오직 모험가 유형만이 이 광고를 근사하다고 평가했다. 그러나 모험가 유형은 가족용품을 판매하는 셀프 서비스 방식의 대형마트에서 물건을 구매하는 비율이 평균에도 미치지 못한다. 이보다 더 심각한 문제는 전체 여성 중에서 모험가 유형이 차지하는 비율이 고작 4퍼센트에 불과하다는 점이다!

여성의 마음을 사로잡는 방법

지금껏 제시한 사례들은 신경심리학적 성별 차이를 고려하는 것이 얼마나 중요한지 보여준다. 이는 패션이나 화장품처럼 전통적인 여성 제품뿐만 아니라 모든 상품과 서비스 영역에 적용되는 사실이다. 구매하려는 것이 우유, 금융상품, 자동차, 창호나 난방 장치여도 상관없다. 여성의 마음을 사로잡고 싶다면 여성들 입맛에 맞춘 서비스 품목과 제품 설명을 제공해야 한다.

미국의 호텔 체인 윈덤^{Wyndham}은 여성 친화적인 서비스를 도입하면서 여성 투숙객의 비율을 몇 배나 늘렸다. 그 호텔을 찾은 여성 고객은 호텔 바에서 유혹에 시달리는 대신 조용한 도서관에서 커피나 가벼운 칵테일을 즐길 수 있다. 물론 도서관에는 다양한 종류의 잡지와 여성들의 주요 관심 분야 서적도 구비되어 있다. 자동차 영업사원이라면 여성 고객이 찾아왔을 때 가장 먼저 보닛을 열고 엔진 성능에 대해 설명하는 대신 안전과 환경 친화적인 측면, 자재의 특징, 운전자를 위해 고민한 흔적이 보이는 간단한 조작 방법 등을 강조하는 것이 좋다.

도장업체를 운영하며 큰 성공을 거둔 어느 기업가의 사례를 살펴보자. 신축 건물의 수가 줄어들자 이 기업가는 기존의 개인 주택에 집중하기 시작했다. 그는 사업의 성공이 각 가정의 안주인(여성)에게 달려 있음을 감지했다. 그래서 직원들에게 전문적인 교육을 시키는 것에 더해 특별한 행동방침을 지시했다.

계약이 성사되고 작업을 시작하면 벌써 다른 점들이 눈에 보인다. 이 업체의 직원들은 다른 업체 직원들처럼 입에 담배를 물고 일하지 않았다. 그 대신 가장 먼저 그 집의 여성에게 자신을 소개하고, 작업 과정에서 사용하는 자재의 환경 친화적 특성과 자제 폐기 방법을 설명한다. 직원이 그 집의 화장실을 사용해야 하는 상황이 생기면, 무조건 '앉아서' 소변을 보는 것이 규정이었다. 저녁이 되면 깨끗하게 주변 정리를 하고 인사를 한 뒤 집을 나선다. 이때 다음 날 진행할 작업 과정과 작업이 끝나는 일정도 명확히 설명한다. 위탁받은 일을 모두 끝낸 후 사장이 직접 여성 고객(안주인)에게 전화를 걸어 만족도를 묻는다. 이때 불만이 접수되면 사장이 직접 나서서 관리한다.

이런 일련의 과정은 특히 균형 시스템을 자극하는데, 동시에 결합 모듈과 돌봄 모듈도 충족시킨다. 그 결과 이 업체를 선택한 여성은 신뢰감을 느끼고, 주변에 이 업체를 추천한다. 여성들은 집을 보호받는 공간이자 아늑함을 느끼는 공간이라 생각한다. 그런 곳에 들어선 낯선 남성(업체 직원)을 무의식적으로는 침입자이자 강력한 위험으로 인식한다. 그러니 이 부분을 상쇄해주는 전략이야말로 탁월한 것이다. 이 도장업체는 성공을 거뒀다. 이런 기업에는 시공 결함이나 덤핑 가격이란 존재하지 않는다.

Chapter 07

뇌도 나이 들면서
달라지는가

소비 스타일과 소비습관은 나이에 따라 상당히 달라진다. 젊은층은 노년층과 구매하는 방식이 완전히 다르다. 대표적인 원인은 뇌와 신경전달물질 그리고 호르몬의 변화 때문이다. 성욕은 구매를 촉진시키는 가장 중요한 동인 중 하나다. 기대수명이 높아짐에 따라 소비 기간도 연장되고, 소비자의 절약/저축 기간도 늘어난다.

고객은 각자의 고유한 감정구조와 동기구조를 갖고 있기에, 결정태도나 소비태도 역시 각기 다르다. 앞서 우리는 성별 차이가 감정과 사고 그리고 구매에 미치는 영향력을 살펴보았다. 그러나 그것만으로는 여전히 고객을 제대로 이해하는 데 부족하다. 또 다른 중요한 요인을 아직 다루지 않았기 때문이다. 그건 바로 나이다!

우리 사회는 젊음의 광기 속에 빠져 있으며, 영원한 생명에 대한 갈망 역시 크다. 이런 동경은 의학의 발전을 촉진시켰다. 사람들은 초파리 혹은 '예쁜꼬마선충'Caenorhabditis Elegans(선형동물의 일종으로 길이 1밀리미터 정도이며 흙속의 박테리아를 먹고 산다)이라는 이름이 붙은 선형동물의 수명을 2배로 연장했다는 학자들의 논문을 읽으며 열광한다. 세간에는 막강한 항노화 유전자가 동물뿐만 아니라 인간의 생명도 길게 늘려줄 것이며, 그것이 실현되기까지 얼마 남지 않았다는 기대감이 팽배했다. 불멸에 대한 염원과 어떻게든 노화를 늦춰보려는 강박관념이 우리 사회를 지배하고 있다. 나아가 이런 갈망은 마케팅 신화의 온상이 되기도 한다.

근래 들어 '새로운 노인'이라는 신화도 등장했다. 이 신화의 밑바탕에는 자루 한가득 돈을 가지고 다니며 쇼핑하는 노인들이 상점 주인들을 행복하게 만들어줄 것이라는 생각이 깔려 있다. '50세 이상 최고의 연령대'라는 말은 돈과 소비욕구가 넘쳐흐르고, 라이프 스타일에 있어 나이의 영향력이 거의 미치지 않는 노년층을 말한다.

마케팅과 관련해 언급하고 넘어가야 할 경향이 하나 더 있다. 나는 그들을 무차별주의자, 획일주의자라고 부른다. 그들은 확신에 찬 목소리로 성별의 차이는 물론 나이의 차이도 모두 무시할 수 있다고 주장한다. 청소년 마케팅, 노인 마케팅처럼 연령대를 고려한 마케팅이 아무런 의미가 없다는 것이다. 점점 더 영리해지는 소비자들이 '나이나 성별과 무관하게 소비하는 방향'으로 옮겨갈 것이라는 게 주장의 근거다.

지금까지 소개한 두 관찰방식에서는 소원과 현실이 서로 동떨어져 있다. 세대별 마케팅에서 성공을 거두고 싶다면 표면적인 현상 외에 보이지 않는 이면도 자세히 살펴봐야 한다. 나이가 들어감에 따라 인간의 뇌 속에서 벌어지는 일을 세심히 관찰해야 한다. 뇌, 감정 및 동기 시스템, 소비 스타일, 구매 선호도뿐만 아니라 사고 능력과 학습 능력까지도 연령에 따라 크게 변화한다. 어떤 독자들은 출생부터 고령의 나이가 되기까지의 발달과정을 이 자리에서 바로 설명해주기를 기대할 것이다. 그러나 지금 우리의 관심사는 고객과 소비자의 태도다. 이제 8~12세 아이들을 출발점으로 해서 여행을 시작해보자.

8~12세 어린이, 즉흥적인 구매자

경제계는 이미 오래전부터 이 목표그룹에 수조 원에 이르는 구매 잠재력이 있음을 발견했다. 이들이 받는 용돈과 친인척이 선물로 주는 용돈을 모두 합치면 상당한 금액이 된다. 이런 고객의 뇌 속에서는 무슨 일이 벌어지고 있을까? 이 연령대의 뇌에 부여된 최우선적인 과제는 학습이다. 그래서 자극 시스템과 놀이 모듈, 싸움 모듈이 특히 활성화되어 있다. 이에 상응하여 신경전달물질인 도파민이 호기심을 불러일으키고, 신피질에 새로운 경험 네트워크를 구축해 기존의 네트워크와 결합시킨다. 이런 이유로 8세 어린이의 뇌는 성인의 뇌에 비해 2배나 많은 에너지를 소모한다. 이 연령대의 뇌 속에 있는 신경세포 연결망 숫자는 어른보다 약 20배 정도 많다.[7.7] 게다가 뇌 연구를 통해 대뇌의 전전두피질이 이 연령대가 되면 몹시 느린 속도로 작업을 시작한다는 것이 밝혀졌다. 다시 말해 아직 이 부위가 성숙하지 않았다는 것이다.

〈도표 7-1〉은 어린이의 뇌 성숙도를 보여준다. 이 도표를 보면 전방 피질 부위가 아직 '녹색'(도표에서 보라색으로 색칠한 부분이 녹색으로 발광하는 부위이다)인 것을 확인할 수 있다. 신경연결망은 많지만 극도로 빠른 속도로 정보를 전송하는 일과 신경신호의 연결을 담당하고 있는 미엘린 절연막(미엘린 수초)이 없다.

그렇다면 전전두피질은 무슨 기능을 할까? 앞서 '고객의 머릿속에서

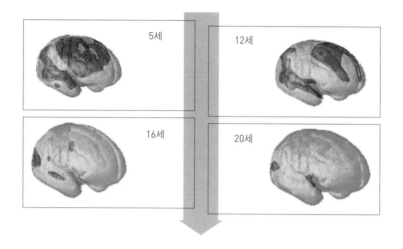

━━━━━━ 〈도표 7-1〉 서서히 성숙해지는 청소년의 뇌 ━━━━━━

보상을 유예하고 행동의 결과를 인식하는 기능을 하는 전전두피질은 약 20세 무렵이 돼서야 완전한 성숙 단계에 이른다.

구매결정이 이뤄지는 방법'에 대해 알아봤던 것을 떠올려보자. 전전두피질은 복합적인 감정과 가치, 미래 설계 등을 처리하며, 논리적인 사고도 담당한다. 동시에 전전두피질에는 행동의 긍정적인 결과와 부정적인 결과도 저장되는데, 이것은 즉흥적이고 충동적인 행동을 제어하는 기능을 맡는다. 그뿐 아니다. 미래 계획만 담당하는 것이 아니라 그와 연관된 보상을 연기하는 일도 함께 담당하고 있다. 따라서 전전두피질이 성숙되지 않은 어린이들은 아직 세분화된 가치관이 형성되어 있지 않다. 더불어 구매태도 역시 몹시 즉흥적이고 무비판적일 수밖에 없다. 모든 것이 그 자리에서 곧바로 해결돼야 하며, 심사숙고하거나 세심하게 고민하는 경우는 거의 없다.

이 연령대 아이들의 뇌는 새로운 정보를 스펀지처럼 흡수한다. 따라서 광고와 브랜드가 주는 메시지가 아이들에게 미치는 파급 효과는 놀라울 정도다. 아이들이라는 비옥한 토양에 제대로 뿌리를 내린다. 이 연령대는 학습 과정에서 특히 모방을 통한 학습이 매우 중요하다.

유년기의 아이들이 부모를 우상으로 삼아 모방의 대상으로 한다면, 약 6세 무렵부터는 친구들이나 조금 더 나이가 있는 청소년이 그 역할을 넘겨받는다. 플레이스테이션이 아이들 사이에서 들불처럼 퍼져나가는 것도 이런 이유 때문이다. 이때 어린 소년과 소녀들은 전혀 다른 방향으로 관심사가 발전한다. 남자아이가 기술과 지배 성향이 강한 장난감과 전자 게임을 선호하는 반면, 여자아이는 사회적 세계에 좀 더 강하게 빠져든다. 마론인형, 봉제동물, 소꿉놀이, 롤플레잉 게임, 상상의 이야기 등이 여자아이의 소비영역 상위권을 차지한다.[6.3, 6.7]

14~20세, 젊은 야만인

사춘기와 성인이 되어가는 시기는 많은 사람들에게 있어 가장 힘든 시기다. 뇌 연구 측면에서 보면 여기에는 두 가지 이유가 있다.

첫째 이유는 방금 살펴본 것처럼 전전두피질 때문이다. 전전두피질은 20~22세 무렵이 돼야 완전히 성숙해진다. 때문에 이 연령대에서도 충동, 미래 계획, 리스크 관리나 자기관리를 제대로 하지 못하는 현상이 자주 나타난다.

둘째 이유는 뇌 속 호르몬의 혼합 양상 때문이다. 사춘기에는 성호르몬, 특히 테스토스테론과 에스트로겐 생산이 극적으로 상승한다. 유년 시절부터 높은 수치를 보였던 자극 시스템이 폭발하는 동시에, 뚫고 앞으로 돌진하려는 성향을 보이는 지배 시스템을 파트너로 만나게 된다. 특히 남자 청소년은 극도로 위험한 행동을 한다거나 알코올 남용 등 여러 사회적인 문제를 일으키기도 한다. 동시에 이 시기에 접어든 청소년은 극심한 감정의 변화를 겪는다.

이런 현상이 생기는 데는 균형 시스템의 책임도 있다. 어린아이는 생물학적 이유에서 균형 시스템, 그중에서도 특히 결합 모듈이 강하게 형성된다. 아이는 무엇보다 안정감과 친밀감을 필요로 한다. 그러나 균형 시스템이 아주 서서히 퇴화하기 때문에 14~15세 청소년들에게도 여전히 강력한 영향력을 행사한다. 그 결과 불안감이 샘솟고 자신에 대한 의심이 피어오른다. 테스토스테론과 에스트로겐과 같은 성호르몬은 청소년에게 경쟁자보다 더 근사하고 매력적으로 보이고 싶게 하는 동기를 부여한다. 하지만 이것이 청소년에게 내적 긴장감을 일으키며, 균형 시스템과 자극 시스템 그리고 지배 시스템 사이에서 계속 방황하게 만든다. 이 시기 청소년들이 극도로 예민하고 변덕스러운 것은 이런 이유 때문이다. 동시에 "내가 정말 충분히 매력적인 사람인가?"라는 질문에 몹시 불안해하며 확신하지 못한다.

거울만 봐도 괴로운 시기

사춘기에 겪는 신체 변화는 특히 여자아이에게 엄청난 문제가 된다. 예컨대 에스트로겐과 프로락틴은 태어날 때부터 예정되어 있는 어머니의 역할에 대비하기 위해 신체에 피하지방을 형성한다. 거울에 비치는 자신의 통통한 몸매는 잡지에 나오는 패션모델의 늘씬한 몸과는 분명 차이가 난다. 그 결과 날씬해지고 싶은 병적인 욕망에 사로잡혀 식욕부진증 및 거식증을 앓기도 한다(음식물을 섭취하면 스스로 구토를 유발하기도 한다). 여성의 체내에 평균 수치 이상으로 테스토스테론이 과잉 분비될 때 이런 증상이 자주 나타난다. 과잉 분비된 뇌 속의 테스토스테론은 추측컨대 소녀의 뇌 속에서 여성적인 역할을 거부하고 남성적인 신체를 원하도록 만든다.

소년, 또래집단의 안락함과 권력에 취하다

테스토스테론은 특히 남자아이의 독립 욕구를 강화한다. 이런 이유로 남자 청소년은 우선 부모의 집에서 벗어나는 것부터 시작한다. 하지만 동시에 결합 모듈이 강하게 활성화되어, 제 나이 또래인 친구들과 집단을 결성한다(또래집단). 이 그룹은 권력과 독립성, 확신을 동시에 충족시킨다.[2.1] 그들만의 고유한 의식과 상징 그리고 소비패턴을 형성하는 이 또래집단은 청소년 문화와 유행의 핵심이 된다. 남자 청소년들은 담배, 술, 자동차, 컴퓨터, 전자오락 게임기 등 특히 남성적인 역할을 강조하는 상품에 큰 관심을 보인다. 테스토스테론과 도파민 농도가 짙어지면서 자극 시스템과 지배 시스템이 고도로 활성화되어 무엇보다 위험하고 전투적인 태도(모험/싸움 모듈)를 보인다. 따라서 특히 남성적인 우월함, 모험, 쿨한 느낌을 제공하는 브랜드가 이들에게 몹시 중요한 의미를 지닌다.

소녀, 아름다움의 경쟁에 현혹되다

이제 소녀들에게로 시선을 돌려보자. 에스트로겐뿐 아니라 테스토스테론이 강하게 영향을 미쳐 소녀들을 무자비하게 미의 경쟁으로 내몬다. 이때 소녀들에게 주어진 임무는 이렇다. '많은 남성들을 유혹할 수 있을 정도로 네 자신을 매력적으로 가꿔라.' 소년들 사이에서 강인함과 또래집단 내의 서열이 중요한 반면, 소녀들 사이에서는 외모가 중심이 된다. 패션, 화장품 외에 자신의 외모를 더욱 매력적이고 탐나게 가꾸어주는 모든 것이 의미를 갖는다. 그래서 소녀들은 특히 고급 패션 및 화장품 브랜드에 빠져든다. 그러나 용돈이 부족해 소유하고 싶은 욕구를 전부 충족시키지 못한다.

소녀들의 사회적인 태도 역시 소년과는 차이가 있다. 소년들이 좀 더 안정적이고 폐쇄적인 집단을 결성한다면, 소녀들은 한 번에 여러 개개인과의 관계를 동시에 구축한다. 그들 사이에서는 여성적인 형태의 공격성, 즉 관계적 공격성이 능동적으로 활성화된다. 등 뒤에서 또 다른 동성을 험담하기도 하는데, 그런 행동의 생물학적 이유는 은연중에 성적 경쟁에 놓인 다른 경쟁자를 경시하려는 성향에 있다. 싸움을 벌이고도 뒤돌아서면 다시 친한 친구로 돌아가는 소년들과 달리 소녀들의 관계에 갈등이 생기면 몇 주 동안 지속되기도 한다.

소년과 소녀 모두에게 이렇듯 자극적이고 변화무쌍한 세계는 똑같이 큰 의미를 지닌다. 청소년은 그들이 추구하는 아름다움과 우월함에 대한 욕구를, 그것을 이미 갖추고 있는 스타에게 전이시킨다. 동시에 종종 이상적인 섹스 파트너로 스타를 떠올리기도 한다.

트렌드 연구자들의 사냥터

요약하자면 이 연령대는 동기 및 감정 시스템과 고도의 내적 긴장 상태가 팽배해 있는 시기라고 설명할 수 있다. 청소년은 독립적이고 개인적으로 행동하고 싶어하면서도, 다른 한편으로는 내면에 내제된 불확실성 때문에 강한 동조화 압력을 느끼기도 한다. 부모와 성인 세대와 대조되는 그들만의 소비 스타일과 패션 스타일을 추구하는 경향도 몹시 강하다. 반면 또래집단 내에서는 어떤 브랜드를 입고, 어떻게 생각해야 하며, 지금 '유행'하는 것이 무엇인지를 규정하는 나름의 완고한 규칙이 존재한다. 청소년들 사이에서 브랜드는 이중적인 기능을 한다. 이는 또래집단 내에서는 소속감을 상징하며 외부적으로는 다른 또래집단에 대한 경계를 의미한다. 트렌드 연구자들은 또래집단이 발전시킨 이런 규칙에 대해 매우 큰 관심을 갖고 있다.

20~30세, 소비가 즐거운 시기

욕구는 거대하고, 신체는 최고 상태이며, 비록 소득은 많지 않은 편이지만 해마다 늘어나고 있다. 소비를 위한 최고의 전제조건이 충족됐다. 이제 이 연령대의 뇌 속에서 무슨 일이 벌어지고 있는지 좀 더 자세히 살펴보자. 나이를 먹으면서 전전두피질이 완전히 성숙된 이 시기에는 미래와 미래 계획이 중요해진다. 즉흥적인 충동구매가 점차 줄어들지만 그렇다고 해서 그런 욕구가 전부 사라졌다는 의미는 아니다. 오히려 그 반대다. 생물학적 관점에서 보면, 이 연령대는 파트너를 탐색하고, 성적인 경쟁을 벌이며, 번식을 하고, 서열과 영역을 확정하는 시기다. 그렇게 본다면 사실 인간에게 있어 가장 중요한 시기라고 할 수 있다.

이 시기에는 최대한 많은 유전자를 후세에게 물려주는 데 성공할지 여부가 결정된다. 비록 현대인들이 피임도구로 진화의 법칙을 교란시키고 있지만, 그럼에도 유전자는 이런 방해공작에 거의 영향을 받지 않았다. 유전자는 수백만 년 전부터 통용된 기본적인 틀에 따라 이 시기에 최적화된 정신과 신체를 준비시킨다. 이 시기에 남성과 여성 모두 최고의 파트너를 얻고, 경쟁자를 물리치며, 자신과 후세를 위해 최대한 많은 재원을 마련하는 일에 몰두한다.

그렇게 하려면 어떤 능력이 필요할까? 경쟁자보다 더 강하고, 똑똑하고, 아름다워져야 한다. 동시에 어느 정도의 모험을 감수할 마음의 준비도 되어 있어야 한다. 과감하게 시도하지 않는다면 승리도 없기 때문이다. 이제 이런 모든 것들을 감정 및 동기 시스템의 관점으로 살펴보자. 전투와 경쟁이라는 지배 시스템을 담당하는 것은 테스토스테론이며, 여성적인 매력을 담당하는 것은 에스트로겐이다. 테스토스테론은 근육을 형성하고, 동시에 싸움에 나설 태세를 고조시킨다. 그리고 자극 시스템과 도파민이 지적 능력과 지혜 그리고 새로운 길에 대한 욕구를 담당한다. 이 연령대에 이르면 지적 능력도 최고조에 이른다. 약 20~25세에 대뇌는 적어도 신속하고 논리적인 사고 부문에 있어 최고의 기량을 자랑한다.[7.4] 이런 이유로 학문적, 문화적 혁명의 90퍼센트가 감정 시스템과 지적 능력이 합을 이루는 약 20~30세 남성들에 의해 유발된다.[B4]

다시 감정과 동기 시스템으로 되돌아가 보자. 용기와 위험을 감수하는 자세는 특히 자극 시스템과 지배 시스템에 달려 있다(동기 및 감정 시스템의 확장 에너지). 그러나 동시에 균형 시스템도 여기에 관여한다. 우리가 알고 있듯이 균형 시스템은 위험을 제한하는 기능이 있다. 그러므로 이 연령대에서는 지배 시스템과 자극 시스템이 강한 반면 균형 시스템은 평균보다 약할 것으로 추정된다. 그리고 실제로 그렇다. 〈도표 7-2〉에 제시된 Limbic® 유형을 살펴보면 더욱 자세히 알 수 있다.

우선 수천 명의 소비자를 연령별로 분류한 뒤, 좀 더 명확한 대비를 위해 20~30세 연령층에 나타난 수치를 인구 평균과 비교했다. 새로운

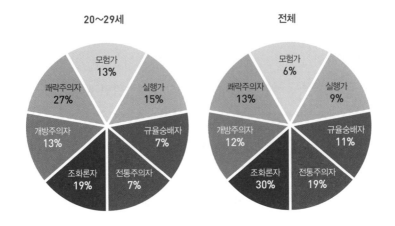

20~29세

전체

※ 출처 : Limbic® in TdWl

것을 추구하는 쾌락주의자와 위험을 감수하는 모험가, 자신의 주장을 관철시키는 실행가 유형의 비율이 전체 인구 평균보다 높게 나타났다. 반면 조화론자와 전통주의자의 수치는 현저히 낮았다. 그러나 젊다고 해서 모두 '거친' 것은 아니라는 사실도 명확하게 드러났다. 청소년과 젊은이들 중에서도 조화론자, 전통주의자, 규율숭배자 그룹이 무시할 수 없을 정도로 꽤 존재한다!

신경전달물질과 소비의 관계

〈도표 7-3〉에 제시된 빅 3에 지대한 영향력을 미치는 핵심 신경전달 물질과 호르몬의 연령별 추이를 살펴보자. 도파민은 자극 시스템을, 테스토스테론은 지배 시스템을 책임진다. 그리고 균형 시스템과 관련하

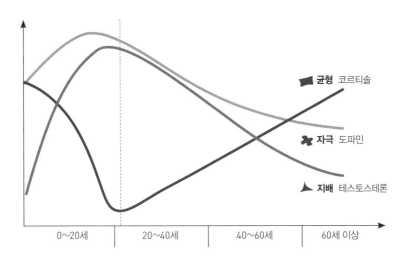

큰 폭으로 확장된 지배 시스템과 자극 시스템의 에너지는 약 20세 무렵 최고점에 이르렀다가 점차 감소한다. 스트레스 호르몬인 코르티솔은 정확히 상반된 양상을 보인다.

여 스트레스와 불안을 자극하는 호르몬인 코르티솔을 관찰해보자.

- 도파민(자극) : 유년기와 청소년기에는 많은 것을 학습해야 하기에 도파민의 상승폭은 미미하다. 도파민 수치는 18~25세 사이에 정점에 도달한다.[7.6]
- 테스토스테론(지배) : 사춘기의 시작과 함께 테스토스테론 분비가 늘어 농도가 훨씬 짙어지며 20~30세 무렵 정점에 도달한다.[7.6, 7.9] 또한 에스트로겐도 이와 동일한 과정을 거친다.
- 코르티솔(균형) : 코르티솔의 흐름은 두 호르몬과 완전히 상반

된다. 코르티솔은 20~30대에 최저점에 도달한다. 이 시기에는 최소 몇 년 동안 조심성이 휴가를 떠나버린다(적어도 상당수 남성의 경우에는 그렇다).[7.6, 7.13]

그렇다면 이런 설명이 대체 소비와 무슨 관련이 있다는 걸까? 아주 많은 관련이 있다. 고객과 소비자들이 무엇을 위해 돈을 지출하는지부터 다시 점검하자. 그들은 감정적인 의미가 깃들어 있는 상품을 구입한다.

20~30세 소비자그룹을 예로 들어보자. 유독 자극 시스템과 지배 시스템이 강하게 발달해 있고 동시에 직업적인 발전을 통해서 경제적인 여유까지 갖춰졌다면, 이 연령대 소비자는 어떤 상품을 위해 흔쾌히 지갑을 열까? 당연히 패션 분야와 화장품(지배, 자극), 체험이 포함된 휴가(자극), 자동차 등일 것이다. 특히 이 연령대의 소비자들은 호기심과 혁신적인 가치를 충족시켜주고, 높은 지위를 약속하는 상품에 강한 매력을 느낀다. 그러나 갑자기 그런 상품을 사고 싶은 욕구를 느끼는 이유를 아는 소비자는 거의 없다. 물론 뇌 속에서 무슨 일이 벌어지는지도 잘 알지 못한다.

연령대별 소비 스타일

라이프 스타일, 인테리어 성향, 옷 입는 취향 등은 동기 및 감정 시스템에 의해 좌우된다. 이때 우리가 잘 알고 있는 신경전달물질과 호르몬이 대대적으로 관여한다. 만약 이것이 정말이라면 전통적인 시장조사에서도 이런 관련성이 명확하게 드러날 것이다. 패션을 예로 들어보자.

평소에 어떤 패션을 추구하는가?	14~29세	30~44세	45~59세	60세 이상
유행과 무관한 스타일	24%	41%	50%	60%
활동하기에 편한 스타일	57%	54%	45%	25%
패셔너블한 옷 / 유행하는 스타일	53%	41%	33%	16%
눈에 띄지 않는 스타일	13%	24%	30%	45%
색상이 화려한 스타일	25%	19%	17%	12%

패션은 주로 지배 시스템과 자극 시스템에 의해 좌우된다. 여기에 관여된 지배 및 자극 신경전달물질도 이 도표와 거의 동일한 전개 양상을 보인다.

※ 출처 : IFD 알렌스바흐, 2002

우리가 알다시피 패션은 주로 지배 시스템과 자극 시스템에 의해 좌우된다. 알렌스바흐Allensbach 시장조사 연구소에서 실시한 패션 및 의복 스타일에 대한 연구로 시선을 옮겨보자.

〈도표 7-4〉에 제시된 연령그룹이 우리가 설정한 것과는 조금 다른 방식으로 분류되어 있으나 결과는 동일하다. 젊을수록 패션을 중시하며, 특히 패션을 통한 지위와 자극에 민감하다. 이런 소비 유형은 모든 상품과 서비스, 구매 장소 및 체험 장소를 일관되게 관통한다.

젊은 사람들은 큰돈을 지출할 때 꼼꼼하게 계산하거나, 만약에 대비해 저축하는 경우가 상대적으로 드물다. 젊은 사람들이 유일하게 계산하는 방식은 '어떻게 하면 최소의 비용으로 많은 자극 및 지배 시스템을 만족시킬 수 있을까?'이다. 균형 측면이 강한 상품은 이 그룹에 큰 의미를 부여하지 못한다. 이 연령대는 예상했던 것처럼 재정적인 위험도를 감수하려는 성향도 매우 강하다. 25~35세의 사람들에게 물어보니 무려 41퍼센트가 주식을 보유하겠다는 의사를 밝혔다. 반면 55~65세의 경우 주식을 사겠다는 사람은 고작 23퍼센트에 불과했다.

30~40세, 가정을 꾸리는 시기

그러나 열정적인 소비충동이 생물학에 의해 단절되기도 한다. 30~40세 사이의 연령층은 많은 이들이 가족을 꾸리는 시기다.

임신과 출산은 여성의 소비태도를 변화시킨다

임신과 출산은 에스트로겐, 옥시토신, 프로락틴, 바소프레신의 변화와 밀접한 관계가 있다. 임신기간 동안 자녀라는 주제에 관심을 갖기 시작한 여성들은 이미 출산 경험이 있는 어머니들에게 이것저것 묻는가 하면, 아이의 방을 꾸미기 시작한다. 이 주제와 관련해 증가한 여성의 관심은 호르몬에 의해 매우 강도 높게 조절된다.[2.7]

아이의 출산 후 여성의 뇌 속에서는 돌봄 모듈이 전력을 다해 실행된다. '행복 호르몬'으로 잘 알려진 엔도르핀 덕분에 여성은 아이와의 관계에서 보상받는 행복감을 느낄 수 있다. 또한 이때 도파민 시스템도 활성화된다. 이 호르몬은 이런 행복감을 계속 느끼려는 어머니를 늘 아기 곁으로 이끄는 역할을 한다. 이런 신경전달물질과 호르몬 혼합에서 나타나는 변화는 심지어 마트에서 장을 보는 순서마저 바꾸어놓는다. 근본적인 과정은 예전과 비슷하지만, 남편을 위한 배려가 뒤로 밀려나고 아기가 가장 우선시된다.

훗날 성장한 자녀가 집을 떠난 후에도 임신을 통해서 활성화된 여성의 돌봄 모듈은 한동안 예전의 상태를 그대로 유지한다. 직접 자녀를 키운 경험이 있는 여성은 아이와 관련된 문제에 더 큰 관심을 보인다. 그밖에도 이 그룹에 속하는 여성은 나이가 든 후에도 아이가 없는 동성에 비해 반려동물을 키우는 경우가 더 많다.

임신과 함께 남성의 호르몬도 달라진다

이제 정말 흥미진진한 이야기가 등장한다. 임신 전후로 어머니의 호르몬 상태만 변하는 것이 아니다. 아버지도 아이의 출생과 함께 신경전달물질과 호르몬 상태가 달라진다. 테스토스테론 수치가 다소 감소하고, 돌봄을 담당하는 호르몬인 프로락틴 수치가 아이와의 신체 접촉과 함께 증가한다.[1.5, 2.7] 다른 포유동물을 대상으로 한 비교실험의 결과, 일부일처제를 따르는 종일수록 후세가 태어났을 때 프로락틴반응이 더욱 강해지는 것이 입증됐다.

Chapter 6의 내용을 떠올려보자. 프로락틴은 사람들을 온화하고 '다정다감'하게 해주는 역할을 한다. 좀 더 자세히 설명하자면, 후세의 출생과 함께 곧장 또 다른 모험을 찾아 길을 떠나는 동물들의 경우 프로락틴의 농도에 거의 변화가 없었다. 그러나 다른 포유동물과 비교했을 때 짝짓기와 정조관념에 있어 거의 최고라 할 수 있는 '인간 수컷'은 태어난 아기와 접촉하는 빈도가 높아질수록 프로락틴의 농도가 함께 상승했다. 덧붙여 말하자면 혈족이기에 '피가 당기는' 그런 현상은 존재하지 않는다. 설령 아기의 아버지가 다른 사람이라 해도 아기와 접촉하는 것만으로도 프로락틴을 통한 애착 관계가 형성된다.

다시 소비태도 및 구매태도로 되돌아가자. 이 시기의 여성과 남성에게는 가족용품을 사고자 하는 바람이 강해진다. 스포츠카를 가족용

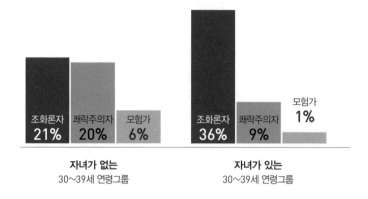

〈도표 7-5〉 자녀 유무와 성격의 상관관계

| 조화론자 21% | 쾌락주의자 20% | 모험가 6% | 조화론자 36% | 쾌락주의자 9% | 모험가 1% |

자녀가 없는
30~39세 연령그룹

자녀가 있는
30~39세 연령그룹

자녀는 사람의 성격마저도 변화시킨다. 위험을 추구하고, 힘을 확장하려는 성향
이 감소하고 균형 시스템 중 특히 결속과 돌봄 모듈이 뇌 속에서 강력한 영향력
을 행사한다.

밴으로 교체하고, 교육보험과 생명보험에 가입한다. 또한 내 집을 마련
해야겠다는 꿈이, 성능 좋은 자동차나 몰디브로 여행을 떠나는 것보다
훨씬 더 커진다. 이들의 관심과 소비행동을 변화시킨 핵심은 무엇일까?
문화적, 사회적 요인일까? 아니면 생물학적인 영향에서 비롯된 변화일
까? 아무튼 앞서 언급한 것처럼 젊은 부부의 뇌 속에 둥지를 틀고 영향
력을 행사하는 돌봄 호르몬 및 신경전달물질의 역할이 우리가 예상했
던 것보다 훨씬 중요하다는 것은 의심의 여지가 없다.

이런 호르몬 변화는 Limbic® 유형의 변화를 통해서도 엿볼 수 있다.
우리가 세운 명제가 사실이라면, 가정을 형성하는 시점과 함께 조화론
자의 비율이 대폭 증가해야 한다. 그리고 실제로도 그렇다. 앞서 우리
는 아이가 없는 30~39세 그룹에서 '조화론자 비율'을 측정한 바 있다.

〈도표 7-5〉에 제시된 것처럼 그 차이는 상당했다. 조화론자의 비율이 약 70퍼센트나 상승했다. 자녀가 없는 30~39세 그룹 중 조화론자의 비율이 21퍼센트인 반면, 자녀가 있는 사람들 중 조화론자의 비율은 무려 36퍼센트에 달했다. 조화론자의 이런 성장세는 쾌락주의자와 모험가의 희생을 바탕으로 이뤄진 것이다.

60세 이상, 안전과 건강에 대한 욕구

이제 세대를 훌쩍 건너뛰어보자. 연대순으로 본다면 40세에서 50세를 살펴본 후 노년층이라 불리는 그 유명한 50세 이상을 짚어보아야 할 것이다. 그러나 우리는 먼저 60세 이상의 세대를 살펴보려 한다. 이렇게 연령대를 뛰어넘는 것은 매우 큰 의미가 있다. 20~30세 그룹과 노년층을 직접 비교함으로써 그 사이 세대를 이해하는 데 본질적으로 의미가 있는 중요한 정보들을 얻을 수 있기 때문이다.

인구통계학자들의 말에 따르면 60세 이상 세대는 사상 유례없는 메가 붐Mega Boom 세대다. 전체 인구 중에서 현재 이 세대가 차지하는 비율은 13퍼센트지만, 2040년 무렵에는 20퍼센트로 증가할 것이 예상된다. 우선 좋은 소식부터 전하자면 60~75세 세대는 전체 수입에서 자유롭게 지출할 수 있는 여력이 가장 많은 연령층이다. 그러나 나쁜 소식은 그들이 돈 쓰는 것을 그리 좋아하지 않는다는 점이다. 쇼핑 거리와 고가의 상품을 판매하는 고급상점에서 아낌없이 지갑을 열어 텅 빌 때까지 소비하는 '새로운 노년층'에 거는 산업계와 상업계의 기대는 그저 픽션에 불과하다.

이 세대를 제대로 이해하려면 우선 그들의 뇌를 면밀히 살펴볼 필요가 있다. 〈도표 7-3〉을 다시 한번 자세히 살펴보자. 자극 시스템과 지배 시스템의 연료인 테스토스테론과 도파민이 크게 감소하는 반면, 스트레스 호르몬이자 불안 호르몬인 코르티솔 수치는 크게 증가한다. 노년층 소비자의 뇌에서 일어나는 변화는 비단 이것뿐만이 아니다. 내적 여유를 담당하는 세로토닌이 빠른 속도로 감소한다. 다시 말해, 나이가 들수록 세로토닌의 영향력도 점점 줄어든다. 그 결과 나이 든 사람들은 일상에서 마주치는 작은 불편함에도 과민반응을 보인다.

학습 경험을 뇌에 고정하는 역할을 하는 아세틸콜린도 감소한다. 아세틸콜린 결핍은 고령화로 인해 점점 증가하는 추세를 보이는 알츠하이머의 가장 중요한 원인이기도 하다.[7.6, 7.10]

정보처리 능력의 저하

도파민과 아세틸콜린이 동시에 감소하면서 정보처리 능력과 처리 속도도 함께 저하된다.[7.3, 7.8, 7.10, 7.15] 25세가 초당 약 40비트의 정보를 처리한다면, 65세의 경우 이 수치가 절반으로 줄어든다.[4.1] 뇌 단층촬영 사진에서도 이와 유사한 현상이 포착된다. 젊은 세대에게 생각이 필요한 과제를 제시하면 해결책을 찾을 때까지 대뇌 부위 중 아주 작은 일부분이 잠시 밝게 빛난다. 반면 나이 든 사람들의 경우 더 많은 뇌 부위가 오랫동안 활성화된다.[7.11]

뇌과학자들은 이런 현상을 '상쇄작용'이라고 부른다. 여러 뇌 영역을 동시에 동원해 해당 뇌 영역의 결점을 보완하고 상쇄하는 것이다. 대체로 나이가 들수록 뇌의 총량이 줄어든다. 〈도표 7-6〉은 25세의 뇌와 75세의 뇌를 촬영한 영상이다. 이 뇌 스캐너에서 흰색으로 표시된 부분은 수분이다. 수분은 뇌 속의 신경세포가 사멸하면서 생성되는데,

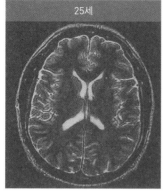
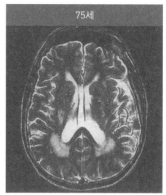

나이가 들수록 뇌 속의 신경세포가 사라지기 때문에 뇌의 크기가 줄어든다. 이에 따라 '사고의 속도' 역시 현저하게 느려진다.

도표를 보면 두 연령대의 차이가 극명히 드러난다. 젊은 사람에 비해 75세의 뇌 속은 흰색 부분이 훨씬 많다. 젊은층에 비해 뇌 속의 많은 신경세포가 이미 사멸했기 때문이다.

이런 퇴화 현상은 여성에 비해 남성이 훨씬 크게 나타난다.[7.13] 뇌의 노화 단계를 활동적인 생활방식(스포츠) 및 뇌 훈련(독서, 사회적 활동 유지)으로 늦추거나 막을 수는 있지만, 안타깝게도 그렇게 할 수 있는 사람은 그리 많지 않다. 이런 활동의 동기는 근본적으로 자극 시스템(호기심)과 지배 시스템(더 나은 사람이 되고자 하는 의지)의 영향을 받는다. 그러나 이런 시스템의 핵심 연료인 도파민과 테스토스테론은 나이가 들어감에 따라 점점 감소하기 때문에, 이런 훈련을 하려는 내적 동기 역시 부족해진다.

차이를 극명하게 만드는 연령별 Limbic® 유형

지금까지 신경생물학적 인식에 근거해 설명한 내용은 경험적인 연구를 통해 전부 직접적으로 입증됐다. 그 차이점을 명확히 강조하기 위해 〈도표 7-7〉에서 60세 이상 세대와 14~19세 어린 야만인 그룹의 Limbic® 유형을 비교해보았다. 그 차이는 실로 어마어마하다. 쾌락주의자, 모험가, 실행가 유형은 극적으로 감소하는 반면 조화론자와 전통주의자, 규율숭배자는 큰 폭으로 증가한다. 그럼에도 불구하고 60세이상 세대에 여전히 위험을 감수하는 모험가와 호기심이 왕성한 쾌락주의자가 있다는 사실을 확인할 수 있다. 다만 그 비율은 큰 폭으로 감소되어 있다.

──────── 〈도표 7-7〉 14~19세 vs. 60세 이상 그룹의 Limbic® 유형 ────────

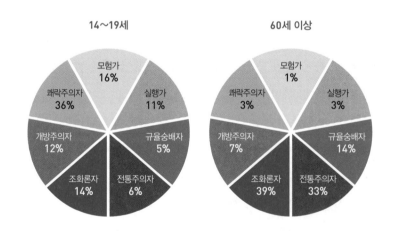

14~19세

60세 이상

※ 출처 : Limbic® in TdWI

고령화 사회가 변화를 거부하는 이유

이런 분포도를 살펴보면 고령화 사회의 실질적인 문제점이 어디에 있는지 명확히 알 수 있다. 고령화 사회에는 경험의 틀을 벗어나고, 규칙을 부수며 앞으로 나아가려는 기업가와 탐험가가 몹시 부족하다. 게다가 인구의 다수가 노년층이기 때문에 안전성과 보존을 추구하는 정치적 견해와 입법행위가 지배적이다. 그렇다 보니 사회에 꼭 필요한 변화가 보수적인 사회의 저항에 부딪혀 좌절되고 있다!

검소한 노인들의 진짜 관심사

다시 노년층의 소비태도로 돌아가 보자. 그들이 돈을 잘 쓰지 않는 이유는 무엇일까? 가장 큰 이유는 절약의 어머니인 균형 시스템 때문이다. 노년층은 높은 저축률을 자랑한다. 그렇게 많은 돈을 저축했음에도 그들은 여전히 근검절약한다. 너무 많은 지출은 위험으로 인지하기 때문에 그들에게 불안감과 불확실성을 퍼뜨리며, 균형 시스템에 비상경보를 울린다. 따라서 자극 시스템과 지배 시스템을 자극하는 상품은 이들에게 아무런 의미가 없다.

노년층의 뇌 속에서 지배 시스템과 자극 시스템의 영향력이 감소하면, 이런 상품들 역시 노년 고객층에게 매력과 가치를 상실한다. 또 다른 관점에서 보면 지배 시스템과 자극 시스템은 우리의 성적 경쟁(지위)과 재산에 대한 시기심을 야기하는 원동력이기도 하다. 이웃이 근사한 새 차를 장만하면 나도 갖고 싶은 마음이 드는 게 인지상정이다.[7.2] 하지만 이 두 가지 힘이 약화되면 시기심이나 그와 관련된 소비경쟁도 함께 감소한다.

이런 관점에서 〈도표 7-4〉를 다시 살펴보자. 나이 들수록 패션에 대한 관심은 크게 감소한다. 수수함, 목적성, 기능성이 구매태도를 결정한다. 절약과 안전성이 붉은 실처럼 얽힌 이런 소비모형은 나이 든 사람들의 소비 영역 전체를 관통한다. 예컨대 여행에 대한 관심(자극에 가까움)의 경우, 20~40세에는 40퍼센트에 이르다가 60~75세가 되면 20퍼센트로 감소한다. 여행을 떠난다 해도 너무 멀거나, 심리적으로 확신이 가지 않는 여행지는 피한다. 독일이나 오스트리아처럼 친숙한 나라를 선호한다. 그럼에도 불구하고 장거리 여행을 선택할 때에는 이런 요소들이 전부 확실해야 한다. 노년층 소비자들에게 크루즈 여행이 성행하는 것도 이런 이유 때문이다.

또 다른 사례로는 자동차가 있다. 20~40세 그룹의 30퍼센트가 자동차에 커다란 관심을 보이는 반면, 65세 이상 그룹은 관심도가 12퍼센트로 하락한다. 투자자금은 금융채권이나 확정금리 유가증권으로 교체된다.[7.5] 스포츠 활동은 하이킹이나 산책으로 점차 제한된다. 또한 관심의 영역도 점점 줄어든다. 40세까지는 약 40퍼센트의 사람들이 다양한 분야에 폭넓은 관심을(자극에 가까움) 갖고 있지만, 60~75세에는 그 비율이 가까스로 20퍼센트를 넘어선다.

그렇지만 고령의 소비자들을 대상으로 이윤을 얻을 수 있는 상품영역도 존재한다. 노년층은 상대적으로 불안감이 많은 편이다. 그리고 고령의 나이에는 건강이 균형 시스템의 절대적인 주제라는 것도 확실하다. 이런 이유로 40세까지는 24퍼센트의 사람들만이 건강문제에 관심을 보이는 반면, 60세 이상의 세대에서는 그 비율이 50퍼센트 이상으로 급증한다. 건강과 안전문제는 60세 이상의 세대에게 가장 중요한 주제다.

장년 세대라고 금욕과 절약에만 몰두하지는 않는다

그렇다면 장년 세대는 오직 금욕주의자와 절약에 몰두하는 사람들만 있는 걸까? 절대 그렇지 않다. 이 연령층의 사람들 중에도 모험가와 쾌락주의자들이 존재한다. 그들은 돈을 자식에게 유산으로 남겨주기보다 자신의 인생을 즐기는 데 쓴다. 개방주의자 비율 역시 상당한 편이다. 그러나 개방주의자들은 향유와 관련하여 다소 다른 성향을 보인다. 그들은 자신을 위해 무언가를 즐기는 편이지만 도를 넘는 법이 없다. 안락함과 안전성은 그들이 누리는 향유와 떨어뜨릴 수 없을 정도로 밀접한 관계에 놓여 있다. 투숙객을 세심하게 보살피고 배려하는 호텔, 크루즈 선박, 아주 사소한 것까지 완비된 여행 등.

경제적으로 넉넉지 않은 노년층은 프로그램이 정해져 있는 버스 여행을 떠난다. 지출이 클수록 품질에 높은 가치를 둔다.[7.1] 품질보증이나 서비스를 매우 중시하며, 그것에 걸맞은 사례를 지불한다. 나이든 사람들은 조언을 구하는 빈도와 강도도 점점 늘어나며, 구매결정을 내리기까지 시간이 오래 걸린다. 뇌의 정보처리 속도가 그만큼 떨어졌기 때문이다. 이와 관련해서는 추후 다시 살펴보기로 하자.

20세 이상의 연령층과 60세 이상 연령층의 소비태도에 얼마나 큰 차이가 있는지 살펴봤다. 이제 나중에 살펴보기로 하고 아까 건너뛴, 중간 세대인 40세 이상과 50세 이상을 다루려 한다. 두 세대 모두 뇌와 감정의 시스템 내부에서 노화 과정이 진행되고 있다는 점은 동일하다. 20~30세 그룹과 60세 이상을 비교하면 이런 노화 과정의 전개 양상을 확인할 수 있다. 지배 시스템과 자극 시스템이 축소되는 반면, 균형 시스템은 훨씬 더 강화되며 중요해진다. 이 시기에는 자신이 원하기만 한다면 누릴 수 있다.

40세 이상 세대는 젊은 소비자그룹에, 50세 이상은 노년 소비자그룹에 편입된다. 그러나 〈도표 7-3〉에 제시된 신경전달물질 변화 곡선에서 보이는 것처럼 그 변화 과정이 유동적이기 때문에 이런 식의 편입은 어디까지나 임의적인 것이다. 그럼에도 불구하고 50세 이후로 인간은 성적인 전환점을 맞이하므로, 생물학적인 측면에서는 이런 구분법도 나름의 의미가 있다. 여성의 경우 이 시점부터 폐경기가 시작된다. 남성 또한 50세부터 성적 충동이 크게 줄어든다(비록 남성은 그 사실을 인정하거나 받아들이려 하지 않지만 말이다). 앞서 살펴본 것처럼 이런 욕구는 감정 시스템과 동기 시스템에 영향력을 행사하는 만큼 성욕에 주목하는 것은 중요한 일이다.

40세 이상, 가치 중심 소비

이제 40세 이상, 정확히 말해 40~50세를 살펴보도록 하자. 이 연령대가 되면 대다수의 사람들은 사회는 물론 직업적인 분야에서도 일정한 지위와 위치를 차지한다. 그럼에도 불구하고 소비를 부추기는 자극 시스템과 지배 시스템이 상대적으로 강하게 활성화되어 있다. 게다가 이 연령층은 직업적인 측면은 물론 재정적으로도 서서히 정상을 향해 나아가는 중이다. 따라서 수입도 비교적 높은 편이다.

25~35세 그룹이 충동적으로 물건을 구매하고 소비하는 것과 달리 40세 이상이 되면 구매태도가 달라진다. 소비시 중요시 여기는 것들이 바뀌는 것이다. 여전히 욕구는 많지만, 요란하고 현란한 상품이나 자기과시를 위한 과장된 상품에 매력을 느끼지 않는다. 품질을 중시하고, 능력이 된다면 독창적인 스타일의 사치품에 관심을 보인다. 양보다는

질을 추구한다. 특정 브랜드를 신뢰하는 성향이 강해지는 반면, 실험과 변화를 시도하려는 욕구는 약해진다.

50세 이상, 안정과 향유 사이에서

현재 50세 이상 세대만큼 큰 관심을 받는 세대 혹은 연령층은 없다. 그럼에도 이 연령층을 자세히 살펴보고 분석하려는 사람은 많지 않은 편이다. 이런 이유로 50세 이상 그룹이라고 하면 사람들은 50세가 넘는 사람들을 전부 포함해서 말한다. 그러나 이런 식의 단순화는 여러 오류를 만들고, 이 오류들은 일일이 알아차리기 힘들어서 문제가 된다. 50세와 75세 사이에는 엄청난 차이가 존재한다.[7.1] 따라서 앞으로 이 책에서 50세 이상을 언급할 때는 50~60세 사이의 사람들을 의미한다.

이 연령층의 구매태도와 소비태도는 어떤 양상을 보일까? 이 연령층은 40세 이상과 60세 이상의 가운데에 놓여 있다. 이 시기에는 지배 시스템과 자극 시스템은 점점 줄어드는 반면, 균형 시스템은 서서히 증가한다. 특히 소비를 즐기는 모험가와 쾌락주의자 유형은 비록 소수지만 여전히 존재하고, 실행가 유형은 크게 줄어든다. 보수적인 목표그룹이 우위를 차지한다. 개방주의자 유형의 비율은 비교적 큰 편이지만, 이들은 의식적이고 사려 깊게 행동한다. 여전히 세상에 열린 마음가짐을 취하지만 더 이상 위험을 감수하지는 않는다. 이들은 더 이상 최신 유행이나 고가의 산악자전거 같은 자극과 지배 성향이 강한 제품에서 의미를 찾지 않는다.[7.5]

여성들은 자신의 외모를 꾸미기 위해 사던 뷰티 기능이 강조된 화장품을 피부 케어 기능이 강조된 화장품으로 대체한다. 타인의 눈을 의식한 과시적인 소비태도가 크게 줄어든다. 웰니스^{Wellness}, 집과 정원(균형 및 온화한 향유) 등이 관심사의 중심으로 자리 잡는다. 집에 있는 것을 즐기고, 친구들을 집으로 초대하며, 모든 일에 있어 예전보다 평온하게 진행한다. 음식에 있어서도 질을 중시하는 성향이 강해진다. 프리미엄 식료품과 고급 와인을 가장 많이 구매하는 고객층이 바로 이 연령대다.

또한 이 연령대는 문화관광과 연극 공연 등을 선호한다. 자녀들이 집을 떠나 독립하면서 경제적인 여유가 늘어나는데, 그 돈을 저축해 집을 늘리거나 정원을 새로 정비하는 데 주로 사용한다. 비율이 큰 폭으로 줄긴 했지만 쾌락주의자들은 오토바이처럼 뭔가 특별한 것을 장만하기도 한다.

그러나 테스토스테론과 도파민이 줄어들고 코르티솔이 증가하면서 주행거리가 확연히 줄어들고 운전 습관이 조심스러워지는 등의 변화가 나타나기 시작한다. 보수적인 Limbic® 유형의 비율이 높은 것만 봐도 알 수 있듯이 그 사이 균형 시스템이 큰 힘을 발휘한다. 이는 깊은 내적 확신에서 시작된 절약의 미덕이 상당한 영향력을 행사하고 있음을 말해준다. 큰 금액을 소비해야 할 경우에는 오랫동안 심사숙고한 후 구매 결정을 내린다. 특히 기능성이 중심이 되고 개인성은 동질성 앞에서 힘을 잃는다.

마지막으로 건강에 대해서 몇 마디 덧붙이고 넘어가도록 하자. 50세 이상 세대는 건강에 대해 무척 많이 생각한다. 60세 이상이 '손상된 부위를 고치기' 위해 많은 돈을 약값으로 지불하는 반면, 50세 이상은 낙관적인 건강 콘셉트를 추구한다. 그래서 50세 이상 세대를 '웰니스 세대'라고 부르기도 한다.

이들은 신체 성능과 향유 능력의 유지를 무엇보다 중요하게 생각한
다. 50세 이상 세대는 균형 시스템을 자극하며, 평온하고 의식적인 향
유를 가능하게 해주는 상품과 서비스를 구매한다. 이 목표그룹은 상업
계와 산업계에 커다란 가능성을 제공해주는 잠재력 높은 세대다. 그렇
지만 성급하게 낙관하는 것은 금물이다. 그것은 바로 절약의 어머니이
기도 한, 매우 강력한 균형 시스템 때문이다. 이 균형 시스템은 고객이
돈을 지출할 때 매우 신중하고 소극적인 태도를 취하게 만든다.

포기와 희생을 스스로 인지하지 못하는 세대

소비자 설문조사에 따르면(이 목표그룹이 지출하는 것을 즐기는지 여부
를 입증하기 위해 시행한 조사), 이 연령그룹의 소비 및 향유욕구는 인공
적인 것으로 나타났다. 50세 이상 소비자에게 "당신의 인생을 아무런
제약 없이 즐기고 있습니까?"라는 질문을 던지면, 대체로 그렇다고 답
한다. 그러나 그들의 장바구니에 담긴 물건들을 살펴보면 다른 측면을
확인할 수 있다. 장바구니에 담긴 물건의 가짓수는 많지만, 전부 양이
적고 저렴한 물건들뿐이다. 지난 밤 TV 광고에 등장했던 신제품은 담
겨 있지 않다.

자극 시스템과 지배 시스템이 개입된 욕구가 30대보다 약하기 때문
에, 노년층 고객은 자신이 절약하고 있다는 느낌을 특별히 느끼지 못한
다.[7.2, 7.5] 절약하고 있다는 느낌은 특정 욕구의 성취를 의식적으로 포기
할 때만 느껴진다. 따라서 50세 이상은 그들의 삶을 온전히 즐기고 있
다고 생각하는 경향이 강하다. 나이가 많은 사람들은 젊은 세대에 비
해 상대적으로 욕구가 적기 때문에 생활비도 적게 든다. 그리고 그들은

그것을 희생이라고 생각하지 않는다.[7.2]

수명이 늘면 소비욕구의 활동 시기도 늘까?

의심이 많은 사람들과 회의론자들은 이 대목에서 반발할 것이다. 의학 발달과 생활환경의 개선으로 기대수명이 상당히 늘어났다는 사실을 근거로 제시하면서 말이다. 실제로 1900년 이후 서구 국가의 인구 기대수명은 확연히 늘어났다. 1900년에 태어난 여성들의 평균 기대수명이 약 55세였다면, 그로부터 100년 후에 태어난 여성의 수명은 약 90세로 그 이상도 기대할 수 있다. 그리고 기대수명은 점점 늘어나는 추세다.[7.8]

그렇다면 이것은 소비를 즐기는 기간 또한 늘어난 수명과 마찬가지로 약 30년 정도 늘어났다는 것을 의미할까? 안타깝게도 그렇지 않다. 수명 연장 여부는 대개 60세가 넘어야 가능할 수 있다. 증가한 기대수명 만큼 젊음이 아니라 노년기가 늘어난 것이기 때문이다! 물론 오늘날의 50~65세는 선조에 비해 훨씬 건강한 편이지만 소비를 담당하는 신경전달물질에 미치는 영향은 그리 크지 않다. 소비를 부추기는 주요 동기는 성호르몬인 테스토스테론(지배)과 도파민(자극)이다. 그리고 안타깝게도 100년 전의 연령별 도파민 추이를 보여주는 연구는 존재하지 않는다.

반면 성호르몬에 대해서는 조금 더 많은 정보를 알고 있다. 성호르몬은 남성에게 후세를 생산할 능력을 부여하고, 여성이 임신할 수 있는 기간을 조절한다. 실제로 지난 100년 동안 이런 후세재생산 기간은 조금도 늘어나지 않았다. 성호르몬의 생산 및 감소 추이가 동일하며, 수명 연장으로 아무런 이득을 보지 않았다는 것을 의미한다. 이런 불변성은 여성 난소의 생산 능력이 멈추는 폐경기를 살펴보면 가장 정확히 파악할 수 있다. 남성 갱년기Andropause와 비교하면 여성의 폐경기에는 명확한 종료 시점이 있다. 1900년 이후(이때부터 신뢰할 수 있는 자료가 남아 있다) 여성의 폐경기는 일관되게 48~50세에 시작됐다. 기대수명과 평균수명이 늘어났지만 결과적으로 청년기의 적극적인 소비 시기는 고작 3~4년 늘어난 반면, 노년기의 절약 시기는 약 10~15년 정도 연장된 것이다.

시대가 변해도 연령대별 소비 스타일은 비슷하다

또 다른 비판론자는 다음과 같이 이의를 제기할 수도 있다. "물론 생물학적 근거는 진지하게 받아들이겠다. 그렇다면 오늘날 크루즈 여행이나 버스 여행을 떠나는 노인들이 이렇게나 많은 이유는 무엇인가?" 우선 이는 지각 현상 때문에 생기는 약간의 착각이다. 사람들이 여행을 즐기고 자주 떠나는 노년층의 일부만을 인지하고, 집에 머물러 있는 상당한 비율의 노인들은 보지 못하는 것이다.

그럼에도 이런 이의 제기에는 나름의 정당성이 있다. 대형마트에 가면 직접 차를 몰고 장을 보러 온 85세 할머니를 볼 수 있다. 이는 40년 전만 해도 생각조차 할 수 없는 일이었다. 이런 현상은 소비습관과 관계가 있다. 현재 65세인 사람의 소비습관은 40년 전 65세였던 사람과 큰 차이점을 보인다. 현재 65세인 사람들은 주로 유복한 환경에서 성장했다. 그 성장 과정에서 생긴 습관은 나이가 든 후에도(다소 약화되기는 하지만) 그대로 유지된다. 그러나 앞서 언급했던 것처럼 나이가 들어가면서 조금씩 변화가 생긴다. 점점 차분해지고, 안전에 더 많은 신경을 쓰고, 소박해지며, 검소해진다. 의심할 여지없이 현재 65세인 사람은 40년 전의 동년배보다 훨씬 많은 물품을 소비한다. 무엇보다 시대 흐름에 따라 소득이 훨씬 늘어났기 때문이다.

그러나 이런 점은 15세 청소년에게도 동일하게 적용된다. 청소년들 또한 동일한 이유에서 1960년대의 청소년보다 더 많은 돈을 지출한다. 그럼에도 위에서 설명한 연령별 차이는 예나 지금이나 변함없이 유효하다. 지금 65세인 사람들은 현재 30세인 사람들에 비하면 소비량이 매우 적은 편이다. 노인과 청년의 소비 스타일 차이는 이후 100년이 지나도 거의 달라지지 않을 것이다.

더욱이 패션에 대한 관심사 역시 세대별로 다른 것이 입증되었다. 동일한 조사가 1997년과 2007년에 있었다. 이 시기에 부와 개인주의가 큰 폭으로 성장했음에도 불구하고, 각각의 시기마다 보이는 연령대의 (생물학적) 경향은 거의 동일하다는 것을 명확히 확인할 수 있었다. 패션에 대한 관심도는 나이듦에 따라 거의 평행을 이루며 감소했다. 비록 현재의 60~70세 세대는 10년 전의 동년배와 비교했을 때 훨씬 세련된 것은 사실이지만 청년기에서 변하는 추이를 살펴보면 그 변동 폭이 거의 동일하다!

이런 맥락에서 지능이라는 주제를 좀 더 깊게 살펴보자. 심리학자들과 교육학자들은 과거 세대와 비교했을 때 현재 청소년들의 지능 지수가 향상되었다는 사실을 밝혀냈다. 심리학에서는 이런 효과를 플린효과^{Flynn Effect}라고 한다. 즉, 요즘 청소년들은 우리 세대와 비교했을 때 전통적인 지적능력검사에 의거하여 지적 능력이 훨씬 뛰어나다는 의미다. 학자들은 그 이유를 컴퓨터와 TV가 뇌를 자극하고 흥분시키기 때문이라고 보고 있다. 그러나 요즘 청소년들이 실제로 그런 이유로 더 똑똑해진 것인지는 논의해볼 필요가 있다. 아무튼 청소년들의 사고 속도가 빨라졌다.

뇌 연구를 통해 강한 자극과 변화무쌍한 환경에서 성장한 아이들은 뇌에 변화가 일어난다는 사실이 입증됐다.[7.7] 신경세포 사이의 연결망 숫자가 늘어났고, 도파민의 농도 역시 상승했다. 따라서 2030년의 50세 이상과 60세 이상 세대의 뇌에 도파민 수치가 증가하면서, 지금의 50세 이상과 60세 이상 세대와 비교했을 때 훨씬 소비 친화적인 태도를 보일 수도 있다.

물론 그때까지는 아직 많은 시간이 남아 있다. 따라서 우선 현재의 노인들에게 돌아가 다음과 같은 질문을 던져보기로 한다.

노인들의 마음을 사로잡는 법

상품이나 서비스 혹은 상점에 '노인 전용'이라는 안내문을 붙이는 방법으로는 노인들을 사로잡을 수 없다. 노년층을 공략하려면 해당 상품 및 서비스의 내용이 노인에게 적절하게 설정되어야 하고, 노년층의 마음을 열 수 있는 광고 카피를 고민해야 한다. 예컨대 기술 제품의 경우 조작 방법이 매우 간단해야 한다. 젊은 세대와 달리 노인들은 복잡한 기능과 기술 장치에 전혀 흥미를 느끼지 않는다. 정보처리 속도나 뇌의 능률 저하로 인해 복잡한 매뉴얼을 해독할 능력이 거의 없다. 게다가 시각과 청력은 물론 섬세한 운동능력도 떨어지므로, 노인을 위한 상품을 디자인할 때는 이런 점을 고려해야 한다.

자동차 구입을 예로 들어보자. 40세 남성이라면 전설적인 터빈 충전 기능의 성능을 소개하는 영업사원의 설명에 열광하겠지만, 노인들은 별 감흥을 보이지 않을 것이다. 노년층의 고객이 원하는 것은 주행할 때의 안전성, 간단한 조작법, 달리는 도중에 차가 서버리지 않을 거라는 확신이다. 또한 디자인 감각에서도 차이가 난다. 젊은 남자는 전위적인 디자인을 멋지다고 생각하는 반면, 노년층은 익숙한 형태를 선호한다. 노인들은 물건을 살 때 결정을 내리기까지 시간이 걸리므로 판매자가 재촉하지 않기를 기대한다. 이런 요구를 충족시키는 서비스와 상품이라면 노년층을 공략하는 데 분명 성공할 것이다.

1 사람들 사이에는 엄청난 성격 차이가 존재한다. 이는 소비자와 고객의 뇌 속에 있는 신경생물학적 요인을 통해 증명이 가능하다. 이런 성격 차이는 뇌 속의 동기 시스템과 감정 시스템의 혼합 양상이 다르기 때문이다.

2 모든 고객과 소비자의 뇌 속에서 모든 동기 및 감정 시스템이 활성화되어 있음에도, 대부분의 고객들은 저마다 명확한 중심점을 갖고 있다. 이런 중심점에서 신경생물학적 모델인 Limbic® 유형이 도출된다.

3 동기 및 감정 프로필이 목표그룹의 동기 및 감정 프로필과 일치할 때 해당 상품과 브랜드는 성공을 거둔다.

4 고객과 소비자는 상품과 서비스를 동기 및 감정 시스템이라는 안경을 통해 관찰하고 평가한다. 전통주의자 유형에게는 안전성을 약속해주는 제품 특징이 무엇보다 중요한 반면, 실행가 유형은 지위 및 권력 측면에 민감하다.

5 여성은 남성과 구매 선호도 및 결정 우선순위에서 확연한 차이를 보인다. 이런 차이점은 근본적으로 뇌 구조에서 비롯된 것이지만, 특히 신경전달물질과 호르몬의 혼합 양상이 다르기 때문이다. 성호르몬인 테스토스테론과 에스트로겐이 중요한 역할을 한다.

6 나이가 들어가면서 뇌 속과 신경전달물질의 혼합 양상에 커다란 변화가 일어난다. 젊은 소비자층이 지배 시스템과 자극 시스템의 지배를 받는다면, 나이 든 사람들은 균형 시스템에 의해 좌우된다.

7 연령에 따른 뇌와 신경전달물질의 변화는 소비태도와 구매태도에 상당한 영향을 미친다. 나이 든 사람들에게는 지배와 자극의 특징이 강한 상품이 의미를 잃는 반면, 균형의 특징이 강한 상품은 매력적으로 느껴진다.

BRAIN
VIEW

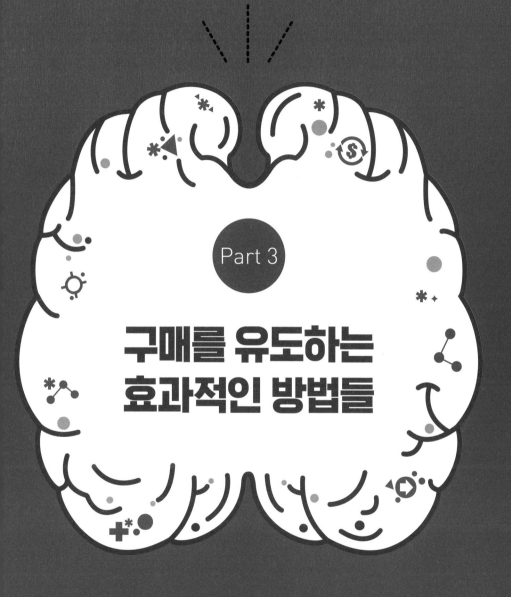

Part 3

구매를 유도하는
효과적인 방법들

특정 상품과 브랜드가 더 큰 성공을 거두는 이유는 무엇일까? 고객의 잠재의식에 영향을 미치는 수단이나 방법은 없을까? 물론 있다. 그러나 '구매 버튼'을 누르기만 하면 해결되는 간단한 방법을 기대한다면 실망할 것이다. 고객을 매료시키고 싶다면 브랜드부터 시작하여 상품의 디테일과 진열에 이르기까지 판매 과정 전반에 각별한 신경을 써야 한다. Chapter 8~12에서는 뇌의 핵심을 자극해 고객 맞춤 판매가 가능해지는 실질적인 조언을 제공한다. 이 책의 마지막 부분에서는 최근에 가장 뜨거운 논쟁 대상인 시장연구 방법론과 더불어 뇌 단층촬영법, 그리고 신경마케팅의 가능성과 한계를 비평적인 시각으로 다뤄보려 한다. 그렇다면 이 파트에서 주요하게 다뤄질 질문은 무엇인지 알아보자.

- 고객의 머릿속을 파고들어가 그 브랜드만을 위한 지정석을 마련하는 방법은 무엇일까? 그리고 브랜드는 구매결정에 어떤 영향을 미칠까?
- 어떻게 하면 완벽한 큐 매니지먼트로 고객의 모든 감각을 만족시키고 정복할 수 있을까?
- 어떻게 하면 POS Point of Sale (판매시점관리)에서 매출액은 물론 고객과의 유대감을 향상시킬 수 있을까?
- 뇌 연구의 여러 결과를 디지털 세상에서 효과적으로 활용하는 방법은 무엇일까?
- B2B 비즈니스에 뇌 연구 결과를 유용하게 활용하는 방법은 무엇일까?

Chapter 08

뇌 속의
브랜드 지정석

> 브랜드는 상품의 특성과 감정 세계가 서로 결합되어 있는 신경 네트워크다. 강력한 브랜드는 약간의 신호만으로도 뇌 전체의 네트워크를 활성화시키고, 그것으로 구매결정에 무의식적인 영향력을 행사한다. 특정 브랜드가 장악한 감정의 영역이 많을수록 뇌 속에서 해당 브랜드의 가치는 상승한다. 컬트 브랜드는 스토리텔링에 아주 능한데, 이 이야기들은 신화와 결합되어 있다.

도서관에 가면 브랜드와 브랜드 경영의 비밀을 소개하는 책들이 가득하다. 그렇다면 모든 비법과 비밀이 책을 통해 전부 다 공개된 것일까? 아마 그렇지는 않을 것이다. 뇌 연구와 심리학의 결합으로 몹시 흥미로우면서 새로운 인식이 도출되었기 때문이다. 앞서 살펴본 것처럼 브랜드는 소비자의 구매태도에 영향을 미친다.

우리는 Chapter 1에서 코카콜라와 펩시콜라의 '전쟁'을 다루며 뇌에서 어떤 일이 일어나는지 이미 살펴보았다. 10년 전에 진행된 그 연구에는 당시 관습적으로 활용되던 방식이 동원됐다(〈도표 8-1〉 참조).

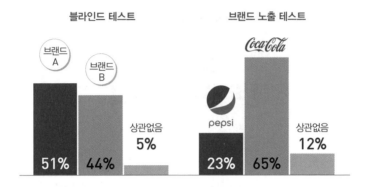

━━━━━━━━ 〈도표 8-1〉 구매결정을 바꾸는 브랜드 효과 ━━━━━━━━

블라인드 테스트에서는 펩시콜라의 맛이 더 좋은 것으로 나타났지만, 브랜드를
공개한 후에는 코카콜라를 선호했다.

※ 출처 : Chematony/ McDonald 1992

피험자들에게 펩시콜라와 코카콜라를 제공하며 블라인드 테스트를
했다. 51퍼센트가 펩시콜라를 선택했다.

2차 테스트에서는 각각의 제품을 제공하고 브랜드명을 알려줬다. 그
러자 기존과는 완전히 상반된 결과가 나왔다. 고작 23퍼센트만이 펩시
콜라를 선택했고, 65퍼센트가 코카콜라를 선택한 것이다. 이 테스트는
브랜드의 영향력을 입증하는 매우 인상적인 증거다.[8.2] 다른 상품 카테
고리를 대상으로도 같은 실험이 여러 차례 반복해서 실행됐고, 결과는
대부분 동일했다.[13.4]

그렇다면 브랜드는 뇌 속에서 어떤 작용을 하는 걸까? 도대체 어떤
방법으로 소비자의 구매태도에 영향을 미치는 걸까? Chapter 4에서
살펴본 것처럼 구매결정은 소비자의 뇌 속에 잠재된 내적 욕구와 동기

가 주변 세계에서 딱 맞는 유효한 대상을 만나면 자극되는 것을 전제로 한다. 그리고 이런 대상이 소비자가 갈망하던 욕구의 성취를 약속하는 순간 매력적으로 느껴진다.

지금까지 뇌 스캐너를 이용한 다수의 실험이 시행되었다. 그 결과 피험자에게 매력적인 브랜드나 상품을 보여주면, 특히 뇌 속의 '쾌감중추'인 측좌핵이 왕성하게 활성화된다. 이 과정에서 브랜드는 어떤 역할을 할까?

브랜드에는 두 가지 중요한 기능이 있다. 인지도를 통해 복잡함과 결정에 따른 불확실성을 감소시켜준다(이에 대해서는 잠시 후 심도 있게 살펴볼 것이다). 즉, 자동 모드로 전환된 뇌는 고민하느라 더 이상 불필요한 에너지를 소모하지 않아도 된다. 그러나 브랜드의 가장 중요한 기능은 상대에게 긍정적인 감정을 불러일으키는 데 있다. 예컨대 안정감과 아늑함(균형/돌봄), 즐거움에 대한 약속(자극), 새로운 것과 자극적인 것이 선사하는 짜릿함(모험), 지위와 우월감(지배) 혹은 모든 것을 장악하고 통제할 수 있다는 느낌(규율/통제)을 안겨준다.

이런 감정은 주로 변연계에서 일어나는 학습 과정을 통해 생겨난다. 브랜드가 시장에 처음 진출하면 변연계에서 신속한 학습을 담당하는 부위, 즉 안와전두피질이 활성화된다. 그러나 니베아나 폭스바겐처럼 오래전부터 있었던 브랜드가 보유한 감정의 가치는 변연계 중에서도 오래되고 깊숙한 곳에 위치해 있는 편도체에 특별히 저장된다.

고객의 뇌는 진화 과정에서 입증된 비교적 간단한 학습 원리에 의해 작동한다. 외부의 자극(그림, 소리, 사건 등)과 신체 내부의 신호(감정, 내면의 목소리 등)가 함께 나타날 때마다 서로 결합된다. 이때 이런 다양한 정보들이 실제로 관련이 있는지 여부는 중요하지 않다. 이것들이 동시에 연상된 것만으로도 뇌는 전체적인 상을 만들어내고, 그것을 저장한다. 광고에서 항상 상품과 특정 감정을 유발하는 메시지를 함께 결합시켜 제시하는 것도 바로 그런 이유 때문이다. 이렇게 다양한 정보의 연결 과정은 주로 해마에서 일어난다. 그리고 뇌의 막후 실력자인 편도체가 대부분의 감정 평가 작업에 동참한다.

고객의 뇌에 브랜드를 심으려면

해마는 신피질 내에서 동시에 활성화된 수천 개의 신경세포를 통해 여러 정보를 결합시켜 만든 전체적인 상을 신경 네트워크에 저장한다. 이런 종류의 신경브랜드 네트워크는 신피질 전역으로 광범위하게 뻗어나갈 수 있다. 브랜드의 시각적 요소는 시각적 자극을 처리하는 대뇌피질 후방에 저장된다(후두엽과 두정엽). 광고음악과 같은 음향 요소는 측면에 있는 측두엽에 저장된다. 브랜드 이미지의 감정적인 요소는 신피질 전방에 있는 영역인 안와전두피질과 편도체에 저장된다.

신경브랜드 이미지는 뇌 속에 있는 다양한 신경세포가 동시에 연결되어 광범위한 네트워크가 형성되면서 만들어진다. 상품과 감정적인 광고 메시지가 함께 등장하는 빈도가 높을수록 네트워크에 속해 있는 신경세포 사이의 결합이 더 강력해진다. 신경세포들이 반복해서 네트워크 이웃에 대해 말할수록 네트워크에 속해 있지 않은 다른 신경세포의 신호보다 그 신호에 더 빠르게 반응한다. 전문용어로 이런 메커니즘을 장기 강화^{Langzeit Potenzierung}라고 일컫는다.

그밖에 Chapter 5에서 세대별 마케팅을 통해 살펴본 것처럼 뇌의 학습 욕구는 나이가 들어감에 따라 급격히 감소한다. 더불어 새로운 신경브랜드 이미지를 확립하려는 의욕도 줄어든다. 어린이, 청소년, 젊은 사람들의 뇌는 새로운 신경 네트워크를 최대한 많이 구축하고 확립하게끔 프로그래밍되어 있다. 반면 나이 든 사람들의 뇌는 새로운 네트워크 구축에 저항하며 가급적 기존의 신경 네트워크와 경험을 바탕으로 인생을 이끌어나가려고 시도한다. 고객의 뇌에 브랜드의 지정석을 확실히 마련하고자 한다면 이런 점을 반드시 명심해야 한다. 이미 다양한 브랜드의 회사들이 그 일을 시행하는 중이다. 그들은 전자 게임, 어린이 만화책, 어린이 영화, 청소년 이벤트 등을 통해 어린이들에게 그들의 브랜드를 소개하는 데 많은 돈을 지출하고 있다.

브랜드를 즉각 연상시키는 슈퍼코드

브랜드는 뇌 속에 있는 신경 네트워크라고 할 수 있다. 그런데 신경 네트워크에는 매우 특별한 특징이 있다. 네트워크에 참가하고 있는 요소 가운데 일부만 동시에 자극받아도 전체 네트워크가 활성화된다는 점이다. 다시 말해, 약간의 지시 신호만으로도 머릿속에 있는 전체 브랜드 이미지를 활성화시키고, 이를 통해 구매결정에 무의식적인 영향력을 행사할 수 있다.

원클릭 기능과 관련된 예를 하나 살펴보자. 마트의 상품 진열대를 지나가던 한 고객이 언뜻 저 멀리 보이는 연보라색을 발견한다. 그리고 그 물건이 무엇인지 고객의 의식이 감지하기도 전에 고객의 뇌 속에는 밀카Milka(독일의 대표적인 초콜릿 브랜드로 패키지가 연보라색―옮긴이) 브랜드 네트워크가 활성화된다. 만약 고객이 조금이라도 허기진 상태였다면, 고객의 의식 속에 초콜릿 한 조각에 대한 욕망이 꿈틀거리며 자신

─────── 〈도표 8-2〉 슈퍼코드-뇌 속의 원클릭 활성 요인 ───────

도 모르게 초콜릿 진열대로 다리가 움직였을 것이다. 연보라색만으로
도 초콜릿 브랜드인 밀카를 떠올린 이 사례에서 알 수 있듯이, 브랜드
를 대표하는 전형적인 힌트만으로도 전체 브랜드 네트워크를 활성화시
킬 수 있다. 그밖에도 밀카의 예시는 강력한 신경브랜드 네트워크의 기
본 요소가 무엇인지 명확히 보여준다. 강력한 감정, 그리고 다른 브랜드
는 사용하지 않는 전형적인 브랜드 요소인 슈퍼코드Supercode(〈도표 8-2〉
참조)가 바로 그것이다.

  그런데 경우에 따라 간혹 특정 상품의 지시 신호가 경쟁 네트워크를
활성화시키기도 한다. 이런 이유에서 향유성 제품의 광고는 효과적이
지 못하다. 소비자의 뇌는 향유하며 사랑에 빠진 표정으로 서로의 눈
을 응시하는 전형적인 젊은 커플의 모습을 다양한 브랜드의 TV 광고
를 통해 족히 수백 번은 지켜봤을 것이다. 따라서 그런 모습의 광고를

보며 브랜드를 제대로 구분하지 못한다. 그럴 때는 브랜드를 대표하는 구성요소가 제품을 부각시켜서 고객의 관심을 그쪽으로 유도해야 한다. 우리의 뇌에는, 좀 더 정확히 말해 대상회^{Cingular Gyrus} 전면에는 대조와 인지문제가 활성화되고 뇌의 집중력을 유발인자에게 향하게 하는 영역이 존재한다.

이제 구매결정에 대해서 살펴보자. 우리는 구매결정이 원칙적으로 뇌가 주도하는 감정적인 효용성 계산에 의해 좌우된다는 것을 알고 있다. 따라서 슈퍼코드로 눈에 띄는 것뿐만 아니라, 동시에 브랜드 특유의 감정을 활성화시키는 브랜드들이 시장에서 우위를 차지하고 있다. 우리 뇌는 감정과 결합되어 있는 대상에만 가치를 느낀다는 사실을 다시 한번 상기하자.

가장 강력하고 성공적인 브랜드는 이 두 가지 부문 모두에서 세계 챔피언 자리에 있는 브랜드다. 이런 브랜드는 전형적인 형태와 분명하고 명료한 감정영역을 보유하고 있다. 그 대표적 사례로 파랑색 바탕에 흰 글씨가 들어가 있는 형태로 배려/돌봄 감정영역을 상징하는 '니베아' 제품을 들 수 있다. 또 911 형태와 지배의 감정영역을 보유한 포르쉐, 전형적인 모양의 캔 용기와 자극/모험 감정영역을 상징하는 레드불 등이 있다.

뇌는 익숙한 브랜드를 선호한다

이제 신경마케팅 쪽으로 시선을 돌려보자. 마케팅 분야 전문가이자 학자인 페터 케닝^{Peter Kenning}은 피험자들에게 다양한 브랜드의 커피를 주면서 좋아하는 브랜드를 자유롭게 선택하라고 했다. 피험자의 결정에 따라 뇌 속에 일어나는 변화를 관찰할 수 있도록 전체 실험과정은 뇌 스캐너 장치 아래에서 진행됐다. 피험자들이 좋아하는 제품을 선택하는 동안 컴퓨터 영상에는 전전두피질의 활동이 저하되어 있음이 나타났다.[13.4] 이는 다른 말로, 대뇌가 '오프 모드'로 차단되어 있다고 할 수 있다.

이것을 어떻게 설명해야 할까? 우리의 의식 활동은 에너지를 많이 소모시킨다. 따라서 우리 뇌는 무의식적인 자동장치를 작동시키는 편을 선호한다는 사실을 Chapter 4에서 이미 확인했다. 신경브랜드 네트워크는 자동 모드를 갖고 있다. 구매결정을 내릴 때 아무 갈등도 일어나지 않거나 근거를 제시하지 않아도 되거나 아무 위험도 없을 때, 뇌는 자동으로 좀 더 익숙하고, 평소 호감을 느꼈던 브랜드를 선택한다. 즉, 강력한 신경 네트워크가 형성되어 있는 브랜드를 선택하는 것이다. 이때 변연계가 직접적으로 신경 네트워크를 장악한다. 변연계는 여러 다양한 정보를 취합해서 압축할 때까지 기다리지 않고 바로 행동으로 옮김으로써 신피질 전방 부위의 짐을 덜어준다.

자기유사성, 브랜드의 성공요소

그렇다면 강력한 신경브랜드 네트워크는 어떻게 구축되는 것일까? 동일한 브랜드 메시지를 지속적으로 반복하는 과정을 통해서 생성된다. 브랜드 전문가인 클라우스 브란트마이어Klaus Brandmeyer가 설명한 것처럼 성공을 거둔 브랜드는 자기유사성을 보유하고 있다. 이는 무엇을 뜻하는 것일까? 우리 의식 속에 자리 잡은 브랜드 이미지(모양과 감정영역)가 수십 년이 넘도록 거의 동일하게 남는 것을 말한다. 〈도표 8-3〉

| 1925 | 1931 | 1949 | 1959 | 1995 |

의 니베아 사례를 통해 자기유사성을 살펴보자.

갈수록 빠르고 복잡해져가는 시대에 동일한 브랜드 이미지란 곧 브랜드 정체와 노화를 의미한다. 때문에 이에 대해 반박하는 사람들도 일부 있을 것이다. 그들은 브랜드가 급변하는 라이프 스타일과 시대정신에 재빨리 적응해야 한다고 주장한다.

그러나 그렇게 생각하는 사람들은 정작 중요한 뇌를 간과하고 있다. 우리가 앞서 살펴본 것처럼 신경브랜드 네트워크는 네트워크에 속한 신경세포가 반복해서 동시에 활성화될 때 생성된다. 이때 중요한 것은 바로 '반복'이다. 일회성의 브랜드 메시지 전달만으로는 효과를 볼 수 없다. 왜냐하면 인간의 뇌는 매일 약 2,000건에 달하는 다른 브랜드 메시지를 접하기 때문이다. 뇌 속에 새로운 신경브랜드 네트워크를 구축하고 유지하려면 에너지가 소모된다. 이는 진화의 원칙인 에너지 절약에 위배되므로, 뇌는 새로운 신경브랜드 네트워크의 구축을 반기지 않는다.

감정을 통해 뇌에 그 의미를 전달하는 브랜드만이 뇌 속에 신경 네트워크를 구축할 수 있는 공간을 확보한다. 그러나 이것은 겨우 기초공사에 불과하다. 최대한 동일한 감정과 형태의 메시지를 지속적으로 반복 전달해야 네트워크 속 신경세포들을 연결하는 좁은 오솔길이 너른 고속도로로 전환될 수 있기 때문이다. 만일 브랜드 형태와 감정영역을 지속적으로 변화시키면, 계속해서 새로운 공사를 처음부터 다시 시작해야 한다. 기초공사를 힘들게 끝내자마자 엄청난 비용을 들여 머릿속에 새로운 구덩이를 파야 하는 셈이다. 그 과정에서 수백만 유로가 모래 속에 파묻혀 사라져버린다.

그뿐인가? 시간이 흐르면서 미적 취향도 변화한다. 따라서 브랜드나 관련 상품은 때때로 소규모의 디자인 변경, 즉 페이스리프팅^{Face-Lifting}이 필요하다. 전면적인 수정 말고 아주 약간의 주름을 펴주는 효과 말이다. 그러나 이런 과정에도 소비자가 해당 브랜드에 갖고 있는 내적 표상을 유지하거나 최소한 비슷하게 유지되도록 최대한 조심스럽게 진행해야 한다.

포르쉐 911은 이런 맥락에서 살펴볼 때 아주 좋은 사례다. 포르쉐 911은 수십 년간 이 브랜드의 핵심적인 상징으로 인식되어왔다. 30년이 넘는 세월 동안 브랜드의 원형(브랜드 핵)을 동일하게 유지하고 있지만, 새로 출시된 신형 911은 새로운 시대정신이 반영됐다. 그럼에도 감정적 지배 시스템의 영역은 전혀 변함이 없다.

디테일한 브랜드 연출이 관건

그렇기 때문에 성공적인 브랜드 제작자들은 충분히 많은 시간을 들여 브랜드 핵, 브랜드 유형, 브랜드 메시지를 만들어낸 후 해당 브랜드 유전자 코드를 아주 세밀한 부분까지 연출한다. 브랜드의 모든 것이 메시지이며 핵심코드다. 그렇기 때문에 무심결에 놓치는 부분이 있어서는 안 된다.

브랜드 연출은 직원 영입에서 시작된다. 제품을 개발하고, 고객에게 브랜드와 제품에 대한 확신을 심어주고, 영업장에 활기를 불어넣고, 브랜드를 설명하거나 브랜드 제품을 위한 서비스를 제공하는 것이 바로 그들이기 때문이다. 이런 브랜드 연출은 제품과 서비스 형태, 제품을 시장에 소개하고 판매하는 방식에 계속해서 활용된다. 성공적인 브랜드는 뇌 속의 동일한 신경 네트워크를 반복하여 활성화시키고 강화시킨다! 각기 다른 시간과 장소, 다른 매체를 통해 발송된 모든 신호들이 동일한 계좌에 쌓인다. 소비자의 머릿속에 특정 브랜드를 위한 지정석을 마련하고 싶다면 아주 사소한 디테일까지 빠짐없이 꼼꼼하게 신경 써야 한다(그 방법은 내 책《이모션》에 자세히 설명해놓았다).

브랜드와 연관된 형태 및 감정 세계를 바탕으로 남성과 여성 고객에게 일관되게 전달할 수 있도록 주의해야 한다. 이와 관련해서는 Chapter 9에서 좀 더 자세히 살펴볼 것이다. 기업 브랜드건 제품 브랜드건 간에 브랜드에는 기업의 가장 중요한 가치가 담겨 있다. 본질적인 가치 창출은 생산시설이 아닌 고객의 머릿속에서 이뤄진다. 생산시설과 건물은 대체 가능하지만, 고객의 머릿속에 자리 잡은 강력한 브랜드는 그 무엇으로도 대체할 수 없다.

이런 이유로 성공적인 브랜드 경영은 경영자의 몫이다. 브랜드에 대한 책임은 광고회사에 위임할 수도 없고, 위임해서도 안 된다. 광고회사는 조언하고, 브랜드를 론칭하는 데 동참하며, 브랜드를 가시화하는 데 도움을 줄 수 있다. 하지만 브랜드를 직접적으로 경영하지는 못한다. 왜냐하면 실질적이고 진정한 브랜드 경영은 기업의 의식 속에서 시작되기 때문이다.

크롬바커와 벡스 맥주의 공통점 vs. 차이점

이 챕터 앞부분에서 우리는 신경브랜드 이미지가 전형적인 브랜드의 형태 요소 및 브랜드 특유의 감정영역에서 형성된다는 것을 살펴보았다. 이제 세 번째 요소인 기능적인 측면을 언급할 때가 왔다.

유명 맥주 브랜드인 크롬바커와 벡스를 예로 들어보자. 이 두 브랜드의 공통점은 무엇일까? 두 브랜드는 모두 맥주 브랜드, 정확히 말해 필스 맥주 브랜드다. 이 경우 '필스 맥주'가 브랜드의 기능적인 측면이라 할 수 있다. 크롬바커와 벡스는 필스 맥주를 대표하는 브랜드다. 두 브랜드의 신경 네트워크를 좀 더 자세히 분석하고 비교해보면 두 브랜드의 네트워크에서 공통점을 찾을 수 있다. 두 브랜드 네트워크에 맥주라는 보편적인 연상이 공통적으로 존재하기 때문이다.

이런 보편적인 연상을 '종속적인 제품 연상'Generic Product Association이라고 부른다. 맥주의 경우 소비자들은 즉흥적으로 홉, 순수함, 알코올 등의 종속적인 개념을 연상한다. 유제품의 경우는 젖소, 농장, 우유통 등이 이런 종속적 연상에 해당된다. 또한 기능적인 측면은 때때로 종속적인 감정영역과 관련되어 있다. 맥주가 자극하는 감정영역은 향유, 쾌적함, 즐거움, 긴장 이완 등이다. 종속적인 감정 연상의 영역은 브랜드가 배제된 상황에서도 제품이 매력을 발산할 수 있도록 만들어준다. 즉, 앞의 사례에서는 맥주 그 자체만을 말한다.

그렇다면 어떤 고객이 벡스를 선택하면서 크롬바커를 거부하는 이유는 무엇일까? 그건 각각의 브랜드가 서로 다른 감정영역 보유하고, 서로 다른 동기 시스템을 자극하기 때문이다. 어쩌면 맛의 차이도 특정 역할을 할 수 있겠지만, 맥주의 경우 그 차이는 그리 크지 않다. 실제로

Limbic® 맵에서 크롬바커와 벡스가 자리 잡은 위치에는 서로 차이가 있다.

필스 맥주를 마시는 사람들 중 95퍼센트가 맛의 차이를 딱히 느끼지 못한다고 한다.

이제 두 브랜드의 광고를 살펴보자. 두 브랜드의 광고는 TV 및 영화관 광고를 기본으로 한다. 벡스는 수년 전부터 초록색 돛을 단 범선이 등장하는 광고로 제품을 홍보했다. 이런 방식은 광고의 주체를 빠르게 인식하는 동시에 신경브랜드 네트워크를 신속하게 활성화시킨다. 범선은 탐험과 주권, 모험을 상징한다. 〈도표 8-4〉에 나타난 Limbic® 맵을 보면 벡스와 연관된 감정영역이 자극영역 가까이에 위치하고 있음을 확인할 수 있다. 각각의 브랜드가 보유한 감정영역은 다양한 목표그룹을 공략한다.

벡스와 크롬바커 맥주 브랜드의 사례를 조금 더 살펴보자. 모든 구매자들에게(75퍼센트 이상이 남성이다) 두 브랜드는 동일하게 매력적일까? 혹시 소비자가 느끼는 순간적인 느낌과 분위기에 따라 특정 브랜드의 구매 선호도가 달라지는 것은 아닐까? 당연히 그렇지는 않다. 평균적으로 벡스 소비자는 크롬바커 소비자보다 젊은 편이다. 그 이유는 무엇일까? 나이가 들어감에 따라 도파민과 테스토스테론 분비는 저하되고 코르티솔이 늘어나 동기 시스템이 달라진다. 더불어 지배와 자극(모험)에서는 차츰 멀어지고 균형 쪽으로 옮겨간다. 그리고 그것이 바로 두 브랜드 소비자들의 연령대가 다른 이유다.

벡스 맥주가 개방주의자, 쾌락주의자, 모험가 유형처럼 좀 더 활동적이고 탐험을 즐기는 목표그룹의 마음을 사로잡는 반면, 크롬바커 맥주는 좀 더 보수적인 목표그룹을 겨냥한다. 자유와 탐험을 약속하는 벡스는 소비를 통한 실행력을 자극한다. 이와 달리 크롬바커는 소비자들에게 자연과의 조화로움을 선사한다.

〈도표 8-5〉와 〈도표 8-6〉을 자세히 살펴보자. 우리는 Nielsen Home Scan®에 소개된 Limbic®을 활용하여 벡스 구매자들과 크롬바커 구매자들에 대한 평가를 실시했다.

이를 통해 두 브랜드의 구매자 특징이 확연히 다르다는 것을 확인할 수 있다. 그렇다고 해서 전통주의자들이 벡스 맥주를, 쾌락주의자들이 크롬바커 맥주를 전혀 마시지 않는다는 의미는 아니다. 답답하거나 목이 마를 때는 필스 맥주 한 잔에 대한 욕구가 절실해진다. 그런 상황에

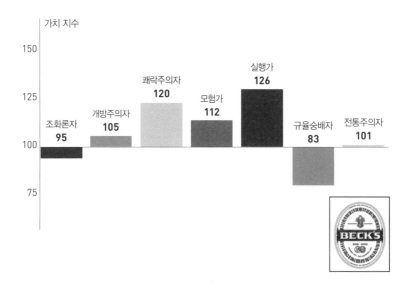

〈도표 8-5〉 벡스 맥주 구매자의 Limbic® 유형 구조

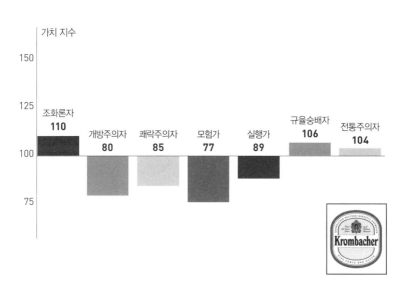

〈도표 8-6〉 크롬바커 맥주 구매자의 Limbic® 유형 구조

※ 출처 : Limbic® in Nielsen Home Scan®

서는 선호하는 브랜드가 아니더라도 크게 상관없을 것이다. 브랜드는 감정적인 위치 설정을 통해서 그 감정에 적합한 특정 목표그룹을 끌어당기는 반면, 그 범주에 들어오지 않는 다른 그룹은 거리를 유지하도록 만든다.

포르쉐 구매자의 양극화 현상

Limbic® 맵에서 해당 브랜드가 차지하는 위치가 높고 명확할수록, 브랜드 커뮤니케이션과 상품을 통해서 전달되는 감정적인 브랜드 시그널이 확실할수록, 상품에 대한 직접적인 커뮤니케이션이 이뤄질수록 양극화 현상은 강해진다. 최근 몇 년 간 가장 성공을 거둔 브랜드 중 하나로 평가받고 있는 포르쉐를 살펴보자. Limbic® 맵에서 포르쉐가 어디쯤 위치해 있을지 오래 고민할 필요 없다. 포르쉐는 당연히 지배영역에 자리 잡고 있다. 포르쉐와 위에서 언급한 두 맥주 브랜드 사이에는 가격 외에도 상당한 차이점이 존재한다.

- 포르쉐는 기능적인 측면에서도 다른 경쟁 상품과 큰 차이를 보인다. 디자인, 엔진, 주행 특징, 소음 등 여러 감각을 통해 느끼는 특별한 체험을 제공하는데, 이는 모든 지각 통로를 통해서 지배 욕구를 연출한다. 이와 관련한 내용은 다음 챕터에서 더욱 자세히 다룰 것이다.
- 남성들에게는 맥주보다 자동차가 훨씬 더 중요하다. 자동차는 사회적 지위를 드러내주는 기능을 갖고 있기 때문이다.

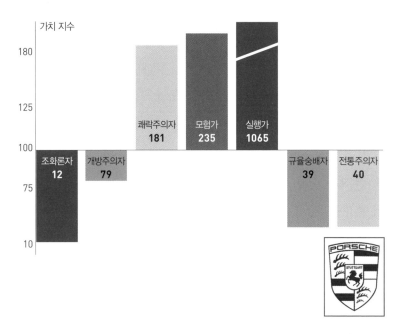

〈도표 8-7〉 포르쉐 구매자들의 Limbic® 유형 구조

가치 지수

180

125

100

75

10

조화론자
12

개방주의자
79

쾌락주의자
181

모험가
235

실행가
1065

규율숭배자
39

전통주의자
40

PORSCHE
STUTTGART

※ 출처 : Limbic® in TdWl

이제 포르쉐 구매자들의 Limbic® 유형 구조를 살펴보자. 여기서 나타나는 목표그룹 간의 차이는 실로 놀라울 정도로 엄청나다. 실행가의 뇌가 가치 지수 1000 이상으로 환호성을 내지르는 반면, 조화론자와 규율숭배자 그리고 전통주의자의 뇌는 지위와 권력을 과시하는 행태와 낭비벽에 심한 혐오감을 표출한다. 실행가들(그리고 쾌락주의자와 모험가)에게 포르쉐란 지금까지 가슴에 품어온 동경의 실현을 의미한다. 반면 조화론자를 비롯한 기타 유형에게 있어 이 자동차는 어리석음의 극치에 불과하다.

시장 선두주자의 목표그룹 전략

그렇다면 목표그룹 간의 차이가 크지 않은 브랜드도 있을까? 물론 있다. 놀랍게도 완전히 상반된 두 브랜드 유형에서 목표그룹 간의 차이가 근소한 것으로 나타났다. 하나는 순수한 기능성 위주의 브랜드고, 다른 하나는 특정 카테고리에서 시장 선두주자로 군림하고 있는 브랜드다. 우선 순수한 기능성 위주의 브랜드를 살펴보자(Chapter 3 참조). 일반적으로 소금, 설탕, 종이가방 등 일상적인 기본 욕구와 관련된 제품이 여기에 해당한다. 이런 제품 카테고리에 속한 브랜드는 감정적, 사회적 차별화 잠재력(지위, 개인주의)이 매우 낮다. 이 카테고리에 속하는 브랜드들의 핵심 기능은 품질에 대한 약속과 높은 인지도를 통해 인지적인 불확실성을 줄여주는 데 있다. 비록 모험가와 쾌락주의자들은 이런 특징을 그리 중요시 여기지 않지만, 그럼에도 목표그룹 간의 차이는 그리 크지 않다.

특정 카테고리의 선두주자라 할 수 있는 폭스바겐도 목표그룹 간의 차이가 적은 편이다. 비록 이 브랜드가 Limbic® 맵에서 특정한 위치에 자리하고 있는 건 사실이지만, 감정적인 공간을 보면 훨씬 넓고 광범위한 영역을 점유하고 있다. 시장 선두주자는 커뮤니케이션은 물론이고 제공 품목에 있어서도 소비자에게 무언가를 제공한다.

예컨대 폭스바겐 골프는 모든 종류의 감정을 자극하지만, 개방성/균형 방향에 살짝 무게를 두고 있다. 이것이 바로 폭스바겐이 추구하는 브랜드 핵이다. 폭스바겐 비틀은 쾌락주의자들을, 골프 GTI는 모험가와 실행가를, 폭스바겐 밴은 조화론자들을 자극한다. 이런 관점에서 폭스바겐 구매자의 Limbic® 유형 분포를 살펴보자. 거의 모든 Limbic® 유

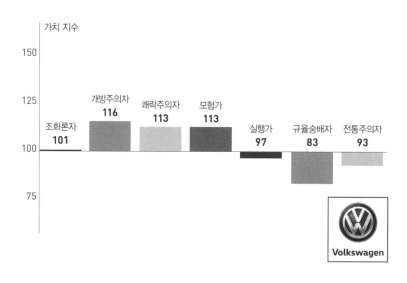

가치 지수

150

125

개방주의자
116

쾌락주의자
113

모험가
113

조화론자
101

100

실행가
97

규율숭배자
83

전통주의자
93

75

Volkswagen

※ 출처 : Limbic® in TdWl

형이 평균 가치 지수 100 주변에 포진해 있다. 시장 선두주자들은 널리 알려진 것처럼 대체로 '중도'를 지향한다. 그러나 여러 유형을 두루 포섭하려다 보면 브랜드에 개성이 결여될 수밖에 없다. 때문에 감정적으로 '브랜드를 퇴색시켜버리는' 결과로 이어지기도 한다.

모두를 공략하다 모두 잃을 수 있다

다수의 시장 선두주자들이 표방하는 '우리는 모든 사람의 마음을 두드린다'는 방식은 폭넓은 소비자층을 확보할 수 있다는 장점이 있다. 하지만 감정적인 측면이나 기능적인 측면에 집중한 브랜드에게 공격받을 수 있다는 단점도 있다. 예컨대 폭스바겐 그룹의 경우, 규율/통제영역(절약)에서는 일본과 한국 자동차의 공격을, 개방성/향유영역에서는 프랑스 경쟁사들의 공격을, 스포츠영역에서는 BMW의 공격을 받고 있다. 게다가 포드나 오펠 같은 대중적인 브랜드가 폭스바겐의 브랜드 핵을 공격하며 확장을 시도하고 있다.

폭스바겐 그룹은 기업과 폭스바겐이라는 브랜드 이 두 가지 부문에서 공격을 받고 있다. 이를 해결하고자 현재 부문별로 독자적인 브랜드들이 대응 전략을 펼치는 중이다. 아우디가 BMW, 메르세데스 벤츠와 맞서 싸우고, 스코다는 저렴한 수입 자동차에 대항하며, 세아트가 개인주의 성향이 강한 프랑스 자동차와 경쟁하고 있다. 여기서 나아가 폭스바겐 브랜드는 각기 다른 목표그룹을 겨냥한 제품라인을 출시했다. 파사트는 전통주의자와 규율숭배자를, 비틀은 쾌락주의자를, 골프는 개방주의자를, 투아렉은 쾌락주의자와 모험가를 겨냥한다.

그러나 '우리는 모든 사람들의 마음을 두드린다'는 입장은 전략적인 한계에 봉착할 수도 있다. 수익을 창출할 뿐 아니라 높은 수익성을 보장하는 배타성 전략이 배제되어 있기 때문이다. 이것이 폭스바겐 파에톤 모델이 실패한 이유기도 하다. 파에톤은 기술적인 측면에서 뛰어난 자동차였지만 판매량은 예상치를 크게 밑돌았다. 값비싼 고급 자동차를 구매하려는 사람들은 자신의 지위를 과시하고 대중과 자신을 구분하고 싶은 욕구를 지니고 있다. 그러나 폭스바겐(국민차) 브랜드는 그런 배타적 욕구를 절대 충족시켜주지 못한다.

카멜 경영진의 치명적 실수

크롬바커와 벡스 맥주의 사례는 브랜드 특유의 감정영역을 확보하고 그 영역을 벗어나지 않는 것이 얼마나 중요한지 보여주었다. 반면 브랜드와 연결된 감정영역을 벗어나는 것이 얼마나 심각한 가치 파괴로 이어지는지는 담배 브랜드인 '카멜'의 사례를 통해 똑똑히 확인할 수 있다. 아직도 많은 이들이 자신의 낙타를 보호하기 위해 구멍 난 신발을 신고 원시림을 가로질러 가던 전설적인 'Camel Mann'을 기억하고 있을 것이다.

카멜이 보유한 감정영역은 모험가영역(《도표 8-9》 참조)으로, 특히 젊은 남성들을 매료시켰다. 그러나 이처럼 거대한 시장 규모에도 카멜 경영진은 만족하지 못했던 모양인지, 여성들의 마음까지 공략하려 했다. 그리고 광고와 결부되어 있던 감정영역에 변화를 시도했다. 광고에서 'Camel Mann'을 사막으로 보내버리고 나서, 다소 우스꽝스러운 느낌의 낙타가 등장하는 여러 편의 광고로 자극영역을 공략하려 시도했다. 결과는 실패로 돌아갔다.

그러자 광고를 다시 바꾸었다. 카멜이 광고를 자꾸 바꾸며 새로운 시도를 할수록 광고는 원래의 콘셉트에서 점점 더 멀어졌다. 카멜은 'Slow down-Pleasure up'이라는 슬로건과 함께 긴장을 풀고 여유로운 생활을 즐기는 여성들과 남성들의 모습을 제시했다. 그 결과 브랜드가 추구하는 감정의 핵은 이제 균형과 자극 사이로 이동했다. 이런 변화가 감정영역을 또 다른 곳으로 옮겨가게 만든 것이다. 이런 광고 전략은 어떤 결과를 가져왔을까? 결국 9퍼센트라는 찬란했던 시장점유율은 2퍼센트로 추락했다.

이제 감정영역의 측면에서 상황을 전체적으로 다시 한번 살펴보자. 이 브랜드는 전형적으로 남성적인 입장에서 벗어나 여성적인 쪽으로 방향을 전환했다. 이와 함께 카멜은 남성들에게 통하던 매력을 상실했

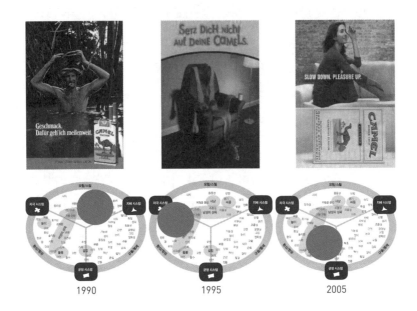

광고를 하는 동안 카멜은 감정영역을 여러 차례 교체했다. 이런 변화와 함께 시장
점유율은 급격히 떨어졌다.

다. 카멜 경영진은 이런 방향 전환을 통해서 여성 쪽 잠재고객을 늘릴
수 있을 테니, 조금만 인내하며 때를 기다리면 된다고 생각했을 것이다.
그러나 그것은 착각에 불과했다. 새로운 가치영역으로 무장한 카멜은
특히 30~40대 사이의 여성들을 공략하고 있다. 그러나 이 연령대의
흡연자들이 담배 브랜드를 바꾸는 일은 거의 없다. 그 사이 카멜의 마
케팅 책임자들은 또다시 방향을 전환했다. 그러나 너무 늦었다. 우물에
빠진 아이를 건져내기란 굉장히 힘든 일이다.

변화를 통해 거듭난 예거마이스터

　카멜의 대재앙을 지켜본 지금, 이런 생각을 할지도 모르겠다. 브랜드가 보유한 감정영역에 변화를 시도하는 것은 근본적으로 잘못된 일이며, 어떤 경우에도 변화를 시도하지 말아야 한다는 생각 말이다. 그러나 이 문제는 그렇게 간단하지 않다. 때로는 그런 변화를 시도해야만 할 때도 있다. 물론 그런 변화를 시도할 때는 어떤 결과가 나타날지 명확히 파악하고 있어야 한다.

　감정영역과 목표그룹 사이의 관계 형성에 대해 자세히 살펴보자. 먼저 그 성공 사례로 알코올음료 예거마이스터 브랜드의 변화를 들 수 있다. 약 30년 전까지만 해도 예거마이스터는 다른 브랜드들처럼 약초로 빚은 평범한 화주에 불과했다. 전통적인 이름, 육중한 병 모양과 주성분인 약초는 전통과 고향, 자연을 대표하며, 명백하게 균형 감정을 점유하고 있었다. 조화론자와 전통주의자들이 목표그룹에서 가장 큰 규모를 차지하고 있기 때문에 몹시 훌륭한 위치 설정이라고 생각할 수도 있을 것이다. 그러나 알다시피 이 목표그룹은 다소 연령대가 높은 편이다. 문제는 바로 여기에 있다. 나이가 들수록 알코올음료 소비량은 급감한다.

　먼저 다음 사항들을 살펴보자. 알코올은 뇌 속에서 몹시 다양한 작용을 한다. 우선 균형 시스템에 영향을 미치기 때문에 술을 마시면 자제력을 잃는다. 알코올은 지배 시스템에도 영향을 미친다. 술을 마시면 강해지는 기분이 드는 것은 이 때문이다. 게다가 자극 시스템에도 영향을 미친다. 술을 마시면 기분이 들뜨고 평소보다 낙천적인 기분에 취한다. 그러나 이런 것은 나이가 많이 든 연령층보다는 젊은 세대, 그중에서도 특히 젊은 남성의 동기영역에 부합되는 요소들이다. 젊은 남성들은 두려움 없이 이성과 교제하길 원하고, 강해지고 싶어하며, 항상 '뭐든 잘하는' 그런 사람이 되고자 한다. 이런 이유로 젊은 남성들은 알코올 소비량이 가장 많은 목표그룹이기도 하다.

나이가 많은 소비자들도 알코올음료를 마시기는 하지만 극히 드문 편이다. 그리고 알코올음료를 가끔 마신다고 해도 의식적인 향유나 건강(소화 목적)이 주목적이 된다. 약초 화주의 경우 나이 든 남성들에게는 소화를 촉진하는 측면이 특히 중요한 의미를 차지한다.

예거마이스터의 소유주 권터 마스트^{Gunther Mast}는 이런 문제점을 인식하고, 알코올음료를 나이의 굴레에서 해방시켰다. 그가 도입한 전설적인 광고 '나는 예거마이스터를 마신다. 왜냐하면…'은 1980년대와 1990년대에 확장되던 개인주의를 대표하는 표현으로 자리 잡았다. 그것으로 이 브랜드의 감정적 가치영역이 자극영역으로 옮겨갔다.

그러나 그것으로 끝난 게 아니었다. 자극영역에 위치하면서 예거마이스터의 이미지가 좀 더 젊어지기는 했지만, 여전히 모험과 지배 사이에 위치하는 이상적인 포지션에 도달하지 못했기 때문이다. 이 부분을 정복하기 위한 마지막 여정은 지난 몇 년간 계속 이어졌다. 예거마이스터는 '우리가 아니면 누가…'라는 슬로건과 하드록 공연 이벤트 등을 활용해 소통을 시도하며 지배 시스템을 강력하게 자극하고 있다. 이를 통해 젊은 남성, 그중에서도 '모험가' 그룹을 집중 공략하는 중이다.

성공적인 브랜드의 내적 긴장감

예거마이스터 사례를 통해, 기존 소비자를 잃어버리거나 놀라게 하지 않으면서 회춘에 성공하는 방법을 배울 수 있었다. 예거마이스터는 명확한 지배 신호와 모험 신호를 이용해 기존의 감정영역을 확장하면서 동시에 유래와 전통, 과거의 가치를 그대로 보존해왔다. 비록 기존의 감정영역이 남성적이고 공격적인 감정 세계를 위해 약간 뒤로 물러나기는 했지만, 예나 지금이나 변함없이 건재하다. 따라서 연령대가 높은 목표그룹과도 계속 연을 이어가고 있다. 그러다 보니 어느새 '모험가' 유형 역시 전통과 고향을 사랑하게 되었다. 궁극적으로 모든 소비자의 내면에는 균형 시스템이 존재하기 때문이다.

보존 요소와 전투 요소의 절묘한 결합은 브랜드에 심오한 깊이와 감정적인 긴장감을 선사했다. 그리고 이렇게 서로 다른 가치영역 사이에 맴도는 긴장감이 해당 브랜드를 더욱 더 흥미롭고 매력적으로 만든다. 성공하는 브랜드는 항상 핵심 감정영역을 보유하고 있지만, 동시에 다른 감정영역도 자극한다.

이것을 맛이 뛰어난 수프에 비유해볼 수 있다. 훌륭한 요리사는 가장 먼저 요리의 기본 맛을 깔끔하게 연출한다. 그것을 핵심 감정영역이라 할 수 있다. 이와 동시에 양념을 능숙하게 혼합하여 세련되고 섬세한 요리를 만들어낸다.

이 사례를 조금 더 살펴보자. 음식의 맛을 더욱 좋아지게 하려면 서로 상반된 맛을 섞어야 한다. 달콤한 음식에는 약간의 소금을, 짭짤하거나 신 음식에는 약간의 설탕을 더하면 맛이 풍부해진다. 이처럼 미묘한 뉘앙스와 대립되는 맛을 제대로 활용하는 탁월한 유희야말로 훌륭한 요리사와 아마추어를 구분하는 중요한 요소다. 그리고 브랜드도 마찬가지다.

다양한 채널로 고객의 감정을 자극하라

앞서 살펴본 것처럼 막강한 브랜드는 여러 감정영역을 자극한다. 그러나 광고업자들은 이에 동의하지 않을지도 모른다. 소비자의 관심은 점점 하락하고 광고비용은 상승하는 현실을 근거로 이런 방식은 절대 불가능하다고 반박할 것이다. 더불어 소비자들은 오직 한 가지 메시지에만 집중할 수 있으며, 오직 말보로 브랜드 광고만 예외라고 주장할 것이다.

그러나 이런 반박은 잘못된 것이다. 브랜드 연출은 전통적인 광고행위의 범위를 벗어나는 것이기 때문이다. 전통적인 광고는 의심의 여지없이 감정의 핵에 집중했어야만 했다. 그러나 이제 브랜드는 감정적인 측면에서 차별화된 유희를 가능하게 하는 여러 다양한 채널을 통해 소비자들과 소통한다. 이를테면 독특한 직원, 이벤트, 프로모션, 전통적인 PR, 인터넷 광고, 제품 포장, 매장 전시, 사용 설명서, 핫라인 등이 여기에 해당한다. 이런 모든 매체는 브랜드의 핵(핵심적인 감정영역)을 붉은 실처럼 관통해야만 한다. 이런 매체는 브랜드가 보유한 하나 혹은 또 다른 감정영역을 구축하는 데 여러 가능성을 제공하게 된다.

평범한 브랜드에서 컬트 브랜드로

밀카, 아리엘, 팸퍼스 등은 매우 막강한 브랜드지만 컬트 브랜드라고는 할 수 없다. 그러면 컬트 브랜드란 무엇일까? 패션 부문에서는 랄프 로렌이, 자동차 부문에서는 포르쉐와 페라리가, 오토바이 부문에서는 할리데이비슨이, 소비재 부분에서는 애플과 최근에 합류한 레드불이 컬트 브랜드에 속한다.

이처럼 전 세계적인 브랜드 외에 지역적인 컬트 브랜드도 있다. 독일 슈바르츠발트에서 생산되는 '로트하우스/탄넨체플레 맥주'나 뮌헨에서 생산되는 '아우구스티너 맥주'를 떠올려보라. 이런 컬트 브랜드의 공통점은 무엇일까? 그들만의 성공 비결은 무엇일까? 컬트 브랜드에는 그들만의 신화가 있다. 무엇보다 이런 컬트 브랜드 뒤에는 인격, 행동, 아이디어, 비전 측면에서 해당 브랜드와 밀접한 관련을 맺고 있는 사람들이 당당하게 버티고 서 있다.

아리엘, 팸퍼스 같은 브랜드에는 한 가지 공통점이 있다. 어떤 규모든 간에 세계적인 대기업에 소속된 브랜드로, 브랜드 경영자가 브랜드 전략에 따른 엄격한 규칙에 의거해 브랜드를 경영한다. 브랜드 경영자들은 브랜드 포트폴리오를 제작하고, 그것을 유가증권에 준하는 캐시 카우$^{Cash\ Cow}$로 간주한다. 그들의 전략은 성공을 거두고 있지만, 그런 브랜드는 인위적으로 제작된 이상적인 피조물, 즉 영혼 없는 아바타에 불과하다. 이 아바타들이 잘 팔리고는 있지만, 한편으로는 무차별적인 편재성, 막강한 광고력, 획일성, 영혼의 부재 등으로 두려움을 낳기도 한다. 나오미 클라인$^{Naomi\ Klein}$의 책《노 로그》$^{NO\ LOGO}$가 높은 판매율을 올린 것도 이를 뒷받침하는 뚜렷한 신호라고 할 수 있다.

컬트 브랜드는 작지만 독창적인 특징을 지닌 사람과 견줄 수 있다. 컬트 브랜드는 살아 있으며, 매혹적인 이야기와 신화가 브랜드와 그 주변을 휘감고 있다. 이는 오늘날까지 브랜드의 이미지를 규정하고, 브랜드 제품에 반영된다. 이처럼 효과적인 신화는 매우 단순한 감정구조를 바탕으로 한다.[8.1] 대부분 이런 브랜드 뒤에는 그 이름만으로도 신뢰감을 부여하고, 모든 것을 설명해주는 소유자나 소유자 가문이 버티고 있다. 컬트 브랜드는 깨끗하고 순수한 것이 아니라 오히려 제멋대로다. 컬트 브랜드가 더욱 큰 호감을 불러일으키는 것도 이런 이유 때문이다.

신화와 이야기의 힘

그렇다면 컬트 브랜드에서 배울 수 있는 것은 무엇일까? 브랜드에는 영혼, 신화, 이야기가 있어야 한다. 과거를 되살리고 인간의 희망과 동경을 반영하는 신화가 필요하다.[8.1] 뇌 속에는 정신을 추구하는 동경, 의미, 그리고 의미를 전달하는 이야기가 자리 잡고 있다. 이때 신피질, 더 정확히 말하자면 신피질의 앞부분인 전전두피질이 영향을 미친다. 전전두피질의 가장 중요한 과제 중 하나는 이야기의 다양한 감각적 인상과 감각의 형태를 결합하는 것이다. 눈으로 보는 것과 귀로 듣는 것은 완전히 다르지만, 의식 속에서는 통합된 것을 체험한다. 세상의 시작을 물으면 우리는 아담과 이브라고 대답한다. 많은 사람들이 이런 천지창조론을 진정한 역사라고 생각한다.

그런가 하면 스티븐 호킹 박사의 빅뱅 이론을 선호하는 사람들도 있다. 우리는 신들과 마법적인 자연의 힘 그리고 영웅이 등장하는 이야기를 스스로에게 들려준다. 또한 어릴 적부터 선이 악을 물리친다는 것을 동화를 통해 배운다. 스타들의 가십을 보도하는 기사를 보고 스타의 사생활을 접하며 점점 더 그들에게 빠져들기도 하고, 이야기를 즐기기 위해 영화관에 가거나 TV 앞에 앉기도 한다.

뇌는 각종 사건들을 연결해 우리의 감정을 어루만져주는 이야기를 찾는다. 강력한 브랜드는 이야기를 들려주는데, 그것은 여러 중소 브랜드 제작사와 가족 기업에게는 곧 기회를 의미한다. 그들은 시장에서 막강한 힘을 휘두르는 대기업의 자금력에 대항할 여력이 부족하지만 다른 무기가 있다. 신빙성 있는 이야기가 그 무기다. 브랜드가 어떻게 탄생했는지, 누가 어떻게 만들었는지, 브랜드와 결합되어 있는 가치와 비전에 대한 이야기를 소비자에게 전할 수 있다.

스위스의 마케팅 전문가인 베르너 푹스^{Werner Fuchs}의 책《1000과 하나의 권력》^{Warum das Gehirn Geschichten liebt}은 읽을 가치가 충분한 책이다. 그는 이 책에서 뇌가 좋아하는 이야기와 그 이야기를 만들어내는 방법을 알려준다.^{8.3}

브랜드 영혼의 파괴

쇼윈도나 대형마트 진열대에 전시된 영혼 없는 수많은 브랜드에도 저마다의 이야기가 있다. 하지만 그것은 그릇된 합리성의 제물이 되고 말았다. '현대적인' 브랜드 경영자는 브랜드 경영 수업에서 브랜드를 A4 용지에 적힌 형식적인 구조에 밀어 넣고, 시장조사 수치를 이용해 인지도와 이미지를 측정하는 방법부터 배운다. 그런 이들에게 브랜드에 대해 질문하면 서슴지 않고 A4 용지를 내밀 것이다. 그리고 브랜드가 어디에서 유래했는지, 창립자는 누구인지, 당시 어떤 아이디어로 브랜드를 창조했는지, 브랜드와 관련된 전쟁에서 어떻게 승리하고 실패했는지 묻는다면 한마디도 대답하지 못할 것이다. 마찬가지로 직원들, 향후 전망 그리고 인터넷 사이트 등에 대해 물어도 역시 대답하지 못할 게 분명하다.

사람들은 광고제작자들이 거금을 들여 제작한, 아름답지만 언제든지 교체 가능한 화면이나 실제로 감정을 자극하는 사진들을 보며 즐거

위한다. 그러나 이런 식의 천편일률적인 브랜드 정책에는 값비싼 대가가 따른다. 브랜드에 내제되어 있던 영혼, 독창성, 긴장, 개성이 파괴되기 때문이다.

석면건축재는 목조 건물의 매력을 파괴한다. 청소하기 편리한 포마이카 자재는 목재 탁자 특유의 안락함을 앗아간다. 강변을 일직선으로 막아 도로공사를 해버리면, 강변을 따라 형성되었던 낭만적인 골짜기는 삭막한 수변 고속도로로 변해버린다. 지금 수많은 브랜드에서 이런 일들이 벌어지고 있으며, 아직 그 끝이 보이지 않는다.

마케팅 회의에서 상업 브랜드와 맞서 싸우며 브랜드의 매출이 얼마나 감소했는지 하소연하는 사람도 똑같은 브랜드 경영자다. 소비자가 영혼이 없고 인공적인 상업 브랜드와, 역시 영혼이 없고 인공적인 제작사 브랜드 사이에서 선택을 할 때에는 보다 저렴한 대안을 붙잡게 마련이다. 영혼이 없는 상업 브랜드와 경쟁하고자 한다면 자신의 브랜드에 사라졌던 영혼을 찾아주거나, 새로운 영혼을 다시 불어넣어야 한다. 그렇다고 해서 '브랜드 핸들', '브랜드 하우스' 등이 적힌 A4 용지를 처분하라는 뜻은 아니다. 이런 것들은 중요한 이론적 뼈대가 되기에 나름의 의미가 있다. 그러나 건축가가 건축주에게 골격 공사만 끝난 집에서 살라고 할 수 없는 것처럼 이런 형식적인 구조만 있는 브랜드로 소비자들을 매료시킬 수는 없다.

소비자의 머릿속에 자신의 브랜드가 차지할 지정석을 만들고 싶다면 브랜드만의 고유한 이야기를 만들고, 개성을 살려 연출해야 한다. 이런 방식의 브랜드 연출은 결코 쉽지 않다. 직원들을 영입하고, 기업 커뮤니케이션을 도입하며, 인터넷 사이트에 변화를 꾀하고, 포장지도 새로이 인쇄하는 등 다양한 측면에서 노력이 필요하기 때문이다.

브랜드 연출이란 브랜드의 아주 세세한 디테일과 신호를 일일이 신경 써야 한다는 걸 의미한다. 그러나 이때 우리가 유념해야 할 것이 있다. 의식조차 하지 못한 여러 사소한 신호가 구매태도에 강력한 영향을 미친다는 점 말이다. 일명 '큐 매니지먼트'Cue Management(단서 관리)라 불리는 이 주제에 대해서는 다음 챕터에서 자세히 살펴볼 것이다.

Chapter 09

고도의 유혹 기술,
큐 매니지먼트

브랜드, 제품, 서비스는 많은 신호와 자극(큐)을 내보낸다. 이러한 신호와 자극은 고객과 소비자가 의식하지 못하는 사이 상당한 영향을 미친다. '큐 매니지먼트' Cue-Management는 고도의 유혹 기술이다. 훌륭한 큐 매니지먼트는 고객의 모든 감각을 일깨워 그들의 목적을 은연중에 호소한다.

지금까지 배운 내용을 잠시 정리해보자. 이제 우리는 어떠한 감정들이 우리의 생각과 행동을 결정하는지 안다. 소비자의 머릿속에서 구매결정이 어떻게 이뤄지는지, 주로 어떤 감정이 구매결정을 자극하고 통제하는지 살펴봤다. 인간의 뇌는 미처 의식하지 못하는 사이에 많은 자극과 메시지(영어로 '큐'cue라고 한다)를 처리하여 구매행위나 구매거부행위로 나타나게 한다.

Chapter 4에서 살펴보았듯이, 짧은 순간의 자극이 고객의 행동에 엄청난 영향을 미친다. 예를 들어 상영 중인 영화의 화면에서 화난 얼굴 표정이나 위협적인 얼굴 표정이 나타나면 변연계의 편도체가 활성화되어 정보를 감정적으로 평가한 뒤 신체반응으로 이어진다. 화난 얼굴 표정이 나타나면 신체는 싸우거나 도망갈 준비를 한다. 우리가 의식하기 전에 이미 신체와 뇌는 반응하고 있는 것이다.

무의식을 자극하는 메시지의 힘

일상에서는 이런 일이 수시로 일어난다. 구체적인 예를 들며 설명해보자. 한 고객이 바지와 신발을 사기 위해 상점을 찾았다. 그는 판매원과 색상, 형태, 유행 트렌드에 관한 이야기를 나눈다. 이때 지점장이 언짢은 일이 있는지 잔뜩 찌푸린 얼굴로 고객 옆을 스쳐 지나간다. 고객은 지점장에게 별다른 관심을 보이지 않고 판매원 쪽으로 시선을 돌린다. 이때 고객이 의식하지 못하는 아주 짧은 순간 스쳐간 지점장의 얼굴 표정이 고객의 기분을 완전히 바꾸어놓는다. 갑자기 지점장이 나타나는 이 짧은 간주곡이 삽입되기 전, 고객은 제품을 구매하기로 마음을 거의 굳힌 상태였다. 그런데 이 고객의 태도가 비판적으로 바뀌어 제품의 품질과 상태를 묻기 시작한다. 그가 제품에 대해 느꼈던 매력도 급격히 떨어진다. 결국 그 고객은 제품을 구매하지 않는다.

고객의 감정 상태에 급격한 변화가 나타난 이유는 그의 무의식 속에 감춰져 있다. 지점장의 화난 표정이 짧은 순간 오버랩되면서 스트레스 및 공격 호르몬 분비가 촉진됐고, 이것이 부정적인 기분을 일으킨 것이다. 사회적 존재인 인간에게 상대의 기분을 정확하게 해석하는 것은 생존과 직결된 문제였다. 그만큼 얼굴 표정은 인간의 뇌에서 특별한 의미를 지닌다.

우리 뇌에서 무의식적으로 처리되어 행동에 영향을 끼치는 것은 얼굴 표정과 신체 언어뿐만이 아니다. 모든 제품들은 무수히 많은 메시지를 내보내고, 이 메시지들은 변연계에서 평가되고 해독된다. 제품명, 제품 설명, 색상, 형태, 향, 맛, 부드러운지 바삭한지, 뜨거운지 차가운지 등 이 모든 것이 메시지다.

평가를 거친 모든 메시지의 흔적은 우리 뇌에 상당히 깊이 남는다. 그리고 이러한 흔적을 바탕으로 제품에 대한 호감 혹은 반감이 생긴다. 고객의 의식에는 제품에 대한 평가뿐만 아니라 호감이나 반감의 감정도 숨겨져 있다. 그러니 고객들이 의식적으로 받아들이고 표현할 수 있는 메시지만이 구매결정을 유도할 수 있다고 생각한다면 오산이다. 실제로 구매결정은 고객의 의식에 도달하지 않은 메시지를 통해 이뤄진다는 사실을 기억하길 바란다!

고객이, 자신이 물건을 구매한 이유를 잘 알고 명확한 의식에 따라 구매결정을 한다는 건 잘못된 속설이다. 고객에게 물건을 팔고 싶다면 이런 잘못된 믿음에서 벗어나라! 이성이 지배하는 의식을 믿지 말아야 한다. 정말 신경 쓸 것은 사소한 디테일과 제품 및 서비스와 관련된 무의식적 메시지다. 무의식적 메시지의 원칙은 광고에도 동일하게 적용된다. 훌륭한 광고 감독이라면 1초도 되지 않는 짧은 순간 등장하는 사소한 디테일도 꼼꼼하게 살펴야 한다.

과자 광고에 숨겨진 큐 매니지먼트

한 가지 사례를 더 살펴보자. '30대 여성'을 타깃으로 한 과자 광고 영상에서 여성이 한 남성과 대화하기 시작한다. 작업장에서 일하고 있던 남성이 여성에게 다가가 자신이 만든 과자를 건네는 모습이 몇 초

동안 화면에 나온다. 이 남성은 어떤 작업을 하고 있었을까? 오토바이를 만들고 있었을까? 아니다. 그는 흔들 목마와 낡은 인형을 고치고 있었다.

설문조사 결과 이 장면을 제대로 기억하는 사람은 거의 없었지만, 그럼에도 사람들의 머릿속에 강한 흔적을 남겼다. 우리의 뇌는 큐나 암시 신호가 담긴 자극을 조금만 주어도 무의식적으로 평가를 시작한다. 여성의 뇌는 짧은 시간에 '흔들 목마/어린아이의 인형'이라는 큐를 '돌봄'의 메시지로 이해한다. 그리고 이것은 자신에게 제품을 건네는 남성에 대한 긍정적인 감정으로 이어진다. '이 남자가 당신의 아이들을 잘 돌봐줄 것이다'라는 연관성이 여성의 의식에 숨겨져 있지만, 이 내용은 남성을 통해 제품에 전달된다. 감독이 의도적으로 흔들 목마와 인형을 삽입하여 뇌에서 애착/돌봄 모듈을 활성화시키고, 그에 상응하는 감정을 불러일으킨 것이다.

우리는 앞서 동기 및 감정 시스템이 소비자의 행동을 어떻게 조종하는지 살펴보았다. 제품이나 서비스가 성공적으로 팔리기를 원한다면 의도적으로 미세하고 작은 신호를 심어두어야 한다. 타깃 그룹에 맞는 감정을 만들어내려면 큐 매니지먼트를 이용해 미세한 신호를 구성할 필요가 있다. 시각, 청각, 미각, 촉각 등 인간의 모든 감각을 염두에 두고 큐 매니지먼트를 활용해야 한다.

이번 챕터에서는 관련 사례를 구체적으로 다룰 것이다. 언어를 시작으로 큐 매니지먼트 여행을 떠나보자. 언어는 많은 정보를 전달하는데 이는 크게 두 가지로 나눌 수 있다. 하나는 기능적 지식이고, 다른 하나는 '파리는 프랑스의 수도다'와 같은 의미론적 지식이다. 물론 언어는 말소리를 통해 감정도 불러일으킨다.

말소리에 담긴 무의식적 메시지

이와 관련해 작은 실험을 해보려 한다. '말루마'Maluma 와 '타케테'Takete 라는 단어를 아주 천천히 큰소리로 읽어보자. 눈을 감고 '말루마'라는 단어를 먼저 떠올려보자. 어떤 감정이 느껴지는가? 정확하게 묘사하기 어려울지라도 따뜻함, 부드러움, 편안함 같은 감정이 느껴질 것이다. 이 번에는 '타케테'라는 단어를 떠올려보자. 아마 차가움, 무뚝뚝함, 거침, 심지어 공격성과 같은 감정이 느껴질 것이다. 인위적으로 만든 두 단어에는 사실 아무 의미가 없다. 하지만 말소리만으로도 우리 뇌에서 다양한 감정을 불러일으킬 수 있다.

이러한 감정들은 우리의 감정과 동기를 도표화한 Limbic® 맵에서 어느 위치에 자리하고 있을까? 두 단어의 위치는 명확하다(《도표 9-1》 참조). '말루마'는 균형과 자극 사이에 있는데, 균형에서 자극 쪽으로 약간 치우쳐 있다. '타케테'는 지배(싸움, 반항) 쪽에 있다. 이 도표를 통해 어떤 목표그룹이 이런 말소리를 특히 선호하는지 확실하게 알 수 있다. '말루마'는 동기 및 감정 시스템에서 여성 쪽에 기울어 있고, '타케테'는 이와는 정반대다. 타케테의 경우 '지배 시스템'이 활성화되므로 목표그룹은 실행가 유형의 소비자다.

마케팅 분야에서는 말소리 하나도 구매에 영향을 미치는 중요한 큐가 될 수 있으며, 사실 오래전부터 이를 활용해왔다. 오펠의 아스트라Astra나 페레로의 라파엘로Raffaelo와 같은 제품명이 대표적인 예다. 단어 전체뿐만 아니라 알파벳 하나하나에 감정이 담겨 있다. 모음 A는 선명하고 차가운 느낌을, 모음 U는 중후한 느낌을 전달한다. 자음 M과 L은 부드러운 느낌을 주는 반면, 자음 K와 T는 거친 느낌을 준다. 실제

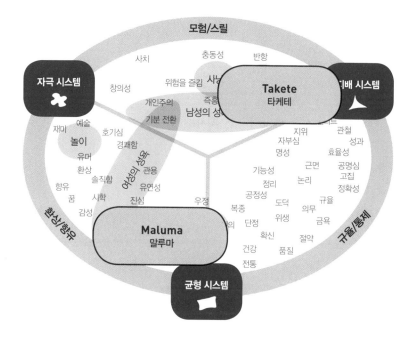

〈도표 9-1〉 말소리에 담긴 감정

모험/스릴

사치　충동성　반항

자극 시스템

창의성　위험을 즐김 사냥

Takete
타케테

지배 시스템

개인주의

기분 전환　남성의 성

예술　호기심

재미　놀이

유머　경쾌함

환상

향유　솔직함　관용

꿈　미학　유연성

감성　진심　우정

Maluma
말루마

지위　관철

자부심　성과

명성　효율성

근면　공명심

기능성　논리　고집

정리　정확성

공정성　도덕　규율

복종　위생　의무

단정　확신　금욕

건강　절약

품질

전통

균형 시스템

환상/향유

규율/통제

'말루마'와 '타케테'는 아무 의미가 없는 단어. 그럼에도 두 단어는 강한 감정적
의미를 지니며 각 단어에 해당하는 감정영역이 있다.

로 음성학에는 '음성학적 상징체계'라는 개념으로 말소리의 느낌만 전
문적으로 연구하는 분야가 있다.[8.2]

작은 표현의 차이가 판매 결과를 바꾼다

우리가 사용하는 많은 단어들은 의식하지 못하는 사이 특정한 감
정 세계와 연결된다. 그리고 떼려야 뗄 수 없는 관계가 형성된다. 〈도표

9-1〉의 Limbic® 맵을 좀 더 자세히 살펴보자. 오른쪽 '규율/통제'의 영역에는 정확성, 효율성, 논리와 같은 개념이 나열되어 있는 반면, 왼쪽 '환상/향유'의 영역에는 꿈, 감성, 환상과 같은 개념이 나열되어 있다. 이러한 감정의 배경을 정확하게 파악하고 언어에 담긴 감정을 목적에 맞춰 조절하는 것이 큐 매니지먼트만의 특별한 임무다.

만일 당신이 창문을 제작하는 회사에서 제품 설명서를 작성하는 담당자라고 가정해보자. 당신은 제품의 특성을 소개하는 업무를 맡았고, 두 창문의 제품 설명서는 다음과 같이 두 가지로 작성될 가능성이 있다.

가능성 1

XY 창문과 창문에 내장된 전자 잠금 장치는 하이테크 정밀 기계로 생산되었으나, 기계의 정밀함과 품질은 아직 세계적 수준에 못 미칩니다. 하지만 멀티센서 기술을 적용한 XY 창문의 전자동 개폐 기능은 정밀함과 품질 면에서 독보적입니다.

가능성 2

WZ 창문은 장기간 건조한, 국내산 천연 목재를 엄선해 세심하게 수작업으로 제작했습니다. WZ 창문은 강풍과 악천후에도 끄떡없으며 쾌적한 실내 공기를 유지시켜줍니다. 여러분은 가족들과 함께 안락함과 행복함을 느낄 수 있습니다.

어떤 제품 소개가 더 감정적으로 느껴지는가? 둘 다 매우 감정적이다! 가능성 1에서는 규율/통제/효율의 감정 세계에 속해 있는 단어를 사용한 반면, 가능성 2에서는 균형/돌봄의 감정 세계에 해당하는 개념과 추론을 사용했다. 둘 중 어느 것이 매출 상승에 더 효과적일까? 타깃 고객에 따라 다르다. 가능성 1은 남성적 뇌를 가진 사람에게서 호소력이 강한 반면, 가능성 2는 여성적 뇌를 가진 사람에게 호소력이 강하다.

이 두 사례를 통해 상품 판매에서 언어가 얼마나 중요한 역할을 하는지 알 수 있다. 진정한 큐 매니지먼트를 하려면 단어 하나도 우연에 맡겨서는 안 된다. 뿐만 아니라 타깃 고객층도 명확히 설정해두어야 한다. 젊은 남성과 중년 여성에게 설득력 있는 언어는 다르다. 전통주의자와 쾌락주의자의 뇌도 기대하는 것이 다르다. 지금까지 우리는 언어에 담긴 감정이 미치는 영향에 대해 다루었다. 이뿐 아니라 뇌 연구와 심리언어학, 판매 촉진에 도움을 주는 언어와 뇌 연구 및 심리언어학 관련 지식은 상당히 많다.[9.1, 9.2, 9.3] 이제부터 그 내용들을 구체적으로 살펴보려 한다.

광고 메시지에 사용하면 좋은 단어

본론으로 들어가기 전에 간단한 예로 시작하자. 아래와 같이 워드체인을 만들어보자.

워드체인 1 : 혼란, 물고기, 망치, 키스
워드체인 2 : 편집하다, 합의하다, 가다, 쓰다듬다

어떤 워드체인의 어떤 단어가 커뮤니케이션 및 광고 효과가 가장 뛰어난가? 여러분은 직관적으로 워드체인 1의 '키스'와 '망치', 워드체인 2

의 '쓰다듬다'와 '가다'를 선택할 것이다.

어떻게, 왜 이런 선택을 했을까? 당신의 뇌에서 단어를 다르게 처리하기 때문이다. 몇 년 전까지만 하더라도 뇌 연구자들은 언어에 대한 이해가 이뤄지는 베르니케 영역과 언어 생성을 담당하는 브로카 영역에 차이가 있다고 믿었다. 베르니케 영역과 브로카 영역은 둘 다 대뇌 왼쪽에 위치한다. 그러나 우뇌도 언어와 관련해 중요한 역할을 한다는 사실이 밝혀졌다. 좌뇌는 단어와 문법을 처리하는 반면, 우뇌는 언어의 분위기와 멜로디를 담당한다. 어쨌거나 과거에 학자들은 모든 단어는 베르니케 영역과 브로카 영역에 저장되어 있다고 여겼다.

그런데 뇌 단층촬영 연구결과 놀라운 사실이 확인됐다. 단어마다 처리되고 저장되는 뇌의 위치가 달랐던 것이다. 단어와 언어 처리 프로세스의 미세한 차이에 따라 광고 메시지나 제품의 효과를 다르게 전한다. 우리 뇌는 대상 인식-감정-행동 기제의 원칙을 따른다.[9.1, 9.3] 언어 자체가 특별한 지위를 갖는 것이 아니라, 수백만 년의 역사를 지닌 뇌의 기본 논리를 따른다는 사실이 입증되고 있다. 언어 발달의 역사가 얼마나 오래되었는지 한번 생각해보자. 약 15~20만 년 전부터 언어가 발달했을 것으로 추정되는데, 이는 뇌의 역사에 비교하면 얼마 되지 않는다.

"백번 듣는 것보다 한번 보는 게 낫다."라는 속담도 있지 않은가. 그래서 인간은 이미지를 좋아한다.

'물고기'보다 '키스'가 뇌를 강하게 활성화시킨다

이런 이유로 '물고기'와 같이 뇌 속에서 이미지를 연상시키는 단어(구상적 단어)는 '혼란'과 같은 추상적인 단어보다 우리 뇌에서 훨씬 빨리 처리된다. 뇌 촬영기로 관찰한 결과 우리 뇌에 다음과 같은 현상이 나타나는 것을 확인할 수 있었다. '혼란'이라는 단어를 들었을 때 대뇌의 넓은 부위가 오랫동안 활성화되었다. 우리 뇌에 이 단어를 처리하는 영역이 정해져 있지 않기 때문이다. '물고기'라는 단어에 대해서는 전혀 다른 현상이 나타났다. '물고기'라는 단어를 듣자 사람의 후두피질 영역이 잠시 반짝거렸다. 이미 구체적인 이미지가 처리되고 있었던 것이다. 이를 통해 인간의 뇌는 추상적 단어보다 구상적 단어에 먼저 반응한다는 걸 알 수 있다.

이제 '키스'와 '물고기'를 비교해보자. 둘 다 구상적 단어다. '키스'의 경우 감정이 유발되는 반면, '물고기'는 그렇지 않다. 감정은 생명체가 빨리 행동하도록 재촉하기 때문에, 우리 뇌에서 감정은 우선통행권을 갖는다. 그래서 '키스'처럼 감정적 내용이 담긴 단어가 우리 뇌에서 특히 빨리 처리된다. 즉 우리 뇌는 감정적 내용이 있는 구상적 단어를 더 좋아한다.

뇌는 감정을 자극하는 단어를 좋아한다

아직 '망치'라는 단어가 남아 있다. '망치'는 구상적 단어인 한편 우리가 못질을 할 때 사용하는 도구이기도 하다. '망치'라는 단어를 들었을 때의 뇌를 단층촬영한 결과, 놀라운 사실이 확인됐다. '망치'라는 단어를 들으면 구상적 이미지를 처리하는 뇌 영역이 활성화된다. 그런데 망치는 '못질을 하는 행위'와 관련이 있기 때문에 뇌의 다른 영역도 활성화되었다. 다름 아닌 못질하는 동작을 조종하는 영역(대뇌의 운동영역)이었다. '망치'라는 단어는 이미지와 동작에 관여하는 뇌 영역에 정보가 이중으로 저장되어 있기 때문에 뇌에서 더 빨리 처리되고 더 강한 기능적 의미를 갖게 된 것이다. 따라서 커뮤니케이션 효과에 순서를

<도표 9-2> 뇌의 언어 처리 속도와 효과

| 추상적 단어 | 시각 관련 단어 | 행동 관련 단어 | 권력 관련 단어 | 감정 관련 단어 |

| 추상적 단어 : 혼란 | 구상적 단어 : 물고기 | 행동 및 행위 관련 단어 : 망치, 만들다 | 감정 및 구상적 단어 : 키스 |

매기면 '1. 키스, 2. 망치, 3. 물고기, 4. 혼란'이다. 〈도표 9-2〉는 커뮤니케이션 효과를 순서별로 잘 보여준다.

동사에도 이와 비슷한 논리가 적용된다. '편집하다'라는 단어가 들어오는 순간 우리 뇌는 혼란스러워진다. 이 단어를 담당하는 뇌 영역이 없기 때문이다. '합의하다'는 '편집하다'보다 구체적이지만 여전히 추상적인 단어다. 반면 '가다'는 완전히 다르다. 우리 뇌에서 '가다'라는 단어를 처리할 때는 '가다'라는 동작을 처리하는 뇌 영역, 즉 걷기와 관련된 운동영역이 동시에 활성화된다. 따라서 '가다'라는 동사는 우리 뇌에서 빠르고 확실하게 처리된다. 동사 '쓰다듬다'가 남아 있다. '쓰다듬다'는 구체적인 동작과 관련이 있으며 한편으로는 감정을 자극하는 동사다. 따라서 동사의 커뮤니케이션 효과에 순서를 매기면 '1. 쓰다듬다, 2. 가다, 3. 합의하다, 4. 편집하다'이다.

제품 및 광고 메시지로 판매 촉진 효과를 노릴 때 염두에 두어야 할 기본 원칙이 있다. 두뇌 활동에 맞춰 감정적, 구상적, 움직임과 관련 있는 활동적 언어를 사용하는 것이다. 나아가 절제와 단순함을 지킬 필요가 있다. 우리 뇌는 짧은 단어를 좋아하며, 12~15개의 단어를 줄줄이 나열하지 않은 단순한 문장을 좋아한다. 그리고 뇌는 3초 단위로 활동하기 때문에 3초 내에 포착될 수 있는 단어를 가장 좋아한다.[8.3]

포장지 뒷면에 숨겨진 기회

지금까지 신경언어학의 세계로 짧은 여행을 했다. 이제 큐 매니지먼트에서 언어를 어떻게 사용해야 제품의 가치와 매력을 한층 더 높여줄 수 있는지 본격적으로 살펴보려고 한다. 일반적으로 큐 매니지먼트에서는 겉보기에 부수적인 요소들이 엄청난 영향력을 갖는다. 이를테면 제품이나 포장의 뒷면과 같은 것들이다.

제품 담당자나 마케팅 담당자는 큰 스케일로 생각하는 것을 좋아한다. 첫눈에 포장이 매력적으로 느껴지는가? TV 광고가 판매량을 늘리는 데 도움이 되는가? 그러다 보면 고객과 소비자가 제품을 어떻게 구매하고 사용하는지에 대해서는 잊어버리거나 등한시하게 된다. 정말 중요한 것은 이것인데 말이다. 물론 포장의 앞면도 아주 중요하다. 포장의 앞면은 슈퍼마켓과 매장 진열대에서 '나를 사줘요!'라는 신호를 보내기 때문이다.

하지만 진정한 소비 과정과 커뮤니케이션 프로세스는 구매와 동시에 시작된다. 소비자는 집으로 돌아와 장바구니에서 제품을 꺼내는 순간 '이 제품을 어떻게 사용하지?'와 같은 질문을 하게 된다. 한편 균형 시스템이 관여해 자신의 양심을 향해, 혹은 팩트 확인을 위해 다음과 같은 질문을 하기도 한다. '내가 이 물건을 사는 데 그렇게 많은 돈을 써야 했나?', '이 제품은 몇 칼로리일까?', '이 제품의 어떤 요소가 건강에 유익하고, 어떤 요소가 건강에 유해한가?'

이런 질문에 대한 답을 얻기 위해 소비자들은 집에서 제품의 뒷면을 찬찬히 살펴본다. 거기엔 '성분 : 레시틴, 유화제, 글루코스, 안정제 405, 407, 408…'과 같은 정보들이 적혀 있다. 많은 제조업체들이 자사 제품을 여러 유럽 국가에 수출하고 있으며, 최대한 공간을 효율적으로 사용하려 하기 때문에 이러한 정보들은 여러 나라 언어로 깨알같이 작은 글씨로 적혀 있다.

님펜부르크 연구팀에서 실시한 설문조사 결과, 식료품을 구매할 때 현장에서 제품 포장지 뒷면에 적힌 정보를 꼼꼼히 살펴보는 소비자는 0.1퍼센트에 불과했다. 반면 집에 있을 때 제품 포장지 뒷면을 꼼꼼히 살펴보는 소비자의 비율은 15~20퍼센트로 월등히 높았다. 집에 있으면 소비자들이 제품에 관해 더 많은 것을 궁금해하는 경향이 있기 때문이다. 이렇게 막강한 잠재적 소비자들에게 알아듣기 어려운 전문용어만 늘어놓는다면, 제품을 제대로 평가받을 기회를 잃고 만다.

이제 전문성 있는 큐 매니지먼트란 무엇인지 제대로 보여줄 사례 두 가지를 소개하려고 한다. 먼저 평범한 대량생산품인 UHT 우유(초고온 멸균 우유)부터 시작해보자.

평범한 UHT 우유가 고급 제품이 되기까지

대부분의 유제품회사에서 생산되는 UHT 우유 포장에는 최소한의 정보만 적혀 있다. 반면 독일의 유제품회사 바이엔슈테판^{Weihenstephan}의 경영진은 'UHT 우유에 관해 알아야 할 사실'이라는 모토로, 큐 매니지먼트의 가능성을 최대한 활용했다. 다음은 바이엔슈테판에서 생산되는 UHT 우유 측면 포장지에 적혀 있는 제품 설명 중 일부를 발췌한 것이다.

> "우리 회사의 젖소는 수려한 경치를 자랑하는 알프스 지역 농가에서 책임지고 키웠습니다. 우리는 촉촉한 잔디와 목초지의 건강한 풀을 먹고 자란 소에서 짜낸 젖으로 매일 신선한 우유를 생산하고 있습니다."

감정이 담긴 구상적 언어로 된 몇 문장은 바이엔슈테판의 UHT 우유를 돋보이게 하는 요소다. 이 문장을 읽었을 때 우리 뇌에서 UHT 우유의 가치는 높아진다. 소비자들도 같은 경험을 한다. 신선함과 자연이 품질에 대한 약속을 강화시키는 것이다.

> "바이엔슈테판 왕립 아카데미^{Konigliche Akademie Weihenstephan}는 고품질 제품을 생산해왔습니다. 1877년부터 지금까지 이 원칙에는 변함이 없습니다. 우리 회사의 엄격한 품질관리 시스템이야말로 UHT 알프스 우유의 품질을 한결같이 유지할 수 있었던 비결입니다."

TV 광고 투자비에 비하면 이 문구를 작성하는 데 드는 비용은 말도 안 되게 적다. 바이엔슈테판의 사례에서 보았듯이 한번 제대로 만든 광고 문구는 수십 년이 지나도록 소비자의 마음을 사로잡는다. 이 문구는 큐 매니지먼트의 핵심 원칙을 충실하게 따르고 있다. 그런데도 여전히 상당수의 제품 담당자나 마케팅 담당자가 사소한 디테일에 관심을 적게 두거나 아예 두지 않는다. 정작 소비자의 머리와 뇌는 바로 이런 것들을 가치 있게 여기는데도 말이다.

이탈리아의 과자회사인 페레로의 큐 매니지먼트도 완벽에 가까운 사례다. 초콜릿 볼 라파엘로의 뒷면에는 이렇게 쓰여 있다('말루마' 효과를 떠올리며 네이밍을 했다).

> "라파엘로는 엄선된 재료를 환상적으로 조합해 만든 초콜릿 볼입니다. 유지방을 제거한 최상급 우유로 만든 양질의 우유 크림 속에 새하얀 아몬드가 퐁당 빠져 있고, 바삭한 와플과 부드러운 코코넛이 감싸고 있습니다."

이 글을 읽는 순간 작고 하얀 초콜릿 볼이 떠오른다. 이 짧은 문구만으로도 제품의 품격이 올라간 것이다. 단어 하나하나가 효과를 발휘한다.

형태 언어와 감정 언어

이제 큐 매니지먼트에서 정말 중요할 뿐만 아니라 더 넓은 영역인 디자인과 형태 언어로 넘어가자. '말루마'와 '타케테' 실험을 떠올려보자. '말루마'가 감정 세계 중 균형/자극 쪽에서 더 많은 반응을 나타낸 반면, '타케테'는 감정 세계 중 지배 쪽에서 더 강하게 활성화된다는 사실

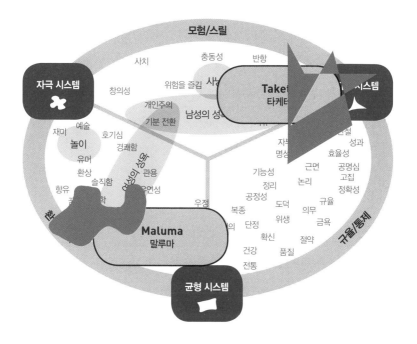

모험/스릴

사치   충동성   반항

자극 시스템

창의성   위험을 즐김   사...

Taket 타케테

...시스템

개인주의
남성의 성...

기분 전환

예술   호기심

재미

놀이   경쾌함

자부
명성

절... 성과

효율성

유머

환상   관용

공명심
고집
정확성

근면   기능성   논리

향유   솔직함   유연성

정리
공정성   도덕   규율

우정

복종   의무   금욕
위생

단정

Maluma 말루마

의

건강   절약
확신   품질

전통

규율/통제

균형 시스템

'말루마'와 '타케테'라는 단어를 들었을 때 연상되는 형태는 다르다.

을 확인했다. 말소리만으로 감정이 자극된 것이다.

이제 다음 단계로 넘어가자. 잠시 눈을 감고 '말루마'와 '타케테'는 어떤 형태/모양으로 표현될 수 있을지 생각해보자. 〈도표 9-3〉은 이 말을 들었을 때 사람들의 의식 속에서 어떤 형태가 연상되는지를 보여준다. '말루마'는 부드러운 원형이 많은 조화롭고 닫힌 도형인 반면, '타케테'는 내부의 간격이 크고 뾰족하며 각진 도형이었다. 이것만 봐도 우리가 느끼는 형태와 디자인은 감정 시스템과 틀림없이 밀접한 관련이 있음을 짐작할 수 있다.

비판론자들은 형태와 디자인에는 문화적 특성이 우선적으로 반영된다고 반론을 제기한다. 이 주장은 절반은 맞고 절반은 틀리다. 실제로 모든 문화에는 수천 년에 걸쳐 형성되어온 고유한 형태 언어가 있다.[2.19] 이러한 기본 패턴이 꾸준히 발달해오면서 문화마다 차이가 생겨난다. 이 연구에서는 서양의 패턴을 기본 틀로 삼고 관찰했다. 흥미로운 사실은 이러한 문화적 특성이 반영된 기본 패턴 안에서 동기 및 감정 시스템이 우세했다는 점이다.

균형 디자인, 자극 디자인, 지배 디자인

이는 가구나 주거 스타일에서 가장 명확하게 드러난다. 우리는 디자인의 감정 언어를 설명하기 위해 Limbic® 맵을 주거 스타일에 적용했다. 균형 시스템을 중심으로 〈도표 9-4〉의 가구를 관찰해보자. 균형의 힘은 최대한 변화를 주지 않으면서 검증된 것과 익숙한 것을 유지하려는 데 있다. 그렇다면 이런 가구 스타일은 어떤 모습일까?

전형적인 독일 가정의 가구 스타일이 그렇듯 아늑하고 전통적인 스타일을 하고 있다. 균형 시스템과 조화론자, 전통주의자들이 도달하고 싶어하는 형태 언어는 우리에게 잘 알려져 있고 익숙하며, 안정과 안락을 전달하는 색채와 형태의 세계에서 움직이고 있다.

이제 몇 단계 더 나아가 개방성/향유의 방향으로 가보자. 균형 시스템은 너무 많은 변화를 거부하고 안정과 안락을 추구하는 반면, 자극 시스템은 변화를 필요로 한다. 여기에 적합한 디자인과 형태 언어는 어떤 모습일까? 예를 들어 따뜻한 색상, 천연 목재, 작은 액세서리 장식이 있는 별장이 있다고 하자. 이때 자극영역이 강하면 전통적인 색채 및

디자인과 주거 스타일도 뇌의 동기 및 감정 시스템의 영향을 받는다.

형태 언어가 사라지고 질서가 해체되며, 색채, 형태, 스타일이 창의적으로 뒤섞인다. 자극 시스템의 영향이 강할수록 색채와 형태는 기이해지고 사용되는 재료도 독특해진다. 이곳은 참신함과 창의성의 세계다. 이곳에서 전혀 새로운 주거 트렌드가 탄생한다.

이제 동기와 감정의 공간에서 지배 시스템의 규율과 통제로 살짝 방향을 틀어보자. 동기영역과 감정영역에 맞는 디자인 스타일은 어떠한가? 여기에서 뇌는 효율성과 계산 능력을 기대한다. 디자인 언어는 꾸미기 위한 장식 없는 기하학적 형태를 그 특징으로 한다. 장식적이거나 독특한 요소는 없으며 미니멀한 형태에 가깝다. 형태는 철저히 기능을 따른다. 절제된 형태를 통해 지배하고 통제되는 세계인 것이다.

여성적 디자인, 남성적 디자인

Chapter 6에서 남성과 여성의 뇌에 어떤 차이가 나타나는지 알아보았다. 그 구체적 사례로 우리는 푀스라우어^{Voslauer}와 뢰머크벨레$^{Romer-quelle}$의 생수병을 비교하며 살펴보았다. 푀스라우어는 부드러운 여성적 형태의 생수병으로 뢰머크벨레와의 경쟁에서 앞설 수 있었다. 앞서 배운 지식과 이번 챕터에서 배운 지식을 연결시키면 여성과 남성이 형태를 다르게 인식하는 이유가 좀 더 명확해진다. 지배 시스템을 중시하는 남성들은 장식이 없는 '지배 형태'를 선호하고, 모든 것을 기능에 집약시켜 힘과 권력을 표현한다. 반면 균형/자극영역을 중시하는 여성들은 부드럽고, 둥글고, 장식이 많은 형태를 선호한다.

중년층을 위한 디자인, 청년층을 위한 디자인

디자인 취향은 연령에 따라 다르다. 나이가 많은 사람들은 전통적인 형태와 색상, 재료를 선호한다. 젊은 사람들은 요란하고, 독특하며, 강렬한 형태와 색상, 재료를 선호한다. 40세에서 45세 사이의 중년들은 혼합 스타일을 특히 매력적이라 여기며, 전통적인 형태에 새로운 형태와 색채를 가미해 조화시키려고 한다.

목표그룹에 적합한 색채와 재료

재료도 고객의 동기 및 감정 시스템에서 중요한 의미를 갖는다. 가공하지 않은 천연 목재는 안락함과 따뜻함을 전달하고, 독특한 컬러와 눈에 띄는 형태의 플라스틱과 합성 화학 물질은 평범하고 급변하는 자극 시스템을 대변한다. 광택이 없는 금속은 지배 시스템에서 가장 인기가 많은 재질이다.

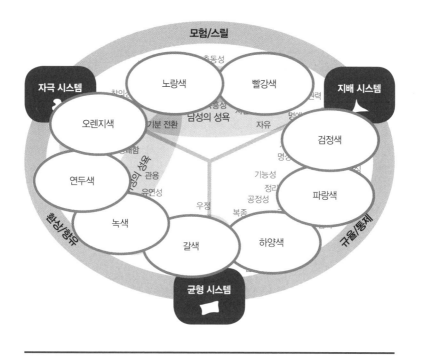

모험/스릴

자극 시스템

지배 시스템

노랑색

빨강색

오렌지색

검정색

연두색

파랑색

녹색

갈색

하양색

균형 시스템

색채도 동기 및 감정 시스템과 밀접한 관계가 있다. 빨강색/검정색은 지배를, 파랑색은 규율과 원칙을, 노랑색은 자극을, 녹색/갈색은 균형을 나타낸다. 〈도표 9-5〉는 이러한 상관관계를 잘 보여준다.

물론 이것은 전형적인 사례일 뿐이다. 제품이나 가구 디자인에서는 여러 스타일을 혼합한 형태가 많다. 디자이너들은 다양한 형태와 감정의 세계를 조화시키기 위해 노력하고, 독특한 형태의 혼합물을 창조해 폭넓은 층의 대중에게 호소하려 한다. 그러다 보니 무의식적으로 작용하는 디자인의 언어를 반영하지 않을 때가 많다. 디자이너의 마음에 드는 창의적 도안은 고객의 취향을 저격하기 어렵다. 왜냐하면 그것은 디자이너가 좋아하는 창의적 도안이지, 목표그룹에 맞춘 형태 언어가 아니기 때문이다.

구매는 코를 통해 이뤄진다

이제 시각 시스템을 떠나 코, 즉 후각 시스템으로 넘어가자. 후각은 개나 고양이와 같은 포유동물이 세상에 적응하며 살아가는 데 도움을 준다. 인간에게는 코보다 눈과 귀가 더 중요한 의미를 갖는다. 그래서 후각은 별로 중요하지 않다며 등한시하는데, 실은 그렇지 않다. 사람들은 언어, 소리, 이미지가 인간의 의식에서 비교적 높은 비중을 차지한다고 생각하는 반면 후각은 제외시킨다.

하지만 후각은 무의식적으로 고객의 태도에 상당한 영향을 미친다. 후각은 의식이 차단된 상태에서, 변연계에서 바로 처리되어 행동으로 옮겨진다. 후각의 경우 무의식 상태에서 처리되는 비중이 크다. 그래서 냄새를 묘사하거나 떠올리기 어려운 것이다. 페로몬은 냄새 연구에서 특히 중요한 역할을 한다. 성 자극물질인 페로몬은 남성과 여성이 서로에게 끌리도록 한다. 하지만 인간을 대상으로 한 페로몬 연구는 이제 시작 단계다.

최근 연구에서 '사랑은 코를 타고 온다'는 말이 사실인 것으로 입증되었다. 냄새가 고객의 구매태도에 미치는 영향은 실로 놀라울 정도며 우리는 여기에 집중하려 한다. 실제로 냄새는 구매에 엄청난 영향을 미친다. 단지 대부분의 사람들이 이 사실을 깨닫지 못할 뿐이다.

재료 구성과 품질이 동일한 두루마리 휴지에 한 가지 조건만 달리하여 실험을 진행했다. 한 제품에는 거의 인식 못할 정도의 신선하고 부드러운 향을 넣었고, 다른 제품은 아무 처리도 하지 않았다. 실험결과 65 퍼센트의 피험자가 향을 넣은 두루마리 휴지를 선호했다. 그리고 소수의 피험자인 약 5퍼센트만이 두 휴지의 차이를 구분했다.

최근 각 기업의 연구실이나 제품개발실에는 식료품, 세제, 자동차 내부 공간에 이르기까지 제품에 맞는 향을 입히는 향기 디자이너를 보유한 곳이 늘어나고 있다. 인지 문턱값(어떤 것을 인지하게 되는 경계치)보다 살짝 아래 혹은 위에 있는 향을 만들어내는 것이 이들의 업무다. 갓 구운 빵의 향기처럼 자연스런 향은 다양한 뉘앙스를 갖기 때문에 인지 문턱값을 넘어도 긍정적인 효과를 발휘한다. 반면 우리의 후각을 직접적으로 자극하는 1차원적인 인공향은 거슬리고 불편한 느낌을 준다. 이런 향은 매출을 증대시키기는커녕 오히려 떨어뜨린다.

미각을 공략하는 특별한 비법

후각만큼이나 미각과 식품의 특성도 복잡하다. Chapter 2에서 보았듯이 우리 뇌에 있는 식욕·구토 시스템은 좋아하는 맛과 싫어하는 맛을 결정한다. 전두엽피질 외에 대뇌피질의 앞쪽 바로 아랫부분에 '뇌섬엽'이라는 영역이 있는데, 뇌섬엽은 미각을 처리하는 데 중요한 역할을 한다. 맛에 대한 평가는 자극 및 균형 시스템과 밀접한 관련이 있다. 긍정적이고 호감을 느꼈던 맛은 자극 및 보상 시스템을 활성화하고, 부정적이고 거부감을 느꼈던 맛은 체벌 및 균형 시스템을 활성화한다.

우리가 기본적으로 선호하는 맛이나 음식에는 문화적 특성이 강하게 반영되는데, 이러한 취향은 생후 3~4년 사이에 형성된다. 맛은 개인이 직접 체험하는 것이기 때문에 다른 사람이 어떻게 느끼는지 묘사하기 어렵다. 냄새나 느낌처럼 맛도 표현하기 힘들다. 언어 표현은 감각을 느낀 다음에 이뤄지고 의식 상태에서 처리되기 때문에, 인간의 뇌에서 매우 중요한 역할을 하는 감정의 영역을 똑같이 재현하는 것은 불가능하다. 하지만 우리가 정확하게 묘사할 수 없다고 하여 후각이나 미각이 아무런 영향을 미치지 않는 것은 아니다.

식품회사들이 소비자의 뒤에서 무슨 일을 벌이고 있는지 안다면 감각영역의 중요성을 깨닫게 될 것이다. 고도의 전문성을 갖춘 조향사들이 하이테크 실험실에서 새롭고 정교한 맛을 개발함에 따라 맛의 종류가 다양해지고 그 범위 또한 넓어지고 있다. 이제 화학 성분으로 맛을 튜닝하지 않은 초콜릿, 요구르트, 스파게티 소스는 식료품 코너의 선반에서 찾아보기 힘들 정도다.

발젠 크래커가 '딱' 소리에 집착하는 이유

우리 입과 미각은 우리의 뇌에 단지 미각 정보만 전달하는 것이 아니다. 전문용어로 식감(씹는 질감)이라고 하는 식품의 특성은 무의식적으로 큰 영향을 끼친다. 쫀득쫀득한 곰 젤리, 부드러운 누가 초코바, 바삭한 크리스프브레드를 한 입 물었을 때를 떠올려보자. 맛과 상관없이 제품의 특성과 질감에 따라 다양한 식감을 체험했던 기억이 있을 것이다. 이러한 감각영역은 우리가 조금밖에 인지하지 못하지만, 큐 매니지먼트에서는 매우 중요한 부분이다.

대표적인 예로 발젠^{Bahlsen}의 라이프니츠 크래커가 있다. 라이프니츠 크래커는 업계에서 독보적인 위치를 차지한다. 맛과 형태 외에도 베어물었을 때 나는 '딱' 소리를 정확하게 말로 표현하기는 어렵지만, 어쨌든 이것은 이 제품의 트레이드마크다. 이 딱 소리는 다양한 감각을 자극한다. 이 소리는 구강을 지나, 머리를 거쳐 귀의 청각중추로 전달된다. 하지만 포장을 뜯은 상태로 오랫동안 놔두면 크래커가 눅눅해지고 씹었을 때의 소리도 변한다. 맛이 마음에 들지 않는 것은 아니지만 '체험 형상', 즉 크래커 전체의 체험 이미지가 손상된다.

특정 상품, 대개 어린 시절부터 알고 있던 제품에 대한 전형적인 체험 이미지는 신경망 속에 박힌 상태로 소비자의 잠재의식 속에 남아 있다. 발젠의 크래커를 베어 물었을 때 딱 소리가 전과 다르면 앞서 말한 대로 체험 이미지가 손상되고, 이는 제품에 대한 손상으로 이어진다. 우리 뇌에서 최근의 경험과 전형적인 체험 형상이 조화를 이루지 못하기 때문이다.

발젠은 소홀히 여기기 쉬운 감각영역의 중요성을 너무 잘 알고 있었다. 이것이 '다감각 브랜드 커뮤니케이션'이라는 프로젝트를 추진하게 된 계기다. 발젠에서 막대한 비용을 들여 연구하고 레시피에 변화를 준 데는 두 가지 목표가 있다. 발젠 버터 크래커 고유의 딱 소리는 그대로 유지하는 동시에 다른 제품들에도 고유한 소리를 입히는 것이었다.

미국의 시리얼 제조회사 켈로그도 체험영역의 중요성을 오래전부터 알고 있었다. 켈로그는 콘플레이크 고유의 바삭거리는 소리에 특허를 냈다(조금 더 정확히 말하자면 바삭거리는 소리를 만드는 제조 공법에 특허를 냈다.—옮긴이). '바삭' 하는 소리라 해도 목표그룹마다 선호하는 소리에 차이가 있다. 젊은 층의 고객들은 짧고 크런치하며 경쾌한 바삭 소리를 좋아하는 반면, 연령이 높은 고객들은 약하고 부드러운 바삭 소리를 좋아했다.

감각을 자극하는 맥주의 소리

소리에 관한 사례를 좀 더 다루어보자. 화창하고 더운 여름날 저녁, 시원한 맥주 한 잔이 당기는 상황을 상상해보자. 냉장고로 가서 맥주 한 병을 꺼내 뚜껑을 열고 잔에 따른다. 여기에 무슨 특별함이 있을까? 맥주병 뚜껑을 열 때의 소리와 잔에 따를 때 지글지글 하는 소리가 당신의 뇌에 전달된다. 이 소리는 모든 소비자의 뇌에 작용하는 중요한 무의식적 메시지다. 이러한 청각 메시지는 맥주라는 제품의 맛에 대한 체험을 무의식적으로 강화시키거나 약화시킨다. 독일의 유력 일간지 〈쥐트도이체 차이퉁〉Suddeutsche Zeitung과의 인터뷰에서[9.4] 음향심리학자이자 사운드 디자이너인 프리드리히 블루트너Friedrich Blutner가 그 비밀을 밝혔다.

> "맥주병의 볼록한 부분에서 병목 부분까지 넘어가는 병의 라인이 더 거칠고 곡선이 완만하지 않을수록, 잔에 맥주를 따를 때 나는 소리가 더 조화롭고, 더 입에 착착 감기고, 더 에로틱하게 들립니다."

블루트너는 상면 발효 맥주 쾰슈Kolsch보다 바이에른 맥주의 소리에 더 끌린다며 다음과 같이 말했다. "바이에른 맥주가 체코의 필스너에서 들을 수 있는 낮고 느린 비브라토를 만들어낼 수 있었다면, 분명 더 잘 팔렸을 것입니다." 실제로 사람들이 소홀히 여기는 신호에는 큰 효과가 있다.

자동차업계에서도 소리의 중요성을 오래전부터 알고 있었다. 80명

이상의 사운드 디자이너와 음향 전문가가 포르쉐에 매달려 좋은 소리를 만들기 위해 연구하고 있다. 사람들은 포르쉐 하면 포르쉐 911 엔진의 전형적인 '삐걱 소리'와 문이 자동으로 닫힐 때 나는 '블럼' 하는 소리를 떠올린다. 이렇듯 모든 소리와 소리의 톤이 제품의 가치를 높이거나 떨어뜨릴 수 있는 메시지가 된다.

손끝을 자극해 고객을 사로잡는 법

벨틴스Veltins의 예전 디자인 맥주병은[9.5] 수십 년 동안 건축 현장 인부들에게 사랑을 받았다. 이 병은 두껍고 둥글둥글하고 땅딸막해서 손에 쥐면 착 달라붙었다. 그런데 브랜드 리포지셔닝Repositioning(소비자의 욕구 및 경쟁 환경 변화에 따라 기존 제품이 갖고 있던 포지션을 분석하여 새롭게 조정하는 활동—옮긴이)의 일환으로 벨틴스는 병 디자인에도 변화를 주었다. 맥주 제조 공법은 이전과 같음에도 이후 매출이 급격히 하락했다. 새 디자인의 맥주병이 예전처럼 손에 착 감기지 않는 것이 문제였다. 벨틴스는 발빠르게 대응했다. 야외 활동용으로는 작고 땅딸막한 디자인을, 식당용으로는 우아하고 날렵한 디자인을 차별화해 적용했다.

이번에 큐 매니지먼트에서 활용할 감각은 촉각, 즉 햅틱Haptic(촉각을 포함해 힘, 진동, 운동감을 느끼게 하는 감각)이다. 실제로 구매결정을 내릴 때 손가락 끝과 피부의 신경세포들은 소비자에게 더 강력한 메시지를 전달한다. 제품 디자인은 상대적으로 쉽게 도용될 수 있기 때문에 디자인만으로 경쟁사와 승부를 할 수 없는 반면, 촉각 큐 매니지먼트를 잘 활용하면 확실하게 경쟁우위를 차지할 수 있다.

햅틱은 시각, 미각, 후각 다음으로 구매결정에 중요한 영향을 미치는 요소다. 그사이 많은 기업들이 이미 햅틱의 중요성을 깨닫고 햅틱 연구소를 설립했다. 햅틱 연구결과, 촉각을 효과적으로 자극하면 고객의 마음을 얻는 데 상당한 도움이 된다는 것을 밝혀냈다. 메르세데스 벤츠^{Mercedes-Benz}는 베를린에 햅틱 연구소를 설립해 매년 1,600명 이상의 피험자들을 대상으로 실험을 진행하며 다음의 질문에 대한 답을 찾고 있다. "어떤 표면의 촉감이 좋은가?", "버튼을 돌릴 때의 촉감은 어떠한가?", "고객들은 어떤 촉감의 스위치를 좋아하는가?"

메르세데스의 아주 작은 디테일마다 햅틱 연구결과가 반영되어 있다. 핸들의 가죽과 나무 재질은 손바닥과 변연계 평가중추의 신경 수용체에 편안한 감정을 전달한다. 정밀하고 정확한 조정을 가능하게 해주는 회전 스위치는 동기 및 감정영역의 규율/통제를 자극한다. 소프트 터치 코팅은 더 부드러운 그립감을 주어 부드럽고 편안한 감정을 전달한다. 버튼 조절이 가능한 단계별 압력 저항은 스위치의 맞물림 상태가 정교함을 의미한다.

훌륭한 큐 매니지먼트는 제품 자체뿐만 아니라 소비나 구매의 모든 프로세스에서 나타나는 신호와 자극을 극대화한다. 이에 대한 모범 사례로 벡스 맥주회사^{Beck&Co}를 꼽을 수 있다. 벡스는 맥주 박스에 소프트 터치 손잡이를 달아 고객들이 맥주 박스를 옮길 때마다 날카롭고 거친 모서리 때문에 느끼는 불편감을 해소해주었다. 그 결과 벡스의 매출은 10퍼센트 상승했다.

두 가지 서로 다른 감각이 교차할 때

이번에 소개할 사례는 모든 감각에 호소하는 큐 매니지먼트가 얼마나 중요하고 성공적일 수 있는지를 보여준다. 사람들은 고객의 뇌가 이러한 정보를 어떻게 처리하는지 그 방법에 대해 큰 관심을 두지 않는다. 어쨌든 고객의 뇌는 일반화를 좋아한다. 감각 채널이 받아들인 감각 인상은 무의식적으로 다른 평가영역으로 전달되는데, 이는 교차 양상^{Crossmodal}(시각과 청각, 시각과 촉각 등 서로 다른 감각 양상에 걸쳐서 발생하는 경우에 사용한다. 눈으로 보는 단어와 귀로 듣는 단어의 내용이 서로 간섭하여 판단에 영향을 준다면, 이는 교차 양상 상호작용이다.—옮긴이)의 영향 때문이다.

소비자들은 끈적거리는 캐러멜이 들어 있는 초코바보다 거품 크림으로 채워진 초코바의 칼로리가 더 낮다고 생각한다. 실제로 초코바의 칼로리는 똑같지만, 우리 뇌는 크림을 살짝 '한 입 물었을 때의 체험'과 끈적거리는 캐러멜이 입 안에 닿았을 때의 느낌을 비교하면서 칼로리를 평가한다. 포장 용기의 무게와 크기에 대해서도 유사한 현상이 일어난다. 뇌는 같은 기호식품이라도 공기를 빵빵하게 채워 부풀려 포장한 제품의 경우 달랑 비닐봉지에만 넣어 포장한 제품보다 칼로리가 더 낮다고 판단한다. 또한 포장에 비용을 더 들인 제품의 가치를 훨씬 더 높게 평가한다.

다감각 강화, 머릿속에서 일어나는 감각 폭발

다감각 강화$^{Multisensory\ Enhancement}$ 현상은 다감각 마케팅과 브랜딩에서 매우 중요하다.[9.6] 다감각 강화 현상이란 대체 무엇이고, 이런 현상이 발생하는 원인은 무엇일까?

동일한 정보들이 다양한 감각 채널을 통해 우리 뇌로 밀려들어오면,

신경 강화 메커니즘이 작동하기 시작한다. 이 메커니즘 때문에 우리는 각각의 감각 인상을 모두 합친 것보다 최대 10배나 더 높은 강도로, 사건을 의식 상태에서 체험하게 된다. 우리 뇌의 강화중추들은 각각의 감각 강도를 합산한 뒤 이를 몇 배로 강화시킨다. 이러한 현상을 '초가산성'이라고 한다. 이해를 돕기 위해 간단한 예를 들며 설명해보자.

원시림을 돌아다니는 원주민은 아주 작게 부스럭거리는 소리도 듣고, 냄새도 정확하게 맡고, 덤불 속의 미세한 움직임도 볼 수 있다. 원주민의 의식 속에 호랑이의 이미지가 강렬하게 자리 잡고 있기 때문이다. 다시 말해 원시림 속의 원주민이 생존하기 위해서는 강력한 위험 요소인 호랑이를 피하는 게 가장 중요하다. 이렇듯 우리가 의식하지 못하는 사이 매초 단위로 수천 가지 인상이 밀려들면서 우리 뇌는 생존을 위해 중요한 정보만 걸러내려고 한다. 수백만 년 동안 우리 뇌는 중요한 사건과 관련된 감각을 집중적으로 일치시키도록 학습되어 왔기 때문에 이런 사건들을 극도로 강화시킨 것이다. 정반대의 상황도 가능하다. 감각 인상 간에 일치가 이뤄지지 않으면 이러한 사건들은 억제된다.

다음은 다감각을 강화하거나 억제시켰을 때 사람들의 반응을 알아보기 위한 간단한 실험이다. 먼저 피험자들에게 포근하고 부드러운 촉감의 말랑말랑한 공을 만져보라고 했다. 그리고 아름답고 감미로운 음악을 들려준 뒤 실험 공간에 부드러운 라벤더 향을 뿌렸다. 이번에는 실험 조건을 바꾸었다. 피험자들에게 딱딱한 공을 주고, 감미로운 음악을 틀고 익숙한 향을 뿌렸다. 그 결과 첫 번째 실험 조건에서의 기억이 훨씬 더 강하게 남았다. 첫 번째 실험에서 다감각 체험은 다양한 인지 채널에서 일정하게 유지되고 일치했으나, 두 번째 실험에서는 그렇지 않았다.

그렇다면 우리 뇌의 어느 부위에서 다감각 강화 현상이 일어나는 걸까? 뇌 전체에 분포되어 있는 신경세포에서 다감각을 전문적으로 처리한다. 이러한 다감각 신경세포는 다양한 감각 채널에서 받은 입력 신호를 동시에 처리한다고 하여 개재뉴런Interneuron(2개의 뉴런 사이에 개재하며 한쪽의 뉴런에서 자극을 받아 다른 뉴런으로 전달하는 역할을 하는 뉴런—옮긴이)이라고 한다. 뇌의 안쪽 깊숙한 부분에 위치했으며, 두 귀 사이에 놓인 축에 있는 구조가 특히 중요한 역할을 한다. 이 구조를 전문용어로 '상구'Superior Colliculus라고 한다. 상구에는 개재뉴런들이 집중되어 있고 여기에서 높은 단계의 촉각, 시각, 청각이 만난다. 한편 편도체에도 특히 편도체와 안와전두피질의 상호작용을 바탕으로 활동하는 강화중추가 있다.

긍정적인 인상을 마지막에 남겨야 하는 이유

앞서 살펴보았듯이 우리는 초코바를 한 입 물었을 때의 느낌에 따라 칼로리를 주관적으로 평가한다. 이 사례를 통해 고객의 뇌가 감각 체험을 어떻게 무의식적으로 일반화하는지 알게 되었다. 고객의 뇌는 꽉 막힌 기계식 계산기가 아니다. 사과를 사과와만, 배를 배와만 비교하지 않는다. 우리 뇌는 진화하면서 사건들을 연결시키는 특성을 발달시켰다.

예를 들어 아침 출근길에 검은 고양이가 길을 건너는 모습을 보았다고 하자. 그리고 얼마 안 있어 머리를 부딪히거나, 차가 찌그러지거나, 교통 체증으로 꼼짝 못하는 일이 일어났다. 그러면 뇌에서 고양이와 부정적인 사건 간의 인과 관계를 만들어낸다. 의식적으로 고양이가 불운을 가져온다고 믿게 된다.

물론 잘못된 추론으로 인한 '오류'는 다양한 감각 체험뿐만 아니라, 시간적 순서에 따라 발생하는 사건들 사이에서도 발생한다. 제품 마케팅에서는 처음이 가장 중요하지만, 서비스 마케팅과 판매 프로세스에서는 마지막이 가장 중요하다. 서비스 프로세스를 극대화시키고 싶다면 큐 매니지먼트의 관점에서 각 단계를 점검하고, 우리 뇌에서 감정 및 동기 프로그램이 어느 선까지 반영될 수 있는지 질문해봐야 한다.

이제 한 기업의 제품과 서비스에서 중요한 점을 또 한 가지 살펴보려고 한다. 뇌는 많은 사건들 중 첫 번째 체험과 마지막 체험을 더 잘 기억하는 경향이 있다. 쉽게 말해 특정한 상황에 있는 고객에게 가장 중요한 것은 마지막이다. 마지막 기억은 끈질기게 남아 사라지지 않는다. 이해를 돕기 위해 구체적인 사례를 통해 설명하려 한다.

당신은 호텔 사장이고 고객의 편의를 위해서 무엇이든 할 준비가 되어 있다. 고객이 호텔에 들어서면서부터 친절한 최고급 서비스가 이어진다. 객실 문을 여는 순간 작은 테이블 위에 신선한 과일이 놓여 있고, 방은 넓고 청결하다. 첫 인상은 완벽하다. 호텔 레스토랑의 요리도 최고였고 직원도 고객의 요청에 신속하게 대응한다. 그런데 예기치 못한 사건이 발생한다. 고객이 체크아웃을 하고 계산하려는데, 호텔 리셉션에 손님이 많아서 오래 기다려야 하는 상황이 벌어진다. 고객은 줄을 서서 수십 분을 기다리고, 리셉션 직원은 스트레스를 받은 얼굴로 체크아웃을 해준다.

고객의 뇌가 좋은 경험만 모아서 남겨두고 부정적인 경험은 싹 지워버리는 컴퓨터라면 호텔 사장에게 무슨 문제가 있겠는가! 이 고객은 투숙 기간 동안 좋은 경험이 많았고, 체크아웃을 하는 과정에서 잠시 느꼈던 불쾌함은 사실 큰 비중을 차지하지 않는다. 하지만 유감스럽게도 고객의 뇌는 그렇게 판단하지 않는다. 고객의 뇌는 그 많은 좋았던 기억을 모두 외면하고 호텔 사장에게 불리한 평가를 내놓는다.

우리 뇌가 어떻게 작동하는지에 관한 흥미로운 심리학 연구결과가 있다. 피험자들은 자발적으로 실험에 참여했고, 1차 실험에서 이들은 4분 동안 얼음처럼 차가운 물에 손을 담그고 있었다. 그리고 실험 프로세스는 상당히 불편했다. 2차 실험에서는 실험 조건을 완전히 바꿨다. 피험자들은 먼저 8분 동안 얼음처럼 차가운 물에 손을 담그고 있었다. 그리고 8분 후 손이 차가운 상태에서 따뜻한 물로 2분 동안 목욕을 했다.

1차 실험과 2차 실험을 마치고 마지막 단계에서 피험자들을 대상으로 어떤 실험에 참여하고 싶은지 묻자 2차 실험이라고 답했다. 2차 실험에서 피험자들이 찬 물에 손을 담그고 '고통을 견뎌야 하는 시간'은 1차 실험에 비해 2배나 길었다. 그런데 마지막에 잠시 따뜻한 물로 목욕을 했던 체험이 피험자들이 부정적인 결론을 내리지 못하도록 막아준 것이다. 하지만 우리 뇌에 부정적인 느낌은 계속 남아 있다.

다시 호텔 사장 이야기로 돌아오자. 호텔에서 체크아웃하고 나올 때 부정적 체험이 투숙 기간 전체에 대한 평가를 바꿔놓았다. 고객이 오랜 기간 투숙하며 느꼈던 모든 품질과 서비스에 대한 평가가 불과 몇 분 만에 사라진 것이다. 물론 서비스 중간에 경험하는 불쾌함도 결코 좋다고는 할 수 없지만, 그 여파는 마지막 리셉션 직원에게서 느꼈던 부정적 인상만큼 오래 가지는 않는다. 문제는 체크아웃을 해주던 직원의 짜증 섞인 얼굴이었다. 그런데 현실에서 이 원칙은 잘 지켜지지 않는다. 호텔에서 체크아웃을 할 때, 슈퍼마켓 계산원이 불친절할 때, 자동차 검사를 받고 차를 가지고 나올 때 직원들이 보이는 냉담한 표정을 한번 생각해보라.

목표그룹이 원하는 것을 디테일하게 챙기기

훌륭하고 성공적인 큐 매니지먼트는 목표그룹의 다양한 소망을 염두에 두고, 디테일까지 꼼꼼히 살피며 브랜드 포지셔닝과 관련된 메시지를 작성해야 한다. 모든 신호와 자극에는 일관성이 있어야 한다. 언어와 제품 디자인이 일치하고, 서비스 프로세스는 목표그룹의 소망과 욕망을 디테일까지 살피며 실행될 필요가 있다. 중요해 보이지 않는 신호까지도 반영되어야 하는 것이다. 이렇게 되기까지 많은 작업이 필요하지만 보람 있는 일이다.

광고 메시지는 쉽게 모방할 수 있다. 하지만 제품과 판매 프로세스에서 사소한 디테일까지 일관성 있는 큐 매니지먼트로 평가하고 관리할 수 있다면 어떨까? 누구도 쉽게 모방하거나 따라잡을 수 없는 가치를 만들 수 있다. 대부분의 경쟁자들은 정교하지만 영향력이 큰 신호를 간과하기 때문이다.

Chapter 10

POS & POP,
결정이 내려지는 장소

광고와 상품 외에 POS도 구매를 성공시키는 데 결정적인 역할을 한다. 고객이 상점이나 매장을 돌아다니다가 무언가를 알고자 할 때, 혹은 상품 소개에 현혹될 때도 뇌의 작동 원리가 적용된다. 이 챕터에서 우리는 빛, 냄새, 음악이 구매행동에 얼마나 큰 영향을 미치는지 살펴볼 것이다.

지금부터 구매 프로세스의 마지막 단계인 슈퍼마켓과 소매점에서의 쇼핑에 대해 살펴보려고 한다. 이번 챕터에서는 고객이나 소비자가 상점, 슈퍼마켓, 전문용품 매장 등에서 실제로 쇼핑할 때 어떻게 행동하는지를 다루려고 한다. 구매결정이 이뤄지는 장소를 전문용어로 판매 장소POS, Point of Sale 혹은 구매 장소POP, Point of Purchase라고 한다. 둘 다 동일한 장소를 일컫는다. 다만 서로 다른 관점에서 장소를 관찰한다는 차이가 있을 뿐이다.

판매 장소를 의미하는 POS는 생산자와 거래의 관점을 반영한다. 반면 구매 장소를 의미하는 POP는 고객의 관점에서 상점과 그 안에서 일어나는 모든 것을 반영한다. 대부분의 구매결정은 POS에서 이뤄진다. 따라서 고객의 머리와 뇌에서 실제로 무슨 일이 일어나고 있는지 알아보는 것이 정말 중요하다. 좀 더 쉽게 말해, 물건을 구매할 때 고객이 진짜로 원하는 게 무엇인지를 살펴봐야 한다.

매장에서 고객이 원하는 것

고객과의 거래를 성공시키고 싶다면 빅 3 감정 시스템인 균형, 지배, 자극이라는 세 가지 감정 시스템의 측면에서 고객의 마음을 살펴봐야 한다. 왜 그럴까? 세 가지 시스템마다 판매 재구성, 상품 소개, 가격 책정에 대해 기대하는 것이 서로 다르기 때문이다.

단순하고 신뢰할 수 있는 쇼핑

먼저 균형 시스템을 살펴보자. 쇼핑할 때 고객은 어떤 소망과 욕망을 품을까? 안정, 스트레스가 없는 상태, 질서, 일목요연함 등 아주 단순한 것들을 원한다. 균형 시스템은 단순하고 편한 구매를 선호한다. 기능적 측면이 잘 드러난 상품 소개와 구매를 신속하게 결정하는 데 도움을 주는 단순한 안내를 원하는 것이다. 균형 시스템은 신뢰할 수 있는 품질의 단순한 제품과 저렴한 가격(지속적으로 저렴한 가격)을 선호한다. 한편, 제품을 선택할 수 있는 폭넓은 기회는 뇌의 균형 시스템을 동요시킨다. 따라서 균형 시스템에서는 폭넓은 선택의 기회가 주어지는 것을 원하지 않는다!

체험과 영감을 중시하는 쇼핑

자극 시스템이 원하는 것은 이와 반대다. 자극 시스템은 '체험과 영감을 중요시하는 쇼핑'의 원동력이 된다. 이를테면 기능 조작 패널처럼 즐김과 체험 위주의 제품 소개가 자극 시스템을 활성화시킨다. 상품 선택의 폭은 넓지 않을 수도 있다. 균형 시스템은 브랜드 자체에 만족하는 반면, 자극 시스템은 강렬한 체험과 마음껏 즐길 것을 강조하는 브랜드를 선호한다.

효율적이고 쉬운 쇼핑

효율적 쇼핑을 자극하는 원동력은 지배 시스템이다. 필수품과 일용품을 사는 고객은 기다리는 시간 없이 신속하게 진행되는 고효율 쇼핑을 원한다. 그래서 셀프 서비스를 선호한다. 셀프 서비스는 독립성과 자율성을 강화시키고 서비스 인력에 대한 의존도를 줄여 고객에게 주도권을 준다. 효율적 쇼핑을 할 때 고객들은 상품 선택의 기회가 어느 정도 주어지길 바라지만, '체험 쇼핑'을 할 때처럼 새로운 것을 발견하길 바라지는 않는다. 그보다는 시간 절약을 원한다. 공격적인 덤핑 가격과 할인이 뇌의 지배 시스템을 자극한다.

독점적 쇼핑

독점적 쇼핑에서도 지배 시스템이 작동한다. 하지만 일상적 업무를 빠르게 처리하길 원하며 '효율적 쇼핑'을 추구하는 고객들과 바라는 것이 다르다. 지배 시스템은 사회적 지위와 독점성이 강하며 특히 유행에 민감한 제품을 원한다. 자동차, 가구처럼 사회적 파급력이 강한 상품이 여기에 속한다. 이러한 상품은 거래 과정에서 그 가치를 더한다. 배타적 분위기, 고가의 상품을 독점적으로 선택할 수 있는 기회, 특히 독점적 서비스가 중요하다.

이 세 가지 감정 시스템에서 나타나는 소비자들의 기대감을 자세히 살펴보면, 소비자의 뇌에서 심각한 모순이 일어나고 있음을 알 수 있다. 그렇다면 이것은 거래에 어떤 영향을 미칠까? 이러한 감정적 POS의 세계는 목표그룹과 일관성 있게 연결되어 있다. 여기에서 이 수수께끼의 답을 찾을 수 있다.

쾌락주의자, 일부 개방적인 조화론자들도 '체험 쇼핑'을 할 수 있는 매장을 선호한다. 반면 전통주의자들과 원칙주의자들은 '쉬운 쇼핑'의 세계를 특히 선호한다. 실행가들은 '독점적 쇼핑'을 좋아하는 반면, 모험가들은 '효율 콘셉트'에 쉽게 매료될 수 있다. 지금까지 우리는 세 가지 쇼핑 세계를 살펴보았다. 이제 구매행위를 하는 고객들을 위해 무의식적 POS 메커니즘을 알려주고자 한다.

계획구매 vs. 충동구매

고객이 쇼핑 계획을 세울 때 가장 많은 영향을 미치는 것은 상품의 유형이다. 하지만 쇼핑 장소도 상당히 많은 영향을 미친다. 한 여성이 대도시 쇼핑가를 돌아다니면서 쇼윈도 넘어로 유행하는 신발들을 구경하다가 그중 하나를 구입했다. 이 여성은 미리 쇼핑을 계획하거나 상품 유형을 생각해두지 않았다.

이 여성의 남편은 지붕을 증축할 생각으로 건축자재 시장에서 지붕 창을 구매하려 한다. 이는 부인이 쇼핑하는 것과는 전혀 다른 상황이

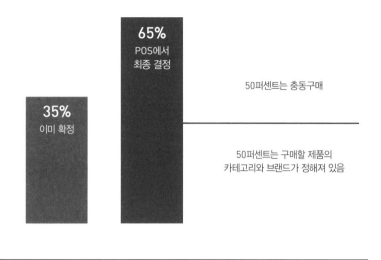

65%
POS에서
최종 결정

35%
이미 확정

50퍼센트는 충동구매

50퍼센트는 구매할 제품의
카테고리와 브랜드가 정해져 있음

다. 먼저 남성은 창문의 치수를 정확하게 재놓았고, 지붕에 어떤 창문을 달 것인지도 대략 생각해놓았다. 건축자재 시장은 집에서 30킬로미터 떨어진 곳에 있기 때문에 그는 일주일 전부터 구매 계획을 세웠는데, 이를 '계획구매'라고 한다.

우리의 관점에 따라 쇼핑동기와 쇼핑태도는 다양해질 수 있다. 여러 브랜드, 제품군, 구매동기의 평균을 구해보면 다음과 같은 상관관계가 나타난다(〈도표 10-1〉 참조). 도표를 보면 알 수 있듯이 구매의 35퍼센트는 고객이 제품을 이미 정해놓은 상태에서 이뤄진다. 고객은 자신이 어떤 브랜드의 어떤 제품을 살 것인지 정확하게 알고 있다. 나머지 65퍼센트는 즉흥적으로 이뤄지는 충동구매다. 충동구매를 좀 더 자세히 살펴보면 다음 사실을 확인할 수 있다. 충동구매의 50퍼센트에서 고객은 자신이 어떤 카테고리의 제품을 살 것인지 이미 알고 있다. 나머지

50퍼센트는 철저하게 즉흥적이고 충동적으로 이뤄지는 구매다. 이 경우 고객 자신도 왜 그런 제품을 구입했는지 의아해하는 경우가 많다.

매장 입구가 주는 스트레스

소비자가 처음 상점에 들어서는 순간, 소비자의 동기 및 감정 시스템은 이렇게 받아들인다. '조심해, 잘 모르는 영역이야!' 그리고 균형 시스템이 활성화된다. 소비자들은 상점의 입구 쪽에 오래 머무르려고 하지 않는다. 안정을 찾으려면 가야 할 방향을 정하고 그곳으로 빨리 이동해야 하기 때문이다.

공간이 작은 부티크라면 잠깐 둘러보는 것으로 충분하지만, 대형매장에서는 전체를 둘러보고 방향을 정하는 데 최대 15초 정도가 걸린다. 이동할 방향을 정하지 못한 고객은 스트레스를 받게 된다. 입구 쪽에서 특가 행사가 진행되고 있다면 스트레스는 더 커진다. 고객의 뇌에서 신경전달물질인 노르아드레날린과 코르티솔 분비가 늘어나 농도가 진해지기 때문이다.

실제로 고객의 신체와 뇌에서는 이런 반응이 일어나고 있으나, 정작 고객은 이런 사실을 의식하지 못할 때가 많다. 그런데 문제는 스트레스와 스트레스로 인한 부정적인 감정 상태에 놓여 있을 때 구매율이 뚝 떨어진다는 점이다. 이런 상태에서는 구매의욕이 감소하므로, 고객은 더 신중하게 지출하고 모든 리스크를 피하려 한다.

노르아드레날린과 코르티솔이 분비되면서 부정적 효과가 발생한다. 노르아드레날린과 코르티솔이 고객의 시야를 강하게 제한하면서 인지 능력에 변화가 생긴다. 이러한 현상을 전문용어로 터널 시야^{Tunnel}

Vision(눈앞의 상황에만 집중하느라 주변의 상황을 이해하거나 파악하는 능력이 떨어지는 현상 — 옮긴이)라고 한다. 이런 이유로 바로 코앞에서 '솔깃한 특가 행사'가 열리고 있음에도 눈에 들어오지 않는다.

인간의 뇌가 스트레스 상태에서 정상 모드로 다시 전환되려면 몇 분이 걸린다. 이 정도 시간이면 고객은 구매의욕이 급격히 떨어진 상태에서 이미 넓은 구간의 판매 공간을 돌아보았을 것이다. 실제로 매출을 올릴 수 있는 소중한 기회가 이처럼 매장 입구에서 날아가 버리는 일이 비일비재하다.

매출 상승을 원한다면 먼저 매장 입구에 신경 써라. 매장 입구가 고객에게 친절하게 방향을 제시하는 POS가 되어야 한다. 깔끔하고 꾸밈없는 안내, 정확하게 전체를 살필 수 있는 원거리 안내 시스템, 체계적인 공간 분배는 고객이 물건 구매를 위해 방향을 정하는 데 도움이 된다. 균형 시스템이 작동해 스트레스를 받을 가능성은 남성보다 여성이 높고, 나이가 많을수록 심해진다. 리테일 브랜드Retail Brand에서 이러한 고객층을 확보하고 싶다면 이 점을 고려해야 한다.

고객의 68퍼센트가 오른쪽을 선택한다

고객들은 매장에서 움직일 때 '내면의 프로그램'을 사용해 방향을 정한다. 대부분의 소비자들은 자신도 모르게 매장의 오른쪽 방향으로 움직이는 경향이 강하다(〈도표 10-2〉 참조). 상품을 보는 시선, 손으로 잡는 행위, 이동 방향이 대개 오른쪽에 치우쳐 있다. 왜 그런 걸까?

우리가 알고 있다시피 좌뇌와 우뇌는 기능이 다르고, 뇌의 부위별로 담당한 영역이 다르다. 얼굴 표정을 분석하면 우뇌의 활동이 활발한 반

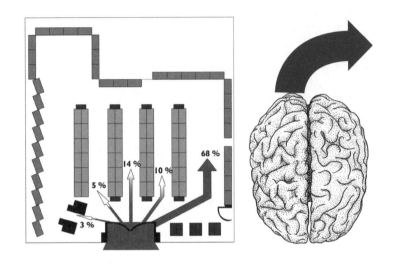

대뇌기저핵 속 높은 도파민 농도가 고객들에게 오른쪽으로 움직이도록 유도한다.

면 다른 기능은 좌뇌가 더 강하게 활성화되어 있음을 알 수 있다. 움직이는 동작을 할 때에는 좌뇌가 더 활발하게 활동한다. 그런데 고객들이 오른쪽으로 움직이는 이유는 무엇일까? 이유는 아주 단순하다. 운동을 제어할 때 신체와 뇌의 활동 방향은 서로 반대이기 때문이다. 즉, 좌뇌는 우측 신체를 담당하고 우뇌는 좌측 신체를 담당한다. 대부분의 사람들이 몸을 움직일 때 좌뇌가 더 강하게 우선적으로 활성화되므로, 오른쪽으로 움직이는 경향이 강한 것이다.

대뇌 외에 운동 제어에 중요한 역할을 하는 곳은 바로 대뇌의 아랫부분에 있는 대뇌기저핵Basal ganglia이다. 동물 실험결과 대뇌 영역이 오른쪽에 편중된 성향을 유발하는 것으로 밝혀졌다.[1,5] 이때 신경전달물질 도파민이 중요한 역할을 한다. 뇌의 오른쪽보다 왼쪽의 도파민 농도가 훨씬 높은 편이다.

예를 들어 쥐의 왼쪽 대뇌기저핵에 도파민을 주입하면 쥐는 오른쪽으로 몸을 돌린다. 반면 오른쪽 대뇌기저핵에 도파민을 주입하면 쥐는 즉시 왼쪽으로 몸을 돌린다. 이것이 상품 거래에 어떤 영향을 미치는 걸까? 이러한 두뇌 작동 메커니즘이 길 안내 시스템을 만든다. 쉽게 말해 고객들이 여유롭게 쇼핑할 수 있는 동선을 안내하는 일종의 지도가 만들어지는 셈이다. 길은 매장 입구에서 오른쪽으로 약 45도 방향을 향하고, 고객은 이 길을 따라 시계 반대 방향으로 매장을 돌아다닌다.

강의를 하다 보면 이 원칙이 영국 사람들에게도 적용되는지 질문하는 사람들이 많다. 여러분도 알다시피 영국에서는 좌측통행을 한다. 하지만 유전자의 학습 속도는 매우 느리기 때문에 영국 사람들의 뇌 구조는 아직 유럽 대륙 사람들의 뇌 구조와 동일하다. 영국 사람들이 수십 년 동안 좌측통행을 해왔다고 해도 '좌측에서 우측으로 이동하는 유전자'로 변하지는 않는다.

고객 머릿속에 저장된 무의식의 지도

우리는 여유롭고 스트레스 없는 쇼핑을 위해 신속하고 적절한 이동 방향과 동선의 결정이 얼마나 중요한지 살펴보았다. 이때 길 안내 시스템이 큰 도움이 된다. 고객의 뇌에서는 다른 프로그램이 돌아가고 있다. 이 프로그램을 알고 사용할 수 있다면, 고객의 만족도를 높이고 매출 상승도 이룰 수 있다. 이것은 바로 '심상 지도'Mental Map다. 고객의 잠재의식 속에는 나름의 지도가 저장되어 있다. 이 지도에 따라 매장 안에 어떤 위치와 순서로 어떤 품목을 배치할 것인지 정한다. 고객의 머릿속에 있는 이 지도는 매장을 돌아다닐 때 언제쯤 '정육 코너'가 나와야 할지 말해줄 뿐만 아니라, 유제품 진열대에 요구르트나 신선한 치즈를 진열할 것인지 말지 여부까지 상세하게 정한다. 이렇게 고객 잠재의식 속에 저장돼 있는 심상 지도에 맞춰 매장을 만들고 진열대에 상품 품목을 배치할 수 있다면 매출은 급증할 게 분명하다.

　그렇다면 이때 뇌에서는 무슨 일이 벌어지고 있는 걸까? Chapter 8에서 브랜드에 대해 살펴보았듯이, 소비자의 뇌는 필요할 때 꺼내 쓸 수 있도록 자신이 경험한 세상과 다양한 대상들, 그리고 체험을 신경 네트워크에 따로 저장해놓으려고 한다. 또한 소비자의 뇌는 행동과 반응 속도를 가속화시키려는 특성도 있다.[10.1, 10.2] 이때 경제성의 원칙이 적용돼 가급적 신경 네트워크를 적게 사용하려고 한다. 인간의 뇌에 저장 공간을 새로 만들거나 추가하려면 많은 에너지가 소모된다. 무언가 제대로 돌아가지 않아 문제가 발생할 때도 의식이 활동해야 하므로 에너지 소모가 많기는 마찬가지다. 그래서 뇌는 소비자가 알아차리지 못하는 사이에 되도록 많은 습관을 무의식 프로그램에 저장해놓고, 모든 상황에서 최대한 많이 적용하려고 한다.

　소비자에게 가장 중요한 시간 프로세스 가운데 하나는 아침, 점심, 저녁 식사를 포함한 정상적인 하루 일과다. 식사 시간은 보상적 성격을 갖고 있기 때문에 하루 일과를 구분하는 기준점이 된다. 변연계에는 '해마'라는 뇌 영역이 있다. 해마는 특히 이러한 프로세스를 학습하고 신피질에 저장한다.

　고객들은 앞서 묘사한 하루 일과를 수천 번 반복하기 때문에 이러한 하루 일과는 머릿속에 고정 프로그램으로 입력되어 있다. 고객이 식료품을 살 때 뇌는 이러한 기본 프로그램을 보조 수단으로 활용해 이동할 방향과 동선을 정한다. 식료품이 '아침-점심-저녁' 순으로 배열되어 있으면 고객들은 긴장을 풀고 더 많은 것을 구매한다. 처음에는 빵과 마멀레이드를 사고, 다음에는 유제품 진열대 그리고 고기 진열대로 이동한다. 맞은편에는 면과 소스가 있다. 마지막으로 음료, 특히 와인을 구입한다. 그러고 나서 맞은편에 안주거리가 있는 진열대로 간다.

심상 지도에 따라 상품을 배치할 경우 매출 상승 효과가 훨씬 커진다. 쇼핑 리스트를 가지고 다니면서 장을 보는 고객은 소수에 불과하다. 매장 통로에서 이미 고객의 잠재의식은 어떤 품목 다음에 어떤 품목이 나올지 대충 짐작하고 있다. 장바구니에 어떻게 물건들이 그리도 빨리 담기는지, 그 세부 과정에 대한 정보는 고객의 의식에 숨겨진 상태로 있다.

이외에도 신경 지도와 네트워크의 또 다른 중요한 특성이 있다. 신경 지도와 네트워크가 활성화된 경우, 고객들은 네트워크에 속해 있는 상품들을 더 많이 구매한다. 고객이 와인 진열대 앞에 있으면 그의 모든 소비 상황에 대한 네트워크가 무의식적으로 활성화된다. 와인 진열대와 가까운 곳에 안주 진열대가 있다면, 면이나 수프 진열대가 있을 때보다 판매율이 약 20퍼센트 정도 더 높아진다.

뇌는 이러한 심상 지도를 시간 순으로만 구성하지 않는다. 네트워크와 지도 속의 세계를 경제적으로 배열하기 위해 뇌는 비슷한 맛이나 컬러 등 다양한 기준을 적용해 구조를 짠다. 거의 모든 제품군과 품목에 대해 고객의 머릿속에는 이러한 비밀 구조가 있다. 예를 들어 환자가 약국에 가면, 그의 뇌는 약품 진열대에 어떤 종류의 약들이 배열되어 있는지 비교적 정확하게 짐작한다. '1. 피부, 2. 비타민/미네랄, 3. 기침/

감기, 4. 통증, 5. 위/장, 6. 심장/순환기'의 순서로 배열되어 있을 때 우리 뇌는 가장 행복하다.

대량 묶음 상품이 저렴하다는 무의식의 신호

심상 지도를 언급하면서 고객의 뇌가 어떻게 자동으로 켜지고, 학습된 프로그램을 적용하는지 살펴보았다. 모든 소비자의 뇌에, 동일한 제품이 대량 묶음으로 포장되어 있으면 가격 인하를 의미한다고 저장되어 있다. 우리 뇌의 셈법은 다음과 같다. 상품이 많이 진열돼 있으면 상품이 과잉 공급된 것이다. 따라서 상품 가치가 별로 높지 않은 싸구려다. 반면 상품이 낱개로 개별 포장돼 있으면, 뇌는 이것이 독점 상품이고 가치가 있다고 해석한다.

얼마 전 님펜부르크 연구팀은 대형 브랜드 제품을 대상으로 다양한 소매점에서 테스트를 실시했다. 상품 가격이 몇 퍼센트 할인될 때 매출이 몇 퍼센트 증가하는지, 가격 할인율 대비 매출 상승률을 확인하기 위해서였다. 상품 진열 방식은 그대로 유지하되, 앞에서 다룬 전형적인 대량 묶음 포장을 했다. 이 연구에서는 할인율이 높을수록 판매율이 높다는 가설을 세웠다.

그런데 전달 오류로 몇몇 지점에서 행사 가격을 10퍼센트 인하한 것이 아니라 10퍼센트 인상했다. 우리는 연구결과를 보고 깜짝 놀랐다. 실수로 가격을 10퍼센트 인상한 지점의 매출도 상당히 증가했기 때문이다! 이 지점의 매출 상승률은 가격을 인하한 지점보다 아주 조금 낮은 수준이었다. 대량 묶음 상품을 진열하는 것만으로도 소비자의 뇌를 강한 구매 모드로 바꿔놓을 수 있었던 것이다. 가격은 진열 방식보다 영향력이 훨씬 적었다.

실제로 많은 할인점들이 이 원칙으로 운영되고 있다. 할인점은 대량 묶음 상품으로 상품을 판매한다. 전문용품점과 가격이 동일하고 심지어 더 비쌀 때도 있지만, 고객들은 할인점 상품은 모두 저렴하다고 생각하며 구입하는 경향이 강했다.

빨강색 가격표의 놀라운 판매 효과

공격적으로 구성한 가격표에도 이와 유사한 자동 구매 효과가 있다. 다음은 님펜부르크 연구팀에서 대형매장들을 대상으로 실험한 결과다. 가격은 그대로 두고 가격표 컬러만 빨강색으로 바꿨다. 이것 외에는 아무것도 바꾸지 않았다. 가격표를 빨강색으로 바꾼 후 판매율이 급격히 상승했다. 우리가 알다시피 빨강색은 투쟁과 공격을 의미하는 색상이다. 빨강색 가격표는 '가격 공격'을 상징한다. 독일의 전자제품 전문매장 '메디아 마르크트'의 광고와 매장에서도 빨강색이 주로 사용되고 있다. 사실 여기서 파는 상품의 가격은 다른 곳과 별 차이가 없었다. 그런데도 소비자들은 이곳의 가격을 더 합리적이라고 판단했다. 이는 빨강색 가격표를 활용해 가격 공격의 효과를 본 대표 사례다.

고객의 무의식에서 상품 가격은 다양하게 책정된다. 같은 상품이라도 2만 9,900원이라는 가격표를 붙이면, 3만 원이라고 했을 때보다 훨씬 저렴하게 느껴진다. 품질에 대한 느낌은 반대다. 실제 품질은 동일하지만 고객들은 2만 9,900원인 상품보다 3만 원인 상품의 품질이 더 우수하다고 생각한다.

할인 가격 표시가 주는 효과

가격에 관해 좀 더 다루고 넘어가려고 한다. 똑똑한 판매자는 동일한 상품이라면 비싼 것부터 가격이 낮아지는 순으로 제품을 소개한다. 아무것도 모르는 상황에서 고객의 뇌는 가장 먼저 접한 정보를 나중에 접한 정보에 대한 비교 기준으로 사용한다. 판매자가 비싼 제품을 먼저 보여준 뒤 중간 가격 제품을 그다음에 내놓으면 소비자는 중간 가격 제품을 저렴하다고 느낀다. 비싼 가격이 무의식적으로 판단 기준이 되었기 때문이다.

반대로 판매자가 가장 저렴한 제품부터 소개하면 가장 저렴한 가격이 모든 제품군에 대한 '제한 가격'Preisanker(직역하면 '가격의 닻'으로, 가격한계 내지는 제한이 되는 기준 가격 ― 옮긴이)으로 소비자의 뇌리에 박힌다. 이 경우 소비자의 뇌는 중간 가격 제품을 비싸다고 받아들이므로 가장 저렴한 제품을 선택하게 된다.

이러한 '제한 메커니즘'Ankermechanismus(직역하면 '닻 메커니즘' ― 옮긴이)은 가격표 구성에서도 큰 효과를 발휘한다. 가격표에 적혀 있던 터무니없는 가격(행사 전 가격)에 빨강색으로 줄을 긋고 그 밑에 훨씬 낮은 가격(행사 가격)을 적어놓으면, 상품 판매율이 200퍼센트 이상 상승한다. 실제로는 행사가가 정상가인데도, 뇌의 착각으로 인해 소비자는 이러한 속임수에 당했다는 것을 인지하지 못한다.

이 외에 우리 뇌를 움직이는 두 번째 메커니즘이 있다. 바로 '자극 메커니즘'Auslose-Mechanismus이다. 우리 뇌는 할인을 예상치 못했던 이익, 즉 예상치 못했던 보상을 얻는 것이라고 받아들인다. 그 결과 보상 시스템에서 환호한다.

고객의 의식에 잠재해 있는 또 다른 '행동의 형태'가 상품을 판매하기 위한 트릭으로 사용된다. Chapter 2에서 구매동기를 다루며 포획·사냥 모듈에 대해서도 배웠다. 독일의 할인용품 전문 매장 '알디'에서 초저가 컴퓨터를 한정 수량으로 판매하는 행사를 했을 때의 일이다. 수많은 고객들이 매장 오픈을 기다리며 침낭에서 밤을 지새운 채 사냥감을 기다렸다. 이때 활성화된 것은 바로 동기 시스템이다.

전문용품 체인점에서는 이런 크고 작은 트릭들을 기가 막히게 잘 써먹는다. 이렇게 판매된 품목들을 자세히 살펴보면 전체 상품 중 96퍼센트 이상을 차지한다. 일부 상품을 선별해 대량으로 진열하고 '가격 연출'을 하면서 '절약이 최고'라는 슬로건을 내세우면, 고객은 거기서 파는 모든 상품의 가격이 정말로 저렴하다고 믿는다.

청과물 코너가 매장 입구에 있는 까닭

거의 모든 슈퍼마켓에서 청과물 코너는 입구 쪽에 있다. 오래전 님펜부르크 연구팀에서 식품 판매와 관련해 이런 조언을 했을 때 우리는 거센 저항에 부딪혔다. 당시만 하더라도 업계에서는 과일과 야채는 필수 소비 품목이기 때문에 소비자 유인을 위해 청과물 코너를 뒤쪽 구석에 배치해야 한다고 생각했다. 그래야 고객들이 매장 전체를 돌아볼 수 있으리라 여긴 것이다. 또한 판매자들도 과일 냉장고와 보관 창고를 매장 뒤쪽에 배치해야 하며, 심리적 이유를 근거로 위치를 변경을 해서는 안 된다고 주장했다.

하지만 지금은 어떤가? 그 누구도 청과물 코너가 입구에 있는 것을 이상하다고 여기지 않는다. 이것은 대부분의 식료품점에서 흔히 볼 수 있는 배치다. 그렇다면 청과물 코너를 매장 입구 쪽에 배치하는 이유는 무엇일까? 방금 전 우리는 크고 작은 가격 트릭과 '제한 메커니즘'에 대해 배웠다. 자신이 잘 모르거나 신뢰할 수 없는 상황에 놓였을 때 고객은 뇌에서 최초의 자극과 정보를 받아들은 후, 그걸 다음 자극에 대한 제한 혹은 판단의 틀로 삼는다.

매장 입구쪽에 깔끔하고 멋지게 배치된 청과물 코너에는 어떤 상징적 의미가 담겨 있을까? 청과물은 가장 신선하고, 깨끗하며, 건강에 좋은 천연 제품이라는 상징을 담고 있다. 식품을 구매할 때 고객들이 가장 중요시 여기는 것들이다. 그리고 입구에서 경험한 '신선함의 체험'이 고객의 판단 기준이 되어, 무의식적으로 판매 공간의 모든 식품으로 전달된다.

이것 외에 다른 이유도 있다. 과일 자체의 화려한 컬러와 다양한 원산지의 과일이 제공하는 다채로운 맛과 향은 식욕 모듈 외에도 자극 시스템을 활성화시킨다. 자극 시스템은 균형 시스템의 경쟁자다. 고객이 매장 입구에서 방향을 잡지 못하고 있을 때는 쇼핑 스트레스가 발생하는데, 이는 균형 시스템이 담당한다. 이때 청과물 코너의 자극 신호를 통해 도파민이 뇌로 전달되면 스트레스반응이 감소하거나 증가한다. 고객은 더욱 즐거움을 느끼고 기분이 더 좋은 상태에서 쇼핑을 하게 된다.

청과물 코너를 입구 쪽에 배치하는 마지막 이유가 하나 더 있다. 식료품 매장 고객들의 대부분은 단골 고객들이다. 이들은 자기가 찾는 물건이 어디 있는지 잘 알기에, 매장에 들어가자마자 필요한 상품이 있는 곳을 향해 직행한다. 그런데 청과물 코너를 시장 스타일로 꾸미면, 빠르게 움직이던 고객들의 발걸음이 다소 느려진다.

제품 간격 30센티미터에 숨은 비밀

진열된 상품의 수도 고객이 상품을 선택하는 데 영향을 미치는 요인이다. 이것은 상품 진열 방식만큼이나 중요하다. 무조건 소비자가 상품 전체를 볼 수 있도록 디스플레이해야 한다. 여러 상품이 진열대에 놓여 있거나 걸려 있으면, 중요하지 않은 부분만 보이므로 고객의 시선이 상품으로 향하지 않는다. 한편 여러 품목을 진열하되, 핵심적인 부분이 고객에게 잘 보이도록 배치해야 한다. 하지만 그것만으로는 인지 문턱값을 뛰어넘을 수 없다. 상품 간에 최소한 30센티미터의 간격을 두고 진열해야 상품 전체가 한눈에 들어오고 비로소 고객이 제품을 제대로 인지할 수 있다. 이보다 진열 간격이 넓으면 판매율은 별로 증가하지 않는다. 상품이나 포장물의 크기가 작을 경우에는 여러 상품을 나란히 배치해야 한다.

그런데 더 넓은 진열 공간을 확보하려면 몇몇 품목을 지정된 디스플레이 장소에서 치워야 한다. 이렇게 했을 때 매출이 떨어졌을까? 결과는 정반대였다. 님펜부르크 연구팀의 설문조사 결과, 진열대에 인기 품목 몇 가지만 진열되어 있을 때 고객들은 상품을 선택할 기회가 더 많다고 생각했다. 실제로 진열된 상품 품목 수가 30퍼센트 감소했을 때 매출은 오히려 10퍼센트 증가했다.

때로는 브랜드가 안내자가 된다

상품을 사고 싶게 만들고, 제품 탐색으로 인한 스트레스를 줄일 수 있는 방법이 한 가지 더 있다. 한 POS 실험에서 판매 공간에 진열대를 2개 설치하고, 두 곳에 모두 동일한 품목의 제품을 진열했다. 한 진열대에는 브랜드를 기준으로 제품을 배치했고, 다른 진열대에는 다양한 브랜드의 제품을 기능별로 배치했다. 이를테면 기능별 진열대는 이런 식이다. 다양한 브랜드의 초콜릿 푸딩 제품만 모아서 푸딩 전용 진열대를 만들어놓았다.

고객들에게 탐색 및 판단 테스트에 참여해 달라고 부탁했다. 두 진열대에 배열된 제품 브랜드와 품목 수는 동일했다. 그런데 대부분의 고객들이 브랜드별로 디스플레이된 진열대에 상품을 선택할 기회가 더 많다고 생각했다. 탐색 테스트에서도 마찬가지였다. 고객들은 브랜드 진열대가 기능별 진열대에 비해 제품을 빠르고 쉽게 찾을 수 있다고 생각했다. 계산대에서도 브랜드별 디스플레이 효과가 나타났다. 기능별 진열대보다 브랜드별 진열대일 때 매출이 7퍼센트 더 높았다.

이 실험은 POS에서 고객이 쇼핑할 방향과 동선을 정할 때 브랜드 인지도가 얼마나 중요한지 보여준다. 브랜드 진열대에 강렬하고 시각적으로 눈에 띄는 브랜드 제품이 진열되어 있으면, 이것은 무의식적으로 고객에게 안내 시스템 역할을 한다.

황금 매출이 일어나는 진열대 높이

POS의 제품 디스플레이 방식은 특정 품목이나 혹은 전체 제품군이 잘 팔릴지 안 팔릴지에 결정적인 영향을 미친다. 우리는 고객의 신체와 인지 능력뿐만 아니라 뇌가 경제성의 원칙에 따라 작동한다는 사실을 알았다. 이러한 경제성의 원칙이 매출 상승과 제품 진열에 중요한 영향을 미치기 때문에, 시각 인지 시스템은 움직임(눈과 머리)을 최소화하려고 한다.

매장을 돌아다니다가 상품 진열대 앞에서 발걸음을 멈출 때 실제로 고객은 진열대 전체를 인식하지 못한다. 고객의 의식에 들어오는 것은 대개 진열대의 일부분이다. 그 이유는 두 가지다. 하나는 인간의 눈은 작은 면적만 비교적 날카롭게 볼 수 있기 때문이고, 다른 하나는 인간의 눈과 머리가 경제성의 원칙에 따라 움직이기 때문이다.

이런 이유로 눈높이, 즉 150~175센티미터 높이인 구간(황금 구간)에서만 상점과 진열대가 정확하고 세부적으로 인식된다. 그 이상 혹은 그 이하 높이인 경우에는 제품이 고객의 눈에 보이기는 하지만, '황금 구간'과 동일한 강도로 제품을 인식하지는 못한다. 소위 '황금 구간'은 최대 매출을 올릴 수 있는 높이를 말한다. 같은 상품을 '황금 구간'과 '허리를 구부리는 구간'(60~90센티미터)에 진열한다면 결과는 어떨까? 실험결과 '허리를 구부리는 구간'보다 '황금 구간'에서 매출이 50~80퍼센트 더 많았다.

경제성의 원칙에 따른 상품 진열

뇌의 경제성 원칙과 상품 진열의 관계에 대해 좀 더 다루고 넘어가려 한다. 게슈탈트 심리학자^{Gestaltpsychologie}(인간은 자신이 본 것을 조직화하려는 기본 성향을 갖고 있으며, 전체는 부분의 합 이상이라는 점을 강조하는 심리학 ─ 옮긴이)들은 벌써 80년 전에, 인간의 사고 기제에 편안하게 느끼는 인지 형태와 불편하게 느끼는 인지 형태가 있다는 사실을 깨달았다. 실제로 인간의 뇌는 자신이 보고 있는 대상을 더 큰 형태로 통합해 분류하려고 한다.

그런데 80년 전에는 이러한 방식으로 뇌가 정보를 처리하고 저장하는 데 필요한 에너지를 최소화시킨다는 사실은 알려지지 않았다. 그럼에도 80년 전 발견된 원리들은 두뇌와 고객 친화적인 상품 디스플레이에서 중요한 역할을 하고 있다. 〈도표 10-3〉은 고객의 뇌에서 받아들이길 거부하는 상품 디스플레이를, 〈도표 10-4〉는 고객의 뇌에서 긍정적으로 받아들이는 상품 디스플레이를 보여준다.

───── 〈도표 10-3〉 뇌에 부담을 주는 상품 디스플레이 ─────

잘못된 상품 진열

진열대에 붙어 있는 상품 소개가 너무 복잡하면 고객의 뇌는 과부하에 걸린다. 이 경우 고객은 상품을 그냥 지나치게 되므로 그 상품은 팔리지 않은 채 그 상태로 계속 거기 있게 된다.

───── 〈도표 10-4〉 뇌 친화적 상품 디스플레이 ─────

바람직한 상품 진열

뇌는 단순하고 빨리 처리될 수 있는 구조를 좋아한다. 진열되어 있는 상품이 적을수록 매출이 증가한다.

향기의 힘

향기가 우리에게 무의식적으로 미치는 영향을 앞서 잠시 다루었다. 후각의 중요성이 재발견되면서 이는 고객을 유혹하는 전략으로 사용되고 있다. 실제로 갓 구운 빵 냄새를 환풍기를 통해 은은하게 흘려보냈을 때 제과점 매출은 30퍼센트 상승했다. 예전에는 무심하게 그 거리를 지나다니던 사람들이 빵 냄새를 맡고 마법에 홀린 듯 빵집으로 들어가기 시작했다.

그사이 일부 에어컨 제조업체에서는 특별한 향을 섞어 바람을 내보내는 제품을 생산했다. 또한 아로마 디자인 전문업체들도 생겨 30만 가지 이상의 다양한 향을 고객에게 제공하고 있다. '향기 마케팅'의 최우선 목표는 고객을 매장에 되도록 오랫동안 붙들어놓는 것이다. 고객이 매장에 오래 머무를수록 판매량은 증가한다.

체류 시간을 결정하는 데 냄새는 매우 중요한 역할을 한다. 퀴퀴하고 고약한 냄새가 풍기는 실내 공기나 거슬리는 냄새는 균형 시스템을 활성화시켜 불쾌한 기분을 유발한다. 이것은 고객을 매장에서 빨리 내보내는 요인이 된다. 그래서 요즘에는 에어컨 바람에 신선한 자연 향을 가미해 은은하게 흘려보낸다. 그러면 고객의 후각은 무의식적으로 이 공간은 건강하고 신선한 환경이라고 생각하게 된다.

이 방법으로 고객의 체류 시간을 최대 5퍼센트 정도 늘릴 수 있다. 별로 길지 않은 시간이라고 여겨질 수 있지만, 향을 관리한 매장에서 1년 후 매출이 눈에 띄게 성장한 것으로 확인되었다. 하지만 욕심이 지나친 업체는 오히려 손해를 봤다. 과유불급이라고나 할까. 너무 진한 향을 섞을 경우, 고객들이 그 향을 의식했다. 고객들은 이런 인위적인 향을 거슬리고 불편한 것으로 여기기 때문에 매장에 오래 있지 못하고 바로 나오게 된다.

매장에 퍼지게 한 향기만 구매결정에 영향을 미치는 것이 아니다. 제품군이나 품목 고유의 향기도 구매결정에 영향을 준다. 대표적인 예로 운동화를 꼽을 수 있다. 운동화의 경우 냄새는 골칫거리다. 먼저 제품 생산에 사용되는 접착제 냄새가 매우 독하다. 게다가 주요 신발 생산지인 극동 지역에서 유럽으로 장기간 컨테이너로 운송해야 하기 때문에 좀벌레약을 넣는데, 그 약 냄새도 함께 처리해야 한다. 문제는 이 냄새들이 피트니스나 웰니스와는 거리가 멀다는 데 있다. 그래서 신발은 오랜 시간 집중적으로 냄새를 처리하는 과정을 거친다. 스포츠용품 진열대에 화학 약품 냄새를 덮고, 고가품의 느낌을 주기 위해 추가로 가죽향을 내는 장치를 설치하는 것도 이런 이유에서다.

음악의 힘

매장에서 흘러나오는 음악에도 이와 유사한 효과가 있다. 조명, 향, 온도에 비해 음악이 주는 효과는 약한 편이다. 음악은 '취향'을 많이 타는 장르기 때문이다. 하지만 음악의 리듬은 취향과는 별개다. 빠른 음악을 틀어놓으면 움직임이 더 빨라지는 효과가 있어서, 고객들은 생각보다 매장에서 빨리 나간다. 반면 느린 음악은 고객의 움직임을 느리게 만드는 효과가 있다. 매장에서 흘러나오는 음악 스타일은 무의식적으로 그 매장의 수준이 '고급스러운지, 싸구려인지'를 판단하는 데도 영향을 미친다. 실제로 고객들은 클래식 음악을 틀어놓은 매장에서 파는 상품의 가격이 그렇지 않은 매장에 비해 5~10퍼센트 정도 더 비싸다고 느꼈다.[1,2]

매장에서 내보내는 광고 영상에서는 조금 복잡한 반응과 효과가 나타났다. 연구결과에 의하면, 고객이 상품 진열대 앞에 있을 때 해당 광고가 나오면 매출이 약 15퍼센트 상승했다. 반면 매장 곳곳에 있는 다른 고객들에게서는 오히려 정반대의 효과가 나타났다. 이들은 반복적으로 재생되는 광고 영상을 짜증스럽게 생각했고 이것이 스트레스를 유발했다. 결국 고객들은 스트레스를 피하기 위해 무의식적으로 쇼핑 시간을 줄였다.

조명의 힘

매장에서는 조명도 매우 중요한 역할을 한다. 조명으로 특정 상품을 강조할 수 있고, 판매 공간에 극적 긴장감을 주며, 다양한 감정을 만들어낼 수 있기 때문이다. 님펜부르크 연구팀의 동료인 베른트 베르

──────── 〈도표 10-5〉 조명 분위기에 따라 다르게 자극되는 감정 시스템 ────────

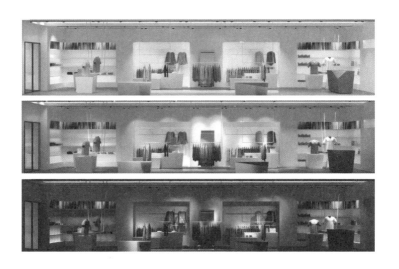

사진 ⓒ 줌토벨

너[Bernd Werner]와 세계적으로 유명한 조명회사 줌토벨[Zumtobel]에서 흥미로운 연구를 실시했다. 먼저 실험실에서 어떤 조명 분위기가 뇌의 어떤 감정 시스템을 활성화시키는지, 다양한 신경생리학적 프로세스를 이용해 측정했다. 〈도표 10-5〉는 다양한 감정을 연출하는 조명 분위기를 나타낸 것이다. 이를 확인하기 위해 대형 패션 체인업체 매장에서 현장 테스트를 실시했다. 먼저 목표그룹(Limbic® 유형)들이 주로 쇼핑하는 장소를 전면에 강조했다. 시범 매장에서 Limbic® 유형의 감정적 특성에 맞춰 조명 분위기를 연출했다. 그 결과 매출이 약 10퍼센트 상승했다!

마지막 인상을 결정하는 계산대

앞 챕터에서 우리는 서비스 프로세스의 마지막이 왜 중요한지 살펴봤다. 고객의 뇌는 서비스 프로세스가 진행되는 중간의 체험보다 마지막 체험을 몇 배나 더 잘 기억했다. 쇼핑 역시 서비스 프로세스의 하나이며, 서비스의 종착지는 계산대다. 오랜 대기 시간, 일에 지쳐 불친절하고 신경질적으로 응대하는 계산원, 좁아 터져서 구매한 제품을 포장하기조차 불편한 계산대의 공간. 이 모든 것이 고객에게는 엄청난 스트레스와 공격성을 유발하는 요인이다. 이러한 마지막 인상은 고객의 머릿속에 오래도록 남아, 그동안 고객 편의를 위한 상품 디스플레이와 서비스에 쏟아 부었던 모든 정성이 수포로 돌아가게 한다.

고객 지향적인 기업들이 고객에게 친밀감을 주는 계산대 분위기를 중요시하는 것도 이런 이유에서다. 실제로 이런 기업들은 물건 값을 지불하는 불편한 프로세스를 최대한 편하게 만들기 위해 노력한다. 고객을 위해 인체공학적인 계산대 설비와 시스템을 만드는 데 많은 투자를 한다. 직원들이 앉고 움직이는 것을 자유롭게 할 수 있도록 해주고, 고객들을 위해 제품을 편하게 꺼내서 포장할 수 있는 공간을 마련한다. 또한 대기 시간이 발생하지 않도록 최대한 노력을 기울인다. 가장 중요한 것은 계산원들을 존중하고 아껴주는 마음이며, 계산원들의 서비스 교육을 통해 계산대의 중요성을 알리는 것이다.

지금까지 우리는 POS에서 뇌가 어떻게 작동하는지를 전반적으로 살펴보았다. 이것은 모든 고객에게 동일에게 적용된다. 이제 특정 그룹의 고객, 이를테면 남성, 여성, 노년층 소비자에 대해 집중적으로 다루려고 한다.

여성들이 유통 기한을 확인하는 이유

남성과 여성이 느끼고, 생각하고, 구매하는 방식은 정말 다르다. 하지만 상거래와 관련해 이 부분을 제대로 다룬 적은 없다. 여성은 남성과는 전혀 다른 눈으로 제품을 관찰한다. 이와 관련된 남성과 여성의 보편적인 차이에 대해서는 이미 상세히 다루었다. 하지만 이러한 차이는 POS에서 진열대를 인식할 때도 나타난다(Chapter 6에서 다뤘던 '아이 트래킹'을 잠시 떠올려보자).

이런 차이는 제품을 구매할 때도 나타난다. 예를 들어 남성보다 여성이 제품의 유통 기한을 30퍼센트 더 자주 확인한다. 또한 여성은 남성보다 가격 비교에 더 많은 시간을 소비한다. 결론은 여성이 남성보다 (품목 수가 동일할 때) 식료품 구입을 위해 20퍼센트 더 많은 시간을 소비한다는 것이다. 남성과 여성의 쇼핑 속도에 이토록 차이가 생기는 것은 여성의 균형 시스템과 돌봄 모듈이 식료품에 대해 특히 민감하게 반응하기 때문이다. 또 다른 이유로 남성의 지배 시스템이 더 강하다는 것을 꼽을 수 있다. 남성의 경우 테스토스테론이 지배적인 활동을 하기 때문에 내적 충동이 강한 편이다. 이로 인해 남성들의 인내심이 부족해져 제품을 꼼꼼히 따져보지 못한다.

성별을 고려한 매장의 공간 구성

여성과 남성의 쇼핑 스타일이 다르듯 매장과 상품 진열, 상품 상담 및 서비스 상담 스타일에 있어서도 차이가 있다. 남성은 철저하게 효율, 질서, 성능을 우선시하는 반면, 여성은 심미성, 환상, 감각적 체험에 민감하다. 이 원리는 패션 매장이나 혹은 가구 매장, 건축자재 전문점에도 동일하게 적용된다. 현장의 사례를 살펴보면 이러한 특성은 더욱 두드러지게 나타난다.

어느 대형 건축자재 전문 체인의 경영진은 남성으로만 구성되어 있다. 결국 건축과 관련된 모든 것은 남성의 영역이라는 것을 은근히 내비친다. 건축과 관련된 모든 제품은 이러한 남성적 논리를 따른다. 드릴, 망치, 세면대, 조명, 커튼, 원예 식물 등 모든 제품이 종류에 상관없이 장난감 병정처럼 줄지어 배열되어 있다. 다양한 상품 코너들이 남성의 논리에 따라 배치되어 있다. 예를 들어 조명 코너는 드릴 옆에, 세면대는 건축자재 부근에 있다. 조명이 드릴 옆에 있는 것은 둘 다 가전제품이기 때문이고, 세면대가 건축자재 코너에 있는 것은 둘 다 흰색이고 무겁기 때문이다. 이것은 틀림없는 남성적 논리다. 님펜부르크 연구팀에서 매장의 디테일한 부분까지 고객의 관점에서 분석한 Limbic®

POS 체크를 실시했다. 그에 따르면 여성 소비자는 절반에 못 미쳤다.

그사이 건축자재를 파는 대부분의 매장들이 새로운 스타일로 리모델링하는 데 성공했다. 건축자재를 판매하는 매장의 넓은 공간 중 한 코너에는 여성적이고 심미적인 제품(조명, 카펫, 커튼, 관상용 정원)을 배치하고, 다른 한 코너에는 남성적인 제품(건축자재, 공구 등)만 배치했다. 두 공간 사이에는 심미성뿐만 아니라 기능성도 강조한 세면대, 욕조, 문 등을 배치했다.

어느 신발 체인점의 예를 살펴보자. 이 체인점에서는 상품 진열에 사소한 성별 차이를 반영한 결과, 고객 만족도와 매출이 큰 폭으로 상승했다. 업계에서는 어떤 형태의 상품 진열이 옳은지 수십 년째 논의를 진행하던 중이었다. 유행 스타일에 따른 진열과 사이즈별 진열을 실험해보았다. 이런 새로운 시도로 약간은 성공했지만, 신발 체인업계는 동일한 실수를 반복했다. 남성화 코너건 여성화 코너건 똑같은 원칙을 따랐던 것이다. 신발의 최고 진열 방식은 다음과 같다. 여성 코너의 70퍼센트는 스타일과 유행별로, 30퍼센트는 사이즈별로 진열한다(편한 신발, 전통 스타일 등). 반면 남성 코너는 마법의 공식대로 80퍼센트는 사이즈별로, 20퍼센트는 유행과 스타일별로 진열한다.

노년층 고객을 위한 배려

우리는 Chapter 7에서 연령별로 뇌에 나타나는 변화를 집중적으로 살펴보았다. 이번에는 POS에서 노년층 소비자를 확보하기 위해 어떤 전략이 필요한지를 다루려고 한다.

나이가 들수록 동기 및 감정 시스템의 변화 외에도 신체적 불편함이 많이 나타난다. 시력 같은 운동 능력도 제한된다. 대개 눈높이에 있는 진열대만 시야에 들어오기 때문에 노년층 소비자를 겨냥한다면 진열대 높이를 약 10~15센티미터 정도 낮춰야 한다. 나이가 들수록 자세는 구부정해지고, 목과 목덜미 근육은 약해지고 체중도 감소한다. 이런 이유로 노년층 소비자들은 각 코너와 제품의 위치를 알려주는 원거리 안내 시스템을 제대로 활용하지 못하고 그냥 지나치는 경우가 많다.

뇌의 정보처리 속도도 떨어지기 때문에 방향에 대한 정보처리 능력도 점점 저하된다. 특히 POS에서 노년층 소비자들의 방향 감각은 더욱 떨어진다. 노년층 소비자들은 작은 글씨로 인쇄된 가격표와 제품 설명은 거의 읽지 못한다. 게다가 둔해진 방향 감각과 진열대 앞에 섰을 때의 불안함으로 인해 젊은층 소비자들보다 스트레스를 훨씬 더 많이 받는다. 그래서 노년층 소비자들은 스트레스를 피하기 위해 쇼핑을 기피하려 든다.

무엇보다 다양한 선택의 기회를 주는 제품들은 (젊은층 소비자들에게는 흥미로운 일이겠지만) 정보처리 속도가 느린 노년층 소비자들에게는 부담이다. 성미가 급한 젊은 판매원들은 노년층 소비자가 같은 말을 반복하는 것을 짜증스럽게 생각하고, 참을성이 없는 계산원들은 이들에게 빨리 계산하고 나가라고 재촉하며 스트레스를 보탠다.

노년층 소비자들은 경제적으로 여유로운 편이라 돈이 많다. 그런데도 이들이 지갑을 열지 않는 이유가 있다. 하나는 구매욕구를 유발하는 자극 시스템과 지배 시스템의 활동이 감소하기 때문이고, 다른 하나는 노년층 고객을 짜증스럽게 여기며 이들의 욕구를 무시하는 매장이 많기 때문이다.

매장의 브랜드화 전략

앞서 POS에서 소비자에게 영향을 미치는 여러 가지 무의식적 메커니즘에 대해 살펴봤다. 그런데 여기서 다루지 않은 부분이 있다. 고객들이 구매결정을 하도록 만드는 매장의 형태는 어떤 것인가 하는 점이다. 현재 서유럽, 특히 독일의 경우 매장은 과잉 공급 상태다. 고객이 한 제품군이나 카테고리의 제품을 구매하려면 다양한 리테일 브랜드 중하나를 선택해야 한다. 몇 년 전만 하더라도 리테일 기업에서는 가격 인하를 마케팅 전략으로 내세웠다. 지금은 시대가 달라졌다. 자체 브랜드가 직접 제작한 제품을 판매하는 것의 중요성을 인식한 업체들이 점점 많아지고 있다.

리테일 브랜드 매장에서는 모든 제품을 언제든 교환할 수 있고 여러 업체 제품들의 가격을 비교할 수 있다. 소비자들이 가장 선호하는 매장은 머릿속과 뇌에서 (가격을 포함해) 긍정적인 감정을 불러일으키고 깔끔한 이미지를 느낄 수 있는 곳이다. 또한 소비자들은 매장 자체를 브랜드화한 매장을 점점 더 많이 찾고 있다. 매장 자체가 브랜드이거나 브랜드를 추구한다면 고객이 매장에 들어서는 순간 광고와 커뮤니케이션을 통해 통일되고 일관성 있는 이미지를 느낄 수 있어야 한다. 〈도표 10-6〉은 독일에서 성공한 대표적 리테일 브랜드를 보여주고 있다.

알디 : 통제와 규율

Limbic® 맵에서 알디는 어디쯤 위치해 있을까? 당연히 통제, 규율, 경제성, 정직성영역이다. 그런데 이 위치는 완벽하게 연출된 것이다. 지극히 제한적인 상품, 가장 단순하고 기능을 강조한 매장 인테리어와 제

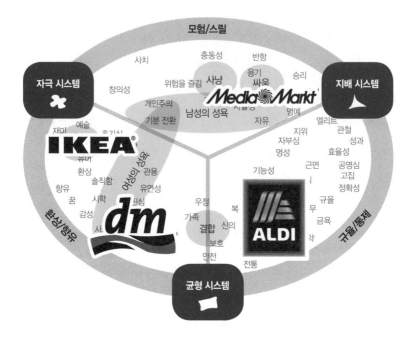

실제로 업계에서 성공한 리테일 브랜드는 핵심 목표그룹의 감정영역을 정확하게 파악해 자극하고 있다.

품 디스플레이가 제품의 품질이 한결같이 유지될 수 있도록 통제하는 것은 물론이고, 리테일 브랜드의 기본 프로세스를 나타내준다. 집중적으로 경제성을 추구하고 있음을 보여준다.

Limbic® 맵에서 알디는 이성적이지 않고 극도로 감정적이다. 알디의 핵심 목표그룹은 소득이 제한되어 있기 때문에 절약해야만 하는 사람들이다. 독일에서 약 1,200만 명이 이 계층에 해당한다. 알디의 집중 공략 대상은 조화론자, 전통주의자, 규율숭배자지만 알디에서 쇼핑함으로써 자신의 똑똑함을 입증하려는 실행가 스타일도 있다. 알디는 비식품 부문을 확장하고 가격 행사를 함으로써 소비자의 머릿속에 포획·사냥 모듈을 활성화시키고 있다. 이 전략으로 알디라는 브랜드는 긴장을 유지하고 있는 동시에, 젊은 소비자층도 확보했다.

드러그스토어 dm : 신뢰와 개방성

Limbic® 맵에서 개방성, 온화한 향유, 웰니스의 영역으로 이동해보자. 독일 카를스루에 있는 기업 dm은 시장에서 입지를 완벽하게 굳혔다. '이곳에서 나는 사람이고, 이곳에서 나는 쇼핑을 한다.' 이 슬로건에 dm의 기업 철학이 그대로 담겨 있다. 뷰티 및 건강 부문은 경쟁 압력과 가격 경쟁이 특히 심하다. 그럼에도 dm은 빠른 속도로 성장하며 높은 수익률을 올리고 있다. dm에 가면 판매하는 제품에서부터 매장 구성과 광고에 이르기까지 특별한 분위기를 체험할 수 있다. 30세에서 35세 사이의 여성 고객은 주로 조화론자와 개방주의자다. 바로 이 목표그룹이 dm의 최대 소비자층이다.

이케아 : 감성 자극

Limbic® 맵에서 자극 방향의 위쪽으로 이동하면 이케아[IKEA]가 있다. 이케아가 시장에 진출한 후 강조해온 슬로건은 다양하다. 이 슬로건에 이케아의 감성 자극 마케팅의 변천사가 그대로 담겨 있다. 첫 슬로건은 '스웨덴에서 온 믿을 수 없는 가구 브랜드'였다. 이 슬로건은 저렴한 비용으로 자신의 주거 공간을 모던한 스타일로 꾸미고 싶은 젊은 쾌락주의자와 모험가들의 취향을 저격했다. 그다음 슬로건은 '가능성을 발견하라'였다. 이 슬로건은 첫 번째 슬로건보다는 덜 자극적이지만, 개방주의자들을 공략할 수 있었다.

　마지막 슬로건은 이보다 더 차분하다. '단지 거주하고 있습니까? 아니면 삶을 살고 있습니까?' 이 슬로건은 정확하게 개방주의자들을 타깃으로 한다. 이들은 지금까지도 이케아의 핵심 목표그룹으로, 감정에 이끌리는 소비자층이다. 현재 이케아는 슬로건 없이 폭넓은 소비자층을 타깃으로 하고 있다.

Chapter 11

디지털 브레인, 신기술과 늙은 뇌의 만남

최근 몇 년 동안 디지털 미디어와 쇼핑 채널이 폭발적으로 성장했다. 대부분의 마케팅 책임자들은 인간의 뇌도 기술 발달과 같은 속도로 변할 것이라고 생각하지만 이것은 착각이다. 우리 뇌는 수만 년 동안 거의 변함이 없었다. 그러니까 새로운 디지털 기술은 수만 년 된 뇌를 만난 셈이다. 신기술을 알고 능숙하게 다루며 실제로 고객의 뇌가 어떻게 작동하는지 정확하게 파악하는 능력이 디지털 시장에서의 성패를 결정한다. 이번 챕터에서는 철저하게 뇌의 관점에서 디지털 세계를 살펴보려 한다.

사람들은 인터넷 마케팅이 기존의 마케팅과는 완전히 다른 독특한 법칙을 따르고, 온라인 고객들은 기존의 상거래 고객들과는 전혀 다르게 행동할 것이라고 믿는다. 신기술이 '놀라운 속도로 도약하며 빠른 성장'을 했다고 해도, 우리 뇌의 감정 프로그램과 많은 특성은 옛 상태를 유지하고 있다. 정확하게 말해 우리 뇌는 7만 년 동안 별로 발달하지 않았다.

물론 인간의 뇌는 학습할 때마다 변한다. 탁월한 바이올리니스트의 경우 여러분이나 나에 비해 손가락 움직임에 관여하는 대뇌의 운동영역이 훨씬 크다. 하지만 탁월한 바이올리니스트의 아들이라고 해도 바이올린 연주를 하지 않으면 그의 뇌는 초기 상태로 복귀한다. 우리 뇌는 가소성이 있어서 각 환경에 주어진 과제에 맞춰 적응한다. 하지만 이러한 학습 경험은 자녀 대까지 유전되지 않는다.

디지털 세대가 5대 내지 10대 지났을 무렵 유전적 변화가 약간 나타날 수는 있다. 하지만 이 여행의 방향이 어느 곳을 향할 것인지 지금은 아무 것도 알 수 없다. 그럼에도 디지털 미디어는 우리의 기대, 무언가에 대한 기대감을 품고 하는 우리의 행동, 정확하게 말해 보상에 대한 기대에 변화를 일으키고 있다.

디지털 매체를 접할 때 뇌의 반응

Chapter 2에서 살펴보았듯이 쾌락적 측면의 감정 시스템에 불을 붙이는 것은 보상기대 시스템이다. 이 시스템은 '더 많고 더 빠른 것을' 목표로 한다. 자극 시스템은 새로운 것을 최대한 많이 추구하는 반면, 지배 시스템은 목표에 신속하게 도달하길 바란다. 이러한 인간의 욕구를 충족시켜주는 것이 바로 인터넷이다. '신속하게 보상을 받고 싶어!' 이 명령이 무의식에서 의식으로 침투한다. 게다가 유선 네트워크뿐만 아니라 모바일 네트워크의 전송 속도가 나날이 빨라지고 있으며, 휴대폰 등 이동기기의 성능이 우수해지면서 디지털 중독 현상이 가속화되고 있다.

디지털 : 목표 모드와 흥분 모드의 뇌

나는 이 효과와 관련해 님펜부르크 연구팀 동료들과 독일의 한 대형

출판사 그룹의 연구 프로젝트를 진행한 적이 있다. 우리는 피험자들에게 같은 내용의 신문을 한 번은 디지털 버전(태블릿 PC)으로 읽게 했고, 한 번은 종이 버전으로 읽게 했다.

1부 실험에서는 피험자들의 머리에 뇌파캡을 씌우고 심장 박동과 피부 저항을 측정했다. 2부 실험에서는 심층 심리학적 설문조사를 실시했다. 실험결과, 같은 내용일지라도 매체에 따라 피험자들은 전혀 다른 독서 태도를 보였다. 디지털 버전에서 피험자들은 조급하게 기사를 읽었고, 기사별 리딩 시간이 아날로그 버전 신문을 읽을 때보다 40퍼센트 짧았다. 이때 뇌는 목표 및 흥분 모드에 있었다.

프린트 : 여유 모드의 뇌

아날로그 버전의 신문을 읽을 때는 전혀 다른 실험결과가 나왔다. 피험자들은 아날로그 신문을 읽을 때 차분하고 여유롭게 다음 장으로 넘어갔다. 디지털 신문을 읽을 때보다 피험자들의 심장 박동도 더 약했고, 피부 저항도 더 작았다. 뇌파검사^{EEG, Electroencephalography}의 흥분 곡선도 완만했다. 피험자들은 기사 내용을 더 정확하게 이해하는 것은 물론이고 광고도 더 많이 기억했다.

특히 흥미로운 실험결과가 있었다. 아날로그 버전이든 디지털 버전이든 상관없이 피험자들이 신문을 읽기도 전에 뇌의 상태에 변화가 나타났다는 점이다. 피험자들이 태블릿 PC를 손에 쥐는 순간 뇌의 목표 및 흥분 모드가 활성화되었다. 태블릿 PC를 건넬 때 뇌는 이미 어느 정도 흥분되어 있었던 것이다. 종이 신문에 대해서도 마찬가지다. 피험자가 신문을 읽기 전에 변화가 감지됐다. 대신 이번에는 여유 모드가 활성화되어 있었다. '이제 차분하게 신문을 읽어도 된다'는 사실만으로도 피험

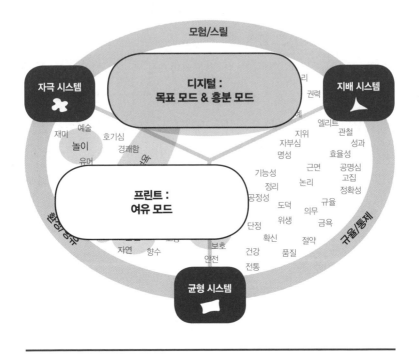

자들의 뇌가 안정되는 효과가 있었다. 〈도표 11-1〉의 Limbic® 맵은 두 매체에서 기본적으로 어떠한 감정적 효과가 나타나는지 보여준다.

디지털 매체는 다른 방식을 따르고 다른 네트워크를 형성할 수 있을 지라도 어쨌든 오래된 뇌에서는 구식 메커니즘이 작동했다. 이 내용과 관련해 조금 더 자세히 살펴보도록 하자.

웹 사이트의 성공도 첫 인상이 좌우한다

웹 사이트를 방문하는 고객을 살펴보자. 정보 프로세스는 클릭하고 시작 페이지(랜딩페이지Landing Page, 키워드나 배너 광고 등을 통해 유입된 인터넷 이용자가 도달하게 되는 마케팅 페이지 ― 옮긴이)를 여는 순간 시작된다. 웹 사이트가 주는 첫 인상과 기본적으로 풍기는 느낌은 이미 소비자의 뇌에 중요한 무의식적 신호를 설정한다.

독일 뮌스터대학의 심리학자 라파엘 야론Rafael Jaron과 마이날드 틸슈Meinald Thielsch의 연구결과, 이러한 인상은 고객이 웹 사이트에 머무르고 있을 때뿐만 아니라 이후의 모든 정보 및 구매태도에 엄청난 영향을 미친다는 사실이 확인됐다. 첫 인상을 통해 이미 우리의 뇌에서는 두 가지 처리 시스템이 자극된다. 하나는 감정적 인상을 평가하는 감정 시스템이고, 다른 하나는 정보의 홍수와 정보의 밀도를 다루는 인지 시스템이다.

뇌의 관점에서는 감정적 인상(감정 부하Emotional Load)과 정보의 과부하(인지 부하Cognitive Load)를 감소시키는 것이 중요하다. Chapter 4에서 살펴보았듯이 '인지 과부하'는 고객의 감정 상태를 직접적으로 자극해 고객의 정보처리 및 구매의욕에 영향을 준다.

아주 단순한 것에 대해서는 보상 시스템이 약하게 활성화되는 반면, 다소 복잡하고 정신적 작업과 관련된 것에 대해서는 보상 시스템이 갑자기 작동했다. 기분이 좋은 상태에서 고객은 더 많은 정보를 수용하게 되고, 구매의욕이 높아진다. 반면 기분이 나쁜 상태에서는 정반대의 현상이 일어난다. 이런 이유로 랜딩페이지 제작에 심혈을 기울여야 한다. 독일의 대형 저축은행 '노르드도이체 스파르카세'Norddeutsche Sparkasse의 랜딩페이지 디자인 변경 전후를 살펴보자. 이 웹 사이트는 뇌의 메커니즘에 맞춰 개편한 사례다.

변경 전 웹 사이트는 텍스트가 너무 많고 복잡한 반면, 변경 후 웹

─────────── 〈도표 11-2〉 웹 사이트 개편 전 ───────────

─────────── 〈도표 11-3〉 웹 사이트 개편 후 ───────────

사이트는 한눈에 쏙 들어온다. 그뿐 아니라 정보도 훨씬 적고, 밝은 미소를 짓게 하며, 특히 호기심을 자아내 뇌의 활성화를 유도한다.

이것은 랜딩페이지를 감정화시키고 단순화시킬 때만 중요한 부분이 아니다. 웹 사이트의 모든 콘텐츠에 대해 이러한 원칙이 지켜져야 하며, 이를 일관성 있게 실천한다면 절반은 성공한 것이다.

웹 사이트의 매력과 인지도를 높이려면

고객들은 상품 혹은 서비스를 구매하기 위해 웹 사이트를 방문한다. 구매를 성사시키려면 고객들이 제품과 서비스를 빠르고 쉽게 찾을 수 있어야 한다. 고객들이 검색에 성공해 원하던 상품이 눈앞에 있을 때 '진실의 순간'(조지프 하이에스Joseph Hayes의 범죄 소설 제목을 비유적으로 사용한 말 — 옮긴이)이 시작된다. 상품 소개는 매력적이어야 하며 한눈에 들어와야 한다.

기존의 오프라인 구매행위에서도 인지와 감정의 관점에서 공략하는 것이 합리적이다. 인지적 측면, 즉 기능적 측면부터 살펴보자. 이때 중요한 것은 제품이 제공할 수 있는 모든 것을 쉽고 단순하게 전달하는 것이다. 하지만 제품이 제공할 수 없는 것을 알려주는 것도 중요하다. 제품이 고객의 기대를 충족시키지 못한다면 그것은 판매에 실패한 것과 같다. 그럴 경우 결국 고객은 비싼 비용을 지불하고 구매한 제품을 반품한다.

이제 감정적 측면으로 넘어가자. 웹에서도 제품을 어떻게 소개하는지, 또 얼마나 매력적으로 보이게 하는지가 중요하다. 완벽하고 훌륭하게 감정화시킨 제품의 경우 웹의 전환율Conversion Rate(웹 사이트 방문자가

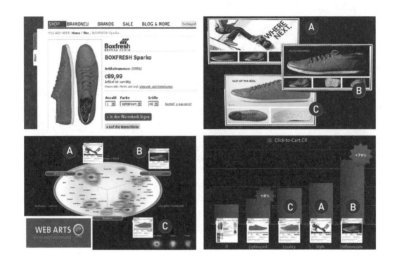

상품 구매, 회원 등록, 뉴스레터 가입, 소프트웨어 다운로드 등 의도하는 행동을 취하는 비율 — 옮긴이)이 급상승한다. 전환율은 제품을 클릭한 고객 중 얼마나 많은 고객이 실제로 구매했는지를 수치화한 것이다.

우리가 개발한 신경마케팅 콘셉트 Limbic® 안자츠[Ansatz]의 라이선스 파트너인 웹 아트 에이전시에서 전환율 증가에 관한 연구를 실시한 적이 있다. 웹 아트 에이전시는 감정화가 전환율에 미치는 영향을 테스트하기 위해 신발 전문 온라인 쇼핑몰을 대상으로 실험했다. 이 실험에서는 감정화에 따른 구매율의 변화를 측정했고, 사람들이 제품 소개에서 가장 많이 접할 수 있는 기본 디자인을 비교치로 했다. 그리고 피험자들에게 같은 제품을 감정적 배경만 달리하여 보여주었다. Limbic® 맵을 감정의 위치를 결정하는 기준으로 삼았다.

첫 번째 사례(C)에서는 품질, 두 번째 사례(A)에서는 개인별 특성, 세 번째 사례(B)에서는 상태의 측면에서 제품을 감정화시켰다. 감정화는 이미지 묘사뿐만 아니라 언어, 즉 제품 설명에서도 나타났다. 그 결과 전환율은 급증했다. 제품의 상태를 감정화한 사례에서 그 효과가 가장 많이 나타났는데, 79퍼센트의 전환율을 기록했다. 〈도표 11-4〉는 이 실험의 결과를 보여준다.

사용자 경험과 사용성의 차이점

웹 사이트의 매력은 콘텐츠뿐만 아니라 사용자 친화성에 의해 좌우된다. 이것을 전문용어로 사용자 경험UX, User Experience과 사용성Usability이라고 한다. 사용자 경험은 사용자가 어떤 제품이나 서비스를 직간접적으로 이용하면서 축적하게 되는 총체적 경험을 말한다. 사용성은 어떤 사물에 대한 사용자의 경험적 만족도를 일컫는 말로, 사용자가 그 사물을 얼마나 편리하게 사용할 수 있는가에 대한 방법론까지 포괄하는 개념이다.

이처럼 두 개념은 내용상 약간의 차이가 있지만 동의어로 자주 사용된다. 둘 다 그래픽 디자인, 애니메이션, 편리한 조작을 아우르는 개념이다. 여기에서 편리한 조작이란, 사람들이 사용성이라고 표현하는 것을 가리킨다. 쉽게 말해 사용성은 사용자 경험의 일부다. 이제부터 뇌의 특성에 맞춘 사용성에 대해 알아보려 한다. 그중 몇몇 측면은 일반적으로 사용자 경험에 해당하는 것이다. 감정적 뇌와 기대의 관점에서 웹 사이트를 살펴보자(〈도표 11-5〉 참조).

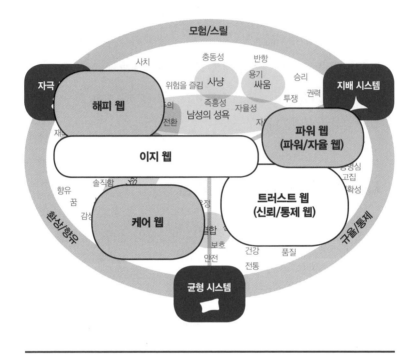

──── 〈도표 11-5〉 뇌의 관점에서 본 사용자 경험과 사용성 ────

해피 웹 : 자극 시스템을 위한 작은 보상

구글 웹 사이트가 이만큼 성공할 수 있었던 이유는 무엇일까? 우리가 궁금하게 여기는 것에 대한 답을 쉽고 빠르게 찾을 수 있기 때문이다. 이것 외에도 다른 성공 이유가 있다. 구글은 우리의 자극 시스템을 건드려, 예상치 못했던 소소한 즐거움을 준다. 주로 어떤 방법을 사용해서 즐거움을 줄까?

구글은 역사적 사건이나 최신 이슈를 로고에 담아 끊임없이 변화를 준다. 재미있는 애니메이션이 담긴 로고를 보면 저절로 미소 짓게 된다. 한 가지 사례를 들어보자. 지난 월드컵 때 최초로 배니싱 스프레

구글의 애니메이션 로고는 자극 시스템과 보상 시스템을 활성화시킨다.

이^{Vanishing Spray}(프리킥 상황에서 수비벽 위치를 지정하기 위해 쓰이는 스프레이. 원어 'Schiedsrichter-Schaum'은 '심판 거품'이란 뜻이다. — 옮긴이)라는 표현이 전 세계적으로 사용되었던 것을 기억하는가? 구글은 재치 있는 애니메이션으로 배니싱 스프레이의 첫 흥행 성공을 축하했다(〈도표 11-6〉 참조).

구글은 왜 이런 시도를 했을까? 답은 간단하다. 잠깐의 '아하' 모멘트를 통해 웹 사이트에 긍정적 이미지가 실리면 훨씬 매력적으로 보이기 때문이다.

이지 웹 : 쉬운 조작과 몰입

온라인 쇼핑몰의 경우 다음의 사항들이 중요하다. 얼마나 단순하며 접근하기 쉬운가? 안내는 얼마나 심플하게 되어 있는가? 앞에서 살펴보았듯이 우리 뇌의 인지 및 감정 시스템은 밀접하게 얽혀 있기 때문에 인지 과부하에 걸리면 좌절과 스트레스의 감정반응이 일어난다. 문제

단순하고 직관적인 조작은 뇌에서 물건을 더 사고 싶은 마음이 들게 한다.

는 좌절감과 스트레스를 느낄 때 기분만 처지는 것이 아니라 구매욕구도 함께 뚝 떨어진다는 데 있다. 물론 우리의 생각도 변한다.

기분이 좋은 상태에서는 뇌가 열려 있고 새롭게 발생하는 구매충동을 처리할 여유가 있기 때문에 이것이 추가 구매로 이어진다. 반면 좌절하고 스트레스를 받는 상황에서는 인지 범위가 완전히 좁아진다. 그리고 우리 뇌는 도피할 준비를 한다. 반면 웹의 세계를 재미있고 단순하게 다루는 사람의 뇌는 '몰입'Flow 상태에 들어갈 준비를 한다. 모든 것이 아주 쉽게 흘러가고 활기찬 기분 상태가 유지된다.

고객이 인식하는 웹의 조작성은 이전 경험에 크게 좌우된다. 어린 시절부터 디지털 기기를 다루며 디지털 환경에서 성장한 디지털 네이티브Digital Native인 젊은 고객층과, 디지털 문맹인 노년 고객층의 웹에 대한 이전 경험은 완전히 다르다. 또한 젊은 고객층의 뇌는 노년 고객층의 뇌보다 성능이 우수하며 실험을 즐긴다. 웹디자이너와 웹프로그래머는 대부분 젊은 세대이기 때문에 이들은 당연히 모든 고객이 웹 조작을 할 수 있을 거라고 생각한다. 웹에 서투른 고객에 대한 배려와 이해도가 낮은 편이다. 그래서 웹 조작이 서투른 고객들이 어려움을 많이 겪을 수밖에 없는 것이다!

케어 웹 : 즉각적인 도움과 지원 서비스 제공

웹 사이트 디자인이 한눈에 들어오고 단순할수록 고객의 만족도는 높아진다. 그럼에도 웹 사이트에서 답을 찾을 수 없는 질문 거리와 불편 사항이 생기게 마련이다. 훌륭한 웹 사이트와 온라인 쇼핑몰은 지원 기능이 확실하고, 구매 프로세스가 구동 중일 때도 화면에 지원창이 계속 띄워져 있다. 고객이 만족할 수 있는 훌륭한 지원 서비스는 다양한 영역과 경로로 제공되어야 한다. 대표적인 예로 긴급 전화, 채팅, 메일, 자주 묻는 질문에 대한 답을 올려놓은 FAQ 게시판 등이 있다. 중요한 것은 웹 사이트를 서핑하는 도중 고객이 항상 즉각적인 도움을 받았다는 느낌을 주어야 한다는 것이다.

트러스트 웹 : 신뢰 부족은 구매를 막는 요인

온라인 쇼핑에서 최대 방해꾼은 공급자, 제품, 특히 중요한 지불 처리에 대한 고객의 신뢰 부족이다. 오프라인 매장에서는 제품을 눈으로 직접 확인할 수 있고, 카드로 결제되는 금액이 얼마인지 현장에서 볼 수 있다. 하지만 온라인 구매를 할 때는 심리적 안정감이 떨어진다. 이런 경우에는 신뢰 관계를 형성하는 것이 매우 중요하다. 온라인 쇼핑에

〈도표 11-8〉 케어 웹

불편 사항 혹은 문의 사항이 발생하면 신속한 도움을 드립니다.

서는 다양한 방식으로 신뢰를 쌓을 수 있다. 구체적으로 하나씩 짚어
보도록 하자.

● 지불 및 데이터에 대한 신뢰

아직까지도 온라인 쇼핑에서 고객이 가장 위험하다고 여기는 부분
은 지불 문제다. 균형 시스템에서 이런 질문들을 하기 시작한다. 여기
담긴 내 데이터와 신용카드 정보는 안전할까? 제품이 마음에 들지 않
을 때 제대로 환불받을 수 있을까? 고객은 온라인 쇼핑몰 운영자를 눈
으로 볼 수 없고 배후에서 일어나는 프로세스를 확인할 길이 없어 불
안해진다. 독일의 경우 트러스티트 숍스^{Trusted Shops}(온라인 소비자와 온라
인 몰을 보호하기 위한 목적으로 1999년 독일 쾰른에 설립한 기업 — 옮긴이)

나 튀프^{TUV, Technischer UberwachungsVerein}(기술감독협회 — 옮긴이)처럼 독립적인 인증평가 기관에서 데이터 및 지불에 대한 신뢰를 형성하기 위해 인증 마크 제도를 실시하며 고객에게 도움을 주고 있다.

● 프로세스에 대한 신뢰

상품 정보 및 배송 서비스에서도 신뢰를 구축하거나 파괴할 요인은 많다. 상품을 주문할 때 고객은 주문 상품의 재고 상태와 배송 일정을 알고 싶어한다. 배송 일정이 제대로 지켜지지 않은 경우 고객의 신뢰는 무너지고 그 여파는 상당히 오래간다. 관리를 잘하는 온라인 쇼핑몰에서는 상품 소개 페이지에 재고 상태와 예상 배송 일정에 관한 정보를 제공한다. 고객은 상품 도착 하루 전에 배송 정보를 받는다. 하지만 관리를 잘하는 온라인 몰이라 해도 배송 문제가 발생할 수 있다. 이 경우 고객의 신뢰를 잃지 않으려면 정확한 배송 정보를 주어야 한다.

● 상담에 대한 신뢰

온라인 쇼핑몰에는 (믿을 만한) 판매원이 없기 때문에 고객은 온라인 제공업체나 제조업체에서 제공하는 정보를 믿고 상품을 구매할 수밖에 없다. 고객들은 그동안의 경험을 통해 판매자들이 장점은 강조하고 단점은 숨기려 한다는 사실을 잘 알고 있다. 이러한 고객들의 불신에 대응하기 위해 많은 온라인 상거래 업체들이 '아마존'을 모방하고 있다. 아마존은 고객이 직접 댓글로 서평과 상품평을 쓰게 하는 시스템을 처음으로 도입했다. 상품을 구입한 고객들이 호객 행위를 할 필요는 없으므로, 소비자들은 업체의 상품 설명보다 고객의 상품평을 더 신뢰한다.

Chapter 4에서 다뤘던 '무리 효과'Herdeneffekt가 여기에서도 나타난다. 무리 효과란 한 사람이 무의식적으로 주변 사람들의 행동과 판단에 영향을 미치는 것을 말한다. 특히 리뷰하는 사람이 닉네임이 아니라 자신의 실명을 밝히고 서평과 상품평을 작성한 경우 신뢰도는 더욱 높아진다. 독자 서평 외에도 '슈티프퉁 바렌테스트'Stiftung Warentest와 같은 공인된 품질 테스트 기관의 테스트 보고서나 전문지의 평가는 제품에 대한 신뢰도를 높여준다.

파워 웹, 최대한 빨리 목표를 달성하라

앞서 살펴봤듯이 디지털 세계와 온라인 구매에서 뇌는 목표 모드로 작동한다. 우리 뇌는 최대한 빨리 목표를 달성하고자 하기 때문에 온라인 쇼핑에서 뇌는 그만큼 빨리 움직이려고 한다. 지루한 이미지 구성, 긴 응답 시간, 장황한 스크롤, 이런 것들은 전부 방해가 되는 요소다. 원 클릭이 가장 이상적이다. 클릭 한 번으로 원하는 페이지가 눈앞에 나타나야 한다. 뇌는 최단 경로로 목적지에 가려고 하기 때문에 우회로와 장애물을 제거해야 한다.

파워 웹과는 거리가 먼, 부정적인 사례로 독일 항공 루프트한자Luft-hansa 스마트폰 앱을 들 수 있다. 사용자들이 전자 비행 스케줄에서 비행기를 검색하면 날짜만 나온다. 단기간을 검색할 경우 사람들은 일자별이 아니라 주별로 생각해야 한다. 게다가 이 앱으로 최신 비행 일정을 찾지 못한 고객들도 많다. 원하는 결과를 얻으려면 사용자는 먼저 앱에서 나온 후, 달력으로 월과 날짜를 확인하고 다시 앱으로 들어가야 한다. 빠른 목표 달성을 중시하는 지배 시스템에서 이런 번잡한 방식은

|개선 전 앱|개선 후 앱|

고객을 정체시키는 모든 것이 구매욕을 떨어뜨린다.

방해 요인이다. 다행히 개선된 루프트한자 앱에서는 이 문제가 해결되었다. 한편 독일 철도 도이치반^{Deutsche Bahn}의 앱은 오랫동안 모범 사례로 평가받고 있다.

파워 웹의 또 다른 요건 중 하나는 편리한 지불 과정이다. 지불 일자를 일일이 채워 넣어야 했던 번거로운 지불처리 절차는 지배 시스템에서 불쾌감을 유발한다. 자주 구매하는 고객을 위한 아마존의 원클릭 주문은 이런 불편함을 해소했다.

자율적 웹, 내가 직접 결정한다

한편 지배 시스템은 온라인 쇼핑에서 또 다른 것을 요구한다. 바로 자율성이다. 고객들은 선택과 행동 가능성이 제한되는 것을 싫어하고, 선택의 기회가 한눈에 들어오는 것을 좋아한다. 이것은 제품을 선택하는 순간 시작된다. 수많은 제품과 서비스 중에서 어떤 것을 선택할까? 자율성에 대한 욕구는 지불 과정에서도 나타난다. 고객이 직접 지불 방식을 선택할 수 있을까? 이체 청구서, 이름, 신용카드, 페이팔, 고객이 직접 원하는 운송 방식 등을 선택할 수 있을까? 야간 배송 서비스, 특송 서비스, 일반 배송 등을 직접 선택할 수 있는 기회는 고객에게 자유와 자율성을 느끼게 해준다. 이런 것들을 바탕으로 고객은 웹 사이트에 대한 매력을 평가한다.

온라인 쇼핑 세계는 뇌의 관점에서 일관성 있게 관찰할 수 있도록 구성되어야 한다. 온라인 상거래에서 성공하려면 디지털 세계가 제공하는 다양하고 혁신적인 가능성을 고객의 뇌가 기대하고 바라는 것과 제대로 연결시켜야 한다.

Chapter 12

B2B 거래도
감정의 지배를 받는다

많은 이들이 B2B 거래에서 감정은 중요하지 않으며 이성만이 지배한다고 말한다. 정말 그럴까? 이번 챕터에서는 B2B 거래에서도 감정이 상당 부분 관여한다는 점, 그리고 우리가 감정의 지배에서 벗어날 수 없는 이유를 살펴보려고 한다.

이제까지 우리는 소비재의 목표그룹을 다뤘다. 지금쯤 여러분은 이런 궁금증이 들 것이다. 앞서 살펴본 지식들이 B2B 거래와도 관련이 있을까? 있다면 어떠한 점에서 관련성이 있을까? 답부터 먼저 말하자면 관련성이 매우 높다. B2B 거래에서도 결국 구매를 결정하는 주체는 인간이기 때문이다. B2B 거래를 하는 사람들이라고 해서, B2B 거래를 할 때 갑자기 뇌가 달라지는 것은 아니다. 이들은 자신들이 기본적으로 갖고 있는 동기 및 감정 시스템을 유지한다. 따라서 머릿속 구매결정은 기존과 동일한 모형에 따라 진행된다.

물론 몇 가지 차이점은 있다. 개인의 소비 영역에서 대부분의 구매결정은 한 사람에 의해 즉흥적으로 이루어지는 반면, B2B 영역에서는 여러 사람들과 다양한 분야가 연관된다. 새로운 장비를 구매하거나 새로운 프로세스를 도입할 때 CEO, 구매 책임자, 생산 책임자뿐만 아니라 연구 및 개발 책임자가 공동으로 결정한다.

구매결정을 하기 전 담당자들에게는 각각의 과제가 주어진다. 이 다양한 과제들은 인간이 다른 결정을 내릴 때와 마찬가지로 동기 및 감정 시스템에서 처리된다. CEO는 새로운 장비가 회사의 경쟁력을 높이는 데 도움이 될지 검토하는데, 이 경우 지배 시스템이 결정을 내린다. 반면 구매 책임자는 합리적인 가격과 가격 대비 성능의 최적화를 중시한다. 이때는 규율/통제를 관할하는 영역이 활성화되기 때문이다. 한편 생산 책임자의 관심은 안전하게 오류 없이 기계가 작동하고, 일정 수준의 품질을 안정적으로 유지하는 데 쏠려 있다. 이 경우는 균형 시스템이 지배한다. 연구 및 개발 책임자의 관심사는 다르다. 이들은 기계의 혁신과 새로운 가능성을 찾는 데 관심이 집중되어 있고, 이런 욕구를 작동시키는 것은 바로 자극 시스템이다.

이처럼 구매를 결정할 때 선호하는 것과 우선순위에 두는 것이 담당 직무에 따라 각자 다르다. 직무에 따라 다른 결정을 한다면, 이때 개인별 성향 차이는 전혀 반영되지 않는다는 의미일까? 이제부터 이에 대한 답을 집중적으로 찾아보자.

B2B 담당자의 성향에 맞는 멘트

심리학 연구결과에 따르면 사람들은 자신의 직업과 담당 직무를 우연히 선택하지 않는다. 대개 개인의 동기 및 감정 시스템의 혼합 양상Motiv-und Emotionsmix에 맞춰 선택한다. 자극 시스템의 특성이 강하게 나타나는 창의적이고 혁신적인 사람은 자신의 감정이 중요시하는 제품을 고르고, 가능하면 이런 성향과 잘 맞는 직업을 선택하려고 한다. 이런 유형의 사람은 기업의 연구 및 혁신 부서 책임자가 될 확률이 높다. 반면 감정영역 중 규율/통제를 중시하는 사람은 구매 혹은 회계 책임자의 업무에서 재미를 느낄 가능성이 높다.

이러한 메커니즘을 전문용어로 '자기선택 편향'Selbstselektion, Self Selection Bias이라고 한다.[5.4] 이 메커니즘은 사람들이 무의식적으로 자신의 감정 시스템 혼합 양상에 어울리는 직업과 환경을 선택하는 성향을 의미한다. 소비자의 경우 대개 광고나 제품 포장을 통해 이러한 메커니즘이 작동하는 반면, B2B 영역에서는 판매 상담과 조언이 중요한 역할을 한다. 이 경우 고객의 개인 프로필에 따라 업무 담당자의 응대 멘트가 달라진다. 개인 프로필을 고려해 맞춤형으로 고객을 응대할수록 판매 성공률이 높다. 개인 고객에게 소비재에 관해 설명할 때와는 논거에 차이가 있겠지만, 이때 반응하고 활성화되는 동기 및 감정 시스템은 동일하다. 다음은 몇 가지 사례를 정리한 것이다.

실행가(지배 시스템)

이들에게는 경쟁우위를 제공하거나 경력에 도움을 줄 수 있는 제품이나 서비스가 매력적으로 다가온다. 유능한 판매원은 판매 상담을 할 때 이런 측면들을 반복 강조한다.

"이 제품은 당신에게 누구도 따라올 수 없는 경쟁우위를 제공할 것입니다."

"이 제품에 대해 당신에게만 독점적 권한을 드립니다."

"이 기계는 역대 최고로 강력하고 우수한 성능을 자랑합니다."

규율숭배자(규율/통제)

이들에게는 다른 방식으로 접근해야 설득력이 있다. 이런 유형의 사람들은 소수점 아래 세 자리까지 산출한 수치로 제품이나 서비스의 경제성이 입증되었을 때만 해당 제품이나 서비스에 매력을 느낀다. 규율숭배자들은 모든 면을 꼼꼼히 따져보고 가급적 모든 정보를 확보해서 살펴보려 한다. 이들에게는 다음과 같은 응대 멘트가 효과적이다.

"이 제품은 X개월 후부터 구매하느라 쓰신 비용을 모두 회수하실 수 있습니다."

"당신을 위해 사소한 부분까지 세심하게 조사했습니다."

"저희 회사의 서비스 엔지니어가 75분 후에 도착할 예정입니다."

전통주의자와 조화론자(균형 시스템)

이들은 제품이 견고할 뿐만 아니라 결함이 없다는 게 입증돼야지만 구매한다. 또한 다른 사람들이 이 제품이나 서비스를 이미 사용하고 있을 때 보다 더 안심하고 구매를 확정한다. 이런 유형의 사람들에게는 다음과 같은 멘트가 효과적이다.

"안전하고 믿을 수 있는 제품입니다."

"이 제품만 있으면 더 이상 신경 쓸 일이 없습니다."

"당신의 조직에 더 이상의 변화는 필요 없습니다."

"수십 년 동안 XX명의 고객에게 만족을 준 제품입니다."

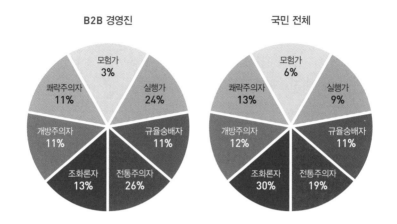

B2B 경영진

국민 전체

※ 출처 : Limbic® in TdWl

쾌락주의자(자극 시스템)

이들에게는 앞서 언급된 멘트가 전혀 통하지 않는다. 이런 유형의 사람들은 해당 제품이 지닌 독특하고 새로운 면을 보여줘야 열광적인 반응을 보인다. 특히 개인주의자들은 그 제품을 사용하게 될 최초이자 유일한 사람이 된다는 점을 부각시키면 금세 매료된다.

"이 제품은 지금껏 보지 못했던 새로운 가능성을 제시합니다."

"이 제품을 보여드린 고객은 당신이 처음입니다."

"독특한 디자인이 이 제품의 혁신성을 강조합니다."

동일한 제품이나 서비스를 다룬다고 해도 고객의 개인별 특성에 따라 효과를 볼 수 있는 멘트는 다르다. 이것은 판매 훈련에서도 매우 중요한 사항이다. 고객의 유형별 특성에 맞춘의 멘트에는 기존의 질문 기법, 마무리 기법, 신체 언어 등과는 조금 다른 룰이 적용된다. 하지만 이것은 기존의 테크닉을 대체하는 게 아니라 중요한 부분을 보완하고 부족한 부분을 채워주는 역할을 한다. 판매 상담이나 조언을 준비할 때는 고객들과 고객 개인 프로필에 관한 정보를 수집해야 한다. 취미, 직책, 옷, 신념, 성별, 연령은 고객을 이해하고 공략하기 위해 중요한 참고 자료다.

〈도표 12-1〉에서 볼 수 있듯이 Limbic® 유형에서 고위급 경영진 구성은 매우 흥미롭다. 이것은 독일 국민의 평균 비율과는 상당한 차이를 보인다. 특히 실행가 유형은 4배나 많은 반면, 조화론자 유형은 너무 적은 비율을 보이고 있다.

의사들도 무의식적으로 조종당한다

제약업계는 Limbic® 유형을 바탕으로 목표그룹의 분류 효과와 유용성을 입증하기 좋은 사례다. 제약업계는 고객(의사)들에게 신약의 우수성을 알리기 위해 엄청난 노력과 자금을 투입한다. 높은 비용의 외부 트레이닝, 각종 회의, 의사에게 지급되는 크고 작은 수당 등을 모두 합치면 막대한 금액이다. 그러나 연말에 가서 보면, 신약을 계속 구입하는 의사들의 비율이 일부에 불과한 경우가 비일비재하다. 이런 이유로 세계적인 대형 제약회사는 더 많은 비용을 투자할 가치가 있는 의사 유형을 알아내고, 이들과의 대화 기법을 파악하는 데 공을 들인다.

그 비밀을 밝히기 위해 1,200명의 내과 전문의를 대상으로, Limbic® 유형 테스트를 이용한 대규모 설문조사가 실시되었다. Limbic® 유형 테스트에는 이러한 목표그룹에 맞춘 개념들이 사용되었다. 그리고 설문조사의 결과는 구체적인 처방률 데이터, 회의 참석, 외부 트레이닝 참석, 정보를 대하는 태도 등과 일치했다. 예상할 수 있듯이 다음의 세 유형으로 분류할 수 있다.

- 조화론자 유형과 전통주의자 유형의 의사들은 성능이 이미 입증된 유명한 약을 신약으로 바꿀 의향이 없었다. 이들이 정보를 대하는 태도는 매우 제한적이었다. 진료실 크기는 평균보다 작았고, '편안한 부수 프로그램'이 있는 전문가 회의에 참석했다.
- 실행가 유형의 의사들은 구체적인 효능과 효율성이 입증된 경우에는 신약으로 바꿨고, 계속 이러한 처방 태도를 유지했다. 평균 이상으로 영문 전문 학술지를 많이 읽었고, 진료실은 최대 규모에 최고의 장비를 갖추고 있었다. 그리고 이들은 효율성이 높거나 VIP 대우를 받을 수 있는 전문가 회의에 참석했다.
- 혁신주의자 유형의 의사들은 약을 자주 바꾸고, 한 제품만 고집하지 않았다. 회의에 많이 참석하고 전문지도 많이 읽었다. 이들의 경우 외부 트레이닝 일정을 잡기가 비교적 수월했다. 그리고 진료실 크기는 평균보다 작은 편이었다.

물론 예상치 못했던 결과도 있었다. 혁신주의자 유형과 마찬가지로 조화론자 유형 의사들의 진료실이 평균 규모거나 그보다 작았다는 점이다. 실행가 유형의 의사들은 의학 및 학문적 효율성을 기준으로 환자를 치료하고 자신의 실력을 입증하는 반면, 조화론자 유형의 의사들은 환자와의 개인적인 유대관계를 유지하며 환자를 치료했다. 비록 그들이 환자를 많이 보유하고 있는 그룹이기는 하지만, 특별히 값비싼 약품을 처방하는 비율은 여러 비교단계 중에서도 아래쪽에 위치하고 있다.

이 결과를 바탕으로 제약회사들은 우리가 제시한 의사 분류를 마케팅 및 영업 통제 시스템의 중요한 요소로 통합시켜 활용했다. 거듭 강조하지만, 개인을 상대로한 영업뿐만 아니라 B2B 마케팅에서도 감정이 매우 중요하다는 걸 알 수 있다.

숫자도 감성화할 수 있다

얼마 전 나는 강연 의뢰를 받아 대형 기계 제조회사를 방문했다. 영업할 때 기계 판매를 감정과 연결시키는 전략이 강의의 주요 내용이었다. 그 자리에 참석한 모든 사람들은 내가 아름답고 화려한 이미지, 창의적이고 독특한 팸플릿에 대해 이야기할 것이라고 생각했던 듯하다. 하지만 나는 이런 것들은 아예 언급하지 않았다.

강연을 준비하기 전에 카탈로그와 영업팀 문서를 자세히 살펴보았다. 외관을 보니 몇 년은 지난 듯한 느낌에 모든 요소들이 마구잡이로 사용되고 있었다. 디자인은 말할 것도 없었고, 컬러와 형태는 엉성하고 촌스러웠다. 세계 최고의 기술이라는 명성과는 걸맞지 않았다. 제품 사진에도 별로 돈을 들이지 않았다. 제품 소개에는 기능 설명만 있고, 표의 경우 '숫자로 된 무덤'처럼 성능 관련 수치만 적혀 있었다.

나는 강의 참석자들에게 뇌의 동기 및 감정 프로그램을 소개한 후, 공작 기계는 어느 위치에 있는지 보여주었다. 공작 기계는 정확하게 지배와 규율/통제영역 사이에 있다. 이와 연관된 가치와 감정은 '정밀함, 성능, 완벽함, 힘, 명확성, 진보' 등이다. 그리고 나서 이 기업 CI^{Corporate Identity}의 문제점도 지적했다. 그 회사는 본인들이 공략해야 할 감정 세계의 모든 부분과 아주 동떨어져 있었다.

혼란스런 외관은 정밀함이나 완벽함과는 거리가 멀었다. 제품 사진 속의 기계는 피곤에 지친 늙은 코끼리 같았고, 힘이나 성능은 전혀 느껴지지 않았다. 기능 설명과 성능 수치표도 지루하기 짝이 없었다. '정밀함, 성능, 완벽함, 힘의 세계'라는 메시지가 중요하다는 점을 강조하고, 그것을 효과적으로 전달하기 위해 수치를 감정화시킬 수 있는 예시를 몇 가지 보여주었다. 그런 뒤 이런 것이 왜 중요하며, 고객의 욕구를 어떻게 자극하는지 설명했다.

핵심 타깃층을 공략하기 위해 전략적으로 만들어진 메시지는 고객의 머릿속에 들어가 잠시 여행을 하다가, 어느새 기업에 대한 고객의 생각을 바꿔놓는다. 현재 이 기업의 통일성 있는 CI 로고를 보면 '완벽함, 정밀함, 힘' 등 기계에 대한 특성이 한눈에 들어온다.

B2B 업무에 맞춘 Limbic® 맵

Limbic® 맵은 B2B 거래에서도 활용도가 높다. 그래서 우리는 B2B 영역에 맞게 Limbic® 맵을 수정했다. 누구나 알고 있듯이 비즈니스에서 성별은 중요한 역할을 하지만, B2B 결정에 있어서 이러한 감정 시스템의 중요성은 상대적으로 떨어진다. 성별은 뇌의 다른 하위 모듈처럼 무시해도 무방하다. 축의 명칭도 B2B 영역에 맞춰 변경했다. 균형에서 '안전'으로, 통제에서 '완벽함'으로, 지배에서 '성과'로, 모험에서 '기술 혁명'으로, 자극에서 '혁신'으로, 개방성/향유에서 '진화'로 조정했다.

B2B의 개념에서는 명칭이 조금씩 달라졌지만, 일단 각 감정영역의 핵심적인 의미를 표현했다. 이제 B2B 영역에서 전형적으로 사용되는

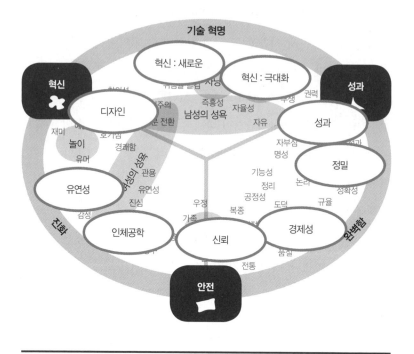

개념을 B2B Limbic® 맵에서 찾아보자. 〈도표 12-2〉가 그 결과물이다. 이 표에는 B2B와 관련된 모든 중요한 개념이 일목요연하게 정리되어 있다.

Chapter 13

뇌 스캐너로 고객 마음을 속속들이 읽을 수 있을까?

여러 전문매체와 일반 대중매체들은 뇌 스캐너가 고객이나 소비자의 행동 및 태도 연구에 엄청난 가능성을 제공할 것이라고 발표했다. 물론 알록달록한 색깔의 뇌 사진들은 너무나도 근사하고 흥미진진하다. 하지만 여전히 풀리지 않는 문제들, 해결해야 할 문제들이 남아 있다. 뇌 스캐너를 비롯해 최첨단 장비는 전통적인 시장조사의 방식을 대체하는 것이 아니라 보완하는 기능을 한다.

지금까지 우리는 기능적 자기공명영상^{fMRI, Funktionelle Magnetresonanztomo-graphie} 촬영을 이용해 뇌 연구를 했고, 이를 바탕으로 시장조사한 연구 결과들을 살펴보았다.

- 코카콜라 연구를 통해 우리의 뇌가 코카콜라와 펩시콜라에 다르게 반응한다는 사실이 입증되었다.[13.7]
- 독일 울름대학교에서 메르세데스 벤츠의 의뢰로 실시한 스포츠카 연구를 통해, 우리 뇌가 스포츠카와 소형차에 대해 다른

반응을 보인다는 사실이 입증되었다.[13.2]

- 독일 뮌스터대학교에서 진행한 브랜드 연구결과, 우리 뇌에서 유명 브랜드는 전두엽의 활동을 비활성화시킨다는 사실이 확인되었다.[13.4]

이러한 연구 분야의 기회와 한계를 보여주기 위해 사례를 한번 더 살펴보려 한다. 그 사이에 여러 의문점들이 제기되었고, 이를 해결하고자 뇌-소비자 연구들이 활발하게 진행되었다. 특히 최근에는 일반 언론 매체에서도 이러한 문제들을 다루며, 기술의 도움으로 '유리 소비자'(기업에서 소비자의 속내를 속속들이 파악하고 있다는 뜻—옮긴이)의 시대가 올 것이라는 기사를 발표하고 있다. 요즘 흔히 접할 수 있는 이런 기사에는 항상 화려하고 아름다운 뇌 사진이 함께 등장한다. 그리고 기술 발달에 감탄하는 독자들이, 인간의 가장 큰 수수께끼인 뇌를 속속들이 들여다볼 수 있다는 착각을 하도록 은연중에 조장한다.

사람들이 이런 희망을 갖게 된 데에는 최첨단 장비를 갖춘 대기업들이 밀접한 관련이 있다. 대기업에서는 소비자들이 무엇을 생각하고 무엇을 느끼는지 정확하게 알고 싶어한다. 이들은 사람들의 무의식에 깔려 있는 소망과 동기를 알고, 기존의 시장조사 기법을 활용했을 때 발생했던 리스크가 없는 무의식의 세계를 알고자 한다. 물론 이 자체는 문제될 일이 없다. 소비자는 뇌 스캐너에 들어가고, 실험자는 화면에 임의로 자신이 원하는 이미지들을 보여주면 그뿐이다.

하지만 정말 괜찮은 걸까? 세상 사람들이 이런 시장조사 방식을 그대로 두려고 할까? 개인정보 보호단체나 소비자 보호단체들이 전면적인 전쟁을 선포하지는 않을까? 걱정할 필요 없다. 이러한 신기술 덕분에 우리는 흥미진진한 지식을 얻을 수 있겠지만, 그렇다고 해서 소비자의 마음속을 투명한 유리처럼 훤히 들여다볼 수 있는 것은 전혀 아니다. 그런 일은 몇 광년 지난, 아주 먼 훗날에나 가능하다. 그 이유에 대해서 구체적으로 살펴보도록 하자.

뇌 스캐너로 볼 수 있는 것

일반인들 중에는 뇌 연구가 진행되는 동안 피험자들이 무슨 생각을 하고 느끼는지, 뇌 연구자들이 정확하게 들여다볼 수 있다고 생각하는 이들이 많다. 사실은 전혀 그렇지 않다. 뇌 촬영 영상에는 특정 뇌 영역의 산소 소비량만 나타난다. 뇌 스캐너를 이용한 연구는 산소 소비량이 높아지는 영역은 뇌가 강하게 활성화된다는 가정을 바탕으로 한다. 반대로 산소 소비량이 적은 경우에는 뇌가 비활성화된다.[13.1, 13.9, 13.10] 대부분의 사고 과정(사고 프로세스)은 뇌의 에너지 소비량과 관련이 있고 신경화학적 프로세스에서 산소는 중요한 역할을 한다. 즉 뇌 촬영 영상 사진은 어떤 뇌 영역에서 사고 과정이 진행되고 있다는 사실만 보여줄 뿐이다. 그것이 어떤 내용인지는 보여주지 않으며, 알 수 없다.

과거의 골상학이 지닌 한계

뇌의 어느 영역에서 불빛이 반짝거리는지를 알면, 그것을 보고 어떤 정보가 처리되는지 추론할 수 있다. 이것은 초창기 뇌 연구에서 학자들의 소망이었다. 그들은 사랑의 감정을 담당하는 영역, 신을 담당하는 영역, 감각을 담당하는 영역, 재치를 담당하는 영역이 따로 있을 것이라 생각했다. 〈도표 13-1〉은 뇌 연구의 선구자들이 뇌에 영역별 기능

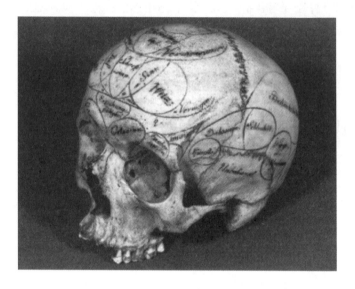

인간의 욕구, 특징, 사고 과정을 담당하는 영역이 표시되어 있으나 오류가 있다.

을 표시해놓은 것이다.

뇌 연구에서 특히 대뇌의 영역별 기능을 밝히고 위치를 정하는 학문을 골상학(골상학 창시자는 프란츠 요제프 갈Franz Joseph Gall이다. —옮긴이)이라고 한다. 그사이 많은 연구들이 진행되면서 과거의 골상학Die Alte Phrenologie에서 주장한 것처럼 뇌의 기능이 정확하게 영역별로 구분되지 않는다는 사실이 밝혀졌다.

특정 기능에 더 많이 관여하고, 특정 기능에는 더 적게 관여하는 뇌 영역은 있지만, 'ㅇㅇㅇ 기능을 담당하는 뇌' 같은 것은 존재하지 않는다. 예를 들어 머릿속으로 물고기를 상상할 때와 화물차를 상상할 때 동일한 뇌 영역이 활성화된다. 둘은 엄연히 다른 것인데도 말이다. 뇌 단층촬영 결과만으로도 뇌가 이미지 처리 프로세스를 가동하고 있다는 것을 확인할 수 있다. 물고기를 잡거나 1종 대형 면허를 딸 때처럼 우리가 계획을 세워야 하는 작업의 경우, 뇌 스캐너를 보면 거의 동일한 영역(이 경우에는 전전두피질)에서 불빛이 반짝거렸다.

뇌 사진으로 에로티시즘 담당 영역을 알 수 있다?

골상학이 그랬듯 인간의 뇌를 간단명료하게 해석하는 방법을 찾겠다는 열망은 여전히 사그라지지 않고 있다. 특히 언론에서는 화려한 뇌 사진으로 이러한 기대를 한껏 부추기는 중이다. 〈도표 13-2〉는 '뇌에서 성애(에로티시즘)를 담당하는 영역의 위치는 어디인가?'라는 타이틀의 정기간행물에 수록된 이미지다. 여기 실린 카피와 텍스트는 남녀가 뇌에서 성애를 느끼는 부위가 다름을 이미 암시하고 있다. 여러 뇌 연구자들에게 불쑥 여기 실린 2개의 뇌 사진을 보여주고, 어떤 사고 과정을 표현한 것인지 물어본다면 난감한 일이 벌어진다. 뇌 연구자들마다 자신들이 옳다고 생각하는 답을 말할 테니 말이다. 하지만 누구도 정답을 말할 수 없다. 뇌 사진만으로는 뇌에서 어떤 정보가 처리되고 있는지 정확히 알 수 없기 때문이다. 뇌가 처리해야 할 과제가 무엇인지 알고 있을 때만, 뇌 사진은 정확한 판독이 가능하다. 많은 비판론자들이 '현대 골상학'New Phrenology을 향해 경고의 목소리를 높이는 것도 이런 이유 때문이다.[13.6]

소비자들에게 주어진 과제가 무엇인지 알고 있고, 훌륭한 뇌 사진까지 확보한다고 해도 아직 문제는 해결된 것이 아니다. 일반적으로 뇌

뇌에서 성애를 담당하는 영역의 위치는 어디인가?
남성과 여성의 뇌를 fMRI 촬영한 사진을 분석한 결과다.
뇌 안에 다른 색으로 표시된 부분이 활성화된 부위다.

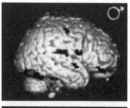

• 성적 장면에 대한 인상

독일 에센대학 연구팀은 남성의 경우 여성들보다 성적
이미지를 집중적으로 처리하기 때문에 fMRI 촬영 사진
에서 후두엽이 활성화된 것이라고 해석했다.

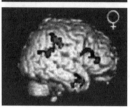

• 흥분한 여성의 뇌

사진을 보면 여성이 성적으로 흥분한 경우 측두엽, 두정
엽, 전두엽의 활동이 증가함을 알 수 있다. 이것은 여성들
이 섹스할 때 각종 자극을 관념적으로 처리한다는 것을
암시한다.

해당 정기간행물의 기사는 '성애를 담당하는 뇌 영역이 따로 있다'라고 말한다.

스캐너는 뇌 영역의 활성화 상태만 보여줄 수 있다. 그리고 뇌 영역들
간의 상호작용을 확인하려면 막대한 비용이 든다.[13.1] 상업적 목적으로
진행되는 연구에서 감당할 수 없는 수준이다.

그뿐 아니다. 뇌는 하나의 과제를 수행할 때 다른 영역의 활동이 강
화될 수도 있고, 반대로 다른 뇌 영역이 억제되는 효과가 나타날 수도
있다. 두 경우 모두 뇌 영역이 활성화된다. 즉, 뇌 사진은 동일하지만 기
능적 상관관계가 전혀 다르다는 뜻이다. 또한 뇌 영역 간 전기 프로세
스는 극도로 빠른 속도로 진행되기 때문에 뇌 스캐너는 이것을 포착할
수 없다. 불과 몇 초 만에 산소 농도에 변화가 생긴다. 아주 미세하고 자

동화되어 있는, 극도의 에너지 사고 프로세스도 마찬가지다. 대부분의 경우 뇌 스캐너는 이런 것들을 거의 포착하지 못한다.

이러한 맥락에서 뮌스터대학교의 브랜드 연구와 코카콜라 연구를 다시 살펴보자. 두 경우 모두 피험자들에게 브랜드를 공개했다. 그런데 전혀 다른 실험결과가 나왔다. 뮌스터대학교 연구에서는 전전두피질이 비활성화되었으나, 코카콜라 연구에서는 정반대였다. 동일한 뇌 영역이 (전전두피질) 훨씬 더 강하게 활성화되었다. 게다가 그 차이는 실로 엄청났다.

결과가 다르게 나타난 이유는 과제가 달랐기 때문이었다. 코카콜라 연구에서는 피험자들에게 펩시콜라와 코카콜라 중 하나를 결정하는 과제가 주어졌다. 반면 뮌스터대학교 연구에서는 둘 중 하나를 결정하는 과제가 주어지지 않았고, 브랜드만 소개했다. 과제만 달라져도 뇌 영역의 기능적 상호작용에 이미 극적인 변화가 나타나고 있었다.

뇌 스캔의 한계

기술적 문제를 조금 더 다루고 넘어가자. 대뇌에서 사고 과정과 인지 능력은 지정되지 않은 넓은 영역에 걸쳐 처리되는 반면, 감정 시스템은 뇌의 아래 영역에 자리 잡은 채 극도로 세분화되어 있다. 또 아주 작은 핵Kern들로 이뤄진 복잡한 네트워크로 구성되어 있으며, 이 핵들은 복잡한 회로에서 다른 뇌 영역들과 서로 연결된다.

시상하부Hypothalamus와 뇌줄기Gehirnstamm의 구조도 만만찮게 복잡하다. 우리가 알고 있듯이 시상하부와 뇌줄기는 감정 처리에서 매우 중요한 역할을 한다. 예를 들어 컴퓨터 영상에서 편도체가 반짝거리면 그것만 보고서는 어떤 감정들이 활성화되었는지 추론할 수 없다. 편도체는 사실상 거의 모든 감정에 관여하기 때문이다. 게다가 처리 속도도 엄청나게 빠르다.

뇌 스캐너의 해상도도 문제다. 대부분의 뇌 스캐너는 2~3밀리미터 정도의 뇌 영역만 감지할 수 있다. 동기 및 감정 시스템에서 하위 핵과 구조는 크기도 훨씬 작고 구조도 훨씬 복잡하다. 뇌 스캐너의 화면에서 우울증이나 공황 상태처럼 극도로 강한 감정은 포착할 수 있다. 하지만 마케팅에서는 살짝 변화를 준 감정들을 주로 다루기 때문에 이런 기술이 있어도 활용할 기회가 별로 없는 것이다. 그래서 뇌 연구자들은 자극 및 보상 시스템에 속하는 측좌핵Nucleus accumbens, 즉 '쾌락의 핵' 연구를 좋아한다. 게다가 측좌핵은 크기도 크고, 시상하부나 편도체처럼 구조도 복잡하지 않다.

뇌 사진만으로는 아무것도 알 수 없다

앞으로 수십 년 후에는 틀림없이 기술에 관한 의문이 제기될 것이다. 하지만 이것과 상관없는 훨씬 더 큰 문제가 있다. 뇌 스캐너로 촬영한 사진만으로는 아무것도 알 수 없다는 점이다. 무언가를 알아내기 위해서는 뇌 사진을 해석해서 설명할 수 있어야 한다. 그러자면 여러 가지 문제가 따른다. 어떤 뇌 영역이 어떤 기능을 하는지 정확하게 알고 있어야 하며, 뇌 영역들이 어떻게 서로 상호작용을 하는지도 알아야 한다. 또한 머릿속에 어떠한 감정 시스템이 존재하고 어떠한 학습 및 사고 과정이 진행되고 있는지에 관한 지식이 일치해야 한다. 아쉽게도 아직 뇌 연구는 모든 영역에서 적용하고 수용할 수 있는 모델을 정립할 수 있는 수준이 아니다.[13.3, 13.6]

전문가의 딜레마

실제로 그런 모델이 있다고 가정해보자. 그러면 먼저 뇌의 모든 구조, 프로세스, 디테일한 부분을 모두 꿰뚫는 해박한 지식을 갖추고 있으며, 우리 머릿속에 어떤 감정 시스템이 존재하고 어떤 학습 및 사고 과정이 진행되고 있는지 정확한 지식을 전달할 수 있는 전문가가 필요하다. 하지만 실제로 모든 분야에 정통한 전문가는 없다. 거의 모든 뇌 연구자들이 전문화된 자신만의 사고 모델로, 아주 세분화된 전문 영역만 연구하고 있을 뿐이다. 이런 사고 모델들이 알게 모르게 해석에 영향을 끼치고 해석을 조종한다.

신경마케팅 시장연구에서도 특히 더 복잡한 동기와 구매결정 구조를 다룰 때는, 심리학 고유의 불확실성이 수시로 불거졌다. 방사선 전문가, 신경과학자, 심리학자, 마케팅 전문가로 구성된 합동 연구팀이 있다면 이런 문제를 해결할 수 있을 것이다. 하지만 이는 간단한 일이 아니다. 다양한 분야의 전문가들이 모인 합동 연구팀이 제대로 운영되려면, 모든 전문가들이 인접 학문에 대한 기초 지식을 갖추고 있어야 한다. 그래야 지식과 정보를 소통하고 공유할 수 있다. 사실상 이는 상당히 까다로운 조건이다.

게다가 뇌 스캐너라 불리는 fMRI를 사용하는 데만도 막대한 비용이 들기 때문에 비용 문제도 고려해야 한다. 현재 상대적으로 단순한 신경마케팅 연구는 적은 인원의 전문가와 피험자로 구성된 연구팀으로 진행하고 있는데, 이런 소규모 연구조차 5,000만 원에서 1억 5,000만 원 정도의 비용이 든다.

뇌 스캐너는 마케팅에 어떤 도움을 주는가?

막대한 비용과 기술 문제를 감안할 때 뇌 스캐너를 사용한 연구와 관련해 이런 의문들이 생길 수도 있다.

- 뇌 스캐너를 사용한 연구방법이 혹시 일시적 유행은 아닌가?
- 이러한 방식이 시장연구에 혁명을 일으키며 다른 모든 프로세스를 대체할 것인가?
- 기존의 연구방법을 보완할 것인가?

세 번째가 정답이다. 뇌 스캐너를 활용한 연구는 기존의 연구방법을 보완하게 될 것이다. 뇌 스캐너는 다른 연구방법으로는 얻을 수 없는 결과를 제공해준다.[13.5] 이런 관점에서 코카콜라 연구를 다시 한번 살펴보려 한다. 먼저 이 연구는 코카콜라의 브랜드 이미지가 강력하다는 기존의 인식을 입증했다. 주관적인 질문을 보완하기 위해서 뇌 사진과 그 외 다른 설명 모델이 활용되었는데, 이를테면 고객의 뇌에서 일어나는 변화의 과정 등을 자료로 제시했다. 이 연구결과는 코카콜라 경영진들과 실제로 어떤 연관성이 있을까? 물론 이 결과를 발표함으로써 얻는 언론 효과만으로도 몇 배의 수익을 올릴 수 있다.

그렇다면 이 연구결과를 통해 어떤 행동을 유도할 수 있을까? 대뇌뿐만 아니라 측좌핵도 활성화될 수 있도록 콜라의 제조공법을 수정해야 할까? 어쩌면 그것도 한 가지 방법이 될 수 있을지 모르겠다. 하지만 실제로 제조공법을 변경하려고 했던 1985년, 코카콜라 소비자들의 격렬했던 거부반응을 생각한다면 이 아이디어는 별로 좋지 않아 보인다.

뇌 스캐너의 전반적인 인식 능력은 제한적이다. 그래서 뇌 사진만으로는 특히 어떤 감정 세계에서 코카콜라가 점수를 딸 수 있었는지 알 수 없다. 마찬가지로 뇌 사진만으로는 코카콜라와 브랜드의 핵심 가치가 소비자의 머릿속에서 어떤 사고 과정을 일으키고, 의식과 무의식의 어떤 영역에 박혀 있는지 알 수 없다. 시장연구에서 중요한 여러 다양한 문제들에 대해 뇌 사진은 어떠한 정보도 줄 수 없다.

이를테면 특정 제품이 언제 어디에서 사용되는지 알 수 없다. 또 제품이나 브랜드 평가에 있어 다양한 목표그룹 간에 차이가 생기는 이유도 알지 못한다. 어떤 고객이 훌륭한 자동차 서비스를 기대하는지도 알 수 없다. 특히 고객에 관한 좀 더 복잡한 평가와 각종 상관관계, 혹은 시장의 연구결과에 대해서 뇌 사진은 아무 것도 말해주지 못한다.

뇌 연구와 고전적 시장조사의 시너지

컴퓨터 영상만 보아서는 주관적인 취향을 판단하거나, 브랜드 평가 혹은 이미지 평가와 관련된 내용을 알 수 없다. 이것이 뇌 연구와 신경철학이 안고 있는 핵심적 문제다. 예를 들어 "나는 해변의 석양을 좋아한다."라고 말했을 때, 뇌의 산소 소비량이 증가한다. 전자는 주관적 결과(정신)이고, 후자는 물리적 뇌 데이터다. 둘 다 동일한 현상을 표현한 것이다. 다만 전혀 다른 고유의 언어를 사용해 표현했을 뿐이다. 전자와 후자는 맥락상 서로 연관이 있다. 둘 사이에 상관관계는 존재하지만 그렇다고 서로를 대체할 수 있는 관계는 아니다.

여기에서 다시 한번 쾌락의 핵인 측좌핵을 살펴보도록 하자. 코카콜라 연구뿐만 아니라 메르세데스 벤츠 연구에서도 측좌핵이 활성화되었다. 한번은 스포츠카를 보았을 때고, 다른 한 번은 펩시콜라를 마셨을 때다. 피험자가 돈을 걸고 카드 게임을 하면서 돈을 딸 거라고 기대하거나, 멋진 콘서트를 즐길 때도 측좌핵이 활성화되었다. 이때 고전적인 시장조사 방법으로 고객의 체험을 직접 탐색하면 더 정확하게 알게 되는 차이점들이 있다. 그리고 뇌 스캐너에서 측좌핵 부분이 반짝거렸다는 점도 중요한 정보다.

이를 통해 감정이 얼마나 강하게 일어나는지, 어떤 뇌 영역에서 이 결과를 처리하는지 확인할 수 있다. 뇌 스캐너는 고전적인 시장연구를 보완하고 지식의 지평을 넓히는 데 도움을 준다. 고전적인 시장연구 역시 뇌 스캐너로 알 수 없는 고객의 감정 상태를 보다 구체적으로 알려준다. 둘을 모두 활용하면서 상호 보완한다면 고객에 대한 이해를 높이는 데 큰 도움이 될 것이다.

현재 뇌 스캐너의 이미지 인식 능력은 마케팅에 활용되기에는 제한적인 수준이지만, 앞으로는 기술이 더욱 향상될 것으로 예측된다. 기술 시스템을 개선하고, 다양한 분야의 전문가들이 협력할 것이라는 희망을 품어본다. 다양한 학문 지식을 실용성 있는 모델로 연계시키기 위한 노력은 마케팅 발전에 큰 보탬이 될 게 분명하다. 뇌 스캐너 등 첨단 장비를 이용한 기술 수준에 관심이 있고 이 연구 분야의 기회와 한계에 대해 알고 싶다면, 페터 케닝의 《소비자 신경과학-통학문적 관점의 입문서》Consumer Neuroscience-Ein Transdisziplinares Lehrbuch 를 추천한다.

뇌 연구와 심리학이 만날 때

사람들은 흔히 뇌 스캐너의 도입과 신경마케팅을 동일한 개념으로 사용하곤 한다. 물론 뇌 스캐너를 통한 연구는 정말 중요하지만, 이는 최신 뇌 연구방법론 중 그저 하나에 불과하다. 때문에 한정된 것만을 증명할 수 있다. 뇌 연구 전반에서 도출되는 결과들이 마케팅에 기여할 수 있는 것은, 뇌 스캐너를 통한 것보다 그 범위가 훨씬 더 넓고 다양하기 때문이다.

이 책에서 나는 이런 사실을 분명하게 밝혔다. 또한 뇌 연구의 방대한 스펙트럼을 제시하고, 이것을 마케팅과 영업 현장에서 어떻게 적용할 수 있는지 그 방안을 알려주기 위해 노력했다.

- 우리 뇌에는 어떠한 동기 및 감정 시스템이 있으며, 어떻게 작용하는가?
- 동기 및 감정 시스템이라는 안경을 쓰고 어떻게 세상을 구조화할 것인가?
- 우리 머릿속에서 구매결정은 어떻게 이뤄지는가?
- 심리학뿐만 아니라 뇌 연구의 관점에서 다양한 목표그룹들은 어떤 차이를 보이는가?
- 브랜드가 뇌에서 어떤 의미를 지니며, 어떻게 작용하는가?
- 큐 매니지먼트를 통해 구매결정에 영향을 주는 방법은 무엇인가?
- POP에서 고객들은 어떤 행동을 하는가?

소비자들의 행동방식과 태도를 다룰 때 뇌 연구만이 유일한 방법인가? 물론 아니다. 뇌 연구의 많은 가설과 사고는 심리학 지식과 이론을 바탕으로 한다. 심리학과 뇌 연구가 연계되었을 때, 고객이 어떻게 생각하고 어떤 방식으로 구매하는지에 대해 완전히 새로운 통찰력을 얻을 수 있다.

신경마케팅은 조작을 위한 통로가 아니다

나는 강연이나 인터뷰가 끝나고 난 다음, 신경마케팅이 소비자의 심리를 조작해 판매를 촉진하는 수단이 아니냐는 질문을 자주 받는다. 사람들은 신경마케팅이 인간의 심리를 조작하는 행위라고 심하게 비난한다. 내 의견을 밝히기에 앞서 '조작'이라는 개념을 먼저 살펴보자. 맞는 말이다. 신경마케팅은 일종의 조작이다. 모든 마케팅과 광고, 특히 신경마케팅은 사람들의 심리를 조작하는 행위다. 인간이라는 존재는 조작과 떼려야 뗄 수 없는 관계에 있다. 파티에 가기 전 곱게 화장하는 모든 여자들! 사랑하는 여자에게 보석을 선물하는 모든 남자들! 모든 TV 아나운서들! 강단에서 설교하는 모든 목사들! 전부 자신의 이미지를 조작한다.

여기서 질문의 핵심은 신경마케팅이 조작을 하는 것이 아니라(그렇다), 신경마케팅으로 무언가를 얻으려 한다는 것이다. 나는 이것을 설명할 때 주방용 칼을 자주 예로 든다. 예를 들어 주방용 칼로 주변 사람들에게 맛있는 음식을 만들어 대접할 수 있다. 하지만 주방용 칼로 누군가를 찔러 죽일 수도 있다. 주방용 칼이 중요한 게 아니라, 그것으로 무엇을 하는지가 중요하다. 신경마케팅과 뇌 연구에 관한 지식도 마찬가지다.

조작에 대해 위대한 철학자들은 어떤 생각을 갖고 있었는지 한번 살펴보자. 플라톤은 다른 사람의 이익을 위해 조작 행위를 한다면 이것은 해가 될 것이 없다고 보았다. 칸트는 이런 입장을 거부했다. 칸

트는 조작을 통해 인간이 도구로 전락할 수 있고 정언 명령^{Kategorische}

Imperativ(정언 명령은 '어떤 행위의 목적이나 결과와 관계없이 그 자체가 선이기 때문에 무조건 지켜야 하는 도적적 명령'을 말한다. ―옮긴이)이 인간의 목적이 되어서는 안 된다고 보았다. 반면 니체는 자신의 삶을 미학적 측면에서 고양시키기 위한 것이라면 조작이 문제가 될 것 없다고 했다(온 세상이 거짓이다).

이렇듯 조작에 관한 관점은 사람마다 다르다. 나는 최소한 다른 사람에게 해가 되지 않는 행동은 해도 된다는 플라톤의 관점이 마케팅 현장에 가장 적합하다고 생각한다. 이것은 신경마케팅 방식과 100퍼센트 일치하는 입장이기도 하다.

1 브랜드는 고객의 뇌에 있는 신경 네트워크다. 그 안에서는 제품과 광고 메시지의 기능 및 감정적 측면이 전체 이미지와 연결되어 있다.

2 성공한 브랜드는 여러 감정영역을 동시에 활성화시킨다. 스토리, 대개 창업자의 개인사와 관련된 신화를 소개한다.

3 완벽한 큐 매니지먼트는 고객의 모든 감각을 이용하고, 제품 구성, 언어, 디자인, 햅틱, 냄새 등 아주 사소한 부분도 놓치지 않는다. 대부분의 신호와 메시지는 무의식에서 작용하지만, 구매결정에 막대한 영향을 끼친다.

4 POS에도 고객을 얻는 요소나 고객을 불쾌하게 만들어 잃는 요소가 상당 부분 존재한다. 고객의 뇌에는 많은 프로그램들이 저장되어 있다. 이런 것들을 알고 잘 활용한다면 POS에서 매출을 올릴 수 있다.

5 동기 및 감정 시스템 마케팅, 특히 뇌 스캐너는 고전적인 시장연구를 대체할 수 없다. 이 장치로 어떤 뇌 영역이 활성화되었는지만 볼 수 있을 뿐 고객의 생각은 볼 수 없기 때문이다. 현재 뇌 스캐너인 fMRI 연구비용은 이 연구를 통해 얻을 수 있는 지식에 비해 너무 비싸다.

6 신경마케팅의 개념을 뇌 스캐너 사용으로 제한하는 것은 옳지 않다. 진정한 신경마케팅이란 현대의 뇌 연구를 통해 얻은 다양하고 흥미로운 지식 전반을 마케팅과 판매활동에 적용하는 것이다.

신경마케팅, 소비자를 유혹하는 최강의 무기

이제 이 책을 마무리할 때가 되었다. 처음에 나는 근본적인 관점의 변화가 필요한 몇 가지 신화들을 다루었다. 특히 자의식이 강하고 자유롭게 결정하는, 합리적이고 이성적인 소비자상에 대한 잘못된 신화들을 주로 소개했다. 이런 것들이 전부 착각이라는 사실을 입증하기 위해 노력했다. 또한 소비에 있어서 연령이나 성별 차이는 큰 역할을 하지 않는다는 인식도 잘못된 것임을 알아봤다. 물론 이를 증명하기 위해 뇌 구조, 호르몬과 신경전달물질의 다양한 혼합이 소비행동이나 구매태도에 결정적인 영향을 미친다는 다양한 증거를 제시했다.

　여러분들은 이런 사실들을 거부할지도 모른다. 인간은 '스스로 판단하고 결정하는 자유의지를 가진 존재'라는 고상한 이미지가 실추되기 때문이다. 물론 이런 논의들이 인간을 생물학적 존재로 전락시키고 있다는 비판도 거세다. 하지만 이 책은 소비자를 뇌 구조와 신경전달물질의 관점으로만 해석하려는 극단적 생물학주의^{Biologism}(사회를 생물학적 입장으로 설명하는 이론—옮긴이)의 선언이 아니다. 이것은 그동안 등한시되었던 측면을 알리고, 사실이 아닌 소망과 희망에만 매달리는 마케팅 신화의 진실을 밝히기 위해서 쓰여졌다.

나 역시 소비자와 마찬가지다. 내 의식도 무언가에 홀려 자유의지로 결정하지 못한다는 사실을 발견했다. 판매나 마케팅 전략을 세울 때 잘못된 속설에만 의지할 게 아니라, 정확한 지식을 바탕으로 한다면 지금보다 훨씬 더 효과를 거둘 수 있다. 게다가 이 게임의 최종 승자는 소비자가 된다. 왜냐하면 소비자의 다양하고 진실한 욕구와 소망이 더 정확하게 파악됨으로써 소비자는 자신이 진정으로 원하는 상품이나 서비스를 제공받을 수 있기 때문이다. 그러면 '가격이 모든 것'이라는 논리로 고객을 단순화시키던 경향도 당연히 줄어들 것이다.

이 책은 가급적 폭넓은 대중의 공감을 얻을 수 있도록 내용과 구성에 신경을 썼다. 특히 구체적 사례를 많이 제시했다. 마케팅이나 판매 분야에 종사하는 전문가들이 이 책을 통해 새로운 발견을 하고 자극받았기를 바란다. 당신이 마케팅 전문가가 아닌 평범한 독자라 해도 상관없다. 이 책을 통해 자신과 주변 사람들의 소비태도를 이해하는 데 조금이나마 통찰을 얻을 수 있다면 좋겠다. 당신이 과소비를 반대하는 입장이라도 이 책은 유용하다. 적의 무기 창고를 들여다보고, 대응 전략을 세우는 데 이 책을 활용하길 바란다.

세상에는 다양한 생각과 목적을 갖고 사는 사람들로 가득하다. 그리고 그런 사람들이 어우러져 세상을 이룬다. 우리에게는 새롭고 흥미로운 제품을 개발하고 전략적으로 판매하는 마케팅 책임자와 판매자가 필요하다. 하지만 격렬한 쾌락주의자와 그들의 이기주의를 견제하며,

우리에게 책임감을 일깨우고 구매와 소비 외에도 충만한 삶을 가능하게 하는 많은 것들이 있음을 상기시켜주는 비판론자들도 필요하다.

마지막으로 하고 싶은 말이 있다. 여러분이 내 주장에 동의하든 동의하지 않든 상관없이 반론, 비판, 질문이 있다면 서문에 소개된 내 연락처를 참조하길 바란다. 여러분의 연락은 언제든 반갑다. 며칠이 걸릴 수도 있겠지만 반드시 답변하도록 노력할 것이다.

1 ◦ 학문적 관점에서 본 균형 시스템

심리학 불안, 두려움, 공포증, 신경증, 행동 억제 시스템[BIS, Behavioral Inhibition System], 우울증 등의 심리 상태에는 구조적 차이는 있지만 한 가지 공통점이 있다. 불안은 미래의 막연한 상황과 관련이 있는 반면, 두려움은 구체적인 대상과 관련이 있다.

뇌 연구 불안, 두려움, 공황은 기능적 측면에서 크게 '공포 시스템'[Fear-System]으로 통합시킬 수 있다. 물론 기능의 차이는 있다. 어떤 대상에 대한 두려움은 편도체에서 처리되는 반면, 어떤 상황에서 느끼는 막연한 불안함은 중격-해마 체계에서 처리된다. 공황 발작(도피, 투쟁, 경직)은 시상하부와 수도관주위회색질[PAG, Periaqueductal Gray]에서 더 강하게 나타난다. 주요 신경전달물질과 호르몬은 감마 아미노부티르산, 세로토닌, 코르티솔이다. 이 체계가 정상적으로 작동하지 않으면 불안 상태, 공황 발작, 우울증이 나타날 수 있다.

심리학 (불안 상태에서의 행위와 구분되는) 다양한 형태의 호기심. 영어
권 연구자들이 '감각 추구'$^{Sensation-Seeking}$ 혹은 '참신성 추구'$^{Novelty-}$
^{Seeking}라 부르는 것과 유사한 구조다.

뇌 연구 미국의 신경생물학자 자크 판크세프$^{Jaak\ Panksepp}$는 자극 시
스템을 '추구'^{Seeking}라고 표현했다. 자극의 전 시스템은 종종 '중
변연계 도파민 보상 시스템'이라고 불리기도 한다. '추구 시스템'
은 보상을 추구하며 생명체에 보상을 기대할 수 있다고 말한다.
추구 시스템은 뇌줄기 윗부분의 복측피개영역$^{VTA,\ Ventral\ Tegmental}$
^{Area}에서 시작해 시상하부, 측좌핵, 신경섬유다발 $^{MFB,\ Medial}$
$^{Forebrain\ Bundle}$을 거쳐 대뇌의 앞쪽에 도달한다. 앞에서 언급된 뇌
영역은 전부 변연계에 속한다. 이런 이유로 많은 뇌 연구자들이
변연계를 우리 뇌의 쾌락중추라고 표현한다.

하지만 이것은 절반만 진실이다. 변연계는 특정한 보상 행위에
대해 느끼는 쾌락의 감정에만 관여하기 때문이다(예견). 한편 보
상을 소비함으로써 충족되는 쾌락(소비)의 감정은 다른 뇌 영역
에서 처리된다. 이러한 추구 시스템은 기본적으로 긍정적인 특성
을 지니지만 단점도 있다. 추구 시스템은 병적 중독의 중추이며,
추구 시스템을 움직이는 신경전달물질은 도파민이다.

이 시스템이 정상적으로 작동하지 않으면 조증 등의 정신 질환
이 발생해, 환자들은 소비 및 쇼핑 중독에 빠져 헤어나지 못할
정도의 과도한 빚을 지게 될 수도 있다.

심리학 대부분의 심리적 동기와 구조는 '권력 동기', '추진 동기', '성과 동기' 등 지배 시스템과 밀접한 관련이 있다. 지배 시스템에서 부정적인 측면은 공격이라는 개념으로 표현된다.

뇌 연구 뇌 연구에서 '지배'는 종종 '격분'(분노)으로 표현된다. 뇌 연구에서는 공격을 두 가지 형태로 분류하는데, 하나는 도구성 공격이고, 다른 하나는 반응성 공격이다. 도구성 공격의 목표는 자신의 목표를 달성하는 것이다. 공격 행위자는 자신의 목표를 달성하는 데 걸림돌이 되는 경쟁자나 적에게 언어 혹은 신체적 공격을 가한다. 반면 반응성 공격의 목표는 지배 시스템을 나타내기 위한 형태 가운데 하나.

공격적인 감정을 수행하고 처리하는 뇌 영역은 편도체의 중심핵, 시상하부의 일부, 뇌줄기의 핵이다. 세 영역 모두 변연계에 속한다. 공격성과 관련된 신경전달물질과 호르몬은 테스토스테론, 글루타메이트(글루탐산염), 모노아민옥시다아제[MAO, Monoamine Oxidase], P물질[Substance P], 도파민 등이다. 관찰된 행위만으로는 도구성 공격과 구분할 수 없는 반응성 공격이 있다. 이러한 반응성 공격은 불안-공황 시스템(균형 시스템 참조)에 의해 유발된다. 반응성 공격은 심각한 위협을 받았을 때 활성화되는 공황반응(패닉반응)이다. 한편 포육[哺育]반응과 같은 공격 형태도 있다. 지배 시스템이 정상적으로 작동하지 않는 경우 정신장애 혹은 반사회적 인격장애로 발전한다.

4 ∘ 학문적 관점에서 본 권력투쟁 시스템

심리학 독일의 저명한 심리학자 노르베르트 비쇼프^{Norbert Bischof}가 정립한 취리히 모델^{Zurcher Modell}에 이와 유사한 동기 역학이 있다. 물론 비쇼프의 동기는 현대인의 관점에서 다소 미숙하고 애매모 호하다.

뇌 연구 팽창하면서 앞으로 나아가는 시스템과 상대를 억제하는 시스템 사이에 존재하는 기본 논리는 뇌 연구에서도 찾아볼 수 있다. 이 분야 연구와 관련해 제프리 그레이^{Jeffrey A. Gray}를 대표적 학자로 꼽을 수 있다. 우리 뇌의 중변연계 및 중(대뇌)피질 도파 민 시스템은 보상 및 확장 가능성을 추구하는 우리의 세계를 있 는 그대로 스캔한다. 영어권 문헌에서는 '행동 활성화 시스템'^{BAS,} ^{Behavioral Activation System}이라고도 표현한다. 반면 중격-해마-불안 시스템은 심리적 위협이 되는 위험이나 의심스런 상황을 알려준 다. 전문용어로는 '행동 억제 시스템'이라고 표현한다.

두 시스템의 중간에서 천칭 중앙의 지침처럼 중요한 역할을 하는 것이 편도체와 대뇌 앞부분(안와전두피질)과 복내측(전전두엽)피질 이다.

5 ∘ 주요 신경전달물질과 그 효과

세로토닌 ^{Serotonin} 심신을 안정시키고 진정시키는 효과. 세로토닌이 너무 적으면 자극, 공격, 불안, 우울 상태에 빠진다.

감마 아미노부티르산^{GABA, Gamma Amino Butyric Acid} 불안을 진정시키거

나 혹은 증폭시키는 효과. GABA가 너무 적으면 불안이나 우울
상태에 빠진다.

도파민^{Dopamine} 활력, 쾌감, 호기심 유발. 행동 계획에서 중요한 역할
을 한다.

노르아드레날린 Noradrenaline 일반적인 뇌 기능 활성화, 자극, 각성 작
용을 담당한다.

코르티솔^{Cortisol} 신체의 스트레스 및 불안반응에 관여한다. 체내에
서 도피 혹은 투쟁을 위한 에너지 동원을 담당한다.

아세틸콜린^{Acetylcholine} 뇌에서 기억을 구성하고 학습 내용을 각인시
키는 데 중요한 역할을 한다.

에스트로겐^{Estrogen} 여성의 성과 관련해 중요한 역할을 한다. 기분을
좋아지게 하며 낙천적으로 만들어준다. 또 부드럽고 민감하게 하
는 효과가 있다.

테스토스테론^{Testosterone} 남성의 성과 관련해 중요한 역할을 한다. 낙
관적이고 공격적/투쟁적인 성향을 강화시키는 효과가 있다.

옥시토신^{Oxytocin} 신뢰 호르몬이라 불리며, 인간관계와 연인 사이의
사회적 신뢰를 담당한다. 감정이입 능력과 관련해 중요한 역할을
한다.

바소프레신^{Vasopressin} 남성의 경우 여성 파트너에 대한 애착의 감정
과 '둥지 방어'를 담당한다. 질투심과 밀접한 관련이 있다.

프로락틴^{Prolactin} 수유기 모유 생산과 관련해 중요한 역할을 한다. 심
신을 안정시키고 성욕을 감퇴시킨다.

6 ○ 변연계의 핵심 부위와 기능

편도체^{Amygdala}(아몬드 모양) 회백질에서 막강한 파워를 갖는 기관으로 제어 기능을 담당한다. 편도체는 어떤 대상에 대한 감정적 평가에 관여하며 균형 및 지배 시스템에서 중요한 부위다. 편도체는 자극 시스템의 활동에도 관여한다.

안와전두피질 및 복내측(전전두)피질^{Orbitofrontal Cortex and Ventromedial (Prefrontal) Cortex} 편도체와 마찬가지로 대상의 평가에 관여한다. 안와전두피질과 복내측(전전두)피질에서는 동기 및 감정 시스템이 동시에 작용한다. 이곳에서 다감각 감정 체험들이 연결된다. 또한 감정 체험이 저장되는 곳이기도 하다. 안와전두피질과 복내측(전전두)피질은 신피질^{Neocortex}(포유동물의 대뇌피질 중 가장 늦게 발달하였으며 다감각 및 운동에 관여하는 부위—옮긴이)의 감정 데이터 센터에서 중요한 역할을 하는 부위다.

대상회^{Gyrus Cinguli} 변연계와 신피질 사이의 중요한 인터페이스. 감정과 동기의 갈등이 발생할 때 대상회가 활성화된다. '자아의식' 형성과 미래에 대한 기대감 평가에 관여한다.

해마^{Hippocampus} 감정 학습 센터. 대상과 상황의 특징을 감정적 평가와 연결시키고 이러한 경험을 신피질에 저장한다. 움직임과 객관적 사실에 대한 학습은 담당하지 않는다.

측좌핵^{Nucleus Accumbens} 자극 및 보상 시스템의 중심핵(쾌락의 핵). 보상을 예측하는 역할을 담당한다. 대뇌기저핵의 일부로 선조체^{Striatum}(뇌기저핵의 한 영역으로 대뇌피질 및 시상과의 신경망 연결을 통해 자발적인 움직임을 선택하고 시작하는 데 중요한 역할을 한다.—옮간이)는 소망을 행동으로 이행시키는 정류장과 같은 역할을 한다.

중격^{Septum} 균형 시스템에서 중요한 역할을 하는 부위로, 행동 억제에 영향을 미친다. 해마와 함께 비관적 상황이나 불안 상황, 미래에 대한 평가에 관여한다. 예상하고 있던 보상이 나타나지 않을 때도 행동을 개시한다.

시상하부^{Hypothalamus} 변연계에서 '하사' 역할을 하는 부위다. 시상하부는 신경전달물질 분비를 촉진시키고 신체를 활성화시킴으로써 편도체의 평가를 실행에 옮긴다. 배고픔, 목마름, 섹스의 중추다.

뇌줄기^{Brain Stem} 동기 및 감정 시스템의 '출발점'. 수면-각성 활성화. 신체 내부와 외부의 정보를 전체 이미지로 통합시킨다. 감정 및 생리학적 균형을 유지하는 역할을 한다.

7 ◦ 신피질의 핵심 부위와 기능

전전두피질(이마엽)^{Prefrontal Cortex(Frontal Lobe)} 미래의 계획, 행동 준비, 문제 해결을 담당한다. 지능과 작업 기억의 발생지. 전전두피질에서 다른 피질 영역의 모든 정보가 취합된다. 언어의 발생지.

안와전두피질 및 복내측(전전두)피질^{Orbitofrontal Cortex and Ventromedial Prefrontal Cortex} 대상 평가에 강하게 개입한다. 안와전두피질과 복내측(전전두)피질에서는 감정 시스템이 통합된다. 여기에서 감정 시스템이 부분적으로 저장된다. 신피질 감정 데이터 센터의 핵심 영역이다.

관자피질(측두피질)^{Temporal Cortex(Lateral Cortex)} 관자피질에서는 다양한 감각영역의 감각 인상이 대상 및 전체 이미지로 구성된다. 청각과 언어, 대상 인식 및 대상의 불변성과 관련해 중요한 역할을 한다. 또한 학습과 정보 저장과 관련해 중요한 역할을 한다.

운동피질^{Motor Cortex} 저장과 제어 및 움직임을 담당한다.

체성감각피질^{Somatosensory Cortex} 손가락, 팔, 신체 자세 및 위치 처리를 담당한다. 시간과 공간을 고려하여 신체의 균형을 담당한다.

두정피질^{Parietal Cortex} 두정피질의 시각적 감각 인상과 체성감각피질의 신체-감각 인상이 압축된다. 공간에서의 움직임을 계획하고 통제하는 데 관여한다.

후두피질(뒤통수피질)^{Occipital Cortex(Posterior Cortex)} 시각피질. 시각적 감각 인상을 패턴과 대상으로 처리하는 역할을 한다.

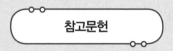

참고문헌

기초 참고문헌

뇌 연구에 대한 보편적인 통찰을 원하되, 손쉽게 이해할 수 있는 책을 원하는 모든 독자들을 위한 추천 도서다.

1   Damasio, A. R. (2000): *Ich fühle also bin ich.* München: List
2   Dijksterhuis, A. (2010): *Das kluge Unbewusste.* Stuttgart: Klett-Cotta
3   닐스 비르바우머·외르크 치틀라우, 오공훈(역), 《뇌는 탄력적이다》, 메디치미디어, 2015
4   한스-게오르크 호이젤, 배진아(역), 《이모션》, 흐름출판, 2012
5   Häusel, H. G. (2014): *Neuromarketing.* Planegg: Haufe
6   Häusel, H. G. (2014): *Think Limbic!* Planegg: Haufe
7   Häusel, H. G. (2015): *Top Seller.* Planegg: Haufe
8   Kenning, P. (2014): *Consumer Neuroscience.* Stuttgart: Kohlhammer
9   LeDoux, J. (2002): Das Netz der Persönlichkeit, Düsseldorf: Walter-Verlag

10 Metzinger, T. (2014): *Der Ego-Tunnel*. München: Piper

11 Roth, G. (2003): *Aus Sicht des Gehirns*. Frankfurt: Suhrkamp

12 Roth, G. (2015): *Wie das Gehirn Seele macht*. Stuttgart: Klett-Cotta

13 Roth, G. (2015): *Persönlichkeit, Entscheidung und Verhalten*. Stuttgart: Klett-Cotta

14 Spitzer, M. (2002): *Lernen*. Heidelberg: Spektrum

심화 참고문헌

이 책에 소개된 주제를 계속 파고들고자 하는 독자들을 위해서 챕터와 주제별로 심화 참고문헌을 정리했다.

Chapter 1
뇌 연구

1.1 Gazzaniga, M. S. (2000): *Cognitive Neuroscience*. New York : W. W. Norton

1.2 Kandel, E. R. et al. (2000): *Principles of Neurosciences*. Stanford: Appelton&Lange

1.3 Roth, G. (2003): *Fühlen, Denken, Handeln*. Frankfurt: Suhrkamp

1.4 Spitzer, M. (2000): *Geist im Netz*. Heidelberg: Spektrum

신경화학

1.5 Becker, J. B. et al. (2002): *Behavioral Endocrinology*. Oxford: MIT Press

1.6 Brown, R. E. (1994): *An Introduction to Neuroendocrinology*. Cambridge: Cambridge University Press

1.7 Schulkin, J. (1999): *The Neuroendocrine Regulation of Behavior*.

Cambridge: Cambridge University Press

1.8 McEwen, B. S. et al. (2001): *Coping with the Environment Neural and Endocrine Mechanisms*. Oxford: Oxford University Press

1.9 Webster, R. A. (2001): *Neurotransmitters, Drugs an Brain Function*. New York: John Wiley & Sons

심리학

1.10 Asendorpf, J. B. (1999): *Psychologie der Personlichkeit*. Berlin: Springer

1.11 Bierhoff, H. (1998): *Sozialpsychologie*. Stuttgart: Kohlhammer

시장조사

1.12 Blackwell, R. D. (2001): *Consumer Behavior*. Mason: South Western College Publishing

신경철학

1.13 파스칼 메르시어(페터 비에리), 문항심(역), 《자유의 기술》, 은행나무, 2016

1.14 Pauen, M. (2001): *Grundprobleme der Philosophie des Geistes*. Frankfurt: Fischer

1.15 Walter, H. (1999): *Neurophilosophie der Willensfreiheit*. Paderborn: Mentis Verlag

Chapter 2
뇌 속에 있는 동기 및 감정 시스템

2.1 Bischoff, N. (2001): *Das Rätsel Ödipus*. München: Piper

2.2 Bodnar, R. J. (2002): *Central States Relating Sex and Pain*. Baltimore: Hopkins University Press

2.3 Bond, A. J. (1997): *Aggression*. New York: Psychology Press

2.4 Gray, J. A. (2000): *The Neuropsychology of Anxiety*. Oxford:

Oxford Medical Publications

2.5 Glicksohn, J. (2002): *Neurobiology of Aggression.* New York: Kluwer Academic Press

2.6 Mattson, M. (2003): *The Neurobiology of Aggression.* Ottawa: Humana Press

2.7 Numan, M. (2003): *The Neurobiology of Parental Behavior.* New York: Springer

2.8 Panksepp, J. (1998): *Affective Neuroscience.* Oxford: Oxford University Press

2.9 Rheinberg, F. (1997): *Motivation.* Stuttgart: Kohlhammer

2.10 Stein, D. J. (2003): *Cognitive-Affective Neuroscience of Depression and Anxiety Disorders.* London: Dunitz

2.11 Volavka, J. (2002): *Neurobiology of Violence.* Arlington: American Psychiatric Publishing

2.12 Zuckermann, M. (2000): *Vulnerabilty to Psychopathology.* Washington: American Psychological Association

감정과 동기 그리고 인지의 관계

2.13 Forgas, J. P. (2000): *Feeling and Thinking.* Cambridge: Cambridge University Press

2.14 Lane, R. & Nadel, L. (2000): *Cognitive Neuroscience of Emotion.* Oxford: MIT Press

2.15 Lewis, M. (2000): *Handbook of Emotions.* Greensboro: Guilford

2.16 Power, M. et al. (2003): *Cognition and Emotion.* New York: Psychology Press

2.17 Smith, C. A. (2000): *Cognition & Emotion.* New York: Psychology Press

2.18 Stephan A. et al. (2003): *Natur und Theorie der Emotion.* Paderborn: Mentis Verlag

문화적 차이

2.19 Holzmann-Seelmann, H. (2004): *Global Player brauchen Kulturkompetenz.* Nürnberg: BW-Verlag

2.20 Seelmann, H. (2007): *The Asian Brain.* In: Häusel, H. G. (2007): Neuromarketing. Planegg: Haufe Verlag

Chapter 3

3.1 Nehlig; A. (2004): *Coffee, Tea, Chocolate and the Brain.* London: CRC Press

Chapter 4
뇌 영역과 그 기능

4.1 Aggleton, J. P. (2000): *The Amygdala.* Oxford: Oxford University Press

4.2 Förstl, H. (2002): *Frontalhirn.* Berlin: Springer

4.3 엘코논 골드버그, 김인명(역),《내 안의 CEO, 전두엽》, 시그마프레스, 2008

4.4 Lautin, A. (2001): *Limbic Brain.* New York: Kluwer Academic

4.5 Miller, B. L. et al. (1999): *The Human Frontal Lobes.* New York: Guilford Publications

4.6 Numan, M. (2001): *The Behavorial Neuroscience of septal region.* Berlin: Springer

4.7 Roberts, A. C. et al. (1998): *The Prefrontal Cortex.* Oxford: Oxford University Press

4.8 Rolls, E. T. (1999): *The Brain and Emotion.* Oxford: Oxford University Press

4.9 Salloway, S. (1997): *The Neuropsychiatry of Limbic Disorders.* Washington: American Psychiatric Press

4.10 Uylings, H. B. M. (2000): *The integrative Role of Prefrontal Cortex and Limbic Structures.* New York: Elsevier

4.11 Zald, D. H & Rauch, S. L. (Eds) (2006): *The Orbitofrontal Cortex*. Oxford: Oxford University Press

양쪽 뇌와 그 기능

4.12 Hellige, J. B. (2001): *Hemispheric Asymmetry*. Harvard: Harvard University Press

4.13 Springer, S. P & Deutsch, G. (1998): *Linkes Rechtes Gehirn*. Heidelberg: Spektrum

4.14 Zaidel, E. (2003): *The Parallel Brain*. Cambridge: MIT Press

의식과 무의식

4.15 Dehaene, S. (2001): *The Cognitive Neuroscience of Conscius ness*. Oxford: MIT Press

4.16 Libet, B. et al. (1999): *The Volitional Brain*. Exeter: Imprint Academic

4.17 Maasen, S. et al. (2003): *Voluntary Action*. Oxford: Oxford University Press

4.18 Metzinger, T. (2003): *Being No One*. Bradford: Bradford Book

4.19 Norretranders, T. (1998): *The User Illusion*. London: Penguin Books

4.20 Norretranders, T. (2001): *Spure die Welt*. Reinbek bei Hamburg: Rowohlt

4.21 Wegener, D. M. (2003): *The Illusion of Concious Will*. Cambridge: MIT Press

머리와 뇌 속에서 결정이 내려지는 과정

4.22 Gigerenzer, G. et al. (2001): *Bounded Rationality*. Cambridge: MIT Press

4.23 폴 w. 글림처, 권춘오, 이은주(역), 《돈 굴리는 뇌》, 일상과이상, 2013

4.24 Kahneman, D. et al. (2000): *Choices, Values and Frames. Cambridge*: Cambridge University Press

4.25 Musch, J. et al. (2003): *The Psychology of Evaluation.* Mahwah: Lawrence Publishers

4.26 Raichle, M. E. et al. (1994): *Practice related changes in human brain functional anatomy during nonmotor-learning.* In: Cerebral Cortex, 4, 8-26

4.27 Klein, G. (2004): *The Power of Intuition.* New York: Currency

4.28 Gigerenzer, G. (2007): *Bauchentscheidungen.* München: C. Bertelsmann

4.29 Winkielman, P. et al. (2005): *Unconscious Affective Reactions to Masked Faces.* In: PSPB Vol.31, Nr.1

4.30 Zweig, J. (2007): *Gier—Wie wir ticken, wenn es um Geld geht.* München: Hanser

4.31 롤프 도벨리, 두행숙(역),《스마트한 생각들》, 걷는나무, 2012

4.32 Ariely, D. (2010): *Denken hilft zwar, nutzt aber nichts.* München: Knaur

Chapter 5

5.1 Amelang, M. & Bartussek, D. (1997): *Differentielle Psychologie.* Stuttgart: Kohlhammer

5.2 Benjamin, J. et al. (2002): *Molecular Genetics and the Human Personality.* Washington: American Psychiatric Publishing

5.3 Grigsby, J. et al. (2000): *Neurodynamics of Personality.* Greensboro: Guilford

5.4 Plomin R. et al. (2003): *Behavioral Genetics.* Washington: American Psychology Asscociation

5.5 Roth, G. (2007): *Personlichkeit, Entscheidung und Verhalten.* Stuttgart: Klett-Cotta

5.6   Canli, T. (Ed.) (2006): *Biology of Personality and Individual Differen-ces*. New York: Guilford

Chapter 6

6.1   Barett, L. (2002): *Human Evolutionary Psychology*. Princeton: Princetown University Press

6.2   사이먼 배런코언, 이승복, 김혜리(역), 《그 남자의 뇌, 그 여자의 뇌》, 바다출판사, 2008

6.3   Bischoff-Köhler, D. (2003): *Von Natur aus anders*. Stuttgart: Kohlhammer

6.4   Blum, D. (1997): *Sex on the Brain*. London: Penguin Books

6.5   Dabbs, J. M. (2000): *Testosterone and Behavior*. Columbus: McGraw Hill

6.6   Geary, D. (1998): *Male, Female*. Washington: American Psychological Association

6.7   McGillicuddy, A. (2002): *The Development of Sex Differences in Cognition*. Norwood: Ablex

6.8   Mealey, L. (2000): *Sex differences*. London: Academic Press

6.9   Kimura, D. (2000): *Sex and Cognition*. Cambridge: MIT Press

6.10 Pfaff, D. W. (1999): *Drive-Neurobiological Mechanisms of Sexual Motivation*. Cambridge: MIT Press

6.11 Wickler, W. et al. (1998): *Männlich-Weiblich*. Heidelberg: Spektrum

6.12 Brizendine, L. (2007): *Das weibliche Gehirn*. München: Hoffmann und Campe

6.13 Einstein, G. (Ed.) (2007): *Sex and the Brain*. Cambridge: MIT Press

6.14 Hines, M. (2005): *Brain Gender*. Oxford: Oxford University Press

Chapter 7

7.1 Abdel Ghany A. et al. (1997): *Consumption Patterns among the Young-Old and Old-Old.* In: The Journal of Consumer Affairs, Vol. 31, No. 1, 1997

7.2 Cutler, N. E (1992): *Aging, Money and Life Satisfaction.* New York: Springer

7.3 Graf, P. (2002): *Lifespan Development of Human Memory.* Cambridge: MIT Press

7.4 Haan, M. et al. (2003): *Cognitive Neuroscience of Development.* New York: Psychology Press

7.5 Häusel, H. G. (2001): *Geld und Gut in der Beziehung zum Alter.* TU München

7.6 Hof, P. et al. (2001): *Functional Neurobiology of Aging.* London: Academic Press

7.7 Huttenlocher, P. (2002): *Neural Plasticity.* Harvard: Harvard University Press

7.8 Leon-Carrion, J. (2001): *Behavioral Neurology in the Elderly.* London: CRC-Press

7.9 Morley, J. et al. (2000): *Endocrinology of Aging.* Totowa: Humana Press

7.10 Powell, D. H. (1994): *Profiles in Cognitive Aging.* Harvard: Harvard University Press

7.11 Parker, A. et al. (2002): *The Cognitive Neuroscience of Memory.* New York: Psychology Press

7.12 Ricklefs, R. & Finch, C. (1996): *Altern: Evolutionsbiologie und Forschung.* Heidelberg: Spektrum

7.13 Whalley, L. (2001): *The Aging Brain.* Portland: Weidenfeld & Nicolson

7.14 Riddle, D. R. (Ed.) (2007): *Brain Aging.* New York: CRC Press

Chapter 8

8.1 Bischof, N. (1998): *Das Kraftfeld der Mythen.* München: Piper Verlag

8.2 Esch, F. J. (2004): *Strategie und Technik der Markenführung.* München: Vahlen

8.3 Fuchs, W. (2006): *Tausend und eine Macht.* Zürich: Orell-Füssli

Chapter 9

9.1 Lieberman, P. (2002): *Human Language and our Reptilian Brain.* Harvard: Harvard University Press

9.2 Rickheit, G. (2002): *Psycholinguistik.* Tubingen: Stauffenberg

9.3 Pulvermüller, F. (2002): *The Neuroscience of Language.* Cambridge: Cambridge University Press

9.4 Süddeutsche Zeitung (8. 7. 2004): Martin Zips: *Der Sound des Bieres*

9.5 Wirtschaftswoche (1. 7. 2004): Tillmann Neuscheler: *Richtiges Gespür*

9.6 Calvert, G. (2004): *The Handbook of Multisensory Processes.* Cambridge: MIT Press

Chapter 10

10.1 Eichenbaum, H. (2002): *Cognitive Neuroscience of Memory.* Oxford: Oxford University Press

10.2 Gluck, M. (2001): *Gateway to Memory.* Cambridge: MIT Press

Chapter 13

13.1 Cabezza, R. (2001): *Handbook of Functional Neuroimaging of Cognition.* Cambridge: MIT Press

13.2 Erk, S. et al. (2002): *Cultural objects modulate reward circuitry.*

In: Neuroreport 13, 2499-2503

13.3 Dumit, J. (2004): *Picturing Personhood.* Princetown: Princetown University Press

13.4 Kenning, P. et al. (2002): *Die Entdeckung der kortikalen Entlastung.* Münster: Universität Münster

13.5 Smidts, A. (2002): *Kijken in het brein- over de mogelijkheden von neuromarketing.* Rotterdam: ERIM-Rotterdam

13.6 Uttal, W. (2001): *The New Phrenology.* Cambridge: MIT Press

13.7 Marketing-Trend-Innovation (2003): *Dem Käufer in den Kopf geschaut*

13.8 McClure, S. et al. (2004): *Neural Correlates of Behavioral Preference of Culturally Familiar Drinks.* In: Neuron, Vol. 44, 379-387

13.9 Huettel, S. et al. (2004): *Functional Magnetic Resonance Imaging.* Sunderland: Sinauer

13.10 Häusel, H. G. (2007): *Neuromarketing.* Planegg: Haufe Verlag